제3판

핵심

민사재판실무

김기정

FIDES

PREFACE

개정판이 나온 지 벌써 3년 반이 지났다. 그 사이 저자는 물권법 강의안을 정리해서 출간하고, 담보물권법도 출간하였다. 나름대로 교수로서 꾸준히 연구해 왔다고 자부한다. 학문을 한다는 것이 무엇인지 조금은 알게 된 것 같다. 당연한 듯 보이는 것에 의문을 제기하고, 모르는 것이 있으면 끝까지 악착같이 찾아보고, 깊이 파헤치는 일이 아닐까. 능력은 너무 부족한 것 같으나 연구자로서의 이러한 자세는 초지일관 유지하려고 한다.

이 책을 개정하는 과정에서 저자는 다음과 같은 점에 중점을 두었다. 먼저 변호사시험에 적합하도록 하였다. 그동안 변호사시험과 모의고사에 출제된 판례들, 그리고 최신의 대법원 판례들을 보충하였고, 지극히 실무적인 내용과 학설의 소개는 상당 부분 생략하였다. 다음으로 설명이 어렵다고 생각되는 부분을 이해하기 쉽게 고쳤다. 이를 위해 사례를 들어 설명하려고 노력하였고, 난해한 문맥을 풀어 설명하기도 하였다. 바라건대 이러한 저자의 노력이 민사재판실무에 다가가려는 독자들에게 큰 도움이 되었으면 좋겠다.

35년간 변함없이 나의 편이 되어 준 아내(김은선)와 자신의 일에 소명의식을 갖고 최선을 다하고 있는 아들(김병수)과 딸(김지애)에게 고마움을 전하고 싶다. 나이가 들어 갈수록 친구들의 소중함이 더 크게 느껴진다. 끝으로 항상 웃는 모습으로 반겨주시는 동아대학교 법전원의 선후배 교수님들, 정말 고맙습니다.

2022. 8. 동아대 법학전문대학원 연구실에서

김 기 정

PREFACE

법조 실무가로서 30년 가까이 살아 왔다. 판사로서 20년에 이어 변호사로서 10년의 세월이 흘렀다. 저자는 그동안 주로 민사재판을 담당해 왔다. 민사소송에 관심이 많아 대법원 민사실무연구회 회원과 한국민사소송법학회 이사로 재직해 오고 있다. 독일에서 1년간 연수하면서도 주로 독일민사소송법에 관하여 공부하였다. 그러던 중에 로스쿨로부터 3학년 학생들을 대상으로 민사변호사 실무 과목을 강의해 달라는 제의를 받고 사법연수원에서 발간한 「민사실무 I」을 교재로 하여 최근 2년간 강의를 하였다. 그 때 실무상 중요함에도 학생들이 어떤 부분을 어려워하고, 어떤 부분을 간과하고 있는지 알게 되었다. 이에 안타까움을 느끼고 어떻게 하면 민사재판 실무에 관하여 이해하기 쉽게, 그리고 일목요연하게 알려 줄 수 있을까 고민하게 되었다. 그리하여 2년간 강의하면서 준비한 강의안을 정리해 출간해 보자고 마음먹게 되었다. 집필과정에서는 위 「민사실무 I」과 함께 국내 저명한 교수님들의 교과서, 법원행정처에서 발간한 「법원실무제요 민사소송(I), (II), (III)」 및 한국사법행정학회에서 발간한 「주석 신민사소송법」, 「한국민사소송법학회지」 등을 참고로 하였다.

이 책은 로스쿨 한 학기 과정에서 배울 내용을 정리한 것이어서 기존의 교과서에 비해 두께가 얇다. 그렇지만 변호사로서 민사재판 과정에서 알아야 할 기본적인 핵심 사항은 모두 다루었다. 이 책의 제목을 「핵심 민사재판실무」라고 한 것도 그러한 연유에서이다. 민사소송법은 재미있는 학문이지만 정작 학생들이 매우 어렵다고 생각하는 분야인 것 같다. 그래서 민사재판 과정에서 꼭 알아야 할 사항을 핵심만 추려 쉽게 이해할 수 있도록 하는데 심혈을 기울였다. 다만 실무중심서의 특성상 학설의 자세한 소개는 피하고, 통설과 다수설을 위주로 설명하면서 실무상 중요하다고 판단되는 판례들을 실었다. 판례는 대법원 판결에 한정하여 최근 판례까지 소개하였고, 쉽게 이해할 수 있게 설명하려고 노력하였다. 그러면서 기존 교과서에 언급되지 아니한 "실무는 어떻게 운영되고 있는지"에 관해 많은 지면을 할애하였다.

이 책은 기존의 교과서에 비해 결코 쉬운 내용의 책은 아니라고 생각된다. 깊이 고민해야 할 생각거리들도 곳곳에 마련해 두었다. 특히 청구취지 부분은 쉽게 페이지를 넘기지 못하리라 예상된다. 그렇지만 이 책에서 설명한 내용들을 모두 숙지하고 있다면 두려움 없이 재판에 임할 수 있을 것이라고 생각한다. 저자는 이 책을 가끔 찾아보는 책이 아닌 늘 곁에 두고 공부하는 책이 되었으면 하고 바라는 마음으로 집필하였다. 이 책에서 각주를 사용하지 않고 모두 본문으로 처리한 것도 이 책의 모든 내용을 읽어 주었으면 하는 바람에서이다. 이 책이 특별히 변호사시험을 앞둔 로스쿨 학생들과 변호사를 막 시작한 분들에게 모자란 점을 보충해 주고, 민사소송법의 심화 학습을 도와주는 민사재판에 관한 지침서가 되리라고 확신한다.

이 책의 출간을 흔쾌히 동의해 주신 피데스의 신창동 대표님과 꼼꼼하게 편집해 주신 심상박 과장님께 어떻게 고마움을 표현해야 할지 모르겠다. 그 동안 희생하신 부모님과 30년간 곁을 묵묵히 지켜 준 아내, 그리고 반듯하게 자라 준 아이들에게 감사의 뜻을 전하는 것으로 서문을 마치고자 한다.

2016년 가을 법무법인 양헌 사무실에서

김 기 정

CONTENTS

CONTENTS

제 1 장

소 장

제1절 소의 제기

Ⅰ. 소 제기시 검토할 사항

1. 당사자의 확정

(1) 일반론

당사자확정의 기준에 관하여 통설, 판례는 소장에 기재된 표시(당사자란의 기재) 및 청구의 내용과 원인 사실 등 소장 전체의 취지를 합리적으로 해석하여 당사자를 확정하여야 한다고 본다(실질적 표시설). 당사자의 확정은 특히 성명모용소송, 사자를 당사자로 하는 소송, 법인격부인론 등에서 문제된다.

소 제기시 누가 원고가 되고 누구를 피고로 할 것인가는 실체법상의 문제로서 소송의 승패를 좌우할 정도로 중요한 것이다. 특히 피고의 자력이 문제되는데, 만일 법적 책임이 있는 자가 자력이 충분하지 못하여 강제집행의 가능성이 낮다면 그 자를 상대로 승소판결을 받는다고 하더라도 무의미한 경우가 될 수도 있다. 따라서 원고로서는 피고가 될 가능성이 있는 자들 중에서 누가 자력이 충분한가를 고려하지 않으면 안 된다. 물론 상대방이 무자력이라고 하더라도 시효중단이나 세법상의 손금처리 등을 위해 소를 제기할 필요가 있는 경우도 있을 것이다.

일단 소를 제기한 후에는 당사자의 임의적 변경이나 추가는 원칙적으로 허용되지 않는다. 다만 후술하는 바와 같이 당사자표시를 잘못한 것이 명백한 경우에 한하여 항소심 변론종결시까지 당사자표시정정이 허용되고, 피고를 잘못 지정한 것이 명백한 경우에 한하여 제1심변론종결시까지 법원의 허가를 받아 피고(원고는 해당되지 않는다)를 경정할 수 있을 뿐이다. 그러므로 피고를 선택함에 있어 신중해야 한다.

수인을 피고로 할 수 있는 경우 어느 범위에서 공동 피고로 할 것인가는 위에서 살펴본 집행가능성뿐만 아니라 입증가능성, 소송절차상의 편의성(공동소송에 있어 심리의 복잡성), 그리고 패소할 경우 부담하게 될 소송비용 등을 종합적으로 고려해야 한다. 수인을 공동피고로 하면 관련재판적(민소법 제25조 제2항)을 이용하여 피고들 중 1인의 관할권이 있는 법원에 관할권이 없는 피고에 대하여도 함께 소를 제기할 수 있고, 증거공통의 원칙상 증거도 중복하여 제출할 필요가 없는 등의 소송상 장점이 있으나, 공동 피고 중 일부에게 재판의 지연사유나 중단사유가 발생하면 다른 피고에 대하여도 재판이 지연되거나 중단되는 단점도 있으므로 필수적 공동소송관계가 아닌 이상, 공동소송으로 제기할 것인지, 아니면 별소로 제기할 것인지 여부도 신중히 결정해야 한다.

(2) 예금주와 대출채무자의 결정

금융실명거래 및 비밀보장에 관한 법률 제3조 제1항에 의하면 금융기관은 거래자의 실제 명의에 의하여 금융거래를 하여야 하므로 원칙적으로 거래명의자를 예금주로 보아야 한다. 대법원 2008다45828(전) 판결의 다수의견에 의하면 차명예금의 경우 예금명의자가 아닌 출연자를 예금계약의 당사자로 인정하기 위해서는 두 가지 요건이 필요한데, 첫째, 금융기관과 예금명의자와의 예금계약을 부정하여 예금명의자의 예금반환청구권을 배제하고, 출연자와 예금계약을 체결하고 출연자에게 예금반환청구권을 귀속시키겠다는 명확한 의사의 합치가 있어야 하고, 둘째, 이러한 의사의 합치사실을 증명하기 위해서는 위 법에 따라 실명확인절차를 거쳐 작성된 예금계약서 등의 증명력을 번복하기에 충분할 정도의 명확한 증명력을 가진 구체적이고 객관적인 증거가 있어야 한다(이에 반하여 소수의견은 명의자만을 예금주로 인정하여야 하고, 위와 같은 예외를 인정하여서는 안 된다고 본다).

차명대출의 경우에는 특별한 사정이 없는 한, 대출명의자를 대출채무자로 보아야 할 것이다. 차명대출에 있어서는 통정허위표시 내지는 비진의표시가 문제된다. 그리고 통정허위표시 여부를 따지기에 앞서 먼저 대출계약의 당사자를 확정해야 한다. 판례에 의할 때 행위자와 상대방의 의사가 일치하지 아니하는 경우 계약당사자는 상대방이 합리적인 인간이라면 행위자와 명의자 중 누구를 계약당사자로 이해했을 것인가에 의하여 결정해야 한다.

(3) 주택임대차보호법상 임대보증금의 반환의무자

주택임대차보호법상 임차인이 대항력을 취득한 후 임차주택의 소유권이 이전되면 임차보증금반환채무도 임차주택의 소유권과 함께 일체로서 임대인의 지위를 승계한 신소유자에게 이전되므로(법률상 당연승계에 해당됨) 종전 임대인의 임차보증금반환채무는 소멸한다(면책적 채무인수에 해당한다). 따라서 임차인은 신소유자에게 임차보증금의 반환을 청구할 수 있을 뿐이다(전세권의 경우에도 신소유자에게 전세금반환의무가 인정된다. 대법원 2006다6072 판결). 신소유자가 보증금을 반환하더라도 자신의 채무를 이행한 것에 불과하므로 종전소유자를 상대로 부당이득 반환청구를 할 수 없다. 보증금반환청구권의 가압류권자도 신소유자에게만 그 효력을 주장할 수 있다(대법원 2011다49523(전) 판결).

(4) 법인격부인론

법인격부인론이란 미국의 판례법에 의하여 발전해 온 이론으로서 회사의 법인으로서의 존재는 인정하지만 특별한 법률관계에 관하여 회사의 법인격을 무시하고 그 배후에 있는 대표자나 다른 회사(채무면탈을 목적으로 회사의 대부분의 인원과 재산을 신설회사로 바꾸어 놓은 경우에 그 신설회사. 대법원 2002다66892 판결)를 실질적인 당사자로 취급하는 것을 말한다. 주로 회사법에서 연구되고 있는데, 주주의 유한책임의 예외적 취급에 해당한다. 우리의 판례도 인정하고 있는바, 이론적 근거로는 권리남용을 든다. 회사를 피고로 하여 소송을 제기하려는데 피고에게 집행할 재산이 없는 경우에, 피고의 대표자가 회사 재산을 빼돌리거나 피고의 재산으로 다른 회사를 설립한 의혹이 있다면 원고로서는 법인격부인론의 원용을 생각해 봐야 한다.

비록 외견상으로는 회사의 행위라 할지라도 그 배후자가 별개의 인격체임을 내세워 회사에게만 그로 인한 법적 효과가 귀속됨을 주장하면서 배후자의 책임을 부정하는 것은 신의칙에 위반되는 법인격의 남용으로서 심히 정의와 형평에 반하여 허용될 수 없고, 따라서 회사는 물론 그 배후자에 대하여도(병존적 책임으로 보충성을 요하지 않는다) 회사의 행위에 대한 책임을 물을 수 있을 것이다. 또한 기존회사가 채무를 면탈할 목적으로 기업의 형태·내용이 실질적으로 동일한 신설회사를 설립하였다면, 신설회사 설립은 기존회사의 채무면탈이라는 위법한 목적달성을 위하여 회사제도를 남용한 것이므로, 기존회사의 채권자에 대하여 위 두 회사가 별개의 법인격을 갖고 있음을 주장하는 것은 신의성실의 원칙상 허용될 수 없다 할 것이어서 기존회사의 채권자는 위 두 회사 어느 쪽에 대하여서도 채무 이행을 청구할 수 있다(대법원 2017다271643 판결). 이와 같은 법리는 어느 회사가 채무를 면탈할 목적으로 기업의 형태·내용이 실질적으로 동일한, 이미 설립되어 있는 다른 회사를 이용한 경우에도 적용된다. 기존회사의 채무를 면탈할 의도로 다른 회사 법인격을 이용하였는지는 기존회사의 폐업 당시 경영상태나 자산상황, 기존회사에서 다른 회사로 유용된 자산의 유무와 정도, 기존회사에서 다른 회사로 이전된 자산이 있는 경우 정당한 대가가 지급되었는지 등 제반 사정을 종합적으로 고려하여 판단하여야 한다(대법원 2010다94472 판결).

소송계속 중 회사의 배후자나 신설회사를 피고로 변경할 수 있는가에 관하여 소송승계설, 임의적당사자변경설, 당사자표시정정설 등이 있으나 임의적당사자변경설에 따르되 상대방에 대한 채무면탈을 목적으로 구회사와 인적구성이나 영업목적이 실질적으로 동일한 신회사를 설립한 때에 한하여 예외적으로 당사자표시정정절차에 의하여 구회사를 신회사로 바꿀 수 있다는 수정임의적당사자변경설(신임의적당사자변경설이라고도 한다)이 다수설이다.

법인격부인이 인정되는 경우라고 하더라도 권리관계의 공권적인 확정 및 그 신속·확실한 실현을 도모하기 위하여 절차의 명확·안정을 중시하는 소송절차 및 강제집행절차에 있어 그 절차의 성격상 기존회사에 대한 판결의 기판력 및 집행력의 범위를 신설회사에까지 확장하는 것은 허용되지 아니한다(대법원 93다44531 판결). 따라서 법인과 배후자를 공동피고로 하여 제소하여야 할 경우도 있을 터인데, 이 경우 공동소송의 형태는 합일확정의 필요가 없는 통상공동소송으로 본다.

2. 당사자능력

(1) 이는 민법상 권리능력에 대응하는 개념으로서 직권조사사항이다(대법원 2019다278433 판결). 법인 아닌 사단이나 재단을 당사자로 하는 경우에는 민소법 제52조 소정의 당사자능력을 보유하고 있는지 검토하여야 한다. 어느 단체가 비법인사단인지 조합인지 구별하는 것은 쉽지 않다. 조합은 어느 정도 단체성에서 오는 제약을 받지만 구성원의 개성이 강하게 드러나는 인적 결합체인데 반하여, 비법인사단은 구성원의 개인성과는 별개로 권리와 의무의 주체가 될 수 있는 독자적인 존재로서의 단체적 조직을 가지는 특성이 있다. 따라서 어떤 단체가 고유의 목적을 가지고 사단적 성격을 가지는 규약을 만들어 이에 근거하여 의사결정기관 및 집행기관인 대표자를 두는 등의 조직을 갖추고 있고, 기관의 의결이나 업무집행방법이 다수결의 원칙에 의하여 행하여지며, 구성원의 가입, 탈퇴 등으로 인한 변경에 관계없이 단체 그 자체가 존속하고, 그 조직에 의하여 대표의 방법, 총회나 이사회의 운영, 자본의 구성, 재산의 관리 기타 단체로서의 주요사항이 확정되어 있는 경

우에는 비법인사단으로서의 실체를 가진다고 보아야 한다. 민소법 제52조에 불구하고 조합관계에 있는 단체는 업무집행조합원 등 대표자가 정해져 있더라도 당사자능력이 부인된다(일본과 독일의 판례는 조합의 당사자능력을 인정하고 있음). 이 경우 전원이 공동으로 원고나 피고가 되어야 하나 선정당사자제도, 업무집행조합원이 있는 경우에는 임의적 소송신탁이나 법률상 대리인 제도 등을 이용할 수 있다(조합 소송의 단순화 방안).

아파트입주자대표회의(대법원 2015다39357 판결), 성균관(대법원 2002다46423 판결), 종중(고유의미의 종중만을 의미하고, 종중 유사단체는 당사자 능력이 인정되지 않으며, 대표자 등에 의하여 대표되는 정도의 조직을 갖추고 조직적인 활동을 하고 있어야 한다), 교회 등은 비법인 사단으로서 당사자능력이 인정되고, 지방자치단체 등도 당사자능력이 인정된다. 그러나 지방자치단체의 하부 행정기관에 불과한 읍이나 면, 지방자치법상 자치구가 아닌 행정구는 당사자능력이 없다(지방자치법 제3조). 사찰은 불교교의를 선포하고 불교의식을 행하기 위한 시설을 갖춘 승려, 신도의 조직인 단체로서 독립한 사찰로서의 실체를 가지기 위해서는 물적 요소인 불당 등의 사찰재산이 있고, 인적 요소인 주지를 비롯한 승려와 상당수의 신도가 존재하며, 단체로서의 규약을 가지고 사찰이 그 자체 생명력을 가지고 사회적 활동을 할 것을 필요로 한다(대법원 2015다222920 판결). 사찰은 관할 관청에 등록한 때에 당사자능력이 인정된다.

법인의 상호 변경은 당사자능력에 영향을 미치지 아니하고, 법인이 해산하여 청산종결등기를 마쳤더라도 정리되지 아니한 법률관계가 있는 등 청산사무가 종료되었다고 할 수 없는 경우에는 청산법인으로서 청산 목적 범위내에서 당사자능력이 존속한다. 이는 회사나 교회도 마찬가지이다.

(2) 이미 사망한 자를 상대로 사망한 사실을 모르고 제소한 경우 그 상속인들을 피고로 제소한 것으로 보아 당사자표시정정 신청이 허용되나 이러한 절차를 거치지 아니한 채 사망한 자를 피고로 하여 판결이 선고되면 확정되더라도 효력이 없다. 소제기 후 소장부본이 피고에게 송달되기 전에 피고가 사망한 경우에도(소송계속의 효력은 소장부본이 피고에게 송달된 때에 발생한다) 마찬가지이다(대법원 2014다34041 판결).

소송계속 중 어느 일방 당사자가 사망하면 소송대리인이 없는 한, 소송절차가 중단되는데, 이를 간과한 채 변론이 종결되고 판결이 선고된 경우 그 판결이 당연 무효인 것은 아니고, 대리권 흠결을 이유로 상소 또는 재심에 의하여 취소를 구할 수 있다. 적법한 상속인들이 수계신청을 하여 판결을 송달 받아 상소하거나 사실상 송달을 받아 상소장을 제출하고 상소심에서 수계절차를 밟은 경우에도 그 수계와 상소는 적법하다(대법원 94다28444(전) 판결. 당연무효로 상고대상이 될 수 없다고 본 종전판결을 폐기함).

소송대리인이 있는 경우에는 소송계속 중 당사자가 사망하더라도 소송절차가 중단되지 아니하고(민소법 제238조), 심급대리의 원칙상(민소법 제90조는 상소의 제기를 특별수권사항으로 정하고 있다) 판결 정본이 소송대리인에게 송달된 때에 소송절차가 중단된다(대법원 94다23500 판결). 다만 소송대리인이 상소의 제기에 관한 특별수권을 받은 경우에는 패소판결을 받고 상소제기기간 내에 상소를 하지 아니하면 그 소송은 중단되지 않고 그대로 확정되므로 주의해야 한다.

위와 같이 확정된 경우에도(무효인 경우는 제외함) 상속인이 누구인지 몰라 망인을 그대로 당사자로 표시하였다고 하더라도 그 표시가 망인의 상속인임을 나타내는 문구로 되어 있으면 정당한 상속인에 대하여 판결이 효력이 있고(대법원 91마342 결정), 그 판결에 기하여 사망자의 승계인을 위한(원고의 경우) 또는 사망자의 승계인에 대한(피고의 경우) 강제집행을 위해서는 승계집행문을 부여받아야 한다.

3. 당사자적격

(1) 이는 누가 원고나 피고로서 본안판결을 받을 자격이 있느냐, 즉 정당한 당사자가 누구냐의 문제이다. 강학상 이행의 소, 확인의 소, 형성의 소로 나누어 설명하고 있다. 특별한 사정(우리나라의 영토 내에서 행하여진 외국의 사법적인 행위가 주권적 활동에 속하는 것이거나 이와 밀접한 관련이 있어서 이에 대한 재판권의 행사가 외국의 주권적 활동에 대한 부당한 간섭이 될 우려가 있다는 등)이 없는 한, 외국의 사법적 행위에 대하여는 당해 국가를 피고로 하여 우리나라 법원에 소송을 제기할 수 있다(대법원 97다39216(전) 판결). 사립대학교 총장은 학교법인의 기관의 하나에 지나지 아니하므로 민사소송의 당사자적격이 없어 징계처분무효확인의 소의 피고가 될 수 없다(대법원 86다카2479 판결).

(2) **추심명령, 가압류명령의 경우**

추심명령이란 채무자가 제3채무자에 대하여 가지고 있는 채권에 관하여 대위절차 없이 채무자를 대신하여 추심할 권한을 직접 집행채권자에게 부여하는 것을 말한다. 소송계속 중 채권에 대한 압류 및 추심명령이 있으면 채무자는 피압류채권에 대하여 소송수행권을 상실한다(대법원 99다23888 판결. 이에 따라 소 각하판결을 하게 된다). 다만 추심채권자가 압류 및 추심명령 신청을 취하하면 채무자는 당사자적격을 회복한다(대법원 2010다64877 판결). 추심명령은 제3채무자에 대한 송달 시 효력이 발생한다(확정되어야 효력이 발생하는 전부명령과 다르다). 그러나 채권에 대한 가압류명령이 내려진 경우에는 추심명령의 경우와 달리 채무자가 여전히 제3채무자를 상대로 이행의 소를 제기할 수 있다(대법원 2001다59033 판결). 다만 채무자는 그 확정판결을 집행권원으로 강제집행을 하더라도 가압류로 인해 배당금을 수령할 수는 없다(소유권이전등기청구권이 가압류된 경우에 관하여는 후술함).

(3) 조합의 경우

조합체(민법 제271조 제1항)로서 재산권을 합유하는 경우 그 재산권에 관한 소는 필수적공동소송에 해당하므로 당해 조합원 전원이 당사자가 되어야 하며 조합이나 조합원의 일부만으로는 정당한 당사자가 될 수 없다. 다만 전술한 바와 같이 선정당사자 제도 외에 판례는 업무집행조합원이 정해져 있는 경우 예외적으로 업무집행조합원이 조합원으로부터 임의적 소송신탁을 받아 조합재산에 관하여 자기 이름으로 당사자가 될 수 있는 길을 열어 두고 있다(대법원 95다35302 판결).

민법상 조합에서 조합의 채권자가 조합재산에 대하여 강제집행을 하려면 조합원 전원에 대한 집행권원을 필요로 하고, 조합재산에 대한 강제집행의 보전을 위한 가압류의 경우에도 마찬가지로 조합원 전원에 대한 가압류명령이 있어야 한다. 따라서 조합원 중 1인만을 가압류채무자로 한 가압류명령으로써 조합재산에 가압류집행을 할 수는 없다(대법원 2012다21560 판결).

동업 이외의 특정목적을 위하여 출연한 자금을 그 목적의 달성 전에 단독으로 인출할 수 없도록 방지, 감시하고자 하는 목적에서 출연자들의 공동명의로 예금한 경우, 각 공동명의 예금채권자들이 예금채권에 대하여 갖는 각자의 지분에 대한 관리처분권은 각자에게 귀속되고, 각자는 독립하여 당사자적격을 갖게 된다. 공동명의 예금자 중 1인에 대한 채권자로서는 그 1인의 지분에 상응하는 예금채권에 대한 압류 및 추심명령을 얻어 이를 집행할 수 있다. 한편 이러한 압류명령 등을 송달받은 은행으로서는 압류채권자의 압류명령 등에 기초한 단독 예금 반환청구에 대하여 공동명의 채권자들과 사이의 공동반환특약을 들어 그 지급을 거절할 수는 없다. 왜냐하면 위와 같이 해석하지 않는다면 공동명의 예금채권자들이 공동반환특약을 체결하는 방법으로 그들의 예금채권에 대한 강제집행 가능성을 사실상 박탈함으로써 그들에 대한 압류채권자의 권리행사를 부당하게 제한하는 결과가 되기 때문이다(대법원 2003다7319 판결). 물론 공동명의 예금자의 지급청구에 대하여는 공동반환특약을 들어 항변할 수 있다.

건설사들이 공사를 공동으로 진행하기 위하여 결성한 공동수급체는 원칙적으로 조합으로 보나 공사발주사 사이에서 예외적으로 공사수급체인 각 건설사가 발주자에 대한 공사대금채권을 지분에 따라 갖는다는 약정을 한 것은 무효가 아니다(대법원 2009다105406(전) 판결). 공동수급체의 경쟁업체를 낙찰자로 선정한 경우 낙찰자 선정무효 확인의 소는 보존행위(보존행위는 긴급을 요하는 경우가 많고 다른 합유자에게도 이익이 되는 것이 보통이므로 공유와 마찬가지로 일부 조합원이 단독으로 소를 제기할 수 있다. 민법 제272조 단서)로서 구성원 1인이 제기할 수 있다(대법원 2011다80449 판결). 합유자 중 일부가 사망한 경우 합유자 사이에 특별한 약정이 없는 한, 사망한 합유자의 지분은 나머지 합유자에게 귀속될 뿐 상속되는 것이 아니다(조합은 인적 신뢰관계가 중요하다고 보아 민법 제717조는 조합원의 사망을 탈퇴사유로 정하고 있다. 따라서 잔존합유자가 1인인 경우에는 잔존 합유자의 단독소유로 된다).

(4) 총유물의 경우

총유물에 대한 관리처분권은 총회에 있고, 사용수익권은 각 구성원에게 있다. 총유재산에 관한 소송은 비법인사단(민소법 제52조에 의하여 당사자능력이 인정된다)의 명의로 한다. 사단의 대표자가 총유재산의 보존행위로서 소를 제기하는 경우 공유나 합유와 달리 "보존행위는 각자가 할 수 있다"는 규정이 없으므로 총유물에 대하여는 보존행위 역시 정관이나 규약에 달리 정함이 없는 한, 사원총회의 결의에 의하여야 한다(민법 제275조 제2항, 제276조 제1항). 따라서 종중원들이 총회의 결의 없이 총유물에 관한 타인 명의의 소유권이전등기가 원인무효라고 주장하면서 보존행위로서 그 말소등기를 구하는 것은 부적법하다(대법원 2004다44971(전) 판결). 결의 방법은 사단법인 사원총회의 결의방법을 정한 민법 제75조를 유추 적용하여 사원 과반수의 출석과 출석 사원의 의결권의 과반수의 찬성을 얻어야 한다. 종중의 경우 소를 제기하기 위하여는 종중총회에서 제소에 대한 결의가 있었다는 회의록 등을 증거로 제출하여야 한다. 다만 단순한 채무부담행위에 불과한 경우(예컨대 부동산 중개수수료 약정, 대법원 2011다107900 판결)에는 총유물의 관리, 처분에 해당하지 아니하므로 총회의 결의를 요하지 않는다.

분열되기 전 교회(법인 아닌 사단의 경우)의 재산이 분열된 각 교회의 전체 구성원들에게 총유적으로 귀속되는 형태의 교회의 분열은 인정되지 아니한다(종전 판례는 교회의 분열 개념을 인정하였다. 판례는 사찰의 분열도 인정하지 않는다). 교인들이 교회를 탈퇴하여 그 교회 교인으로서의 지위를 상실한 경우 그 탈퇴가 개별적이든 집단적이든 종전 교회 재산은 잔존 교인들만의 총유에 속하고(종전 판례는 분열당시 총교인들의 총유에 속한다고 보았다), 다만 의결권을 가진 교인 2/3이상의 찬성으로(사단법인의 정관변경 요건을 정한 민법 제42조 제1항을 준용함) 교회가 소속 교단을 탈퇴하거나 다른 교단으로 변경한 경우, 종전 교회 재산은 탈퇴한 교회 소속 교인들만의 총유가 된다(대법원 2004다37775(전) 판결).

(5) 등기말소소송의 경우

등기부상 명의자가 아닌 자나 등기부상 이해관계 있는 제3자가 아닌 자를 상대로 한 등기의 말소절차이행을 구하는 소는 당사자적격이 없는 자를 상대로 한 소로서 부적법하다. 이행청구의 소에서는 원고가 이행청구의 상대방이라고 주장하는 자는 피고적격이 있는 것이 원칙이나 이 경우는 예외적으로 각하사유라고 본다.

(6) 공법상 당사자소송의 경우

행정소송에 속하는 항고소송의 피고는 그 처분을 행한 행정청(예컨대 세무서장, 경찰서장 등)이나 공법상 당사자소송의 피고는 권리의무의 귀속주체에 따라 국가 또는 지방자치단체이다. 여기서 공법상 당사자소송 사항인지 민사소송 사항인지 문제가 되는 경우가 있는데(특히 하천법과 관련하여 어려운 문제가 있다), 판례는 일반적으로 국세과오납금의 환급을 구하는 소송(부당이득반환청구소송)은 민사소송으로 보나 국세 중 부가가치세에 한하여 그 환급을 구하는 소송은 당사자소송으로 본다(대법원 2011다95564(전) 판결).

4. 관할법원

관할에 관하여 고려하기 전에 우선 민사소송 사항인지 가사소송 사항인지 결정해야 한다. 가사사건은 가사소송법 제2조 제1항에서 정하고 있는 사건과 동조 제2항에 따라 다른 법률 또는 대법원 규칙에서 가정법원의 권한으로 정한 사건이다. 공유물 분할청구소송은 민사소송으로서 형식적 형성의 소에 해당된다. 그러나 공유물이 상속재산인 경우에는 그 분할을 구하는 소(민법 제1013조. 상속재산분할청구의 소인데, 기여분과 특별수익에 관하여 심리를 하여 법정상속분과 다르게 분할할 수 있다는 점에서 공유물분할청구소송과 다르다)는 가사소송이므로 가정법원에 소를 제기해야 한다(따라서 공유물 분할청구소송의 경우 상속재산인지 여부를 확인해야 한다). 상속회복청구권 사건(민법 제999조)과 유류분반환청구 사건(민법 제1115조)은 민사사건이다. 재산분할청구권을 피보전권리로 한 채권자취소소송은 민법 제839조의3 제1항에 따른 가사사건이다(이에 반하여 재산분할 자체가 사해해위라고 주장하면서 그 취소를 구하는 경우에는 민사소송이다).

전속관할을 위반한 때에는 이송의 대상이 될 뿐만 아니라 그에 위반한 판결은 절대적 상소이유가 되므로 전속관할에 해당하는 사건인지 확인해야 한다. 특히 행정소송, 가사소송, 회사관계 소송, 도산관계 소송의 경우 전속관할인 경우가 대부분이고, 할부거래에 관한 법률 등 특별법에도 전속관할에 관한 규정이 있다. 다만 전속관할을 위반하여 소를 제기하였다고 하더라도 소 제기가 무효는 아니며 시효중단이나 제척기간 준수의 효과는 당초의 소 제기시에 발생한다. 법원의 관할은 소를 제기한 때를 표준으로 정한다(관할의 항정. 민소법 제33조).

토지관할은 피고의 주소지를 보통재판적으로 하나 원고를 위하여 민소법이 특별재판적을 규정하고 있는바, 부동산이 있는 곳(민소법 제20조 부동산에 관한 소에 부동산 매매대금청구 소송은 포함되지 않는다), 지참채무의 경우 의무이행지(민소법 제8조, 민법 제467조 제2항 참조. 이에 따라 통상 금전지급청구의 경우 원고의 주소지는 관할의 근거가 된다. 다만 채권자취소권의 가액배상의 경우 원고의 주소지는 의무이행지가 아니며, 등기 등 의사진술을 명하는 판결을 구하는 소송의 경우 변제를 요하지 아니하므로 원고 주소지는 재판적이 될 수 없다), 어음의 지급지, 대한민국에 주소가 없거나 주소를 알 수 없는 사람에 대한 재산권의 소의 경우 재산소재지, 불법행위지, 관련재판적(민소법 제8조 내지 제25조) 등이 그것이다.

관할의 합의가 있으면 합의내용에 따른 법원에 소를 제기해야 한다. 통상 관할합의 조항은 계약서 말미에 두는 경우가 많으므로 계약서를 유심히 살펴보아야 한다. 관할합의는 일정한 법률관계로 말미암은 소에 관하여 서면으로 하여야 한다(민소법 제29조 제2항). 일정한 법률관계가 아닌 포괄적 관할합의는 무효가 될 수도 있다. 관할합의 조항을 약관에 해당한다고 보아 약관의 규제에 관한 법률 제14조에 의하여 무효로 본 사례도 있다(대법원 98마863 결정). 지명채권과 같이 그 권리관계의 내용을 당사자가 자유롭게 정할 수 있는 경우에는 관할합의의 효력은 당해 권리관계의 특정승계인에게도 미친다(대법원 2005마902 결정). 다만 부동산에 관한 물권의 승계인에게는 미치지 않는다(대법원 94마536 결정. 따라서 부동산 양수인이 근저당권 부담부의 소유권을 취득한 특정승계인에 불과하다면 근저당권설정자와 근저당권자 사이에 이루어진 관할합의의 효력은 부동산 양수인에게 미치지 않는다). 관할합의에는 배타적 관할합의와 부가적 관할합의가 있으므로 어느 경우인지 확인해야 한다.

5. 소 제기의 적법성

소의 제기는 소송행위이므로 소송행위가 적법하기 위한 요건을 갖추어야 한다. 소송행위에 하자(행위주체상 하자, 행위주체의 의사상 하자, 내용 또는 방식상 하자로 나누어 볼 수 있다)가 있는 경우 무효가 될 수 있다(절차적 안정을 위해 소급효가 인정되는 취소는 허용되지 않음이 원칙이다). 법인, 비법인 사단, 재단 등을 위하여 소를 제기하는 경우 그 대표자에게 적법한 대표권이 없으면 소 제기는 부적법하다.

소송행위를 하게 하는 것을 주된 목적으로 하는 채권양도는 소송신탁을 금하고 있는 신탁법 제6조를 유추적용하여 무효라고 본다(대법원 98다47283 판결). 소송행위를 하게 하는 것이 주목적인지의 여부는 채권양도계약이 체결된 경위와 방식, 양도계약이 이루어진 후 제소에 이르기까지의 시간적 간격, 양도인과 양수인간의 신분관계 등 제반 상황에 비추어 판단하여야 할 것이다(대법원 2017다272103 판결). 이러한 채권양도를 통정허위표시로서 무효라고 주장한다면 위 신탁법 규정을 원용하는 것에 비해 입증하기가 더 어렵다.

Ⅱ. 소장의 기재사항

소장에는 당사자, 법정대리인, 청구취지와 청구원인 등 필수적 기재사항을 기재하여야 한다(민소법 제249조 제1항). 소송대리인의 성명과 주소, 사건명, 공격 또는 방어방법도 기재하나 이는 임의적 기재사항에 불과하다. 소장에는 준비서면에 관한 규정을 준용한다(민소법 제249조 제2항). 그밖에 소장에 첨부할 서류로는 소송목적의 값의 산정에 필요한 자료, 법정대리권·대표권의 자격을 증명하는 서면, 기본적 서증과 그 사본, 송달료납부서, 소장의 부본, 인지액을 현금납부한 경우 영수필통지서 및 영수필확인서 등이 있다.

제2절 형식적 기재사항

Ⅰ. 표 제

'소장'이라고 기재한다. 반소의 경우에는 '반소장'이라고 기재한다.

Ⅱ. 당사자

1. 당사자 본인

기판력이 미치는 인적 범위(강제집행의 주체 및 대상과 일치한다)를 확정하기 위하여 당사자를 특정할 필요가 있으므로 당사자의 성명과 주소를 정확하게 기재하여야 한다.

성명은 한글로 표시하고, 주민등록번호나 한자명을 괄호 안에 병기한다. 당사자의 주소는 당사자의 특정을 위해서 뿐만 아니라 토지관할의 결정과 송달장소의 지정을 위해 중요하므로 도로명주소법에 따라 빌딩의 이름과 호실이나 아파트의 동, 호수까지 정확히 기재하여야 한다. 송달 이외의 방법으로도 신속한 연락이 가능하도록 전화번호 등 연락처를 기재하여야 한다(규칙 제2조 제1항 제2호 참조).

소송서류가 송달되어야 소송이 진행되므로 송달은 매우 중요한 의미를 가진다. 소송무능력자에 대하여는 법정대리인에게, 교도소나 구치소에 유치된 사람에게는 교도소장이나 구치소장에게 송달한다. 피고의 소재가 불명인 때에는 소장 제출과 동시에 공시송달신청을 하고(아래 기재례 ② 참조), 공시송달의 요건을 소명할 자료(예컨대 주민등록 말소자료)를 제출한다. 가사사건의 경우 가족관계등록부의 기재에 영향을 미칠 수 있으므로 등록기준지(종전에는 호적의 본적지였다)도 병기한다(아래 기재례 ③ 참조). 당사자가 성명 이외에 예명, 외국명 등을 사용하는 때에는 그것을 별도로 표시한다(아래 기재례 ④ 참조). 당사자가 다수일 때에는 일련번호를 붙이되 중복기재는 피한다(아래 기재례 ⑤ 참조).

기재례 • • •

① 원 고 김갑수(631108-1192415)
서울 강남구 늘벗길 19, 12동 21호(대치동, 삼호아파트)

② 피 고 최남식(崔南植)
최후주소 서울 강남구 봉은사로 17길 2

③ 원 고 김갑동(511010-1048231)
서울 서초구 명달로 9길 29-3
서울구치소 수감중
등록기준지 대전 서구 둔산로 10

④ 피 고 안운영(800115-2577497), 미국명 신다(SYNDA)

⑤ 피 고 1. 최남식
2. 김갑동
피고들 주소 서울 강남구 도산대로 20길 254

당사자가 법인이나 기타 단체일 때에는 상호 또는 명칭과 본점 또는 주사무소의 소재지(이 곳이 민소법 제5조에 따라 보통재판적이다)를 기재한다. 만일 등기기록상의 본점 또는 사무소가 실제와 다를 때에는 이를 표시하여야 한다. 여기서 유의할 점은 법인에 대한 송달은 본점 또는 주사무소의 소재지(법인의 보통재판적이다)가 아니라 대표이사의 주소지로 함이 원칙이라는 것이다(민소법 제64조 참조, 이에 대하여는 후술함). 또한 공시송달을 위해서는 법인 사무소뿐만 아니라 대표이사 주소로도 송달을 한 결과 송달불능이어야 한다(납세의무자인 회사의 본점 소재지에서 송달불능인 납세고지서를 대표이사의 법인 등기부에 기재된 주소지로 송달하여 보지 않은 채 공시송달을 한 것은 효력이 없다. 대법원 90누868 판결).

기재례 • • •

⑥ 피 고 갑을산업 주식회사
서울 종로구 삼청로 8길 237
송달장소 서울 중구 을지로 404

소송의 목적이 된 권리 또는 권리관계에 관한 실체법상의 주체가 아니면서 법률의 규정에 의하여 관리권을 가지게 되어 그 자격에서 당사자가 되는 선정당사자(합동행위설에 따라 선정자명부에 피선정자 본인도 포함시키는 것이 일반적이다), 파산관재인(채무자회생 및 파산에 관한 법률 제 359조. 2인 이상이 선임된 경우 필수적 공동소송관계에 있다), 관리인(동법 제78조), 상속재산관리인, 유언집행자 등 이른바 제3자소송담당의 경우 당사자 표시에 이를 기재한다(아래 기재례 ⑦ 참조). 조합의 업무집행조합원이 조합원들로부터 임의적 소송신탁을 받아 조합재산에 관하여 소송을 하는 경우에도 그 자격을 표시한다(아래 기재례 ⑧ 참조). 다만 채권자대위권을 행사하는 채권자나 추심권을 행사하는 채권자의 경우 소송담당 관계를 표시하지 아니하고 그 제3자만을 원고로 표기하는 것이 실무관행이다.

기재례 • • •

⑦ 원 고 채무자 ○○○의 파산관재인 ○○○
원 고 망 ○○○의 유언집행자 ○○○
원 고(선정당사자) ○○○
⑧ 원 고 동백홍농계의 업무집행조합원 ○○○

2. 법정대리인

법정대리인은 실체법상 법정대리인과 절차법상 법정대리인(특별대리인이라고 한다)으로 나눌 수 있는데, 실체법상 법정대리인에는 대리권의 발생이 본인의 의사에 기하지 않는 경우로서 법률의 규정에 의한 친권자, 후견인과 법원 등 제3자의 선임에 의한 부재자재산관리인, 상속재산관리인 등이 있다. 민법상 후견에는 미성년후견(제928조), 성년후견(제9조), 한정후견(제12조), 특정후견(제14조의2)이 있다. 누가 법정대리인이 되는가는 민법 등 실체법에 따른다. 법정대리인은 송달을 받을 자(민소법 제179조)로서 소장의 필요적 기재사항이다.

소송절차 진행 중 법정대리권이 소멸한 경우에는 본인 또는 대리인이 상대방에게 소멸한 사실을 통지하지 아니하면 소멸의 효력을 주장하지 못한다(민소법 제63조 전문). 이 규정의 취지는 법인(법인 아닌 사단도 포함) 대표자의 대표권이 소멸하였다고 하더라도 당사자가 그 대표권의 소멸 사실을 알았는지의 여부, 모른 데에 과실이 있었는지의 여부를 불문하고 그 사실의 통지 유무에 의하여 대표권의 소멸 여부를 획일적으로 처리함으로써 소송절차의 안정과 명확을 기하기 위함에 있으므로 법인 대표자의 대표권이 소멸된 경우에도 그 통지가 있을 때까지는 다른 특별한 사정이 없는 한 소송절차상으로는 그 대표권이 소멸되지 아니한 것으로 보아야 하므로 대표권 소멸 사실의 통지가 없는 상태에서 구 대표자가 한 소취하는 유효하고, 상대방이 그 대표권 소멸 사실을 알고 있었다고 하여 이를 달리 볼 것은 아니다(대법원 95다52710(전) 판결). 다만 법원에 법정대리권의 소멸 사실이 알려진 뒤에는 민소법 제56조 제2항의 소송행위(소의 취하, 화해, 청구의 포기 · 인낙, 독립당사자참가소송에서의 탈퇴)를 하지 못한다(동조 후문). 위 민소법 제63조의 규정은 소송대리인의 경우에도 적용된다(민소법 제97조).

법정대리권에 흠이 있을 때에는 법원은 기간을 정하여 이를 보정하도록 명하여야 하며, 만일 보정하는 것이 지연됨으로써 손해가 생길 염려가 있는 경우에는 법원은 보정하기 전에 법정대리인으로 하여금 일시적으로 소송행위를 하게 할 수 있다(민소법 제59조). 법정대리권에 흠이 있는 사람이 소송행위를 한 뒤에 보정된 당사자나 법정대리인이 이를 추인한 경우에는 그 소송행위는 이를 한 때에 소급하여 효력이 생긴다(민소법 제60조). 위 민소법 제59조, 제60조의 규정은 소송대리인의 경우에도 적용된다(민소법 제97조).

미성년자가 소송 중에 성년자가 되었다면 소송대리인이 있는 경우 민소법 제238조에 따라 소송절차는 중단되지 아니하나, 소송대리인이 없어 법정대리인이 소송행위를 한 경우에는 민소법 제235조에 따라 소송절차는 중단되고 성년이 되어 소송능력을 회복한 본인이 소송절차를 수계하여야 한다.

법정대리인의 표시는 당사자 표시 중 주소 바로 아래에 소송법상 또는 실체법상의 대리자격을 표시한 다음 법정대리인의 성명과 주소를 기재하는 방법으로 한다. 다만 법정대리인의 주소가 본인과 같은 경우에는 법정대리인의 주소는 기재할 필요가 없다.

기재례 • • •

① 원 고 김을동(901102-1044321)
서울 (이하 생략)
미성년자이므로 법정대리인 친권자 부 김갑병, 모 이장순

② 원 고 김을동(600311-1047821)
서울 (이하 생략)
피성년후견인이므로 법정대리인 성년후견인 김갑병
서울 (이하 생략)

소송법상의 특별대리인은 수소법원이 민소법의 규정에 의하여 선임하는 법정대리인이다. 민소법이 규정하고 있는 특별대리인은 다음과 같다. ① 미성년자 · 피한정후견인 또는 피성년후견인이 당사자인 경우, 그 친족, 이해관계인(미성년자 · 피한정후견인 또는 피성년후견인을 상대로 소송행위를 하려는 사람을 포함한다), 대리권 없는 성년후견인, 대리권 없는 한정후견인, 지방자치단체의 장 또는 검사는 다음 각 호의 경우에(제1호 법정대리인이 없거나 법정대리인에게 소송에 관한 대리권이 없는 경우, 제2호 법정대리인이 사실상

또는 법률상 장애로 대리권을 행사할 수 없는 경우, 제3호 법정대리인의 불성실하거나 미숙한 대리권 행사로 소송절차의 진행이 현저하게 방해받는 경우) 소송절차가 지연됨으로써 손해를 볼 염려가 있다는 것을 소명하여 수소법원에 특별대리인을 선임하여 주도록 신청할 수 있다(민소법 제62조 제1항). ② 법인 또는 법인 아닌 사단·재단의 대표자나 관리인이 없거나 대표권을 행사할 수 없는 경우(민소법 제64조) 위 제62조 규정을 준용한다. ③ 증거보전절차에서 상대방을 지정할 수 없는 경우 법원은 상대방이 될 사람을 위하여 특별대리인을 선임할 수 있다(민소법 제378조). 판례(대법원 91다25208 판결)는 법인이 아닌 사단과 대표자 사이에 이익이 상반되는 사항에 관한 소송행위에도 실체법(민법 제64조)에 의한 특별대리인이 아닌 소송법상의 특별대리인을 선임하도록 하고 있다.

3. 법인 등의 대표자

법인이나 당사자능력이 인정되는 사단 또는 재단의 대표자는 민소법 제64조에 따라 법정대리인과 같이 취급되므로 소장의 필요적 기재사항이다. 적법한 대표권이 있는지 여부는 직권조사사항이다. 대표자의 자격에 관하여 법률에 규정이 있는 경우에는 그 법률상의 직명을 기재한다.

법인 등의 경우 송달받을 사람은 법인 등의 대표자이므로 송달의 편의를 위해서는 그 대표자의 주소를 기재함이 타당할 것이나 실무상으로는 통상 기재하지 않는다. 이와 관련하여 송달예규 제8조는 그 대표자의 주소지로 송달함이 원칙이지만 다만 법인의 본점소재지도 적법한 송달장소이므로 당사자가 소장에 이를 표시하지 아니한 경우에는 법인등기부 등에 나타난 법인의 주소지로 송달을 실시할 수 있다고 규정하고 있다.

기재례 • • •

① 원 고 주식회사 갑병산업
서울 (이하 생략)
대표이사 김갑수

② 피 고 합자회사 을지무역
서울 (이하 생략)
대표자 무한책임사원 김갑수

③ 원 고 학교법인 영훈학원
서울 (이하 생략)
대표자 이사장 최남식

④ 피 고 대한석탄공사
서울 (이하 생략)
대표자 사장 김갑수

당사자가 국가나 지방자치단체일 때에는 대표자의 자격과 성명만을 표기한다. 대한민국의 법률상 대표자는 법무부장관이다(국가를 당사자로 하는 소송에 관한 법률 제2조). 지방자치단체의 법률상 대표자는 지방자치단체의 장이나(예컨대 서울특별시의 경우 대표자는 시장이다) 교육・학예(교육, 과학, 기술, 체육 등)에 관한 소관사무로 인한 소송에 대하여 당해 시・도를 대표하는 자는 교육감(지방교육자치에 관한 법률 제2조, 제18조 제2항. 아래 기재례 ⑥ 참조)이다.

기재례 • • •

⑤ 피 고 대한민국
법률상 대표자 법무부장관 ○○○

⑥ 피 고 경기도
대표자 교육감 ○○○

4. 임의대리인

(1) 소송대리인은 소송상의 대리인 중에 포괄대리인에 속하는 임의대리인이다. 따라서 소송대리권은 제한하지 못한다(민소법 제91조 본문). 다만 변호사가 아닌 소송대리인에 대하여는 그러하지 아니하다(동조 단서). 소송대리인의 권한은 서면으로 증명하여야 한다(민소법 제89조 제1항). 여러 소송대리인이 있는 때에는 각자가 당사자를 대리한다(개별대리의 원칙. 민소법 제93조 제1항). 당사자가 이에 어긋나는 약정을 한 경우 그 약정은 무효이다

(동조 제2항).

소송대리인은 위임을 받은 사건에 관하여 반소에 대한 응소, 참가에 대한 응소, 강제집행, 가압류, 가처분에 관한 소송행위 등 일체의 소송행위와 변제의 영수를 할 수 있다(민소법 제90조 제1항). 소송대리인은 각 호의 사항(제1호 반소의 제기, 제2호 소의 취하, 화해, 청구의 포기 · 인낙 또는 제80조의 규정에 의한 독립당사자참가소송에서의 탈퇴, 제3호 상소의 제기 또는 취하, 제4호 대리인(복대리인을 의미한다)의 선임)에 대하여는 특별한 권한을 따로 받아야 한다(특별수권사항. 동조 제2항). 소송대리권은 특별한 의사표시가 없는 이상 당해 심급에 한한다(심급대리의 원칙). 따라서 소송대리권은 당해 소송의 판결이 소송대리인에게 송달됨으로써 종료한다. 상급심급에서 다시 소송을 수행하기 위하여는 그 심급의 소송대리권을 따로 수여받아야 한다. 특별수권이 없더라도 패소 판결을 받은 경우 소송대리인은 의뢰인에게 판결 내용과 상소하였을 때의 승소가능성 등에 대하여 구체적으로 조언해야 할 선관주의 의무가 있다(대법원 2004다7354 판결. 이 판결의 사안은 계산상의 잘못이 있는 경우이다).

소송대리인의 사실상 진술은 당사자가 이를 곧 취소하거나 경정한 때에는 그 효력을 잃는다(당사자의 경정권. 민소법 제94조).

소송대리권은 다음 각 호(제1호 당사자의 사망 또는 소송능력의 상실, 제2호 당사자인 법인의 합병에 의한 소멸, 제3호 당사자인 수탁자의 신탁임무의 종료, 제4호 법정대리인의 사망, 소송능력의 상실 또는 대리권의 소멸 · 변경)에 해당하더라도 소멸되지 아니한다(민소법 제95조). 위 사유들은 원래 소송절차의 중단사유에 해당하지만(민소법 제233조 내지 제237조) 소송대리인이 있으면 중단의 효과가 생기지 않으며(민소법 제238조), 소송대리인은 수권자의 승계인 등 후에 소송수계인이 될 사람의 대리인으로서 소송을 수행할 수 있다. 다만 이와 같은 소송절차의 중단 사유가 생긴 때에는 소송대리인은 그 사실을 법원에 서면으로 신고하여야 한다(규칙 제61조).

위에서 본 바와 같이 당사자가 사망하더라도 소송대리인의 소송대리권은 소멸하지 아니하므로 원고가 소송대리인에게 소송위임을 한 다음 소 제기 전에 사망하였는데, 소송대리인이 원고가 사망한 것을 모르고 그 당사자를 원고로 표시하여 소를 제기하였다면 이러한 소의 제기는 적법하고, 시효중단 등 소제기의 효력은 상속인들에게 귀속한다. 이 경우 민소법 제233조 제1항이 유추적용되어 사망한 사람의 상속인들은 그 소송절차를 수계하여야 한다(대법원 2014다210449 판결).

소송대리인은 실제의 소송수행자를 명백히 하고, 송달을 용이하게 하기 위하여 요구되는 임의적 기재사항으로 소송대리인의 성명과 주소 외에 연락 가능한 전화번호, 팩스번호, 전자우편번호도 기재하여야 한다. 소액사건 등 소송대리인이 변호사가 아닌 경우(소가가 1억 원 이하인 사건에 대하여 비변호사 소송대리가 허용되는데, 다만 법원의 허가를 받아야 한다. 민소법 제88조)에는 자격을 기재할 필요는 없다(아래 기재례 ② 참조). 법무법인인 경우에는 담당변호사도 기재한다.

기재례 • • •

① 원 고 김갑수
서울 (이하 생략)
소송대리인 법무법인 ○○
담당변호사 ○○○
서울 (이하 생략)
전화 : 팩스 : 전자우편 :

② 원 고 남인수
서울 (이하 생략)
소송대리인 ○○○
서울 (이하 생략)

판례에 의하면 소송대리권은 파기 환송 후에는 부활하나 파기 환송 후 재상고심이나 재심 전후로는 부활하지 않는다.

(2) 소송대리권이 위임에 의하지 않고 법률의 규정에 의하여 발생하는 경우에는 그 지위, 자격을 기재하고 주소는 기재하지 않는다. 여기에는 상법상의 지배인(상법 제11조, 업무에 관한 포괄적 대리권의 일부로서 소송대리권을 갖는다), 농업협동조합중앙회의 대리인, 국가를 당사자로 하는 소송에 있어서의 소송수행자(지정대리인이라고 하는데, 소송대리인 선임권은 없다), 선장(상법 제749조) 등이 있다. 각종 특수법인(한국산업은행, 중소기업은행 등)의 등기된 대리인도 이에 속한다. 법원은 지배인·선장 등 법률상 소송대리인의 자격 또는 권한을 심사할 수 있고, 그 심사에 필요한 때에는 그 소송대리인, 당사자 본인 또는 참고인을 심문하거나 관련 자료를 제출하게 할 수 있다(규칙 제16조 제1항).

기재례 • • •

③ 원　고　○○○○ 주식회사
　　　　　서울 (이하 생략)
　　　　　대표이사 ○○○
　　　　　지배인 ○○○

④ 원　고　중소기업은행
　　　　　서울 (이하 생략)
　　　　　대표자 은행장 ○○○
　　　　　법률상 대리인 ○○○

Ⅲ. 사건의 표시

사건명은 청구취지를 바탕으로 청구의 내용을 간단, 명확하게 지칭하는 역할을 한다. 이에 기해 법원이 사건번호(접수연도 다음에 합의사건의 경우 '가합', 단독사건의 경우 '가단', 소액사건의 경우 '가소'이라고 표시한다)와 더불어 사건명을 부여하는데, 한번 부여된 사건명은 소 제기시부터 사건의 내용과 부합하지 않거나 청구의 변경 등으로 사후적으로 사건의 내용과 부합하지 않게 되더라도 사건의 종국에 이르기까지 그대로 사용된다. 다만 잘못이 있음이 분명한 때에 한하여 재판장의 허가를 받아 정정할 수 있다.

기재례 • • •

대여금 청구의 소, 토지인도 청구의 소, 소유권 확인 청구의 소

수 개의 청구가 병합된 경우에는 대여금 등 청구의 소와 같이 주된 청구 하나만을 적고 '등'자를 붙인다.

통상 손해배상사건에서 법원이 사건명을 기재할 때에는 자동차손해배상보장법에서 정한 자동차 등으로 인한 손해배상청구는 '손해배상(자)'로, 근로자의 업무상재해로 인한 손해배상청구는 '손해배상(산)'으로, 의료과오로 인한 손해배상 청구는 '손해배상(의)'로, 공해로 인한 손해배상청구는 '손해배상(공)'으로, 지적소유권 침해로 인한 손해배상청구는 '손해배상(지)' 등으로 구분하여 표시한다.

제3절 소장의 심사

Ⅰ. 접수사무관 및 참여사무관에 의한 심사

소장의 심사는 원칙적으로 재판장의 권한이다(민소법 제254조). 다만 소장 접수 단계의 소장 심사는 접수담당 법원사무관 등과 참여사무관에게 그 권한 일부가 위임되어 있다. 그렇다고 하더라도 소장의 적법 여부를 판단할 정식의 권한은 어디까지나 재판장이 가지는 것이므로 접수사무관 등이 하는 심사는 재판장을 보조하는 의미에 그친다. 소송 인지의 확인은 접수사무관 등의 업무가 되었지만(민사소송 등 인지규칙 제2조 제1항) 접수사무관 등은 접수된 소송서류의 보완을 위해 필요한 사항을 지적하고 보정을 권고할 수 있을 뿐(규칙 제5조 제3항), 당사자, 그 밖의 소송관계인이 제출하는 소송서류의 접수를 정당한 이유 없이 거부하여서는 아니 된다(동조 제2항).

인지 보정을 명할 권한은 재판장에게 있지만 2014. 12. 30. 민소법 개정으로 재판장은 법원사무관 등으로 하여금 보정명령을 하게 할 수 있도록 하였다(민소법 제254조 제1항). 법원사무관 등은 민소법 제249조 제1항의 규정에 어긋나는 경우에도 자신의 명의로 보정명령을 할 수 있다(따라서 주소보정명령도 할 수 있다).

Ⅱ. 재판장의 보정명령과 소장각하명령

소장에 필수적 기재사항이 누락되어 있거나 법정의 인지를 붙이지 아니한 경우에는 재판장은 상당한 기간을 정하여 보정을 명하여야 한다(민소법 제254조 제1항). 보정명령은 보정할 사항(예컨대 흠의 내용, 부족인지의 액수 등)을 명시하여야 한다. 재판장의 보정명령에 대하여는 이의신청이나 항고 등으로 독립하여 불복할 수 없고(대법원 94다39086 결정), 소장각하명령 후 비로소 이의할 수 있을 뿐이다.

원고가 보정명령에서 정해진 기간 내에 소장의 흠을 보정하지 아니한 때에는 재판장은 명령으로 소장을 각하하여야 한다(동조 제2항). 다만 기간 경과 후라도 각하명령 전에 보정하면 각하명령을 할 수 없다. 재판장의 소장각하명령권은 소송계속이 되면 소멸한다. 즉 소장이 피고에게 송달되어 소송계속이 이루어지게 되면 명령에 의한 소장각하를 할 수 없고, 종국판결로 소를 각하할 수 있을 뿐이다.

법인에 대한 소송 서류의 송달은 앞서 본 바와 같이 그 대표자의 주소·거소에 하는 것이 원칙이지만 법인의 영업소나 사무소에서도 할 수 있다. 따라서 법인인 피고의 대표자의 주소지가 아닌 소장에 기재된 피고의 주소지로 발송하였으나 이사불명으로 송달불능된 경우에 있어 원칙으로 돌아가 소제기 시에 제출된 법인등기부등본 등에 나타나 있는 피고의 대표자의 주소지로 소장 부본 등을 직권으로 조사하여 송달하여 보고, 그 곳으로도 송달되지 않을 때에 비로소 주소보정을 명하여야 할 것이다. 따라서 제1심 재판장이 법인의 주소지로만 소장부본을 송달한 후 송달불능되었다는 이유만으로 주소보정을 명하고, 원고가 피고의 주소를 보정하지 않았다고 하여 소장각하명령을 한 것은 위법하다(대법원 97마600 결정).

재판장은 소장을 심사하면서 필요하다고 인정하는 경우에는 원고에게 청구하는 이유에 대응하는 증거방법을 구체적으로 적어 내도록 명할 수 있으며, 원고가 소장에 인용한 서증의 등본 또는 사본을 붙이지 아니한 경우에는 이를 제출하도록 명할 수 있는데(동조 제4항), 다만 이러한 실질적인 사항에 대한 재판장의 보정명령은 위 인지보정 등에 대한 보정명령과 달라서 그 보정명령에 따르지 않았다고 하더라도 소장을 각하할 수 있는 것은 아니다.

보정명령 불이행을 이유로 한 소장각하명령에 대하여는 즉시항고를 할 수 있다(동조 제3항). 소장의 적법 여부는 각하명령을 한 때를 기준으로 판단하여야 하므로 원고가 즉시항고를 제기하고 동시에 부족한 인지를 추가로 붙였다고 하더라도 그 하자가 치유되지 않는다(대법원 95두61 결정). 소장각하명령이 확정되면 원고에게 인지의 2분의 1을 환급해 준다(민사소송 등 인지법 제14조 제1항 제1호).

제4절 소장부본의 송달

Ⅰ. 총 설

법원은 소장의 부본(副本)을 특별한 사정이 없으면 바로 피고에게 송달하여야 한다(민소법 제255조 제1항, 규칙 제64조 제1항). 소장부본을 송달할 때에는 답변서 미제출시 무변론판결이 가능함을 알리는 내용이 포함된 소송절차안내서를 함께 송달한다.

피고에게 소장의 송달로 소송계속의 효과가 발생하고, 동일사건의 소송계속이 금지된다(중복제소 금지. 민소법 제259조). 동시에 소장에 기재된 최고, 해제, 해지 등 실체법상 의사표시의 효력이 발생한다(이에 반하여 시효의 중단이나 법률상 기간 준수의 효력은 소 제기 시에 발생한다. 민소법 제265조). 채권자대위권 행사의 효과는 채무자에게 귀속되는 것이므로 채권자대위소송의 제기로 인한 소멸시효의 중단 효과 역시 채무자에게 생긴다(대법원 2010다80930 판결. 피대위채권의 소멸시효가 중단된다는 취지이다).

소장의 부본을 송달할 수 없는 경우에는 위 보정명령에 준하여 원고에게 상당한 기간을 정하여 주소보정을 명하고, 원고가 이에 응하지 아니한 때에는 명령으로 소장을 각하한다(민소법 제255조 제2항). 만일 원고에 대한 보정명령이 송달불능되었다면 송달불능 사유에 따라 재송달하거나 직권으로 발송송달 또는 공시송달하면 된다. 각하명령이 송달된 후에 주소를 보정하는 것은 즉시항고 사유가 되지 아니한다.

Ⅱ. 소장부본이 송달 불능된 경우의 주소 보정 방법

① 수취인 부재의 경우

송달받을 본인이 장기여행 중이거나 군 입대, 교도소 수감 등으로 송달을 받을 수 없는 경우이다. 이때에는 여행지(또는 여행에서 돌아올 때까지 송달을 보류함)나 군부대, 교도소의 주소를 알아내어 보정한다.

② 폐문부재의 경우

문을 잠그고 아무도 집에 없는 경우이다. 이때에는 같은 장소로 재송달을 신청하거나 집행관에 의한 주간 또는 야간 특별송달을 신청한다. 폐문부재만으로는 공시송달 사유가 되지 못한다(대법원 2011마1154 결정).

③ 수취인 불명의 경우

송달장소에서 송달받을 사람을 전혀 찾을 수 없는 경우이다. 이때에는 새로운 송달장소를 알아내 보정하거나 송달장소를 알 수 없는 경우에는 공시송달을 신청한다. 공시송달을 신청할 때에는 그 사유를 소명하여야 하는데(민소법 제194조 제2항), 일반적으로 주민등록표 등본 및 통·반장의 불거주증명에 의하여 상대방이 주민등록지에 거주하지 않는다는 내용을 소명하거나 주민등록 직권말소 증명에 의하여 주민등록지가 없음을 소명한다. 공시송달은 재판장의 명령으로 행해지므로(다만 2014. 12. 30. 민소법 개정으로 법원사무관 등도 공시송달을 할 수 있게 되었다. 민소법 제194조 제1항) 요건에 흠이 있더라도 유효한 송달로 본다. 따라서 잘못된 공시송달명령에 따라 심리가 진행되어 패소한 경우 송달받을 사람은 선택에 따라 추완보완항소(민소법 제173조) 또는 재심에 의하여 구제받을 수 있다.

④ 주소 불명의 경우

번지 기재가 누락되거나 아파트의 동·호수를 기재하지 않은 등으로 송달장소를 찾을 수 없는 경우이다. 이때에는 정확한 주소를 알아내 보정한다.

⑤ 이사 불명의 경우

송달받을 사람이 이사하였으나 그 이사한 곳을 알 수 없는 경우이다. 이때에는 이사한 곳의 주소를 알아내 보정하거나 이를 알 수 없는 경우에는 공시송달을 신청한다.

Ⅲ. 판결의 편취

판결의 편취란 당사자가 상대방의 주소 등에 관하여 악의로 상대방이나 법원을 속여 부당한 내용의 판결을 받는 것을 말한다(이렇게 취득한 판결을 사위(詐僞)판결이라 한다). 그 예를 보면 ① 다른 사람의 성명을 모용하는 경우 ② 소취하 합의에 의하여 피고 불출석의 원인을 만들어 놓고 원고가 소취하를 함이 없이 자신만이 출석하여 피고의 불출석을 이용하여 승소판결을 받은 경우 ③ 피고의 주소를 알고 있음에도 불구하고 소재 불명으로 법원을 속여 공시송달로 재판이 진행되게 함으로써 피고 모르게 승소판결을 받은 경우 ④ 소장에 피고의 주소를 거짓으로 적어 그 주소로 소장부본을 송달케 하여 실제로 피고가 아닌 원고나 그 하수인이 송달받도록 함으로써 무변론으로 인한 자백간주판결(원고 승소 판결)을 받은 경우 등이다. 각각의 효과와 구제방법에 관하여는 재심 부분에서 후술한다.

제 2 장 청구취지

제1절 총 설

청구취지는 원고가 소장에서 소송의 목적인 권리 또는 법률관계에 관하여 어떠한 내용과 범위의 판결을 구하는지를 간략하고 명확하게 기재하는 것으로서 소송의 핵심적인 결론부분에 해당한다. 판결의 주문에 대응하는 소장의 필요적 기재사항으로서 판결 주문의 기재 방식에 따르면 된다. 통상 소송비용에 관한 재판과 가집행선고도 구한다고 기재하나 이는 원고의 신청이 없어도 법원이 직권으로 행하는 것이므로 본래적 의미의 청구취지는 아니다.

청구취지는 청구의 내용과 범위를 확정할 수 있도록 명확하게, 그리고 무색투명한 추상적 표현을 사용하여 기재하여야 한다. 해석상 오해의 소지가 있으면 안 된다. 내용이 복잡한 경우에는 별표나 별지 목록을 사용하는 것이 바람직하다. 강제집행 단계에서 집행 목적물의 범위를 인식함에 어려움이 없도록 적절히 특정하여야 한다. 토지나 건물에 관하여 소 제기 단계에서 목적물을 특정하기 어려운 때에는 대강의 도면을 사용하여 표기하였다가 추후 검증, 감정을 통해 그 결과에 맞춰 청구취지를 정리하면 된다.

토지 소유자가 1필 또는 수필의 토지 중 지분이 아닌 일정 면적의 소유권을 상대방에게 양도하기로 하는 계약을 체결한 경우, 상대방이 토지소유자에 대하여 구체적으로 어떤 내용의 권리를 가지는지는 원칙적으로 계약 내용의 해석문제로 귀착되는 것이지만 위치와 형상이 중요시되는 토지의 특성 등을 감안해 볼 때 특별한 사정이 없는 한, 공유관계 설정에 관한 합의가 있었다고 볼 것이 아니라 위치가 특정된 일정 면적의 토지 소유권을 양도받을 수 있는 권리를 가지는 것으로 보아야 한다. 따라서 위와 같은 계약에서 정한 양도받을 토지의 위치가 확정되지 아니하였다면 상대방이 토지 소유자에게 가지는 채권은 민법 제380조에서 정한 선택채권(선택권은 원칙적으로 채무자에게 있다)에 해당하는 것으로 보아야 한다(대법원 2010다16090 판결).

소를 제기함에 있어 수 개의 청구를 단순 병합하거나 선택적 또는 예비적으로 병합하여 제기할 수 있고, 1개의 소로써 다수인을 상대로 소(공동소송)를 제기할 수도 있다(주관적 예비적 병합도 허용된다). 논리적으로 전혀 관계가 없어 순수하게 단순병합(모든 청구의 전부 인용이 가능하다)으로 구하여야 할 수 개의 청구를 선택적 또는 예비적으로 병합하여 청구하는 것은 부적법하다(단순 병합인지, 선택적 병합인지, 예비적 병합인지는 당사자의 주관적 의사가 아닌 객관적 성질, 즉 양립가능한지 여부에 의하여 결정된다). 만일 원고가 그와 같은 형태로 소를 제기한 경우에는 법원이 소송지휘권을 행사하여 단순병합으로 청구취지를 정정시켜야 할 것이다(이에 따라 인지도 추가납부토록 하여야 한다). 만일 법원이 이러한 조치를 취함이 없이 본안판결을 하면서 그 중 하나의 청구에 대하여만 인용하고, 나머지 청구에 대한 판단을 생략하는 판결을 하였는데, 이에 대하여 피고만이 항소한 경우에는 어떻게 될 것인가. 제1심 법원이 심리 판단한 부분만이 항소심으로 이심될 뿐, 나머지 부분은 여전히 제1심에 남아 있게 된다(재판의 누락에 해당하여 제1심 법원의 추가판결 대상이 된다. 대법원 2005다51495 판결).

제2절 소송별 청구취지

Ⅰ. 이행소송

1. 이행을 구하는 의무의 내용을 명확하고 간결하게 표시한다. 이행할 채무의 법적 성질이나 발생원인은 청구원인으로 특정하고, 청구취지에서는 표시하지 않는다. 다만 가사소송에서는 '위자료로서' 또는 '재산분할로서'와 같이 이행할 채무의 종류를 청구취지에 기재한다.

기재례 • • •

1. (생략)
2. 피고는 원고에게 위자료로서 5천만 원 및 이에 대한 이 사건 소장 부본 송달 다음날부터 다 갚는 날까지 연 12%의 비율에 의한 금원을 지급하라.
3. 피고는 원고에게 재산분할로서 1억 원 및 이에 대한 이 판결 확정 다음날부터 다 갚는 날까지 연 5%의 비율에 의한 금원을 지급하라.

2. 금원지급청구

(1) 기본형은 다음과 같다.

기재례 • • •

① 피고는 원고에게 100,000,000원을 지급하라.

② 피고들은 원고에게 1억 원을 지급하라.

③ 피고들은 연대하여(각자, 합동하여) 50,000,000원을 지급하라.

④ 피고는 원고에게 10,000,000원 및 이에 대한 2014. 5. 1.부터 다 갚는 날까지(또는 완제일까지) 연 20%의 비율에 의한 금원을 지급하라.

특정물의 매매에 있어서 매수인의 대금지급채무가 이행지체에 빠졌다 하더라도 그 목적물이 매수인에게 인도될 때까지는 매수인은 매매대금의 이자를 지급할 필요가 없는 것이므로(민법 제587조 후문 참조), 그 목적물의 인도가 이루어지지 아니하는 한, 매도인은 매수인의 대금지급의무 이행의 지체를 이유로 매매대금의 이자 상당액의 손해배상청구를 할 수 없다(대법원 95다14190 판결). 따라서 매매대금의 이자 상당 지연손해금을 청구하기 위하여는 매매목적물을 인도한 사실을 주장・입증하여야 한다. 즉 매수인은 대금을 완납해야 매도인에게 지체책임을 물을 수 있고, 매도인도 목적물을 인도해야 매수인에게 지체책임을 물을 수 있다는 것이다.

(2) "피고들은 원고에게 1억 원을 지급하라"는 청구취지는 민법 제408조의 분할채무의 원칙이 적용되어 청구금액을 피고별로 균분하여 지급하라는 의미이다. 2인 이상의 피고에 대하여 금전 지급을 구할 때 중첩관계가 없는 경우에는 '각'을 사용하고("피고 1, 2는 원고에게 각 1억 원을 지급하라"와 "피고 1, 2는 원고에게 2억 원을 지급하라"는 같은 의미이다), 중첩관계가 있는 경우에는 '각자', '연대하여', '합동하여' 등의 표시를 하여 피고들의 상호관계를 명확히 하여야 한다. 또한 피고들별로 금액이 달라 중첩되는 부분과 중첩되지 아니하는 부분이 있는 경우에는 이를 명확히 하여야 한다.

여기서 '각자'는 불가분채무, 부진정연대채무, 보증채무의 경우 사용된다. '각자'라는 문구에 관하여는 '각'이라는 문구와의 구별이 어려워 주문의 명료성에 의문이 있을 수 있어, '각자' 대신에 '공동하여'라는 문구를 사용함이 상당하다는 견해도 있다. 연대보증의 경우에는 '연대하여'라고 기재한다. '합동하여'는 어음・수표법상 인정되는 채무관계인데(어음법 제47조, 수표법 제43조), 연대채무와 비교하여 보았을 때 우선 발생원인을 달리하고, 부담부분이 없으며, 채무자 중 1인이 변제하였을 경우 그 자와 그 후자의 채무만 소멸하며(다만 약속어음의 발행인, 환어음의 인수인 등 주채무자가 변제한 경우에는 모든 채무자의 채무가 소멸한다), 이행청구의 효력(예컨대 시효 중단)이 상대적 효력만 있는 점이 다르다. 임대인의 지위를 공동으로 승계한 공동임대인의 임차보증금 반환 채무는 성질상 불가분채무에 해당한다(대법원 2015다59801 판결).

보증인 보호를 위한 특별법(2008. 9. 22. 시행)은 아무런 대가 없이 호의로 이루어지는 보증에 한하여 이로 인한 보증인의 책임을 제한하고 있다. 따라서 사업을 하는 자가 타인 채무에 대하여 보증 계약을 체결한 경우 그 타인의 채무가 자신이 영위하는 사업과 관련된 것이라면 위 법이 적용되지 않는다(대법원 2013다71159 판결). 물상보증의 경우에도 적용되지 않는다(대법원 2014다83142 판결).

부진정연대채무자 중 1인이 한 상계도 절대적 효력이 있다(대법원 2008다97218(전) 판결). 공동불법행위자는 부진정연대책임을 지되 내부관계에서는 공동불법행위자의 과실의 정도에 따른 일정한 부담부분이 있는바, 공동불법행위자 중 1인이 자기의 부담부분 이상을 변제하여 공동의 면책을 얻게 하였을 때에는(연대채무자는 부진정연대채무자와 달리 부담부분을 넘어 변제할 필요가 없다. 민법 제425조 참조) 다른 공동불법행위자에게 그 부담부분의 비율에 따라 자기의 부담부분을 넘는 한도에서 구상권을 행사할 수 있다. 이 때 공동불법행위자 중 1인에 대하여 구상의무를 부담하는 다른 공동불법행위자가 수인인 경우에는 특별한 사정이 없는 이상, 그들의 구상권자에 대한 채무는 분할채무라고 본다(대법원 2002다15917 판결. 다만 구상권자의 부담부분이 없는 경우에는 그들의 구상권자에 대한 채무는 부진정연대채무이다. 대법원 2011다52727 판결). 민법 제425조의 해석상 연대채무의 경우도 마찬가지이다. 그리고 다액의 부진정연대채무자가 채무의 일부를 변제한 경우 그 변제로 인하여 먼저 소멸하는 부분은 다액의 채무자가 단독으로 부담하는 부분이다(외측설. 대법원 2012다74236(전) 판결).

위 기재례 ④에서 연 20%의 비율에 의한 금원은 변제기 전이면 약정이자이고, 변제기 이후이면 지연손해금(또는 지연이자)인데, 청구취지에는 연 20%의 비율에 의한 '약정이자나 지연손해금'이라고 기재하지 아니하고, 그냥 '금원'이라고 기재한다. 민법 소정의 법정이자(연 5%)나 상법 소정의 법정이자(연 6%, 일방적 상행위에도 적용된다)가 적용되는 경우에도 소송상 청구하는 경우에는 후술하는 소송촉진 등에 관한 특례법 소정의 법정이자(연 12%)를 청구할 수 있다.

(3) 소송촉진 등에 관한 특례법 제3조에 관하여

동법 제3조는 제1항에서 "금전채무의 전부 또는 일부의 이행을 명하는 판결(심판을 포함한다)을 선고하는 경우에 금전채무불이행으로 인한 손해배상액(지연이자 또는 지연손해금이라고 한다) 산정의 기준이 되는 법정이율은 그 금전채무의 이행을 구하는 소장 또는 이에 준하는 서면이 채무자에게 송달된 날의 다음날부터는 (중략) 대통령령이 정하는 이율에 의한다. 다만, 민사소송법 제251조에 규정된 소(장래이행의 소를 의미한다)에 해당하는 경우에는 그러하지 아니하다."라고 규정하면서 제2항으로 "채무자가 그 이행의무의 존재를 선언하는 사실심 판결이 선고되기까지 그 존재나 범위에 관하여 항쟁함이 상당하다고 인정되는 때에는 그 타당한 범위 안에서 제1항의 규정을 적용하지 아니한다."라고 규정하고 있다. 위 법에 따른 법정이율은 연 15%이었다가 금리인하 등 경제 여건의 변화로 인해 2019. 6. 1.부터는 연 12%로 인하되었다(세계적으로 유례가 없는 입법이라는 점에서 위 법률의 입법취지에 공감하기 어렵고, 이러한 문제점을 무시한다고 하더라도 저금리시대에 연 12%도 너무 높은 이율이라고 사료된다).

위 규정의 입법목적은 금융기관의 공금리에도 훨씬 미치지 못하는 민사상의 법정이율을 현실화하여 채권자에 대하여는 소송을 제기한 이후부터 만이라도 이행지체에 따른 실손해를 배상받을 수 있도록 하고, 채무자에 대하여는 낮은 민사상의 법정이율을 이용하여 악의적으로 채무의 변제를 지체하거나 소송을 지연시키고 상소권을 남용하는 것을 막는 한편, 그 법정이율을 대통령령에 위임함으로써 경제여건의 변동에 탄력적으로 대처하려는 데 있다(대법원 86다카1876(전) 판결). 위 판결은 이어 "이행의무의 존재나 범위에 관하여 항쟁함이 상당하다고 인정되는 때"의 의미에 관하여 "이행의무의 존부나 범위에 관하여 항쟁하는 채무자의 주장에 상당한 근거가 있는 때라고 풀이되므로 결국 항쟁함이 상당한가, 아닌가의 문제는 당해 사건에 관한 법원의 사실인정과 그 평가에 관한 것이라 하겠고, '그 상당한 범위'는 '채무자가 항쟁함에 상당한 이행의무의 범위'가 아니라 '채무자가 항쟁함에 상당한 기간의 범위'라 하겠으므로 채무자가 당해 사건의 사실심에서 항쟁할 수 있는 기간은 당해 사건의 사실심 판결 선고시까지로 보아야 하고, 그 선고 이후에는 어떤 이유로든지 제3조 제1항의 적용을 배제할 수 없는 것이라고 풀이함이 상당하다"라고 판시하고 있다. 위 판례에 의하면 판결 선고 다음 날부터는 무조건 연 12%의 법정이율에 따라야 하고, 소장부본 송달 다음날부터 판결 선고시까지 연 5%에 의할지, 연 12%에 의할지는 법원이 채무자가 항쟁함에 상당한 기간에 해당하는지를 재량으로 평가하여 정하게 된다. 그런데 실무에서는 원고 청구를 전부 인용할 때에는 피고의 항쟁은 통상 상당하지 않다고 보아 소장 부본 송달 다음날부터 위 법정이자 지급을 명하는 경우가 대부분이고, 또한 피고의 항쟁이 상당하다고 인정될 때 항쟁함이 상당하다고 인정하는 기간은 판결 선고시까지로 보는 경우가 대부분이다.

위 법정이자는 장래이행의 소에 해당하는 채권자취소 판결(가액반환의 경우), 재산분할 판결 등에는 적용되지 않는다.

위 법 소정의 법정이자를 청구하는 경우 기재례는 다음과 같다.

기재례 • • •

⑤ 피고는 원고에게 1억 원 및 이에 대한 2018. 5. 13.부터 이 사건 소장 부본 송달일까지는 연 5%의, 그 다음날부터 다 갚는 날까지는 연 12%의 비율에 의한 금원을 지급하라.

3. 종류물 인도 청구

(1) 종류물 인도 청구시에는 품명, 수량 외에 품질 등 목적물의 특정을 위한 표시를 하여야 한다. 그렇게 하지 않으면 강제집행이 불가능할 수 있다. 기재례는 다음과 같다.

기재례 • • •

피고는 원고에게 백미(1014년산, 철원미, 상등품) 100가마(가마당 80kg들이) 및 이에 대한 2019. 9. 10.부터 다 갚는 날까지 연 20%의 비율에 의한 백미를 지급하라.

위 기재례에서 백미에 대한 이자 지급도 약정이 있다면 구할 수 있을 것이다. 이자란 금전뿐만 아니라 기타 대체물에 대한 사용대가이기 때문이다. 다만 소송촉진 등에 관한 특례법 제3조 소정의 법정이자는 금전채권에 대하여만 적용되니 주의하여야 한다. 이자제한법도 금전 소비대차에 한하여 적용된다.

(2) 판결에 따른 강제집행 시 채무자가 판결에서 명한 종류물을 소유하고 있지 아니하면 강제집행을 할 수 없어 집행이 가능할 때까지 기다리거나 전보배상 청구를 별도로 해야 하는 문제점이 있다. 이러한 경우에 대비하여 종류물의 인도를 청구할 때에는 미리 환산금의 지급을 구하기도 하는데, 이를 강학상 대상청구(代償請求)라고 한다. 원래 대상청구는 수용, 멸실 등을 이유로 채무자가 본래의 급부 목적을 상실하는 경우에 채무자가 그 대가로 취득한 이익을 채권자가 반환을 구하는 것인데, 이행불능의 효과로서 민법이 규정하고 있

지 않지만 판례가 인정하고 있는 개념이다(위 강학상 대상청구는 이행불능의 효과로 판례에서 인정되는 대상청구와 같은 개념이 아니다). 여기서의 환산금은 종류물의 인도집행불능시 이에 갈음한 전보배상의 일종으로 환산금의 지급 청구는 미리 청구할 필요가 인정되는 장래이행의 소로 인도청구에 단순병합한 형태이다(인도청구 인용을 조건으로 한 것이므로 인도청구에 대한 예비적 청구가 아니다). 환산금은 전보배상청구권이 발생한 때를 기준으로 하여야 할 것이나 그 시기가 장래에 도래할 것이므로 사실심 변론종결시를 기준으로 할 수밖에 없다(대법원 75다450 판결). 그 기재례는 다음과 같다.

기재례 • • •

위 백미에 대한 강제집행이 불능할 때에는 백미 1가마당 250,000원의 비율로 환산한 금원을 지급하라.

4. 특정물의 인도 및 철거 청구

(1) ‘인도’는 점유의 이전을 의미하는 용어이다. 구법 하에서는 건물과 같이 그 점유를 이전하기 위해서는 집행목적물 내에서 채무자가 점유하던 동산을 밖으로 반출하는 절차가 필요한 경우 인도와 구별하여 ‘명도’라는 용어를 사용하였으나 현행 민집법 제258조 제1항은 명도라는 개념을 따로 인정하지 않고 ‘인도’라는 개념만을 사용하고 있다. 이 때 인도의 목적물이 아닌 동산은 집행관이 제거하여 채무자에게 인도하게 된다(동조 제3항). 그러므로 이 경우에는 따로 그 동산의 수거 등을 청구할 필요는 없으나 식재된 수목과 같이 집행목적물에 고정되어 있어 이동이 용이하지 아니한 물건이 있는 경우 이를 철거 또는 수거하기 위해서는 별도의 집행권원을 얻어야 한다(대법원 86마902 결정). 특정물 인도청구의 기재례는 다음과 같다.

기재례 • • •

① 피고는 원고에게 서울 강남구 삼성동 100-1 대 200평방미터를 인도하라.
② 피고는 원고에게 서울 서초구 서초동 100 지상 벽돌조 기와지붕 지하 1층 지상 2층 주택 지하 1층 90평방미터, 지상 1층 120평방미터, 2층 100평방미터를 인도하라.

건물은 특정에 유의하여야 하고, 동산의 경우에는 물건의 종류와 수량뿐만 아니라 물건이 있는 장소도 반드시 기재하여야 한다.

(2) 건물을 철거하기 위하여 불법 점유자를 쫓아내는 경우와 같이 채무자의 점유를 배제함으로써 족하고 채권자가 그 점유까지 취득할 필요가 없는 때에는 '퇴거'를 구한다. 퇴거란 건물점유자의 점유를 풀어 그 건물로부터 점유자를 쫓아내고 아울러 그 건물 내에 있는 점유자의 살림 등 물품을 반출하는 것을 의미한다. 따라서 퇴거는 채무자와 그가 점유하고 있는 물건을 반출함으로써 집행하게 된다. 건물 철거 의무자, 즉 건물의 소유자는 퇴거의무도 있다고 보므로 철거를 구하면서 그 의무자에게 별도로 퇴거를 구할 필요는 없다(대법원 98다57457 판결). 퇴거 및 인도 청구시 기재례는 다음과 같다.

기재례 • • •

③ 원고에게, 피고 1은 별지 제1목록 기재 건물 중 별지 도면 표시 1, 2, 3, 4, 1,의 각 점을 차례로 연결한 선내 (가)부분 55평방미터에서 퇴거하고, 피고 2는 위 건물을 철거하고, 별지 제2목록 기재 토지를 인도하라.

사회통념상 건물은 그 부지를 떠나서는 존재할 수 없으므로 건물을 소유하고 있는 자는 그 부지인 토지를 점유하고 있다고 본다. 그러나 건물을 점유하고 있다고 하더라도 그 부지인 토지를 점유하고 있다고 보지 않는다(소위 비(非)점유설). 따라서 甲 소유 토지위에 있는 건물의 소유자인 乙이 丙에게 건물을 임대한 경우 甲은 丙을 상대로 대지점유를 전제로 한 토지의 사용, 수익에 따른 부당이득반환청구를 할 수 없다. 이 때 甲은 乙을 상대로 건물의 철거와 토지 인도를 청구하게 되는데(건물의 부지가 건물의 바닥면적과 일치하는 경우에는 별도로 토지 인도를 구하지 않을 수도 있다), 丙을 상대로 퇴거청구를 하여 丙을 퇴거시키지 않으면 乙에 대하여 인도집행을 할 수 없다.

건물임차인의 대항력은 기본적으로 건물에 관한 것이고, 토지를 목적으로 하는 것이 아니므로 토지에 있는 건물에 대하여 대항력 있는 임차권이 존재한다고 하더라도 이를 토지 소유자에 대하여 대항할 수 있는 것은 아니다. 따라서 건물점유자가 대항력 있는 임차권자라 하더라도 토지소유자의 퇴거청구를 거부할 수는 없다(대법원 2010다43801 판결).

(3) 물건의 인도청구는 직접점유자 또는 간접점유자를 상대로 하여야 하고, 점유보조자(예컨대 가족이나 피용자)를 상대로 하여서는 안 된다. 임대차약정에 따라, 즉 채권적 청구에 따라 건물을 인도할 의무가 있는 자는 간접점유자도 포함되나, 불법점유자를 상대로 한 건물인도청구소송에 있어서는 그 건물을 불법점유하고 있는 사람(직접점유자)을 상대로 하여야 하고, 불법점유자라고 하더라도 그 건물을 타에 임대하여 현실적으로 점유하고 있지

않는 사람을 상대로 청구할 수는 없다(대법원 99다68768 판결).

미등기 건물의 매수인(원고)은 건물의 소유권을 원시취득한 매도인을 대위하여 불법점유자(피고)에 대하여 직접 자기에게 그 건물을 인도할 것을 청구할 수 있다(대법원 93다59502 판결). 한편 대지 소유자는 토지를 불법점유 중인 미등기 건물의 양수인을 상대로 건물 철거를 구할 수 있다(대법원 87다카3073 판결). 이 경우 미등기 건물의 양수인은 소유자는 아니지만 건물의 사실상 관리, 처분권이 있다고 보기 때문에 철거적격을 인정하는 것이다.

건물공유자에 대한 철거 청구는 공유자별로 지분을 특정해서 해야 하고(공유자 전원을 피고로 해야 하는 필수적 공동소송은 아니다), 인용된 지분의 합계가 1이 되지 않으면 철거 집행을 할 수 없다. 집합건물은 건물 내부를 (구조상·이용상 독립성을 갖춘) 여러 개의 부분으로 구분하여 독립된 소유권의 객체로 하는 것일 뿐 1동의 건물 자체는 일체로서 건축되어 전체 건물이 존립과 유지에 있어 불가분의 일체를 이루는 것이므로, 1동의 집합건물 중 일부 전유부분만을 떼어내거나 철거하는 것은 사실상 불가능하다. 그러나 구분소유자 전체를 상대로 각 전유부분과 공용부분의 철거 판결을 받거나 동의를 얻는 등으로 집합건물 전체를 철거하는 것은 가능하고 이와 같은 철거 청구가 구분소유자 전원을 공동피고로 해야 하는 필수적 공동소송이라고 할 수 없으므로, 일부 전유부분만을 철거하는 것이 사실상 불가능하다는 사정은 집행개시의 장애요건에 불과할 뿐 철거 청구를 기각할 사유에 해당하지 않는다(대법원 2017다204247 판결).

(4) 공유자간 인도청구

공유물의 소수지분권자인 피고가 다른 공유자와 협의하지 않고 공유물의 전부 또는 일부를 독점적으로 점유하는 경우 다른 소수지분권자인 원고가 피고를 상대로 공유물의 인도를 청구할 수는 없다고 보아야 한다(대법원 2018다287522(전) 판결의 다수의견). 상세한 이유는 다음과 같다.

① 공유자 중 1인인 피고가 공유물을 독점적으로 점유하고 있어 다른 공유자인 원고가 피고를 상대로 공유물의 인도를 청구하는 경우, 그러한 행위는 공유물을 점유하는 피고의 이해와 충돌한다. 애초에 보존행위를 공유자 중 1인이 단독으로 할 수 있도록 한 것은 보존행위가 다른 공유자에게도 이익이 되기 때문이라는 점을 고려하면, 이러한 행위는 민법 제265조 단서에서 정한 보존행위라고 보기 어렵다.

② 피고가 다른 공유자를 배제하고 단독 소유자인 것처럼 공유물을 독점하는 것은 위법

하지만, 피고는 적어도 자신의 지분 범위에서는 공유물 전부를 점유하여 사용·수익할 권한이 있으므로 피고의 점유는 지분비율을 초과하는 한도에서만 위법하다고 보아야 한다. 따라서 피고가 공유물을 독점적으로 점유하는 위법한 상태를 시정한다는 명목으로 원고의 인도청구를 허용한다면, 피고의 점유를 전면적으로 배제함으로써 피고가 적법하게 보유하는 '지분비율에 따른 사용·수익권'까지 근거 없이 박탈하는 부당한 결과를 가져온다.

③ 원고의 피고에 대한 물건 인도청구가 인정되려면 먼저 원고에게 인도를 청구할 수 있는 권원이 인정되어야 한다. 원고에게 그러한 권원이 없다면 피고의 점유가 위법하더라도 원고의 청구를 받아들일 수 없다. 그런데 원고 역시 피고와 마찬가지로 소수지분권자에 지나지 않으므로 원고가 공유자인 피고를 전면적으로 배제하고 자신만이 단독으로 공유물을 점유하도록 인도해 달라고 청구할 권원은 없다.

④ 공유물에 대한 인도 판결과 그에 따른 집행의 결과는 원고가 공유물을 단독으로 점유하며 사용·수익할 수 있는 상태가 되어 '일부 소수지분권자가 다른 공유자를 배제하고 공유물을 독점적으로 점유'하는 인도 전의 위법한 상태와 다르지 않다.

⑤ 원고는 공유물을 독점적으로 점유하면서 원고의 공유지분권을 침해하고 있는 피고를 상대로 지분권에 기한 방해배제청구권을 행사함으로써 피고가 자의적으로 공유물을 독점하고 있는 위법 상태를 충분히 시정할 수 있다. 따라서 피고의 독점적 점유를 시정하기 위해 종래와 같이 피고로부터 공유물에 대한 점유를 빼앗아 원고에게 인도하는 방법, 즉 피고의 점유를 원고의 점유로 대체하는 방법을 사용하지 않더라도, 원고는 피고의 위법한 독점적 점유와 방해 상태를 제거하고 공유물이 본래의 취지에 맞게 공유자 전원의 공동 사용·수익에 제공되도록 할 수 있다

과반수 지분의 공유자가 그 공유물의 특정부분을 배타적으로 사용·수익하기로 정하는 것은 공유물의 관리방법으로서 적법하므로 과반수 지분의 공유자로부터 사용·수익을 허락받은 점유자에 대하여 소수 지분의 공유자는 그 점유자가 사용·수익하는 건물의 철거나 퇴거를 구할 수 없다(대법원 2002다9738 판결. 다만 지분은 있되 전혀 사용·수익하지 아니한 자에 대하여 부당이득반환의무가 있는데, 그 의무자는 과반수 지분 공유자이고, 그로부터 사용·수익을 허락받은 제3자는 법률상 원인 없이 이득을 얻고 있다고 볼 수 없으므로 부당이득반환의무의 주체가 아니다).

(5) 점유이전금지가처분에 관하여

인도청구 소송의 경우 소송 중에 상대방이 고의로 점유를 변경하게 되면 승소판결을 받더라도 강제집행을 못 하게 될 수 있다. 이러한 경우를 대비하여 원고는 점유이전금지가처분을 신청하여 그 결정을 받아 둠으로써 점유자를 항정해 두어야 한다.

점유이전금지가처분은 그 목적물의 점유이전을 금하는 것으로서 그러한 가처분에도 불구하고 가처분에 위반하여 점유가 이전되었을 때에는 가처분채무자는 가처분채권자에 대하여 여전히 점유자의 지위에 있게 된다. 그리하여 가처분채권자는 가처분채무자의 점유상실을 고려하지 아니하고 가처분채무자를 피고로 하여 안심하고 본안소송을 유지하면 되는 것이다. 만일 가처분채무자가 제3자에게 임의로 점유를 이전한 경우에는 가처분채권자는 승계집행문을 부여받아 제3자의 점유를 배제할 수 있다.

(6) 공동임대인의 경우

민법 제547조 제1항은 "당사자의 일방 또는 쌍방이 수인인 경우에는 계약의 해지나 해제는 그 전원으로부터 또는 전원에 대하여 하여야 한다."라고 규정하고 있다. 이를 해지나 해제의 불가분성이라 하는데, 복수의 당사자 각자에 대하여 법률관계가 달라지지 않게 하기 위한 것이다. 이에 따라 여러 사람이 공동임대인으로서 임차인과 하나의 임대차계약을 체결한 경우에는 위 규정의 적용을 배제하는 특약이 있다는 등의 특별한 사정이 없는 한, 공동임대인 전원의 해지의 의사표시에 따라 임대차계약 전부를 해지하여야 한다(물론 해제나 해지의 의사표시를 공동으로 동시에 하여야 한다는 것은 아니다). 그러나 임대차계약의 해지는 공유물의 관리행위(민법 제265조)에 해당하므로(대법원 2010다37905 판결) 공유자의 과반수 지분에 의하여 할 수 있다. 따라서 민법 제265조는 제547조 제1항의 특칙에 해당한다.

5. 의사의 진술을 명하는 판결을 구하는 청구(부동산등기와 관련하여)

(1) 피고에게 일정한 의사의 진술을 명하는 판결은 확정된 때(민집법 제263조 제1항)에 그 의사의 진술이 있는 것으로 본다. 조건이 있는 경우에는 집행문을 내어 준 때(동조 제2항)에 그러하다. 동시이행관계에 있는 반대의무의 이행은 그 이행 여부의 판정이 용이하기 때문에 집행개시요건(민집법 제41조 제1항)이다. 하지만 잔대금의 이행제공을 받음과 동시에 소유권이전등기절차를 이행할 의무와 같이 반대의무의 이행과 동시이행으로 의사 진술을 명하는 판결의 경우 반대의무의 이행제공은 집행개시요건이 아니라 집행문부여요건임을

유의하여야 한다(민집법 제263조 제2항. 이 경우에는 현실적인 강제집행절차가 개시될 수 없어 집행기관이 반대의무의 이행여부를 심사할 수 없기 때문이다). 위 의사표시가 원고가 아닌 제3자에 대하여 할 것인 때(예컨대 채권양도 통지)에는 별도의 통지절차가 필요하다.

(2) 원래 등기는 등기권리자와 등기의무자 쌍방의 공동신청에 의하여 이루어지는 것이 원칙이나(부동산등기법 제22조 제1항) 판결에 기한 등기는 승소한 등기권리자나 등기의무자가 단독으로 신청할 수 있다(동법 제23조 제4항). 이 경우 판결은 피고의 등기신청 의사의 진술에 갈음하는 기능을 한다(이를 위해 의사진술을 명하는 판결을 구하는 것이다).

부동산에 관한 등기를 신청하는 경우에는 등기원인과 그 연월일 등을 신청정보의 내용으로 등기소에 제공하여야 하므로(동법 제24조 제2항, 부동산등기규칙 제43조 제1항) 등기에 관한 소송의 청구취지에는 등기의 종류와 내용 이외에 등기원인과 그 연월일까지 표시하여야 한다. 그러나 말소등기나 회복등기절차 이행을 구하는 경우에는 판결 자체가 등기원인으로 기재되므로 따로 청구취지에 등기원인을 기재할 필요가 없다. 이전등기는 등기원인별로 소송물을 달리하지만 말소등기의 경우 등기원인은 대체로 공격방어방법에 불과하다고 본다.

동산·채권 등의 담보에 관한 법률에 따라 설정된 동산담보권이나 채권담보권의 설정, 이전, 변경, 말소 또는 연장의 등기에도 동법에 특별한 규정이 없으면 그 성질에 반하지 아니하는 범위에서 부동산등기법이 준용된다(동법 제57조). 위 법에 따른 담보등기부는 동산담보등기부와 채권담보등기부로 구분되고, 물적편성주의를 취하고 있는 부동산등기부와 달리 담보권설정자를 기준으로 편성하되 담보권설정자는 법인 또는 상호등기를 한 사람으로 제한하고 있다(동법 제2조 제5호).

소유권이전등기 청구의 청구취지 기재례는 다음과 같다.

기재례 • • •

① 피고는 원고에게 김포시 장기동 55 대 213평방미터에 관하여 2018. 5. 4. 매매를 원인으로 한 소유권이전등기절차를 이행하라.

② 피고는 원고에게 (목적물)에 관하여 2019. 7. 8. 취득시효완성(또는 시효취득)을 원인으로 한 소유권이전등기절차를 이행하라.

망인으로부터 부동산을 매수한 사람이 원고가 되어 공동상속인 전원을 상대로 소유권이전등기청구 소송을 제기하는 경우 청구취지에서 피고별로 상속분을 특정하여야 함이 원칙이나 "피고들은 원고에게 …… 소유권이전등기절차를 이행하라"라는 판결을 구하더라도 거기에는 피고별 상속분에 따른 등기를 구하는 취지가 포함되어 있다고 볼 수 있으므로 법원이 직권으로 상속분에 상응한 지분을 표시하여 주문을 내더라도 변론주의나 처분권주의에 위배되지는 않는다(대법원 90다15822 판결. 상속분을 특정하여 명시하지 않더라도 위법한 판결이 아니라는 취지이다). 이 경우 법원으로서는 석명권을 행사하여 피고별 상속분을 특정하도록 함이 바람직할 것이다.

(3) 등기인수청구권

부동산 매매의 경우 매도인이 잔금까지 다 받았음에도 불구하고 매수인이 소유권이전등기를 받아 가지 아니하는 경우 매도인으로서는 부동산 관련 세금을 계속 납부해야 하는 등의 불이익을 입게 된다. 이러한 경우 부동산 공탁제도가 인정되지 않으므로 매도인이 매수인을 상대로 이전등기를 받아가라는 청구를 할 수 있는데(대법원 2000다60708 판결), 이를 등기인수청구권 또는 등기수취청구권이라 한다(실체법상 등기권리자와 절차법상 등기권리자가 일치하지 않는 경우에 해당한다). 그 근거로 판례는 부동산등기법 제23조 제4항(판결에 의한 등기는 등기의무자도 단독으로 신청할 수 있다)을 든다. 자동차의 경우에도 인정된다(대법원 2020다9244 판결). 이 경우 청구취지 기재례는 다음과 같다.

기재례 • • •

③ 피고는 원고로부터 (목적물)에 관하여 2014. 7. 8. 매매를 원인으로 한 소유권이전등기신청절차를 인수(또는 수취)하라.

(4) 명의신탁

부동산 명의 신탁은 부동산 실권리자명의 등기에 관한 법률 제4조에 의하면 무효이다. 다만 종중이 종중 외의 자의 명의로 등기한 경우, 배우자 명의로 등기한 경우, 종교단체 명의로 그 산하 조직이 보유한 부동산에 관한 물권을 등기한 경우로서 조세포탈, 강제집행의 면탈 또는 법령상 제한의 회피를 목적으로 하지 아니하는 경우(동법 제8조) 또는 양도담보, 가등기담보, 구분소유적 공유관계, 신탁법에 의한 신탁의 경우(동법 제2조 제1항 단서)에는 그러하지 아니하다. 따라서 이러한 경우들에는 명의신탁 해지를 원인으로 한 소유권이전등기 청구가 가능하다. 명의신탁 해지(소장 부본 송달로 해지의 의사표시를 한 경우이다)를 원인으로 한 소유권이전등기청구의 청구취지 기재례는 다음과 같다.

기재례 • • •

④ 피고는 원고에게 (목적물)에 관하여 이 사건 소장 부본 송달일자 명의신탁 해지를 원인으로 한 소유권이전등기절차를 이행하라.

부동산 명의신탁은 양자간의 명의신탁, 3자간의 명의신탁, 계약명의신탁으로 나눌 수 있다.

① 양자간의 명의신탁은 부동산 소유권자인 甲이 乙과 명의신탁 약정을 하고, 乙에게 소유 명의를 넘긴 경우를 말한다. 이 경우 甲과 乙 사이의 명의신탁 약정은 무효이고(부동산 실권리자명의 등기에 관한 법률 제4조 제1항), 이에 따른 물권변동도 무효이므로(동조 제2항) 甲은 乙에 대하여 소유권에 기하여 소유권이전등기의 말소등기(또는 이에 갈음하여 진정명의회복을 원인으로 한 소유권이전등기)를 청구할 수 있다(불법원인급여를 이유로 반환청구가 금지되는 것이 아니다. 대법원 2013다218156(전) 판결). 다만 명의수탁자인 乙이 제3자에게 부동산을 처분한 경우 제3자는 유효하게 소유권을 취득한다(동조 제3항). 다만 명의수탁자는 명의신탁자에 대하여 불법행위로 인한 손해배상책임을 진다(대법원 2016다34007 판결).

② 3자간의 명의신탁은 甲이 乙로부터 부동산을 매수함에 있어 자기가 계약당사자로 나서서 매매계약을 하지만 사전에 甲과 丙 사이의 명의신탁약정에 따라 소유권이전등기는 乙로부터 직접 丙 명의로 하는 것을 말한다(중간생략등기형 명의신탁이라고도 한다). 이 경우 위에서 본 바와 같은 법리에 의하여 甲과 丙 사이의 명의신탁 약정은 무효이고, 이에 따른 물권변동도 무효이므로 소유권은 여전히 乙에게 남아 있는 셈이 된다. 따라서 甲은 乙에 대한 매매를 원인으로 한 소유권이전등기청구권을 보전하기 위하여 乙을 대위하여 丙 명의의 소유권이전등기의 말소를 청구할 수 있다. 이 때 甲이 丙에 대하여 부당이득 반환을 원인으로 하여 직접 소유권이전등기를 청구할 수는 없다. 다만 명의수탁자인 丙이 부동산을 제3자에게 처분한 경우 제3자는 유효하게 소유권을 취득한다(제4조 제3항). 그 결과 매도인의 명의신탁자에 대한 소유권이전등기 의무는 이행불능이 되어 명의신탁자로서는 부동산의 소유권을 이전받을 수 없게 되는 한편, 명의수탁자는 부동산의 처분대금이나 보상금 등을 취득하게 되는데, 명의수탁자는 그러한 처분대금이나 보상금 등의 이익을 명의신탁자에게 부당이득으로 반환

할 의무를 부담한다(대법원 2018다284233(전) 판결의 다수의견. 丙이 근저당권자인 경우 부당이득액은 그 피담보채무액이다.).

③ 계약명의신탁은 甲과 丙 사이에 명의신탁 약정을 하고, 이에 따라 丙이 부동산 소유자인 乙과 매매 계약을 한 다음 乙로부터 丙 명의로 소유권이전등기를 하는 것을 말한다. 이 때(명의신탁약정과 이에 따른 등기가 동법 시행일인 1995. 7. 1. 이후에 이루어진 경우를 전제로 함) 乙이 선의인 경우에는 동조 제2항 단서에 의하여 물권변동은 유효하게 되므로 甲은 丙을 상대로 매수자금(처분대금이 아니다) 상당의 부당이득반환만을 청구할 수 있을 뿐이다. 만일 乙이 악의라면 乙로부터 丙 명의로의 물권변동은 무효이므로 乙은 丙에 대하여 소유권이전등기의 말소등기를 청구할 수 있고, 丙은 乙에게 위 말소등기와 상환으로 매매대금의 반환을 청구할 수 있다. 이 경우 甲과 乙 사이에는 아무런 법률관계가 없는 것이 원칙이나 甲이 乙에 대하여 별도의 양도 약정이 있었다고 주장하면서 이를 원인으로 한 소유권이전등기를 청구할 수는 있을 것이다(이에 따라 甲은 乙을 대위하여 丙 명의의 소유권이전등기의 말소를 청구할 수 있다. 이렇게 되면 3자간의 명의신탁과 유사한 결과가 된다).

(5) 구분소유적 공유관계(상호명의신탁)

구분소유적 공유관계는 대외적으로는 공유지분으로 등기되어 있으나 내부적으로는 특정부분(위치와 면적을 특정함)을 소유하는 것으로 약정한 경우를 말하는데(부동산 실권리자명의 등기에 관한 법률 제2조 제1호 나목), 부동산 중 자신이 소유한 특정부분이 아닌 부분에 관하여는 자신의 지분만큼 서로 명의신탁을 받은 것으로 본다는 의미에서 상호명의신탁이라고 한다. 공유자 중 일인이 자신의 소유부분을 특정하여 타에 처분하고, 이에 따른 지분이전등기가 된 경우(즉 특정부분이 전전 양도되고, 이에 따른 공유지분등기가 된 경우)에는 상호명의신탁 관계가 유지되나 공유자 중 일인이 자신의 소유부분을 특정함이 없이 공유지분을 타에 처분하여 이에 따른 지분이전등기가 된 경우에는 상호명의신탁 관계가 깨어져 순수한 공유관계로 성질이 변경된다(대법원 92다18634 판결). 상호명의신탁 관계를 해소하기 위하여는 공유물분할청구를 해서는 안 되고(내부적으로는 공유관계가 아니다), 공유자 중 일인이 나머지 공유자들을 상대로 자신의 소유부분을 특정하여 명의신탁을 해지하고, 이를 원인으로 하여 그 부분에 대한 공유자들의 지분을 자신에게 이전해 달라는 청구를 해야 한다(대법원 88다카10517 판결). 다른 공유자들도 각자 이러한 방식으로 지분이전청구를 하여야 부동산의 특정부분에 관한 등기가 정리될 수 있다.

구분소유적 공유관계가 해소되는 경우 공유지분권자 상호간의 지분이전등기의무는 그 이행상 견련관계에 있다고 봄이 공평의 관념 및 신의칙에 부합하고, 또한 각 공유지분권자는 특별한 사정이 없는 한 제한이나 부담이 없는 완전한 지분소유권이전등기의무를 지므로, 그 구분소유권 공유관계를 표상하는 공유지분에 근저당권설정등기 또는 압류, 가압류등기가 경료되어 있는 경우에는 그 공유지분권자로서는 그러한 각 등기도 말소하여 완전한 지분소유권이전등기를 해 주어야 한다. 따라서 구분소유적 공유관계가 해소되는 경우 쌍방의 지분소유권이전등기의무와 아울러 그러한 근저당권설정등기 등의 말소의무 또한 동시이행의 관계에 있다. 그리고 구분소유적 공유관계에서 어느 일방이 그 명의신탁을 해지하고 지분소유권이전등기를 구함에 대하여 상대방이 자기에 대한 지분소유권이전등기 절차의 이행이 동시에 이행되어야 한다고 항변하는 경우, 그 동시이행의 항변에는 특별한 사정이 없는 한, 명의신탁 해지의 의사표시가 포함되어 있다고 본다(대법원 2004다32992 판결).

(6) 가등기에 기한 본등기

가등기에 기한 본등기 절차 이행청구의 기본형은 다음과 같다.

기재례 • • •

⑤ 피고는 원고에게 별지목록 기재 부동산에 관하여 ○○○등기소 2015. 1. 6. 접수 제578호로 마친 가등기에 기하여 2016. 5. 1. 매매(또는 매매예약 완결)를 원인으로 한 소유권이전의 본등기절차를 이행하라.

가등기에 기한 본등기를 청구하면서 그 취지를 명시하지 아니한 채 단순히 소유권이전등기만을 구하게 되면 이로 인한 등기는 가등기에 의하여 보전된 순위를 취득하지 못하게 된다.

가등기 후 제3자에게 소유권이전등기가 된 경우 가등기에 기한 본등기의 등기의무자는 여전히 가등기를 해 준 소유자이므로 가등기권자는 전소유자를 상대로 본등기 청구를 해야 한다. 가등기에는 순위보전적 효력이 있으므로(다만 물권변동의 시기가 가등기 시로 소급하지는 않는다) 가등기에 기한 본등기가 되면 제3자 명의의 소유권이전등기는 직권으로 말소된다. 만일 이 경우 가등기가 원인무효의 등기라면 직권 말소된 제3자 명의의 소유권이전등기는 어떻게 회복할 수 있을까. 진정한 소유자인 제3자(등기가 불법말소되더라도 권리를 상실하지는 않는다)가 가등기권자를 상대로 가등기가 원인무효임을 내세워 가등기 및 본등기의 말소를 청구하면 될 것이다(가등기 및 본등기가 말소되면 말소된 제3자 명의의 소유권이전등기는 직권으로 회복된다. 직권으로 말소된 등기는 직권으로 회복되므로 그 회복등기를 소구할 이익은 없다. 대법원 82다카1168 판결).

가등기가 이루어진 부동산에 관하여 제3취득자 앞으로 소유권이전등기가 마쳐진 후 그 가등기가 부당말소된 경우 그와 같이 말소된 가등기의 회복등기절차에서 회복등기의무자는 가등기가 말소될 당시의 소유자인 제3취득자이므로, 그 가등기의 회복등기청구는 회복등기의무자인 제3취득자를 상대로 하여야 한다(대법원 2006다43903 판결).

(7) 대위에 의한 소유권이전등기

甲 소유의 부동산이 乙을 거쳐 丙(원고)에게 순차 매도된 경우 원고는 乙에 대하여 소유권이전등기를 청구할 수 있고, 이 청구권을 보전하기 위하여 乙의 甲에 대한 소유권이전등기청구권을 대위행사할 수 있다. 각 매매당사자 전원에 의한 중간생략 등기의 합의가 없는 한, 원고는 직접 피고 甲으로부터 원고 앞으로의 소유권이전등기를 청구할 수는 없고, 위와 같이 채권자대위권을 행사하여 순차로 이전등기를 구할 수밖에 없다. 이 경우 청구취지는 다음과 같이 기재한다.

기재례 • • •

⑥ 별지 목록 기재 부동산에 관하여
피고 甲은 피고 乙에게 …매매를 원인으로 한,
피고 乙은 원고에게 …매매를 원인으로 한
각 소유권이전등기절차를 이행하라.

피대위자인 채무자(乙)를 빼고 甲만 피고로 한 경우에는 乙의 주소 등을 표시하여야 한다. 즉 판결의 효력이 미치는 주관적 범위를 확정하기 위하여 채무자를 특정할 필요가 있는바, 이를 누락하면 판결 경정 사유가 된다(대법원 95그26 결정).

채권자가 보전하려는 권리와 대위하여 행사하려는 채무자의 권리가 밀접하게 관련되어 있고 채권자가 채무자의 권리를 대위하여 행사하지 않으면 자기 채권의 완전한 만족을 얻을 수 없게 될 위험이 있어 채무자의 권리를 대위하여 행사하는 것이 자기 채권의 현실적 이행을 유효·적절하게 확보하기 위하여 필요한 경우에는 채권자대위권의 행사가 채무자의 자유로운 재산관리행위에 대한 부당한 간섭이 된다는 등의 특별한 사정이 없는 한, 채권자는 채무자의 권리를 대위하여 행사할 수 있어야 하고, 피보전채권이 특정채권이라 하여 반드시 순차매도 또는 임대차에 있어 소유권이전등기청구권이나 인도청구권 등의 보전을 위한 경우에만 한하여 채권자대위권이 인정되는 것은 아니며, 물권적 청구권에 대하여도 채권자대위권에 관한 민법 제404조의 규정과 위와 같은 법리가 적용될 수 있다(대법원 2006다82700 판결. 토지의 소유권에 기초한 건물철거청구권을 피보전권리로 하여 건물임차인에 대한 건물소유자의 임대차계약 해지권을 대위행사한 사례임. 임차인을 상대로 퇴거청구를 할 수 있다고 하더라도 달리 볼 수 없다고 판시함).

(8) 집합건물의 경우

집합건물의 소유 및 관리에 관한 법률 제2조 제6호의 대지사용권으로서 건물과 분리하여 처분할 수 없는 것(부동산등기법상 "대지권"이라 한다)이 있는 때에는 등기관은 1동 건물의 등기기록의 표제부에 대지권의 목적인 토지의 표시에 관한 사항을 기재하고 전유부분의 등기기록의 표제부에는 대지권의 표시에 관한 사항을 기록하여야 한다(부동산등기법 제40조 제3항). 이것은 집합건물의 구분소유자가 전유부분과 분리할 수 없는 대지사용권을 가지는 때에는 이를 건물의 표제부에 기재하여 토지등기부를 폐쇄하고 그 대지사용권은 그 건물의 전유부분과 일체성을 확보하게 함으로써 등기의 번잡을 피하기 위함이다. 이에 따라 아파트와 같은 집합건물에 관한 이전등기 등을 신청하는 경우에는 1동의 건물의 표시, 대지권의 목적인 토지의 표시, 전유부분의 건물 표시, 대지권의 표시에 관한 사항을 기재하여야 한다.

1동의 건물에 대하여 구분소유가 성립하기 위해서는 객관적·물리적인 측면에서 1동의 건물이 존재하고, 구분된 건물부분이 구조상·이용상 독립성을 갖추어야 할 뿐 아니라, 1동의 건물 중 물리적으로 구획된 건물부분을 각각 구분소유권의 객체로 하려는 구분행위가 있어야 한다. 여기서 구분행위는 건물의 물리적 형질에 변경을 가함이 없이 법률관념상 건물의 특정 부분을 구분하여 별개의 소유권의 객체로 하려는 일종의 법률행위로서, 그 시기나 방식에 특별한 제한이 있는 것은 아니고 처분권자의 구분의사가 객관적으로 외부에 표시되면 인정된다. 따라서 구분건물이 물리적으로 완성되기 전에도 건축허가신청이나 분양계약 등을 통하여 장래 신축되는 건물을 구분건물로 하겠다는 구분의사가 객관적으로 표시되면 구분행위의 존재를 인정할 수 있고, 이후 1동의 건물 및 그 구분행위에 상응하는 구분건물이 객관적·물리적으로 완성되면 아직 그 건물이 집합건축물대장에 등록되거나 구분건물로서 등기부에 등기되지 않았더라도 그 시점에서 구분소유가 성립한다(대법원 2010다71578(전) 판결).

집합건물에서 구분소유자의 대지사용권은 규약이나 공정증서로써 달리 정하는 등의 특별한 사정이 없는 한, 전유부분과 종속적 일체불가분성이 인정되므로(집합건물의 소유 및 관리에 관한 법률 제20조 제1항, 제2항), 대지소유권을 가진 집합건물의 건축자로부터 전유부분을 매수하여 그에 관한 소유권이전등기를 마친 매수인은 전유부분의 대지사용권에 해당하는 토지공유지분에 관한 이전등기를 마치지 아니한 때에도 대지지분에 대한 소유권을 취득한다(대법원 2012다103325 판결).

(9) 전세권 및 지상권 설정등기청구

기재례 • • •

⑦ 피고는 원고에게 …부동산에 관하여 2015. 4. 8. 전세권설정계약을 원인으로 한 전세금 2억원, 존속기간 2017. 4. 7.까지의 전세권설정등기절차를 이행하라.

⑧ 피고는 원고에게 …부동산에 관하여 2014. 9. 8. 지상권설정계약을 원인으로 한, 목적 철근콘크리트조 건물의 소유, 범위 토지의 전부, 존속기간 2014. 9. 8.부터 30년, 지료 월 700,000원, 지급시기 매월 15일의 지상권설정등기절차를 이행하라.

전세권설정등기의 등기사항에 관하여는 부동산등기법 제72조가, 지상권설정등기의 등기사항(지료는 필수적 등기사항이 아님)에 관하여는 동법 제69조가 정하고 있다.

전세권자는 용익물권자이지만 경매청구권이 있고(민법 제318조), 우선변제권이 있다(민법 제303조). 전세금반환청구권만을 전세권과 분리하여 양도하는 것은 금지된다. 다만 장래에 전세권이 소멸할 것을 조건으로 하는 것은 가능하다(대법원 2001다69122 판결). 전세권 소멸 시 목적물의 인도 및 등기말소는 전세금 반환과 동시이행관계에 있다(민법 제317조).

(10) 저당권 및 근저당권 설정등기

기재례 • • •

⑨ 피고는 원고에게 …부동산에 관하여 2015. 10. 10. 저당권설정계약을 원인으로 한 채권액 50,000,000원, 채무자 홍길동(주소 : 이하 생략), 변제기 2017. 10. 9. 이자 연 15%, 이자지급시기 매월 10일의 저당권설정등기절차를 이행하라.

⑩ 피고는 원고에게 …부동산에 관하여 2015. 10. 10. 근저당권설정계약을 원인으로 한 채권최고액 50,000,000원, 채무자 홍길동(주소 : 이하 생략)의 근저당권설정등기절차를 이행하라.

저당권설정등기의 등기사항에 관하여는 부동산등기법 제75조 제1항이, 근저당권설정등기의 등기사항에 관하여는 동조 제2항이 정하고 있다. 저당권에 있어 변제기는 필수적 기록사항이지만 근저당권에 있어 변제기는 기록할 필요가 없다.

근저당권의 피담보채권은 계속적 거래로 인하여 거래기간 동안 증감·변동하므로 언제 유동적인 상태가 종료하는가, 즉 피담보채권이 언제 확정되는가가 중요하다(민법 제357조 제1항 참조). 피담보채권이 확정된 결과 피담보채무액이 채권최고액을 초과할 경우에 근저당권 말소를 위하여 채권최고액만 변제하면 되는지 문제로 되는데, 판례는 채무자는 피담보채무 전액을 변제하여야 하나 물상보증인과 제3취득자는 채권최고액만 변제하면 된다고 본다(후순위저당권자는 전액을 변제하여야 한다. 대법원 2005다17341 판결).

⑪ 말소등기 및 회복등기

등기원인이 원래부터 부존재하였거나 무효인 경우, 취소·해제 등에 의하여 소급하여 실효된 경우에는 그 등기원인에 터잡아 마쳐진 등기의 말소를 구할 수 있다. 기존의 등기가 부당하게 말소된 경우에는 그 회복등기를 구할 수 있다. 어느 경우든 등기원인까지 표시할 필요는 없으나(이 경우 등기원인으로는 확정판결의 선고일자와 판결이 기재된다) 다만 후발적 실효사유(예컨대 근저당권 설정계약 해지에 의한 근저당권의 소멸 등)에 의하여 장래에 향하여 실효됨을 원인으로 말소등기를 청구할 경우에는 그 사유를 말소등기의 원인으로 기재하여야 한다(기재례 ⑬ 참조). 피담보채무 소멸을 이유로 근저당권 설정등기의 말소를 구한다는 주장에는 근저당권 설정계약을 해지한다는 의사표시가 포함되어 있다고 보아야 할 것이다.

기재례 • • •

⑪ 피고는 원고에게 …부동산에 관하여 …등기소 2019. 5. 7. 접수 제…호로 마친 소유권이전등기의 말소등기절차를 이행하라.

⑫ 피고는 원고에게 …부동산에 관하여 …등기소 2018. 5. 10. 접수 제…호로 말소된 같은 등기소 2011. 7. 9. 접수 제…호로 마친 근저당권설정등기의 회복등기절차를 이행하라.

⑬ 피고는 원고에게 …부동산에 관하여 …등기소 2018. 5. 7. 접수 제…호로 마친 근저당권설정등기에 대하여 2019. 6. 24. 해지를 원인으로 한 말소등기절차를 이행하라.

근저당권 이전의 부기등기가 경료된 경우 원인무효인 근저당권설정등기의 말소청구는 양수인을 상대로 하여야 하고, 주등기인 설정등기의 말소만을 구하면 된다

(대법원 95다7550 판결). 가등기의 경우에도 같다(대법원 94다17109 판결). 이 경우 부기등기의 말소청구는 소의 이익이 없어 부적법하나 근저당권 이전 자체에 원인무효 사유가 있으면 부기등기의 말소청구도 가능하다(대법원 2002다15412,15429 판결).

근저당권이 설정된 후에 그 부동산의 소유권이 제3자에게 이전된 경우에는 소유권을 이전받은 현재의 소유자가 자신의 소유권에 기하여 피담보채무의 소멸을 원인으로 그 근저당권설정등기의 말소를 청구할 수 있음은 물론이지만, 근저당권설정자인 종전의 소유자도 근저당권설정계약의 당사자로서 근저당권소멸에 따른 원상회복으로 근저당권자에게 근저당권설정등기의 말소를 구할 수 있는 계약상 권리가 있으므로 이러한 계약상 권리에 터잡아 근저당권자에게 피담보채무의 소멸을 이유로 하여 그 근저당권설정등기의 말소를 청구할 수 있다고 봄이 상당하고(이때 말소등기청구권은 채권적 청구권이다), 목적물의 소유권을 상실하였다는 이유만으로 말소를 청구할 수 없다고 볼 수 없다(대법원 93다16338(전) 판결).

채권자대위권을 행사하여 말소등기를 청구하는 경우 말소등기의 이행상대방은 피대위자로 기재함이 원칙일 것이나 피대위자가 아닌 원고에게 말소등기절차를 이행하라고 하여도 위법은 아니다(대법원 94다58148 판결). 피고가 피대위자에게 말소하건 원고에게 말소하건 말소등기에 따른 등기명의는 채무자에게 돌아가므로 결과는 마찬가지이기 때문이다.

소유자가 자신의 소유권에 기하여 실체관계에 부합하지 아니하는 등기의 명의인을 상대로 그 등기말소를 청구하는 경우에, 그 권리는 물권적 청구권으로서의 방해배제청구권(민법 제214조)의 성질을 가진다. 그러므로 현재의 등기명의자가 등기부취득시효에 의하여 소유권을 소급적으로 취득함에 따라 실제의 소유자가 그 반사적 효과로 소유권을 상실함으로써 이제 등기말소를 청구할 수 없게 되었다면, 위와 같은 청구권의 실현이 객관적으로 불능이 되었다고 파악하여 등기말소 등 의무자에 대하여 그 권리의 이행불능을 이유로 전보배상청구권을 가진다고 말할 수 없다. 왜냐하면 민법 제390조에서 정하는 채무불이행을 이유로 하는 손해배상청구권은 계약 또는 법률에 기하여 이미 성립하여 있는 채권관계에서 본래의 채권이 동일성을 유지하면서 그 내용이 확장되거나 변경된 경우에 발생하나 위와 같은 등기말소청구권 등의 물권적 청구권은 그 권리자인 소유자가 소유권을 상실하면 이제 그 발생의 기반이 아예 없게 되어 더 이상 그 존재 자체가 인정되지 아니하기 때문이다(대법원 2010다28604(전) 판결). 따라서 불법행위로 인한 손해배상 청구권이 인정되는지는 별론으로 하고, 물권적 청구권의 이행불능으로 인한 전보배상청구권은 인정되지 않는다.

동일 부동산에 관하여 등기명의인이 동일한 중복의 소유권보존등기(이중등기라고도 한다)가 경료된 경우 절차법설에 따라 나중에 이루어진 보존등기는 무조건 무효이다. 등기명의인을 달리하여 중복된 소유권보존등기가 경료된 경우에는 절차법적 절충설에 따라 먼저 이루어진 소유권보존등기가 원인무효가 되지 아니하는 한, 뒤에 된 소유권보존등기는 실체관계에 부합하는지 따질 필요도 없이 1부동산1등기기록의 원칙(물적편성주의)을 채택하고 있는 부동산등기법 아래에서는 무효이다(이 경우 뒤에 된 소유권보존등기에 터잡아 등기부 취득시효 주장을 할 수도 없다. 대법원 96다12511(전) 판결).

⑿ 폐쇄등기부와 말소회복등기

먼저 甲으로부터 乙 명의로 소유권이전등기가 마쳐지고, 이어 丙 명의로 저당권설정등기가 마쳐진 후 乙 명의의 소유권이전등기가 불법으로 말소되고, 등기부폐쇄 후 甲 명의의 등기만이 이기된 경우 丙이 甲을 상대로 위 소유권이전등기의 말소회복등기를 청구한 사례를 본다. 등기관이 부동산등기법 제33조에 따라 등기기록에 등기된 사항 중 현재 효력이 있는 등기만을 새로운 등기기록에 옮겨 기록한 후 종전 등기기록을 폐쇄하는 경우(부동산등기법 제20조 제1항), 새로운 등기기록에 옮겨 기록되지 못한 채 폐쇄된 등기기록에만 남게 되는 등기('폐쇄등기'라 한다)는 현재의 등기로서의 효력이 없고, 폐쇄된 등기기록에는 새로운 등기사항을 기록할 수도 없으므로, 폐쇄등기 자체를 대상으로 하여 말소회복등기절차의 이행을 구할 소의 이익은 없다(대법원 2015다242849 판결). 그러나 동법 제33조가 등기기록에 등기된 사항 중 현재 효력이 있는 등기만을 새로운 등기기록에 옮겨 기록할 수 있도록 규정하고 있는 것은 등기실무의 편의를 고려한 것이고, 이로 인하여 진정한 권리자의 권리구제가 곤란하게 되어서는 아니 될 것이다. 이처럼 등기가 부적법하게 말소된 상태에서 현재 효력이 있다고 보이는 등기만을 새로운 등기기록에 옮겨 기록한 후 종전 등기기록을 폐쇄함으로써 진정한 권리자의 말소된 등기가 폐쇄등기로 남게 되는 경우와 같이, 새로운 등기기록에 옮겨 기록되지는 못하였지만 진정한 권리자의 권리실현을 위하여는 말소회복등기를 마쳐야 할 필요가 있는 때에도 등기가 폐쇄등기로 남아 있다는 이유로 말소회복등기절차의 이행을 구하는 소의 이익을 일률적으로 부정하는 것은 타당하다고 할 수 없다. 따라서 이러한 경우에는 등기가 부적법하게 말소되지 아니하였더라면 현재의 등기기록에 옮겨 기록되었을, 말소된 권리자의 등기와 그 등기를 회복하는 데에 필요하여 함께 옮겨 기록되어야 하는 등기에 관하여 말소회복등기절차 등의 이행을 구하는 소를 제기하여, 그 사건에서 말소회복등기절차 등의 이행을 명하는 판결이 확정되고, 현재의 등기기록에 이미 기록되어 있는 등기 중 말소회복등기와 양립할 수 없는 등기가 모두 말소되면, 등기관은 새로운 등기기록에 등기사항을 처음 옮겨 기록할 당시 말소된 권리자의 등기와 그 등기를 회복하는 데에 필요한 등기도 함께 옮겨 기록하였어야 함에도 이를 누락한 것으로 보아 부동산등기법 제32조에 의하여 직권으로 이들 등기를 현재의 등기기록에 옮겨 기록한 다음 그 등기에서 위 확정판결에 기한 말소회복등기 등을 실행할 수 있다(대법원 2011다41239 판결).

다음으로 폐쇄등기부에 甲, 乙, 丙 순으로 소유권이전등기가 마쳐져 있고, 새로운 등기부에 현재 효력 있는 丙 명의의 등기만 이기된 경우. 甲이 乙의 소유권이전등기가 원인무효임을 이유로 乙 명의 및 丙 명의의 각 소유권이전등기를 말소하고자 하는 사례를 본다. 이 경우 종전에는 먼저 丙을 상대로 말소소송을 제기하여 丙 명의의 소유권이전등기를 말소하고, 乙의 등기가 새 등기기록에 이기되면 비로소 乙을 상대로 말소소송을 제기할 수 있다고 보았지만 위 대법원 2015다242849 판결에 따르면 丙 명의의 등기말소와 상관없이 乙을 상대로 직접 말소등기를 청구할 수 있다고 본다(물론 丙을 상대로 진정명의회복을 원인으로 하여 직접 소유권이전등기를 구할 수도 있다).

⒀ 등기상 이해관계 있는 제3자의 승낙의 의사표시

부동산등기법상 권리의 변경이나 경정의 등기, 말소등기나 회복등기를 신청하는 경우에 등기상 이해관계 있는 제3자가 있는 때에는 그의 승낙이 있어야 하는데(부동산등기법 제52조 제5호, 제57조, 제59조), 이 경우 제3자의 승낙서나 그에 대항할 수 있는 재판의 등본을 제출하여야 한다. 이 때 등기신청인이 승낙서에 갈음하여 제3자에 대항할 수 있는 재판의 등본을 얻기 위하여는 제3자를 상대로 승낙의 의사표시를 소구하여야 한다. 이 경우 청구취지 기재례는 다음과 같다.

기재례 • • •

⑭ 피고는 원고에게 …부동산에 관하여 …로 마친 소유권이전등기의 말소등기에 대하여 승낙의 의사표시를 하라.

그런데 여기서의 “이해관계 있는 제3자”라 함은 당해 등기를 함에 의하여 일반적으로 손해를 입을 우려가 있다고 판단되는 제3자를 말하는데, 그 판단은 오로지 등기부의 기재에 터잡아 말소 또는 회복될 등기와 등기면상 양립할 수 없는 등기인지 여부만을 형식적으로 따지는 것이다. 등기상 이해관계 있는 제3자가 아닌 자를 상대로 한 승낙청구소송은 당사자적격이 없어 부적법하다. 이에 반하여 등기부상 이해관계 있는 제3자가 승낙의무가 있는지 여부는 실체법상의 관계에 따라 결정된다(대법원 2003다35567 판결).

동종의 권리 이전의 경우 양수인은 당사자이지 제3자가 아니다. 즉 甲, 乙, 丙 순으로 소유권이전등기가 된 경우 원인무효인 乙의 등기를 말소함에 있어 丙은 별개의 말소등기의 당사자가 된다. 따라서 등기실무상 甲은 우선 丙 명의의 소유권이전등기(주등기에 해당한다)를 말소한 다음 乙 명의의 소유권이전등기를 말소하여야 하고(丙 명의 등기 말소 전에 乙 명의 등기의 말소를 구하여도 된다. 또한 乙, 丙을 공동피고로 하여 말소소송을 제기할 수도 있는데, 이는 통상의 공동소송으로서 "이론상 합일확정소송"이라고 한다), 丙을 이해관계인으로 하여 丙의 승낙서를 첨부하여 乙의 소유권이전등기를 말소할 수는 없다. 왜냐하면 丙은 현재의 등기명의인으로서 말소등기의 상대방인 등기의무자이고, 이해관계 있는 제3자가 아니기 때문이다.

원인무효인 乙의 소유권이전등기에 터잡아 丁의 저당권설정등기가 되어 있는 경우라면 乙의 권리에 터잡아 감축된 권리형식의 등기상 권리자인 丁은 위 丙과 달리 동종의 권리를 그대로 이전받은 자가 아니므로 등기상 이해관계 있는 제3자에 해당한다. 따라서 乙의 소유권이전등기를 말소하기 위해서는 丁의 승낙서 또는 이에 대항할 수 있는 재판의 등본을 첨부하여야 한다. 이 경우 丁을 상대로 승낙을 구하는 소송을 제기하는 것이 원칙일 것이다. 그러나 실무에서는 丁 명의의 저당권설정등기의 말소를 구하는 소송을 제기하는 것이 보통인바, 이는 소유권에 기한 물권적 청구권인 방해배제청구권의 행사로서 허용된다고 본다.

원인무효인 소유권이전등기 명의인을 채무자로 한 가압류등기가 경료된 경우에 그 가압류등기는 어떻게 말소할 수 있을까. 가압류등기는 법원의 부동산가압류 결정에 따른 촉탁에 의해 이루어지기 때문에 문제의 소지가 있다. 이에 대하여 대법원 87다카2136 판결은 가압류등기의 말소등기청구소송도 가능하다고 보았다. 그러나 대법원 97다41103 판결은 가압류등기 말소청구소송을 부적법하다 하여 각하한 원심판결(위 87다카2136 판결과 배치되는 판단을 하였다)을 파기하면서 "부동산의 소유자는 원인무효인 소유권이전등기의 말소를 위하여 이해관계에 있는 제3자인 가압류채권자를 상대로 하여 원인무효 등기의 말소에 대한 승낙을 청구할 수 있고, 그 승낙이나 이에 갈음하는 재판이 있으면 등기공무원은 신청에 따른 원인무효 등기를 말소하면서 직권으로 가압류 등기를 말소하여야 할 것인바, 소유자가 원인무효인 소유권이전등기의 말소와 함께 가압류등기의 말소를 구하는 경우, 그 청구의 취지는 소유권이전등기의 말소에 대한 승낙을 구하는 것으로 해석할 여지가 있다"고 판시하였다. 결론적으로 현재의 판례의 입장은 위와 같은 경우에 가압류 등기의 말소를 구할 수는 없고(위 87다카2136 판결은 사실상 폐기된 셈이다), 승낙을 구하여야 하는 것으로 정리되었다고 할 수 있다(이에 대하여는 채무자도 아닌 소유자의 부동산에 가압류집행이 된 것이므로 집행법상 구제수단인 제3자 이의의 소를 제기하여야 한다는 견해도 있다. 대법원 99다40937 판결 참조).

⒁ 진정명의회복을 원인으로 한 소유권이전등기

무효의 등기를 말소하는 대신 최종 등기명의인을 상대로 진정한 등기명의의 회복을 원인으로 하여 직접 소유권이전등기를 구할 수 있는 경우도 있다. 진정한 등기명의의 회복을 위한 소유권이전등기청구는 이미 자기 앞으로 소유권을 표상하는 등기가 되어 있었거나 법률에 의하여 소유권을 취득한 자가 진정한 등기명의를 회복하기 위한 방법으로 현재의 등기명의인을 상대로 그 등기의 말소를 구하는 것에 갈음하여 허용되는 것이다(등기정정청구권의 하나로서 소유권에 기한 방해배제청구권의 행사에 해당한다). 말소등기에 갈음하여 허용되는 진정명의회복을 원인으로 한 소유권이전등기청구권과 무효등기의 말소청구권은 어느 것이나 진정한 소유자의 등기명의를 회복하기 위한 것으로서 실질적으로 그 목적이 동일하고, 두 청구권 모두 소유권에 기한 방해배제청구권으로서 그 법적 근거와 성질이 동일하므로, 비록 전자는 이전등기, 후자는 말소등기의 형식을 취하고 있다고 하더라도 그 소송물은 실질상 동일한 것으로 보아야 한다. 따라서 소유권이전등기 말소청구소송에서 패소확정판결을 받았다면 그 기판력은 그 후 제기된 진정명의회복을 원인으로 한 소유권이전등기청구소송에도 미친다(대법원 99다37894(전) 판결). 진정명의회복을 원인으로 한 소유권이전등기청구는 사해행위 취소소송에서 전득자가 선의인 경우 취소 목적 부동산의 소유 명의를 수익자로부터 채무자 앞으로 복귀시키고자 하는 경우에도 가능하다(대법원 99다53704 판결). 다만 설정된 제한물권이 있는 경우 진정명의회복을 원인으로 한 소유권이전등기청구는 제한물권이 설정된 상태가 유지된다.

기재례는 다음과 같다.

기재례 • • •

⑮ 피고는 원고에게 …부동산에 관하여 진정명의회복을 원인으로 한 소유권이전등기절차를 이행하라.

⒂ 토지의 일부에 관한 말소등기청구

어느 토지 전부에 관하여 원인무효의 등기가 있은 후 그 토지가 다른 토지에 합필된 경우에는 합필 후의 토지 중 종전의 토지 부분만이 말소등기의 대상이 된다. 따라서 토지가 합병된 경우 합병으로 소멸한 종전 토지 부분에 관한 등기를 말소하려면 합병 후 토지 중 종전 토지 부분을 특정하여 그 부분에 대한 등기의 말소를 구하여야 한다. 이 경우 청구취지 기재례는 다음과 같다.

기재례 • • •

⑯ 피고는 원고에게 별지 목록 기재 토지 중 별지 도면 표시 1, 2, 3, …, 1의 각 점을 차례로 연결한 선내 ㉮부분 120㎡에 관하여 …등기소 …접수 …로 마친 소유권이전등기의 말소등기절차를 이행하라.

한편 한 필의 토지를 두 필 이상의 토지로 분할하여 등기를 하려면 먼저 지적공부(지적도와 토지대장을 의미한다) 소관청에 의하여 지적측량을 하고 그에 따라 필지마다 지번, 지목, 경계 또는 좌표와 면적이 정하여지고 지적공부에 등록이 되어야 비로소 등기가 가능한 것이므로, 판결에 첨부된 목록으로 지적공부 소관청에서 이러한 절차의 시행이 불가능하다면, 구 지번 표시에 의하여 각 토지를 구별할 수 있다고 하여도 지적공부 소관청에 의한 지번, 지적 등의 확정절차가 없는 이상, 구 지번을 표시하는 것만으로는 목적물이 특정되었다고 할 수 없으므로 등기를 할 수 없다(대법원 97다2993 판결). 이 경우 원고로서는 소유권이전등기말소의 확정판결을 받은 후 피고를 대위하여 토지대장상 분할절차를 밟아 합필 전 토지와 동일하게 분할한 다음 분필등기를 함과 동시에 판결에 의한 말소등기를 할 수 있을 뿐이다(대법원 87다카1093 판결). 1필지의 토지가 여러 필지로 분할되어 지적공부에 등록되었다가 그 지적공부가 모두 멸실된 후 지적공부 소관청이 멸실된 지적공부를 복구하면서 분할 전의 1필지의 토지로만 복구한 경우에도 마찬가지로 종전의 분할된 각 토지의 소유자는 그 소유인 종전의 분할된 토지의 경계를 지적공부상으로 분할할 수 있을 정도로 특정하여야만 분할 전 1

필지의 토지의 일부분에 대해 소유권확인 또는 소유권이전등기의 말소를 구하는 소송을 제기할 수 있다(대법원 2001다20103 판결).

⒃ 유류분반환을 원인으로 한 소유권이전등기청구

기재례 • • •

⑰ 피고는 …부동산 중 원고 甲에게 15분의 1 지분에 관하여, 원고 乙, 丙에게 각 15분의 2 지분에 관하여 각 2019. 5. 9. 유류분 반환을 원인으로 한 소유권이전등기절차를 이행하라.

위 반환청구권의 성질에 관하여 판례(대법원 2000다8878 판결)는 형성권설을 취하고 있다고 보인다. 유류분반환청구의 의사표시는 반환하여야 할 유증 또는 증여행위를 지정하여 이에 대한 반환청구의 의사를 표시하면 그것으로 족하고 그로 인하여 생긴 목적물의 이전등기청구권이나 인도청구권 등을 행사하는 것과는 달리 그 목적물을 구체적으로 특정하여야 하는 것은 아니며, 민법 제1117조 소정의 소멸시효(유류분 권리자가 상속의 개시와 반환하여야 할 증여 또는 유증을 한 사실을 안 때로부터 1년, 상속이 개시한 때로부터 10년)의 진행도 위와 같은 의사표시로 중단된다(대법원 2000다66430 판결). 유류분반환청구권을 행사함으로써 발생하는 목적물의 이전등기청구권 등은 유류분반환청구권과는 다른 권리이므로, 그 이전등기청구권 등에 대하여는 민법 제1117조 소정의 유류분반환청구권에 대한 소멸시효가 적용될 여지가 없고, 그 권리의 성질과 내용 등에 따라 별도로 소멸시효의 적용 여부와 기간 등을 판단하여야 한다(대법원 2011다55092 판결).

유류분반환청구권은 그 행사 여부가 유류분권리자의 인격적 이익을 위하여 그의 자유로운 의사결정에 전적으로 맡겨진 권리로서 행사상의 일신전속성을 가진다고 보아야 하므로 유류분권리자에게 그 권리행사의 확정적 의사가 있다고 인정되는 경우가 아니라면 채권자대위권의 목적이 될 수 없다(대법원 2009다93992 판결).

한편 우리 민법이 유류분의 반환방법에 관하여는 별도의 규정을 두고 있지 않지만 제1115조 제1항이 "부족한 한도에서 그 재산의 반환을 청구할 수 있다"고 규정한 점 등에 비추어 볼 때 반환의무자는 통상적으로 증여 또는 유증 대상 재산 자체를 반환하면 될 것이나(원물반환의 원칙) 원물반환이 불가능한 경우에는 가액 상당액을 반환할 수밖에 없다. 유류분권리자의 가액반환청구에 대하여 반환의무자가 원물반환을 주장하며 가액반환에 반대하는 의사를 표시한 경우에는 반환의무자의 의사에 반하여 원물

반환이 가능한 재산에 대하여 가액반환을 명할 수는 없다(대법원 2010다42624 판결).

6. 기타 의사의 진술을 구하는 청구

(1) 지명채권 양도 통지에 관한 의사의 진술

채권양도 계약을 체결하고 양도인이 양도 통지(관념의 통지라고 본다)를 하지 아니하는 경우 양수인이 그 통지 권한을 부여받았다면 양수인이 양도인의 사자 또는 대리인으로서 채권양도 통지를 할 수 있으나 그렇지 아니한 때에는 지명채권 양도에 관하여 양수인이 양도인을 상대로 대항요건인 통지를 채무자에게 하도록 소구하여야 한다. 채무자에 대한 대항요건으로서 채무자에 대한 통지나 승낙은 양수금 청구소송에 있어 양수인이 주장, 입증하여야 할 요건사실이다. 기재례는 다음과 같다.

기재례 • • •

① 피고는 소외 甲(주소 : 이하 생략)에게 별지 목록 기재 채권을 2020. 6. 8. 원고에게 양도하였다는 취지의 통지를 하라.

이 경우 판결확정만으로는 의사의 진술이 소외인인 제3자(채무자)에게 도달된 것으로 간주되지 아니하고, 판결확정 후 원고가 스스로 제3자에게 그 판결을 제시하여야 비로소 양도통지의 효력이 생긴다. 따라서 위 기재례에서 "확정일자에 의한 통지를 하라"라고 청구하여서는 안 된다. 대상청구의 경우나 배당표에 따른 배당금지급청구권의 경우와 같이 채권 자체의 양도를 구하는 경우에는 "피고는 …… 채권양도의 의사표시를 하고, 그 취지의 통지를 하라"는 청구를 하여야 할 것이다.

제3자에 대한 대항력의 의미는 채권의 귀속과 관련한 것으로서 누가 정당한 양수인인가의 문제인데, 이 경우 대항력의 우열은 통지 또는 승낙에 붙여진 확정일자의 선후가 아니라 확정일자 있는 통지가 채무자에게 도달된 일시 또는 확정일자 있는 승낙의 일시의 선후에 의하여 결정된다(대법원 93다24223(전) 판결). 따라서 위 판결이 확정되더라도 제3자에 대한 대항력을 취득하기 위하여는 통지시 확정일자를 별도로 받아야 한다.

지명채권 양도의 대항요건을 갖추지 못한 채권 양수인은 아직 채무자와의 사이에 아무런 법률관계가 없어 채무자에 대하여 권리주장을 할 수 없으므로 "양도인으로부터 채권양도 통지를 받으면 그 돈을 지급하라"라는 취지의 장래이행의 소는 부적법하다(대법원 90다9452,9469 판결). 채권 양수인이 대항요건을 갖추지 못한 상태에서 채무자를 상대로 재판상의 청구를 한 경우 소멸시효 중단사유인 재판상의 청구에 해당한다

(대법원 2005다41818 판결). 채권양도 후 대항요건이 구비되기 전의 양도인은 채무자에 대한 관계에서는 여전히 채권자의 지위에 있으므로 채무자를 상대로 시효중단의 효력이 있는 재판상의 청구를 할 수 있고, 이 경우 양도인이 제기한 소송 중에 채무자가 채권양도의 효력을 인정하는 등의 사정으로 인하여 양도인의 청구가 기각됨으로써 민법 제170조 제1항에 의하여 시효중단의 효과가 소멸된다고 하더라도 양도인의 청구가 당초부터 무권리자에 의한 청구로 되는 것은 아니므로 양수인이 그로부터 6월 내에 채무자를 상대로 재판상의 청구 등을 하였다면, 민법 제169조 및 제170조 제2항에 의하여 양도인의 최초의 재판상 청구로 인하여 시효가 중단된다(대법원 2008두20109 판결). 채무자의 수익자에 대한 채권양도가 사해행위로 취소되는 경우, 수익자가 제3채무자에게서 아직 채권을 추심하지 아니한 때에는 채권자는 사해행위취소에 따른 원상회복으로서 수익자가 제3채무자에게 채권양도가 취소되었다는 취지의 통지를 하도록 청구할 수 있다(대법원 2012다2743 판결).

매매로 인한 소유권이전등기청구권은 성질상 양도가 제한되어(그 이행에 신뢰가 따르기 때문이다) 그 양도에 채무자의 동의나 승낙을 요한다(대법원 2000다51216 판결). 그러나 취득시효완성을 원인으로 한 소유권이전등기청구권은 그러하지 아니하다(대법원 2015다36167 판결).

(2) 기타 재산권의 명의 변경에 관한 의사의 진술

행정관청의 허가나 특허명의에 관하여 해당 법에서 양도를 허용하는 취지의 규정을 두고 있는 경우에는 그 명의를 양수한 자가 양도인을 상대로 명의변경절차이행을 구하는 소를 제기할 수 있다고 할 것이나, 해당 법에서 양도를 허용하는 취지의 규정도 두고 있지 아니하고, 그러한 명의의 변경절차도 규정하고 있지 아니하다면, 양수인이 양도인을 상대로 양도인 명의의 면허를 양수인 명의로 직접 변경할 것의 이행을 구하는 소는 원칙적으로 허용되지 아니한다(대법원 2001다53622 판결. 이 사건은 온천관리대장에 온천발견자의 성명을 양도인 명의에서 양수인 명의로 직접 변경할 것의 이행을 구한 사례이다). 그렇지만 행정상의 편의 또는 사업상의 목적을 위하여 행정관청이나 기업이 작성 비치한 장부라 하더라도 그 명의의 변경을 허용하고, 이에 등재된 자를 일정한 권리자로 인정하는 경우 양도인을 상대로 그 지위의 양도를 구하는 대신 위 장부상의 명의 변경을 소로써 청구하여 권리 양수의 목적을 달성할 수 있는 경우도 있다. 예컨대 판례는 건축 중인 건물에 관한 건축허가상 건축주 명의 변경을 구하는 소(대법원 2006다

28454 판결), 대구시에 비치된 아파트 수분양자 대장상의 수분양자 명의 변경을 구하는 소(대법원 86다카802 판결), 식품위생법상 다방영업허가 명의 변경을 구하는 소(대법원 95다19591 판결), 골프장클럽의 회원명부의 명의개서를 구하는 소(대법원 85다카2469 판결)의 경우 소의 이익을 인정하고 있다. 건축허가서의 건축주 명의를 타인에게 신탁한 자가 이를 해지하고 건축주 명의변경에 동의하지 않는 수탁자를 상대로 그 의사표시에 갈음하여 건축허가서의 건축주명의변경절차이행을 구하는 소도 소의 이익이 있다(대법원 95다29901 판결). 아파트 수분양자 대장상의 수분양자 명의 변경을 구하는 소의 청구취지 기재례는 다음과 같다.

기재례 • • •

② 피고는 원고에게 별지 목록 기재 부동산에 관하여 2019. 1. 7. 매매를 원인으로 한 서울특별시의 ○○아파트 수분양자대장상의 수분양자명의 변경절차를 이행하라.

무허가건물대장은 무허가건물의 정비에 관한 행정상의 사무처리의 편의를 위하여 작성 비치된 대장으로서 그 대장에의 기재에 의하여 무허가건물에 관한 권리의 변동이 초래되거나 공시되는 효과가 생기는 것이라 할 수 없으므로 무허가건물에 관하여 그 무허가건물대장상의 명의변경을 구하는 소는 그 이익이 없으나(대법원 91다29347 판결), 그렇다고 하더라도 무허가건물대장상의 명의변경을 구하는 청구가 일률적으로 소의 이익이 없는 것은 아니고, 무허가건물이 철거되는 경우 일정 시점 이전에 축조되어 항공촬영도면에 수록되어 있는 건물에 대하여 건물보상 및 시영아파트를 특별분양할 예정이라면 무허가건물대장상 그 소유명의자로 등재된 사람은 특별한 사정이 없는 한, 건물철거에 따른 보상청구권이나 시영아파트 분양권을 받을 수 있는 지위를 가지게 될 것이므로 소로써 그 명의변경절차의 이행을 청구할 이익이 있다(대법원 92다3847 판결).

(3) 주주명부상 명의개서

명의개서란 법률행위 또는 법률의 규정에 의한 주식이전으로 주주가 교체된 경우 그 취득자의 성명과 주소를 주주명부에 기재하는 것으로 회사에 대한 대항력과 추정력(자격수여적 효력), 면책적 효력이 있다. 상법 제337조 제1항은 주식의 이전은 취득자의 성명과 주소를 주주명부에 기재하지 아니하면 회사에 대항하지 못한다고 규정하고 있다. 따라서 주주명부상의 명의개서는 양수인이 회사에 대한 관계에서 주주의 권리를 행사하기 위한 대항요건에 불과하다(대법원 2003다29661 판결). 명의개서 전에는 회사와의 관계에서 양도인이 여전히 주주이다. 회사 외의 제3자와의 관계에서는 명의개서 없이도 주주권을 주장할 수 있다. 종전 판례는 대항하지 못한다고 규정하고 있으므로 회사가 명의개서 미필주주(명의개서를 마치지 않은 양수인)를 주주로 인정하는 것은 무방하다는 편면적 구속설이었으나 대법원 2015다248342(전) 판결로써 형식설로 변경하였다. 형식설에 따르면 주주명부상 주주만이 회사에 대하여 주주권을 행사할 수 있고, 회사도 마찬가지라고 한다.

명의개서의 부당거절은 주식의 양도가 적법하고, 명의개서 청구절차도 적법함에도(회사에 주권을 제시하여야 한다. 대법원 94다25735 판결) 회사가 이를 거절하는 것을 말한다. 이 경우 양수인은 회사를 상대로 명의개서 절차이행청구의 소를 제기할 수 있고, 이 청구권 또는 주주권확인청구권을 피보전권리로 하여 임시주주의 지위확인을 구하는 가처분도 신청할 수 있다. 회사 및 이사에 대하여 명의개서 부당거절을 이유로 손해배상을 청구할 수도 있다. 명의개서 절차이행청구의 소의 청구취지 기재례는 다음과 같다.

기재례 • • •

③ 피고는 원고에게 피고가 발행한 보통주식 50,000주(1주 액면금액 10,000원)에 관하여 원고 명의로 주주명부상 명의개서절차를 이행하라.

7. 장래 이행의 청구

장래에 이행할 것을 청구하는 소는 미리 청구할 필요가 있어야 제기할 수 있다(민소법 제251조). 장래이행의 소는 변론종결시를 기준으로 하여 이행기가 장래에 도래하는 이행청구권에 관한 소를 말한다. 일반적으로 채무자가 채무의 이행기 도래 전부터 채무의 존재와 범위를 다투기 때문에 이행기가 도래하거나 조건이 성취되었을 때에 임의의 이행을 기대할 수 없는 경우에는 채무자의 자력이 충분한 경우라 하더라도 미리 청구할 필요가 인정된다(대법원 2002다3891 판결). 이에 반하여 이행기 미도래 또는 조건 미성취의 청구권에 있어 이행기 도래 또는 조건 성취시 채무자의 무자력으로 인하여 집행곤란 또는 이행불능에 빠질 사유가 있다는 것만으로는 미리 청구할 필요가 있다고 할 수 없다(대법원 2000다25576 판결). 이러한 사유는 보전처분 신청 사유가 될 뿐이다. 장래이행의 소(예컨대 판결이 확정되어야 효력이 발생하는 채권자취소권, 재산분할 청구 등)에 있어서는 소송촉진 등에 관한 특례법 제3조 제1항 소정의 지연손해금을 청구할 수 없다(같은 항 단서).

물건의 불법점유로 인한 차임 상당의 손해배상청구를 한 경우에 앞으로 그 물건을 인도할 때까지의 기간에 대한 손해배상금의 지급도 미리 청구할 필요가 인정된다. 부당이득금의 지급도 이와 같다(대법원 74다1184(전) 판결). 다만 장래이행의 소는 채무의 이행기가 장래에 도래하는 것뿐만 아니라 의무불이행사유가 그 때까지 존속한다는 것을 변론종결 당시에 확정적으로 예정할 수 있어야 한다. 원고가 주장하는 변론종결 후의 장래 시점까지 변수 없이 침해가 존속할 것이 변론 종결 당시에 확정적으로 예정되어 있어야 한다. 그렇지 아니하고 그 이전에 채무자의 침해가 중단되는 등 사정변경이 생길 수 있는 정도로 유동적이면 부적법하다. 대법원 86다카2151 판결도 “원심은 원고의 임료상당 부당이득금반환청구를 인용하면서 원심변론종결시까지 그 변제기가 도래한 이후의 시점인 1986. 7. 11.부터 원고가 구하는 1990. 6. 10.까지의 부당이득금으로서 매월 금 28,469원의 비율에 의한 금원을 반환하여야 한다고 하였다. 그러나 이 사건의 경우 이행을 명한 1990년까지라는 장래의 기간한정은 의무불이행의 사유가 그 때까지 계속하여 존속한다는 보장이 성립되지 않는 불확실한 시점임을 부인할 수 없다. 그 시기 이전에 피고가 이 사건 토지를 수용하거나 도로폐쇄조치를 하여 점유사용을 그칠 수도 있고 원고가 위 토지를 계속하여 소유하지 못할 수도 있기 때문이다. 이는 가옥명도의 판결을 하면서 그 명도할 때까지 임료상당의 손해배상을 아울러 명하는 경우에 판결의 시점에서 볼 때 명도시기가 불확정하기는 하나 장차 명도라는 사실의 실현을 예정할 수 있어 장래의 이행을 명할 수 있는 것과 그 이치가 다른 것이다”라고 판시한 바 있다. 사실심의 재판 실무에서 장래의 부당이득금의 계속적·반복적 지급을 명하는 판결의 주문에 ‘원고의 소유권 상실일까지’라는 표시가 가끔 사용되고 있으나 ‘원고의 소유권 상실일까지’라는 기재는 이행판결의 주문 표시로서 바람직하지 않다(대법원 2015다244432 판결).

장래이행의 소의 청구취지 기재례는 다음과 같다.

기재례 • • •

① 피고는 원고에게 2015. 3. 1.부터 별지 목록 기재 건물의 인도 완료일까지 월 금 100,000원의 비율에 의한 금원을 지급하라.

② 피고는 2017. 5. 1.이 도래하면 원고에게 금 10,000,000원 및 이에 대한 2017. 5. 2.부터 다 갚는 날까지 연 10%의 비율에 의한 금원을 지급하라.

일반적으로 채권에 대한 가압류가 있더라도 이는 채무자가 제3채무자로부터 현실로 급부를 추심하는 것만을 금지하는 것이므로 채무자는 제3채무자를 상대로 그 이행을 구하는 소송을 제기할 수 있고, 법원은 가압류가 되어 있음을 이유로 이를 배척할 수 없는 것이 원칙이다. 그러나 소유권이전등기청구권이 가압류 된 경우 소유권이전등기를 명하는 판결은 의사의 진술을 명하는 판결로서 이것이 확정되면 가압류채무자는 일방적으로 이전등기를 신청할 수 있고 제3채무자는 이를 저지할 방법이 없으므로 이와 같은 경우에는 가압류의 해제를 조건으로 하지 아니하는 한, 법원은 이를 인용하여서는 안 된다(가압류해제조건부 인용판결. 대법원 92다4680(전) 판결 이 경우 제3채무자인 피고는 응소의무가 있다). 제3채무자가 임의로 이전등기의무를 이행하고자 한다면 민사소송법 제577조(현행 민집법 제244조 제2항)에 의하여 정하여진 보관인에게 권리이전을 하여야 할 것이고, 이 경우 보관인은 채무자의 법정대리인의 지위에서 이를 수령하여 채무자 명의로 소유권이전등기를 마치면 된다(대법원 92다4680(전) 판결). 이 경우 청구취지 기재례는 다음과 같다.

기재례 • • •

③ 피고는 별지 목록 기재 건물에 관하여 원고와 소외 甲 사이의 …법원 …소유권이전등기청구권 가압류결정에 의한 집행이 해제되면 원고에게 2019. 8. 8. 매매를 원인으로 한 소유권이전등기절차를 이행하라.

주권발행 전이라도 회사성립 후 또는 신주의 납입기일 후 6개월이 지나면 주권의 교부 없이 지명채권의 양도에 관한 일반원칙에 따라 당사자의 의사표시만으로 주식을 양도할 수 있으므로, 주권발행 전 주식의 양도를 명하는 판결은 의사의 진술을 명하는 판결에 해당한다. 이러한 주식의 양도를 명하는 판결이 확정되면 채무자는 일방적으로 주식 양수인의 지위를 갖게 되고, 제3채무자는 이를 저지할 방법이 없으므로, 가압류의 해제를 조건으로 하지 않는 한 법원은 이를 인용해서는 안 된다. 이는 가압류의 제3채무자가 채권자의 지위를 겸하는 경우에도 동일하다(대법원 2017다3222 판결).

8. 정기금 지급 청구

장래의 일정기간에 걸쳐 정기적으로 일정액의 금전의 지급을 명하는 예는 교통사고 등 불법행위에 의한 손해배상청구에서 일실수입이나 개호비 등을 청구하는 경우 흔히 볼 수 있다(민법 제751조 제2항에는 위자료에 관하여 정기금 지급을 명할 수 있다고 규정하고 있다). 이때에는 그 정기금의 시기, 종기, 지급일자, 금액 등을 명확히 기재하여야 한다.

기재례 • • •

피고는 원고에게 2016. 3. 1.부터 2026. 2. 28.까지 원고의 생존을 조건으로 매월 말일 1,000,000원을 지급하라.

일실수입에 관하여 가동연한을 60세로 보고 일시금 지급을 명한 판결 확정 후 얼마 지나지 아니하여 원고가 사망한 경우 피고는 이것만을 사유로 하여 청구이의의 소를 제기할 수 없다(대법원 2009다56665 판결). 따라서 재심을 할 수 밖에 없는데 재심사유에도 해당되기 어렵다고 본다(재심에 의하여 취소되지 아니하는 한 부당이득반환청구도 할 수 없다). 그러므로 이러한 관점에서 보면 정기금 지급 판결을 적극 활용할 필요가 있다고 본다. 그렇지 아니할 경우 원고측에 부당한 이득을 안겨줄 우려가 있을 것이다.

불법행위로 입은 상해의 후유장애로 인하여 장래에 계속적으로 치료비나 개호비 등을 지출하여야 할 손해를 입은 피해자가 그 손해의 배상을 정기금에 의한 지급과 일시금에 의한 지급 중 어느 방식에 의하여 청구할 것인지는 원칙적으로 손해배상청구권자가 임의로 선택할 수 있는 것으로서, 다만 식물인간 등의 경우와 같이 그 후유장애의 계속기간이나 잔존여명이 단축된 정도 등을 확정하기 곤란하여 일시금 지급방식에 의한 손해의 배상이 사회정의와 형평의 이념에 비추어 현저하게 불합리한 결과를 초래할 우려가 있는 때에는 손해배상청구권자가 일시금에 의한 지급을 청구하였더라도 법원이 재량에 따라 정기금에 의한 지급을 명하는 판결을 할 수 있다(대법원 96다21591 판결). 나아가 감정인의 감정결과에 의하더라도 피해자의 기대여명의 예측이 불확실하다고 판단되는 경우에는 일실수입 손해와 향후치료비 손해 등을 산정함에 있어서 피해자가 확실히 생존하고 있으리라고 인정되는 기간 동안의 손해는 일시금의 지급을 명하고 그 이후의 기간은 피해자의 생존을 조건으로 정기금의 지급을 명할 수도 있다(대법원 2009다75574 판결).

정기금 판결에 대한 변경의 소(민소법 제252조)에 관하여는 기판력의 시적범위와 관련하여 후술한다.

9. 부작위를 구하는 경우

현재로부터 계속하여 일정한 행위를 하지 아니할 것을 내용으로 하는 부작위를 구하는 경우로서 기재례는 다음과 같다.

> **기재례 • • •**
>
> ① 피고는 별지 목록 기재 토지 중 별지 도면 표시 … ㉮부분 67.8㎡에 대한 원고의 통행을 방해하는 일체의 행위를 하여서는 아니 된다.

채무가 부작위를 목적으로 한 경우에 채무자가 이에 위반한 때에는 채무자의 비용으로 그 위반한 것을 제각하고, 장래에 대한 적당한 처분을 법원에 청구할 수 있다(민법 제389조 제3항). 변론종결 후에 부작위 채무를 위반한 경우에는 제1심 수소법원의 결정으로 위반한 것을 제각하는 대체집행을 하거나 적당한 처분을 할 수 있다(민집법 제260조). 대체집행이 허용되지 아니하는 부작위채무나 부대체적 작위채무에 대하여는 민집법 제261조에 따라 채무불이행 시에 일정한 배상을 명하도록 간접강제를 할 수 있다. 부대체적 채무인 부작위채무에 대한 강제집행은 간접강제만 가능한데, 간접강제결정은 판결절차에서 먼저 집행권원이 성립한 후에 채권자의 별도의 신청에 따라 채무자에 대한 필요적 심문을 거쳐 채무를 불이행하는 때에 일정한 배상을 하도록 명하는 것이 원칙이다. 따라서 부작위채무에 관한 집행권원 성립을 위한 판결절차에서 장차 채무자가 채무를 불이행할 경우에 대비하여 간접강제를 하는 것은 부작위채무에 관한 소송절차의 변론종결 당시에서 보아 부작위채무를 명하는 집행권원이 성립하더라도 채무자가 이를 단기간 내에 위반할 개연성이 있고, 또한 판결절차에서 민사집행법 제261조에 의하여 명할 적정한 배상액을 산정할 수 있는 경우라야 한다(대법원 2011다31225 판결). 부대체적 작위채무에 관하여서도 판결절차의 변론종결 당시에 보아 집행권원이 성립하더라도 채무자가 부대체적 작위채무를 임의로 이행할 가능성이 없음이 명백하고, 판결절차에서 채무자에게 간접강제결정의 당부에 관하여 충분히 변론할 기회가 부여되었으며, 민사집행법 제261조에 의하여 명할 적정한 배상액을 산정할 수 있는 경우에는 판결절차에서도 채무불이행에 대한 간접강제를 할 수 있다(대법원 2020다248124(전) 판결의 다수의견).

저당권자가 저당권 침해를 사유로 공사중지를 구할 수 있을까. 저당권은 담보물권으로서 저당권자에게는 용익권이 인정되지 않기 때문에 문제된다. 대법원 2003다58454 판결은 “저당권자는 저당권 설정 이후 환가에 이르기까지 저당물의 교환가치에 대한 지배권능을 보유하고 있으므로 저당목적물의 소유자 또는 제3자가 저당목적물을 물리적으로 멸실·훼손하는 경우는 물론 그 밖의 행위로 저당부동산의 교환가치가 하락할 우려가 있는 등 저당권자의 우선변제청구권의 행사가 방해되는 결과가 발생한다면 저당권자는 저당권에 기한 방해배제청구권을 행사하여 방해행위의 제거를 청구할 수 있다. 대지의 소유자가 나대지 상태에서 저당권을 설정한 다음 대지상에 건물을 신축하기 시작하였으나 피담보채무를 변제하지 못함으로써 저당권이 실행에 이르렀거나 실행이 예상되는 상황인데도 소유자 또는 제3자가 신축공사를 계속한다면 신축건물을 위한 법정지상권이 성립하지 않는다고 할지라도 경매절차에 의한 매수인으로서는 신축건물의 소유자로 하여금 이를 철거하게 하고 대지를 인도받기까지 별도의 비용과 시간을 들여야 하므로, 저당목적 대지상에 건물신축공사가 진행되고 있다면, 이는 경매절차에서 매수희망자를 감소시키거나 매각가격을 저감시켜 결국 저당권자가 지배하는 교환가치의 실현을 방해하거나 방해할 염려가 있는 사정에 해당한다"고 판시하였다. 공사중지를 구하는 경우 청구취지 기재례는 다음과 같다.

기재례 • • •

② 피고는 …토지 위에 건축 중인 오피스텔의 축조공사를 중지하고 이를 속행하여서는 아니 된다.

10. 토지거래허가 신청의 협력의무를 구하는 경우

구 국토이용관리법상(현행 국토의 계획 및 이용에 관한 법률)의 규제구역(대표적인 것이 그린벨트지역이다) 내의 '토지 등의 거래계약' 허가에 관한 관계규정의 내용과 그 입법취지에 비추어 볼 때 토지의 소유권 등 권리를 이전 또는 설정하는 내용의 거래계약은 관할 관청의 허가(법적 성격은 인가이다)를 받아야만 그 효력이 발생하고 허가를 받기 전에는 물권적 효력은 물론 채권적 효력도 발생하지 아니하여 무효라고 보아야 할 것이다. 다만 허가를 받기 전의 거래계약이 처음부터 허가를 배제하거나 잠탈하는 내용의 계약일 경우에는 확정적으로 무효로서 유효화될 여지가 없으나 이와 달리 허가받을 것을 전제로 한 거래계약일 경우에는 허가를 받을 때까지는 법률상 미완성의 법률행위로서 소유권 등 권리의 이전 또는 설정에 관한 거래의 효력이 전혀 발생하지 않음은 위의 확정적 무효의 경우와 다를 바 없지만, 일단 허가를 받으면 그 계약은 소급하여 유효한 계약이 되고 이와 달리 불허가가 된 때에는 무효로 확정되므로 허가를 받기까지는 유동적 무효의 상태에 있다고 보는 것이 타당하므로 허가받을 것을 전제로 한 거래계약은 허가받기 전의 상태에서는 거래계약의 채권적 효력도 전혀 발생하지 않으므로 권리의 이전 또는 설정에 관한 어떠한 내용의 이행청구도 할 수 없으나 일단 허가를 받으면 그 계약은 소급해서 유효화되므로 허가 후에 새로이 거래계약을 체결할 필요는 없다. 또한 규제지역 내의 토지에 대하여 거래계약이 체결된 경우에 계약을 체결한 당사자 사이에 있어서는 그 계약이 효력 있는 것으로 완성될 수 있도록 서로 협력할 의무가 있음이 당연하므로, 계약의 쌍방 당사자는 공동으로 관할 관청의 허가를 신청할 의무가 있고, 이러한 의무에 위배하여 허가신청절차에 협력하지 않는 당사자에 대하여 상대방은 협력의무의 이행을 소송으로써 구할 이익이 있다(대법원 90다12243(전) 판결). 이 경우 청구취지 기재례는 다음과 같다.

기재례 • • •

피고는 원고에게, 원고와 사이에 …체결된 …부동산의 매매계약에 관하여 토지거래허가 신청절차를 이행하라.

확정적으로 무효로 되었을 때 지급한 계약금을 부당이득으로 반환해 달라는 청구를 할 수 있으나 유동적 무효 상태에서는 위와 같은 토지거래허가 신청절차에 협력하라는 청구 외에는 계약이 유효임을 전제로 한 손해배상청구 등 어떠한 청구도 허용되지 않는다(매도인이 매수인의 대금지급 불이행을 사유로 계약을 해제할 수도 없다). 토지거래허가를 조건으로 장래이행의 소로서 소유권이전등기를 청구할 수도 없다(위 전원합의체 판결). 甲이 乙과 토지거래허가구역 내 토지를 매수하는 계약을 체결한 후 乙을 상대로 소유권이전등기청구 등의 소를 제기하여 토지거래허가신청절차 이행청구는 인용하고 소유권이전등기절차 이행청구는 기각한 판결이 확정되었는데, 변론종결 전에 위 토지가 토지거래허가구역에서 해제되었음에도 甲이 이를 주장하지 아니하여 전소 법원은 위 토지가 허가구역 내에 위치함을 전제로 판결하였고, 그 후 甲이 위 토지가 토지거래허가구역에서 해제되었음을 들어 乙을 상대로 소유권이전등기절차의 이행을 구하는 소를 제기한 경우 후소는 전소 확정판결의 기판력에 반한다(대법원 2011다79968 판결. 당사자가 그 공격방어방법을 알고서 주장하지 아니하였는지 또는 알지 못한 데에 과실이 있는지 여부는 묻지 아니하기 때문이다).

11. 선이행을 조건으로 한 경우

원고 또는 제3자가 피고에게 일정한 의무를 선이행할 것을 조건으로 피고에 대하여 이행을 구하는 경우이다(장래이행의 소의 일종이므로 미리 청구할 필요가 있어야 한다). 이 때 선이행의무의 내용을 명시하여야 하고, 그것이 피고의 의무보다 먼저 이행되어야 하는 관계에 있음을 분명하게 하기 위하여 "지급받은 다음" 등의 표현을 사용하여야 한다. 기재례는 다음과 같다.

기재례 • • •

피고는 원고로부터 1억 원을 지급받은 다음 원고에게 …부동산에 관하여 …로 마친 근저당권 설정등기의 말소등기절차를 이행하라.

근저당권설정등기나 담보 목적의 가등기 또는 소유권이전등기(양도담보)에 관한 피담보채무의 변제의무는 위 각 등기의 말소의무보다 선이행관계에 있다. 질권도 마찬가지이다. 선이행의무가 있음에도 불구하고 무조건의 이행을 청구한 경우 판례는 원고가 그 채무를 변제한다고 하더라도 피고가 액수 등을 다투면서 말소등기절차에 협력하지 않을 사정이 있을 때에는 원고의 반대 의사표시가 없는 한, 원고의 청구를 기각할 것이 아니라 원고의 나머지 채무의 지급을 조건으로 선이행판결을 하여야 한다고 한다(대법원 95다9310 판결). 선이행의무가 있음에도 불구하고 동시이행의 판결을 구한 경우에도 선이행 판결을 할 수 있다. 다만 어느 경우이든 판결 주문에 "원고의 나머지 청구를 기각한다"는 취지를 표시하여야 한다.

주택임대차보호법 제3조의3 규정에 의한 임차권등기(법원의 결정에 의하고, 대항력과 우선변제력이 있다)는 이미 임대차계약이 종료하였음에도 임대인이 그 보증금을 반환하지 않는 상태에서 경료되게 되므로, 이미 사실상 이행지체에 빠진 임대인의 임대차보증금의 반환의무는 그에 대응하는 임차인의 권리를 보전하기 위하여 새로이 경료하는 임차권등기에 대한 임차인의 말소의무와 동시이행관계에 있는 것이 아니라 임차인의 임차권등기 말소의무보다 선이행되어야 할 의무이다(대법원 2005다4529 판결).

12. 동시이행을 조건으로 한 경우

동시이행의 항변권은 공평의 관념과 신의칙에 입각하여 각 당사자가 부담하는 채무가 서로 대가적 의미를 가지고 관련되어 있을 때 그 이행에 있어서 견련관계를 인정하여 당사자 일방은 상대방이 채무를 이행하거나 이행의 제공을 하지 아니한 채 당사자 일방의 채무의 이행을 청구할 때에는 자기의 채무 이행을 거절할 수 있도록 하는 제도이다. 쌍무계약에 의하여 발생한 양 채무의 상호의존적 견련성을 그 이행단계에서도 인정하고자 하는 제도라고 할 수 있으나(민법 제536조 제1항 및 불안의 항변권에 관한 동조 제2항) 쌍무계약에 의하지 않은 채권관계의 당사자 사이에서도 유추적용되거나 준용될 수 있다. 동시이행항변권은 위험부담과 함께 쌍무계약의 효과라고 할 수 있는데, 위험부담은 쌍방 대가 관계에 있는 채권채무 사이에 인정되는 것이므로 동시이행관계에는 있으나 서로 대가 관계에 있다고 볼 수 없는 경우에는 위험부담의 법리를 적용해서는 안 된다.

원고 또는 제3자가 피고에게 일정한 의무를 이행하는 것과 동시에(또는 상환으로) 피고에 대하여 이행을 구하는 경우 위 선이행을 조건으로 한 경우와 마찬가지로 반대의무의 내용을 명확히 하여야 한다. 기재례는 다음과 같다.

기재례 • • •

① 피고는 원고로부터 1억 원을 지급받음과 동시에 원고에게 …부동산에 관하여 …매매를 원인으로 한 소유권이전등기절차를 이행하라.

원고가 단순이행을 청구한데 대하여 피고가 동시이행의 항변이나 유치권항변을 하고 그것이 정당하다고 인정된 때에는 원고가 반대의 의사표시를 하지 않는 한, 원고의 청구를 기각할 것이 아니라 동시이행 판결을 하여야 한다.

상환이행판결의 경우 동시이행항변으로 제출된 반대채권의 존부 및 수액에는 기판력이 생기지 않는다(대법원 96다19017 판결). 다만 동시이행항변의 조건이 붙어 있다는 점에는 기판력이 있으므로 그 뒤에 무조건의 이행의무가 있다고 주장하는 것은 기판력에 반한다.

임대차가 종료된 경우 임대차보증금 반환의무와 임대목적물 인도의무는 동시이행관계에 있다. 전세권 소멸 시 목적물의 인도 및 등기말소도 전세금 반환과 동시이행관계에 있다(민법 제317조). 임대인과 임차인이 임대차계약을 체결하면서 임대차보증금을 전세금으로 하는 전세권설정등기를 경료한 경우 임대차보증금은 전세금의 성질을 겸하게 되므로, 당사자 사이에 다른 약정이 없는 한, 임대차보증금 반환의무는 민법 제317조에 따라 전세권설정등기의 말소의무와도 동시이행관계에 있다(대법원 2010다95062 판결). 그러나 임차인의 임차목적물 반환의무는 임대차계약의 종료에 의하여 발생하나, 임대인의 권리금 회수 방해로 인한 손해배상의무는 상가건물 임대차보호법에서 정한 권리금 회수기회 보호의무 위반을 원인으로 하고 있으므로 양 채무는 동일한 법률요건이 아닌 별개의 원인에 기하여 발생한 것일 뿐 아니라 공평의 관점에서 보더라도 그 사이에 이행상 견련관계를 인정하기 어렵다(대법원 2018다242727 판결).

임대차계약에 있어 임대차보증금은 임대차계약 종료 후에 발생하는 모든 채무(임료,

공과금, 부당이득금, 손해배상, 소송비용 등)를 담보하는 것이므로, 임대인으로서는 임대차보증금에서 그 피담보채무를 "공제"한 나머지만을 임차인에게 반환할 의무가 있다. 여기서의 "공제"는 "당연공제"를 의미하지만 임대인으로서는 그 임대차보증금에 의하여 담보되는 부당이득 반환채권 및 손해배상 채권 등의 발생에 관하여 주장·입증하여야 하고, 그 발생한 채권이 변제 등의 이유로 소멸하였다는 점에 관하여는 임차인이 주장·입증하여야 한다(대법원 95다14664 판결). 여기서의 부당이득에서 말하는 이득이란 실질적 이득만을 의미한다(따라서 보증금을 반환받을 때까지 건물을 점유사용하지는 않고 인도만을 거절한 경우에는 부당이득 반환의무가 없다). 그리고 차임채권이 양도된 경우에도 임차인은 보증금에서 공제할 것을 주장할 수 있다(대법원 2013다77225 판결).

원고가 피고에게 건물을 2011. 4. 1. 임대보증금 20,000,000원, 월차임 1,000,000원, 기간 4년으로 정하여 임대하였다가 임대차 기간 만료를 사유로 건물인도청구와 2015. 2. 1.부터 위 건물 인도 완료일까지 월 1,000,000원의 비율로 계산한 연체차임 및 부당이득금의 지급을 청구하였고, 이에 대하여 피고가 임차보증금 반환청구권으로 동시이행의 항변을 하였으며, 다시 원고가 연체차임 2,000,000원과 임대차 기간 만료 이후 부당이득금을 공제하여야 한다는 주장을 한 경우 주문 기재례는 다음과 같다.

기재례 • • •

② 피고는 원고로부터 18,000,000원에서 2015. 4. 1.부터 별지 목록 기재 건물을 인도하는 날까지 월 1,000,000원의 비율로 계산한 금액을 공제한 나머지 돈을 지급받음과 동시에 원고에게 위 건물을 인도하라.

이 경우 만일 건물의 인도가 늦어져 임대보증금에서 부당이득금이 전액 공제되고 오히려 원고가 피고로부터 받을 부당이득금이 있게 된다면 위 주문만으로는 금전집행을 할 수 없게 된다. 따라서 위 주문만으로는 부족하고 건물의 인도 집행이 늦어질 경우에 대비하여 주문에 다음과 같은 사항을 추가하고, 판결 이유에서 이에 대하여 설명하여야 한다(만일 이 추가 주문을 선고하지 않을 경우에는 재판의 누락이 된다).

기재례 • • •

② ㄱ 피고는 원고에게 2015. 4. 1.부터 별지 목록 기재 건물을 인도하는 날까지 월 1,000,000원의 비율로 계산한 금액에서 18,000,000원을 공제한 나머지 돈을 지급하고, 위 건물을 인도하라.

쌍무계약에서 쌍방의 채무가 동시이행관계에 있는 경우 일방의 채무의 이행기가 도래하더라도 상대방 채무의 이행제공이 있을 때까지는 그 채무를 이행하지 않아도 이행지체의 책임을 지지 않는 것이며, 이와 같은 효과는 이행지체의 책임이 없다고 주장하는 자가 반드시 동시이행의 항변권을 행사하여야만 발생하는 것은 아니므로(존재효과설. 그 근거는 이행지체의 요건 중 위법성이 없기 때문이라고 본다), 동시이행관계에 있는 쌍무계약상 자기채무의 이행을 제공하는 경우 그 채무를 이행함에 있어 상대방의 행위를 필요로 할 때에는 언제든지 현실로 이행을 할 수 있는 준비를 완료하고 그 뜻을 상대방에게 통지하여 그 수령을 최고하여야만 상대방으로 하여금 이행지체에 빠지게 할 수 있는 것이다(대법원 2001다3764 판결. 계속 이행제공하여야 한다는 점에서 계약해제의 경우와 다름을 주의하여야 한다).

근저당권설정등기가 되어 있는 부동산을 매매하는 경우 매수인이 근저당권의 피담보채무를 인수하여 그 채무금 상당을 매매잔대금에서 공제하기로 하는 특약(통상 이행인수라고 본다)을 하는 등 특별한 사정이 없는 한, 매도인의 근저당권말소 및 소유권이전등기의무와 매수인의 잔대금지급의무는 동시이행의 관계에 있다(대법원 91다23103 판결).

도급계약에 있어서 완성된 목적물에 하자가 있는 때에는 도급인은 수급인에 대하여 하자의 보수를 청구할 수 있고, 그 하자의 보수에 갈음하여 또는 보수와 함께 손해배상을 청구할 수 있는바(민법 제667조 제2항), 이들 청구권은 특별한 사정이 없는 한 수급인의 보수지급청구권과 동시이행의 관계에 있다고 할 것이다(대법원 2001다21632 판결). 그러나 공사도급계약상 도급인의 지체상금(건축공사 도급계약에서 수급인이 약정 완공기일 내에 완공하지 못하는 등 도급계약 상의 의무의 이행을 지체하는 경우 도급인에게 지급해야 하는 손해배상액을 말한다) 채권과 수급인의 공사대금 채권은 특별한 사정이 없는 한, 동시이행의 관계에 있다고 할 수 없다(대법원 2013다81224 판결).

민법 제549조는 계약이 해제된 경우에 관하여 동시이행의 항변권에 관한 민법 제536조의 규정을 준용하고 있다. 원상회복의무는 부당이득의 특칙으로 보는데, 받은 날로부터의 법정이자도 반환하여야 한다. 매매계약이 해제된 경우 매수인이 목적물을 인도받아 사용하였다면 사용이익도 반환하여야 한다(대법원 2020다290804 판결).

매매계약이 무효인 경우 매도인은 수령한 대금을 매수인에게 반환할 의무가 있고, 이에 대하여 악의의 매도인은 이자를 붙여 반환할 의무가 있는바(민법 제748조 제2항), 비록 이 의무가 매수인의 소유권이전등기말소 의무와 동시이행관계에 있다고 하더라도 마찬가지라고 본다(대법원 2016다47478 판결). 왜냐하면 위 이자는 법정이자로서 부당이득반환의 성질을 갖는 것이지 반환의무의 이행지체로 인한 손해배상의 성질을 갖는 것이 아니기 때문이다.

민법 제643조의 규정에 의한 건물 기타 공작물의 소유를 목적으로 한 토지임차인의 매수청구권행사로 지상건물에 대하여 시가에 의한 매매유사의 법률관계가 성립된 경우에 토지임차인의 건물인도 및 그 소유권이전등기의무와 토지임대인의 건물대금지급의무는 서로 대가관계에 있는 채무이므로 토지임차인은 토지임대인의 건물인도청구에 대하여 대금지급과의 동시이행을 주장할 수 있다(대법원 91다3260 판결). 임차인은 위 매수청구권을 행사한 후에 그 임대인인 토지의 소유자로부터 매수대금을 지급받을 때까지 그 지상 건물 등의 인도를 거부할 수 있지만, 지상 건물 등의 점유·사용을 통하여 그 부지를 계속하여 점유·사용하는 기간 동안 부지의 임료 상당액을 부당이득으로서 반환하여야 할 의무가 있다(대법원 95다15728 판결).

위와 같이 건물의 소유를 목적으로 한 토지임대차에 있어 임대인이 건물의 철거와 토지의 인도를 청구한 데 대하여 임차인이 건물매수청구권을 행사한 경우 법원은 청구취지 변경이 없는 경우에도 매매대금의 지급과 상환으로 건물의 인도를 명하는 판결을 할 수 있을까. 이에 관하여 대법원 94다34265(전) 판결은 "토지임대차 종료시 임대인의 건물철거와 그 부지인도 청구에는 건물매수대금 지급과 동시에 건물명도를 구하는 청구가 포함되어 있다고 볼 수 없다. 왜냐하면 전자는 건물에 관하여 매매가 성립되지 아니함을 전제로 한 것임에 반하여 후자는 매매가 성립됨을 전제로 한 것이어서 청구취지가 너무 다르기 때문이다. 다만 이 경우에 법원으로서는 임대인이 종전의 청구를 계속 유지할 것인지, 아니면 대금지급과 상환으로 지상물의 명도를 청구할 의사가 있는 것인지(예비적으로라도)를 석명하고 임대인이 그 석명에 응하여 소를 변경한 때에는 지상물 명도의 판결을 함으로써 분쟁의 1회적 해결을 꾀하여야 한다"고 판시하면서(석명의무 사항이라는 것이다) 법원이 위와 같은 점을 석명하지 아니하고 원고의 청구를 기각하더라도 위법이 아니라는 취지의 종전 판결을 폐기하였다. 따라서 토지임대인인 원고로서는 토지임차인인 피고가 건물매수청구권을 행사한다면 후술하는 바와 같이 청구이의의 소의 사유가 되기도 하므로 그 지상건물에 대한 매매계약이 성립된 것을 전제로 예비적으로라도 건물의 매매대금 지급과 상환으로 건물에 관한 소유권이전등기와 건물의 인도를 구하는 것으로 청구취지를 변경함이 상당하다.

동시이행항변권을 인정한 제도의 취지에서 볼 때 당사자가 부담하는 각 채무가 쌍무계약에 있어 고유의 대가관계가 있는 채무가 아니라고 하더라도 구체적인 계약관계에서 각 당사자가 부담하는 채무에 관한 약정 내용에 따라 그것이 대가적 의미가 있어 이행상의 견련관계를 인정하여야 할 사정이 있는 경우에는 동시이행의 항변권을 인정할 수 있는 것이다. 따라서 부동산 매매계약에 있어 매수인이 부가가치세를 부담하기로 약정한 경우, 부가가치세를 매매대금과 별도로 지급하기로 했다는 등의 특별한 사정이 없는 한, 부가가치세를 포함한 매매대금 전부와 부동산의 소유권이전등기의무가 동시이행의 관계에 있다고 봄이 상당하다(대법원 2005다58656 판결).

13. 채권자대위소송의 경우

채권자가 채권자대위권에 기하여 소송상 채무자의 권리를 행사하는 경우에 피고로 하여금 채무자에게 이행할 것을 청구하는 것이 원칙일 것이나 금전의 지급이나 물건의 인도 등과 같이 변제의 수령을 요하는 경우, 만약 채무자가 그 수령을 거절하게 되면 채권자로서는 그 목적을 달성할 수 없게 될 것이므로 피고(제3채무자)로 하여금 채무자가 아닌 원고 자신에게 직접 이행할 것을 청구할 수도 있다고 보아야 한다(대법원 93다59502 판결).

채권자대위소송에서 피보전채권의 존재가 인정되지 아니하면 당사자적격이 없게 되어 그 대위소송은 부적법 각하된다(대법원 94다14339 판결). 피대위자인 채무자가 실존인물이 아니거나 사망한 사람인 경우 역시 피보전채권인 채권자의 채무자에 대한 권리를 인정할 수 없는 경우에 해당하므로 그러한 채권자대위소송은 당사자적격이 없어 부적법하다(대법원 2020다300893 판결). 피보전채권에 관하여 채권자가 채무자를 상대로 소를 제기하여 패소의 확정판결을 받게 되면 채권자는 채무자의 제3자에 대한 권리를 행사하는 채권자대위소송에서 그 확정판결의 기판력으로 말미암아 더 이상 채무자에 대하여 동일한 청구원인으로 청구를 할 수 없으므로 그러한 권리를 보전하기 위한 채권자대위소송은 그 요건을 갖추지 못하여 부적법하다(대법원 2002다64148 판결). 채권자대위권을 재판상 행사하는 경우에 있어서도 채권자인 원고는 그 채권의 존재사실 및 보전의 필요성, 기한의 도래 등을 입증하면 족한 것이지, 채권의 발생원인사실 또는 그 채권이 제3채무자인 피고에게 대항할 수 있는 채권이라는 사실까지 입증할 필요는 없으므로 채권자가 채무자를 상대로 하여 그 보전되는 청구권에 기한 이행청구의 소를 제기하여 승소판결이 확정되면 제3채무자는 그 청구권의 존재를 다툴 수 없다(대법원 2003다1250 판결). 채권자대위소송에서 제3채무자는 채무자가 채권자에 대하여 가지는 소멸시효완성의 항변으로 채권자에게 대항할 수 없다(대법원 2001다10151 판결. 소멸시효를 원용할 수 있는 사람은 권리의 소멸에 의하여 직접 이익을 받는 자에 한정되는데, 채권자대위소송에서 제3채무자는 소멸시효 이익을 직접 받는 자라 볼 수 없기 때문이다. 이에 반하여 사해행위취소소송의 상대방이 된 사해행위의 수익자는 사해행위가 취소되면 사해행위에 의하여 얻은 이익을 상실하고, 사해행위취소권을 행사하는 채권자의 채권이 소멸하면 그와 같은 이익의 상실을 면하는 지위에 있으므로 그 채권의 소멸에 의하여 직접 이익을 받는 자에 해당하는 것으로 보아야 한다. 대법원 2007다54849 판결). 그렇지만 제3채무자가 채권자와 채무자 사이의 법률행위가 무효라던가 채무자의 변제로 피보전채권이 소멸하였다는 항변은 할 수 있다(대법원 2013다55300 판결).

채권자가 채권자대위권을 행사하는 방법으로 제3채무자를 상대로 소송을 제기하여 판결을 받은 경우에 채무자가 채권자대위권에 의한 소송이 제기된 것을 알았다면 그 확정 판결의 효력은 채무자에게 미친다(대법원 95다9945 판결. 피대위채권의 존부에 관하여 채무자에게도 기판력이 인정된다는 의미이다). 피보전권리가 인정되지 아니하여 소각하 판결을 받은 경우 그 판결의 기판력은 채권자가 채무자를 상대로 제기한 소송에는 미치지 않는다(대법원 2011다108095 판결). 채권자대위소송의 판결은 다른 채권자가 제기한 채권자대위소송에 미치는 지에 관하여 어떠한 사유로든 채무자가 안 경우에는 미친다고 본다(대법원 92다52808 판결). 채권자대위권은 채무자가 제3채무자에 대한 권리를 행사하지 아니하는 경우에 한하여 채권자가 자기의 채권을 보전하기 위하여 행사할 수 있는 것이어서 채권자가 대위권을 행사할 당시는 이미 채무자가 권리를 재판상 행사하였을 때에는 설사 패소의 본안판결을 받았더라도 채권자는 채무자를 대위하여 채무자의 권리를 행사할 당사자적격이 없다(대법원 92다30016 판결).

채권자대위소송이 제기되고 대위채권자가 채무자에게 대위권 행사사실을 통지하거나 채무자가 이를 알게 되면 민법 제405조 제2항에 따라 채무자는 피대위채권을 양도하거나 포기하는 등 채권자의 대위권 행사를 방해하는 처분행위를 할 수 없게 되고 이러한 효력은 제3채무자에게도 그대로 미치는데, 그럼에도 그 이후 대위채권자와 평등한 지위를 가지는 채무자의 다른 채권자가 피대위채권에 대하여 전부명령을 받는 것도 가능하다고 하면, 채권자대위소송의 제기가 채권자의 적법한 권리행사방법 중 하나이고 채무자에게 속한 채권을 추심한다는 점에서 추심소송과 공통점도 있음에도 그것이 무익한 절차에 불과하게 될 뿐만 아니라, 대위채권자가 압류·가압류나 배당요구의 방법을 통하여 채권배당절차에 참여할 기회조차 가지지 못하게 한 채 전부명령을 받은 채권자가 대위채권자를 배제하고 전속적인 만족을 얻는 결과가 되어, 채권자대위권의 실질적 효과를 확보하고자 하는 민법 제405조 제2항의 취지에 반하게 된다. 따라서 채권자대위소송이 제기되고 대위채권자가 채무자에게 대위권 행사사실을 통지하거나 채무자가 이를 알게 된 이후에는 민사집행법 제229조 제5항이 유추적용되어 피대위채권에 대한 전부명령은, 우선권 있는 채권에 기초한 것이라는 등의 특별한 사정이 없는 한, 무효이다(대법원 2015다236547 판결).

그밖에 문제(중복제소, 공동소송적 참가, 유사필수적 공동소송)에 관하여는 후술한다.

Ⅱ. 확인소송

1. 총 설

확인의 소는 원고가 일정한 권리 또는 법률관계의 존재나 부존재를 주장하여 그 확인을 구하는 소를 의미한다. 법원에 대하여 확정 선언을 구하는 소이지 피고에 대하여 그 확인을 명할 것을 구하는 소가 아니므로 청구취지는 피고에 대하여 "확인하라"와 같이 그 확인을 명하는 형태를 취하여서는 아니 되고, 다음과 같이 권리 또는 법률관계에 관한 법원의 판단을 선언하는 형태를 취하여야 한다.

기재례 • • •

① 별지 목록 기재 부동산이 원고의 소유임을 확인한다.

2. 확인 대상의 특정

확인의 대상이 된 권리 또는 법률관계를 특정할 수 있도록 그 종류, 범위, 발생원인 등을 명확히 하여야 한다. 목적물도 특정하여 표시하여야 한다(동산의 경우 소재지를 표시하여야 한다).

다만 그 표시의 정도는 확인의 대상인 권리가 물권인가, 채권인가에 따라 다르다. 물권과 같은 절대권은 하나의 물건에 대하여 2개 이상의 권리가 성립될 수 없기 때문에 저당권과 같이 동일한 물건에 대하여 순위를 달리하여 병존할 수 있는 제한물권이 아닌 이상, 원칙적으로 권리의 종류, 주체 그리고 권리의 대상인 객체를 기재하면 족하고, 그 발생원인까지 기재할 필요는 없다. 그러나 채권과 같은 상대권은 같은 내용의 권리가 동일 당사자 사이에 여러 개가 성립할 수 있으므로 그 발생원인을 구체적으로 기재하여야 한다. 채권의 경우 기재례는 다음과 같다.

기재례 • • •

② 별지 목록 기재 건물에 관하여 원고와 피고 사이의 2015. 5. 8. 임대차계약에 의한 기간 2년, 임대차보증금 1억 원, 차임 매월 50만 원으로 된 임차권이 원고에게 있음을 확인한다.

3. 확인의 이익

확인의 소는 확인의 이익이 있을 경우에만 가능하다. 확인의 이익은 권리 또는 법률상의 지위에 현존하는 불안 · 위험이 있고, 그 불안 · 위험을 제거함에 있어 확인판결을 받는 것이 가장 유효 · 적절한 수단일 때에만 인정된다(이를 즉시확정의 이익이라 한다). 반사적으로 받게 될 사실적, 경제적 이익은 포함되지 않는다(예컨대 주식회사의 주주는 회사의 재산관계에 대하여 단순히 사실상, 경제상 또는 일반적, 추상적인 이해관계만을 가질 뿐, 구체적 또는 법률상의 이해관계를 가진다고는 할 수 없으므로, 주주는 상법 제403조 이하의 규정에 의한 대표소송의 경우를 제외하고는 회사의 재산관계에 대하여 당연히 확인의 이익을 갖는다고는 할 수 없다. 대법원 78다1117 판결). 확인의 소에서 오로지 당사자 사이의 권리관계만이 확인의 대상이 될 수 있는 것은 아니다. 당사자 일방과 제3자 사이의 권리관계 또는 제3자 사이의 권리관계에 관해서도 당사자 사이에 다툼이 있어서 당사자 일방의 권리관계에 불안이나 위험이 초래되고 있고, 다른 일방에 대한 관계에서 그 법률관계를 확정시키는 것이 당사자의 권리관계에 대한 불안이나 위험을 제거할 수 있는 유효 · 적절한 수단이 되는 경우에는 당사자 일방과 제3자 사이의 권리관계 또는 제3자 사이의 권리관계에 관해서도 확인의 이익이 있다(대법원 2021다201320 판결).

확인의 소에서 자백간주나 인낙이 허용될 것인지 문제된다. 권리관계에 대하여 당사자 사이에 아무런 다툼이 없어 법적 불안이 없으면 원칙적으로 확인의 이익이 없다고 할 것이나, 피고가 권리관계를 다투어 원고가 확인의 소를 제기하였고 당해 소송에서 피고가 권리관계를 다툰 바 있다면 특별한 사정이 없는 한, 항소심에 이르러 피고가 권리관계를 다투지 않는다는 사유만으로 확인의 이익이 없다고 할 수 없다(대법원 2008다74130 판결. 마찬가지로 자백간주 판결이라고 하여 확인의 이익이 없다고 할 수는 없다). 그렇게 보지 않는다면 소송에서 일단 다투지 않았다가 소송종료 후 다시 다투는 경우 원고가 재소를 제기하여야 하는 등의 문제가 있기 때문이다. 다만 확인의 소에서 자백간주가 허용된다고 하더라도 확인의 이익 자체는 소송요건으로서 자백간주의 대상이 아니다.

과거의 법률관계라 할지라도 현재의 권리 또는 법률상 지위에 영향을 미치고 있고 현재의 권리 또는 법률상 지위에 대한 위험이나 불안을 제거하기 위하여 그 법률관계에 관한 확인판결을 받는 것이 유효·적절한 수단이라고 인정될 때에는 그 법률관계의 확인소송은 즉시확정의 이익이 있다고 보아야 할 것이다. 이렇게 보는 것이 확인소송의 분쟁해결 기능과 분쟁예방 기능에도 합치하는 것이기 때문이다. 또한 혼인, 입양과 같은 신분관계나 회사의 설립, 주주총회의 결의 무효와 같은 사단적 관계, 행정처분 같은 행정관계와 같이 그것을 전제로 하여 수많은 법률관계가 발생하고 그에 관하여 일일이 개별적으로 확인을 구하는 번잡한 절차를 반복하는 것보다 과거의 법률관계 그 자체의 확인을 구하는 편이 관련된 분쟁을 일거에 해결하는 유효·적절한 수단일 때에는 예외적으로 확인의 이익이 인정된다. 일반적으로 법률행위의 유·무효에 대한 확인을 구하는 것은 과거의 사실에 관한 확인 청구로서 소의 이익이 없다고 볼 여지도 있으므로 그 법률행위의 유·무효에 따른 현재의 권리관계의 존부 확인으로 청구하여야 할 것이다. 따라서 후술하는 해고무효확인청구는 현재의 근로자 지위 확인청구로 함이 옳다고 본다. 다만 법원으로서는 과거의 사실관계의 확인이라고 하여 곧바로 소를 각하할 것은 아니고 권리관계의 확인으로 선해할 수 있으면 석명권을 행사하여 청구취지를 정리시켜야 할 것이다.

이행의 소를 제기할 수 있는데도 확인의 소를 제기한 경우에는 확인의 이익이 없다. 근저당권 말소 청구와 함께 제기한 피담보채무부존재확인 청구도 소의 이익이 없다고 본다(대법원 2000다5640 판결). 甲이 乙 주식회사를 상대로 자신이 주주명부상 주식의 소유자인데 위조된 주식매매계약서에 의해 타인 앞으로 명의개서가 되었다며 주주권 확인을 구한 경우 甲이 乙 회사를 상대로 직접 자신이 주주임을 증명하여 명의개서절차의 이행을 구할 수 있으므로 甲이 乙 회사를 상대로 주주권 확인을 구하는 것은 甲의 권리 또는 법률상 지위에 현존하는 불안·위험을 제거하는 유효·적절한 수단이 아니거나 분쟁의 종국적 해결방법이 아니어서 확인의 이익이 없다(대법원 2016다240338 판결).

원고 소유의 건물을 피고가 유치권 주장을 하면서 점유하고 있는 경우 건물의 인도를 구하는 것이 원고의 소유권에 대한 불안과 위험을 적절하게 제거하는 직접적인 수단이 되므로 이와 별도로 피고를 상대로 위 건물에 대한 유치권의 부존재 확인을 구하는 것은 확인의 이익이 없어 부적법하다(대법원 2010다84932 판결). 그렇지만 근저당권자가 유치권신고를 한 사람을 상대로 유치권의 부존재 확인을 구할 경우 법률상 이익이 있다고 본다(대법원 2013다99409 판결). 왜냐하면 유치권의 존재를 알지 못하는 매수인으로부터 민법 제575조, 제578조 제1항, 제2항에 의한 담보책임을 추급당할 우려가 있기 때문이다. 그러나 물상보증인은 위 담보책임을 부담하지 아니하므로 유치권 부존재 확인을 구할 법률상의 이익이 없다(대법원 2019다247385 판결). 가등기 이후 부동산을 가압류한 자가 위 가등기가 담보 목적의 가등기임의 확인을 구하는 소는 부적법하다(대법원 2014다30803 판결). 왜냐하면 가압류 등기가 직권으로 말소되는지 여부가 위 가등기가 순위보전을 위한 가등기인지 담보 목적의 가등기인지에 따라 결정되는 것이 아니기 때문이다(어차피 어느 경우이든 가압류 등기는 직권으로 말소된다).

교회내부에 관한 사항과 같은 종교적 자율권 보장을 위한 사항은 사법심사의 대상이 되지 않는다(대법원 2013다78990 판결). 따라서 이와 관련된 확인소송도 소의 이익이 없다.

4. 채무부존재확인 청구

채무부존재확인소송은 소극적 확인소송으로서 금전채무부존재확인소송이 그 대표적인 소송형태이다. 채무부존재확인소송이 제기되면 채권자인 피고는 응소하여 그 채권의 존재를 입증하지 않으면 안 된다는 점에서 채무부존재확인소송의 이와 같은 성질을 "제소강제적 기능"이라고도 한다. 기재례는 다음과 같다(채무의 발생원인만 특정하면 되고, 채무액은 명시하지 아니하여도 상관없다).

기재례 • • •

③ 원고와 피고 사이의 2015. 4. 3. 금전소비대차에 기한 원고의 피고에 대한 대여금 채무는 존재하지 아니함을 확인한다.

일부 채무부존재 확인을 구하는 경우(채무 중 일부는 인정하고, 나머지는 인정하지 않는 경우) 청구취지 기재례는 다음과 같다.

기재례 • • •

④ 원고와 피고 사이의 2015. 4. 3. 금전소비대차에 기한 원고의 피고에 대한 대여금 채무는 1,000만 원을 초과하여 존재하지 아니함을 확인한다.

원고가 채무 전부에 관하여 부존재확인 청구를 하였는데, 심리 결과 채무가 일부 남아 있다고 인정되는 경우 법원으로서는 단순히 원고의 청구를 기각하여서는 아니 되고, 판결 주문에 위 기재례 ④와 같이 기재한 다음 "원고의 나머지 청구를 기각한다"라고 기재한다.

채무부존재확인소송에서 주장·입증책임의 분배는 채권자, 채무자가 원고와 피고 어느 입장에 있느냐에 따라 달라지는 것이 아니다. 따라서 채무자인 원고가 채권발생 원인사실을 부인하면 채권자인 피고가 그 권리의 발생에 관한 요건사실을 입증해야 하고, 채무자인 원고가 채권의 발생사실은 인정하면서 변제하였다고 주장하는 경우에는 변제사실은 원고가 입증하여야 한다. 유치권부존재 확인청구의 소에서 유치권의 목적물과 견련관계에 있는 채권의 존재에 관한 입증책임은 유치권자인 피고에게 있다(2013다99409 판결).

보험계약의 당사자 사이에 계약상 채무의 존부나 범위에 관하여 다툼이 있는 경우 그로 인한 법적 불안을 제거하기 위하여 보험회사는 먼저 보험수익자를 상대로 소극적 확인의 소를 제기할 확인의 이익이 있다고 할 것이다(대법원 2018다257958(전) 판결의 다수의견). 이에 대하여 소수의견은 "보험의 공공성, 보험업에 대한 특별한 규제, 보험계약의 내용 및 그에 따른 당사자의 지위 등에 비추어 보면, 보험계약자나 피보험자, 보험수익자 등이 단순히 보험회사를 상대로 보험사고 여부나 보험금의 범위에 관하여 다툰다는 사정만으로는 보험회사의 법적 지위에 현존하는 불안·위험이 있다고 볼 수 없을 뿐만 아니라, 보험회사가 이와 같은 사유만으로 보험계약자 등을 상대로 제기한 소극적 확인의 소는 특별한 사정이 없는 한 국가적·공익적 측면에서 형평에 반하는 소송제도의 이용에 해당하여 확인의 이익이 결여된 것으로 보아야 한다."고 본다.

5. 부동산에 관한 소유권 확인청구

토지의 경우와 건물의 경우로 나누어 본다.

(1) 토지의 경우

부동산등기법 제65조 제2호는 미등기의 토지에 관하여 확정판결에 의하여 자기의 소유권을 증명하는 자는 소유권보존등기를 신청할 수 있다고 규정하고 있는데, 여기서의 확정판결은 반드시 확인판결이어야 할 필요는 없고, 이행판결이든 형성판결이든 관계가 없으므로(대법원 92다24899 판결 참조) 소유권보존등기가 된 경우에 이 등기가 원인무효의 등기라고 주장하면서 이 등기의 말소를 구하는 소유권자로서는 국가를 상대로 소유권확인을 구할 소의 이익이 없다. 왜냐하면 위 소유권보존등기를 말소하라는 판결(원고의 소유임을 전제로 한 물권적청구권에 기한 것으로서 이행판결이다)이 확정되면 이로써 위 소유권보존등기를 말소하고 자신의 명의로 소유권보존등기를 신청할 수 있기 때문에 국가를 상대로 한 소유권확인청구는 계쟁 토지의 소유권을 둘러싼 법적 불안정을 해소하는데 필요하고도 적절한 수단이 될 수 없기 때문이다. 따라서 국가를 상대로 한 토지소유권확인청구는 어느 토지가 미등기임을 전제로 하여, ①토지대장이나 임야대장상에 등록명의자가 없거나 등록명의자가 누구인지 알 수 없을 때와 ②그 밖에 국가가 등록명의자인 제3자의 소유를 부인하면서 계속 국가소유를 주장하는 등 특별한 사정이 있는 경우에 한하여 확인의 이익이 인정된다(대법원 2018다242246 판결).

(2) 건물의 경우

가옥대장의 비치 관리업무는 지방자치단체의 고유업무로서 국가사무라고 할 수도 없고, 또한 건물의 소유권에 관하여 국가가 이를 특별히 다투고 있지도 아니한 이상, 국가는 그 소유권 귀속에 관한 직접 분쟁의 당사자가 아니어서 이를 확인하여 주어야 할 지위에 있지 아니하다. 뿐만 아니라 부동산등기법 제65조 제2호, 제4호에서 판결 또는 특별자치도지사, 시장, 군수 또는 구청장의 확인에 의하여 자기의 소유권을 증명하는 자가 소유권보존등기를 신청할 수 있다고 규정한 것은 건축물대장이 생성되어 있으나 다른 사람이 소유자로 등록되어 있는 경우 또는 건축물대장의 소유자 표시란이 공란으로 되어 있거나 소유자 표시에 일부 누락이 있어 소유자를 확정할 수 없는 등의 경우에 건물 소유자임을 주장하는 자가 판결이나 위 확인에 의하여 소유권을 증명하여 소유권보존등기를 신청할 수 있다는 취지이지, 아예 건축물대장이 생성되어 있지 않은 건물에 대하여 처음부터 판결 내지 위 서면에 의하여 소유권을 증명하여 소유권보존등기를 신청할 수 있다는 의미는 아니므로 국가를 상대로 소유권확인판결을 받는다고 하더라도 그 판결은 위에서 규정한 판결이라고 볼 수도 없다. 따라서 원고가 국가를 상대로 이 사건 건물이 소외 회사의 소유임의 확인을 구하는 것은 원고의 법률상 지위의 불안제거에 별다른 실효성이 없는 것으로서 확인의 이익이 없어 부적법하다(대법원 94다20464 판결).

요컨대 건축물대장이 생성되지 않은 건물에 대해서는 소유권확인판결을 받는다고 하더라도 그 판결은 위에서 규정한 판결이라고 볼 수 없어 이를 근거로 건물의 소유권보존등기를 신청할 수 없으므로 건축물대장이 생성되지 않은 건물에 대하여는 소유권보존등기를 마칠 목적으로 소유권확인청구의 소를 제기하더라도 확인의 이익이 없어 부적법하다는 것이다(대법원 2009다93428 판결). 또한 소유권확인청구를 하더라도 국가가 아닌 지방자치단체를 상대로 하여야 한다(대법원 2009다48633 판결).

6. 공탁금출급청구권 확인청구

채무자가 과실없이 채권자를 알 수 없는 경우 채무자는 공탁(집행공탁이 아닌 변제공탁이다)하여 채무를 면할 수 있다(민법 제487조). 이를 채권자 불확지공탁이라 하는데, 이 경우 채권자는 공탁금에 대한 출급청구권을 취득하게 된다.

상대적 불확지공탁(채권자가 누구누구 중 하나라고 특정할 수 있는 경우에 하는 공탁이다)의 경우 진정한 채권자라고 주장하는 피공탁자가 공탁금을 찾기 위해서는 다른 피공탁자를 상대로 공탁금에 대한 출급청구권이 자신에게 있다는 확인청구를 하면 된다(대법원 99마4239 결정). 이 경우 기재례는 다음과 같다.

기재례 • • •

⑤ 피고는 소외 甲이 서울중앙지방법원 2019금제1357호로 공탁한 1억 원에 대한 공탁금출급청구권이 원고에게 있음을 확인한다.

한편 우리 공탁제도상으로는 채권자가 특정되거나 적어도 상대적으로나마 특정되는 상대적 불확지공탁만 허용되지만 예외적으로 구 토지수용법 제61조 제2항 제2호(현행 공익사업을 위한 토지 등의 취득 및 보상에 관한 법률 제40조 제2항 제2호)에서 기업자(사업시행자)가 과실없이 보상금을 받을 자를 알 수 없을 때에 공탁할 수 있다고 규정함으로써 절대적 불확지공탁(채권자가 누구인지 전혀 알 수 없을 때 하는 공탁이다)을 인정하고 있다. 이 경우 진정한 보상금 수령권자가 공탁금을 출급하기 위하여는 기업자(사업시행자)를 상대로 위 공탁금에 대한 출급청구권이 자신에게 귀속되었음을 확인하는 확정판결을 받아 이를 공탁소에 제출하면 된다(대법원 96다11747(전) 판결). 이 경우 기재례는 다음과 같다.

기재례 • • •

⑥ 피고가 서울중앙지방법원 2018금제1377호로 공탁한 50,000,000원에 대하여 원고가 공탁금출급청구권자임을 확인한다.

7. 증서진부확인청구

확인의 소의 대상은 현재의 권리 또는 법률관계이지만 예외적으로 법률관계를 증명하는 서면에 대하여는 사실관계임에도 불구하고 그 진부확인의 소가 인정된다(민소법

제250조). 이 경우 확인의 대상이 되는 증서의 작성일자와 그 내용을 명확히 기재하여야 한다.

기재례 • • •

⑦ 원고를 매도인, 피고를 매수인으로 하여 2015. 9. 8. 작성된 별지 내용의 매매계약서는 진정하게 성립된 것이 아님을 확인한다.

여기서의 진정하게 성립된 것인지 여부는 작성명의자에 의하여 작성되었는지에 관한 것이다. 증서의 진정 여부를 확인하는 소의 대상이 되는 서면은 직접 법률관계를 증명하는 서면에 한하고, '법률관계를 증명하는 서면'이란 그 기재 내용으로부터 직접 일정한 현재의 법률관계의 존부가 증명될 수 있는 서면을 말한다. 따라서 임대차계약금으로 일정한 금원을 받았음을 증명하기 위하여 작성된 영수증은 특별한 사정이 없는 한, 임대차 등 법률관계의 성립 내지 존부를 직접 증명하는 서면이 아니므로 증서의 진정 여부를 확인하는 소의 대상이 될 수 없다. 또한 민사소송법 제250조에서 증서의 진정 여부를 확인하는 소를 허용하고 있는 이유는 법률관계를 증명하는 서면의 진정 여부가 확정되면 당사자가 그 서면의 진정 여부에 관하여 더 이상 다툴 수 없게 되는 결과, 법률관계에 관한 분쟁 그 자체가 해결되거나 적어도 분쟁 자체의 해결에 크게 도움이 된다는 데 있으므로, 증서의 진정 여부를 확인하는 소가 적법하기 위해서는 그 서면에 대한 진정 여부의 확인을 구할 이익이 있어야 한다. 그런데 어느 서면에 의하여 증명되어야 할 법률관계를 둘러싸고 이미 소가 제기되어 있는 경우에는 그 소송에서 분쟁을 해결하면 되므로 그와 별도로 그 서면에 대한 진정 여부를 확인하는 소를 제기하는 것은 특별한 사정이 없는 한 확인의 이익이 없다(대법원 2005다29290 판결).

8. 해고무효확인청구

해고는 과거의 법률행위에 불과하여 해고된 근로자로서는 해고로 인하여 부인당하고 있는 현재의 근로관계의 확인을 구하여야 할 것이다. 그러나 실무상으로는 해고의 효력을 다투는 경우 현재의 근로관계의 확인이 아니라 해고의 무효확인을 구하는 경우가 대부분인바, 판례도 해고 이후 해고로 인하여 발생한 여러 법률관계에 대한 일괄적인 해결책으로 해고의 무효확인청구를 허용하고 있다. 즉 과거의 법률행위인 해고 그 자체의 무효확인을 구하는 취지가 아니라 그 해고 처분이 무효임을 전제로 원고가 현재 피고의 근로자로서의 지위를 유지하고 있다는 확인을 내포하고 있는 청구로 이해하면서 다만 근로계약관계에 기한 원래의 지위를 회복하기 위하여 또는 해고로 인한 권리 또는 법률관계에 현존하는 위험이나 불안을 제거하기 위하여 무효확인판결을 받는 것이 유효하고도 적절한 수단이 되는 경우에 한하여 확인의 소의 적법요건인 즉시 확정의 이익이 있다고 보는 것이다.

한편 판례(대법원 2002다57362 판결)는 "해고무효확인의 소는 피고와의 사이에 이루어진 근로계약상의 지위 회복을 목적으로 하는 것임이 명백하므로, 사실심 변론종결 당시 이미 피고의 인사규정에 의한 당연해직사유인 정년을 지났다면 근로자로서의 지위를 회복하는 것은 불가능하게 되었으므로 해고무효확인의 소는 확인의 이익이 없으며, 상고심 계속중에 이미 인사규정 소정의 정년이 지난 경우에도 명예퇴직처분이 무효로 확인된다 하더라도 근로자로서의 지위를 회복하는 것은 불가능하므로 마찬가지라 할 것이다"라고 판시하고 있다. 해고무효확인을 구하기 위한 청구취지 기재례는 다음과 같다.

기재례 • • •

⑧ 피고의 원고에 대한 2019. 4. 9.자 해고는 무효임을 확인한다.

해고무효확인소송에서 원고인 근로자는 해고가 근로기준법 제23조에 위반하여 정당한 이유 없이 이루어진 것으로서 무효라고 주장하면 되고, 피고가 원고에 대한 해고사유의 존재와 그 정당성에 관하여 주장·입증하여야 한다.

사용자가 근로자를 해고한 경우 그 해고에 정당한 이유가 없어 무효라면 근로자는 부당해고 기간 동안에 정상적으로 일을 계속하였더라면 받을 수 있었던 임금을 모두 지급받을 수 있다. 왜냐하면 해고근로자가 해고기간 동안 근무를 하지 않았다고 하더라도 해고가 무효인 이상 그 기간 동안 사용자와의 근로관계는 계속되는 것이고, 근로자가 해고기간 동안 근무를 하지 못한 것은 근로자를 부당하게 해고한 사용자에게 책임 있는 사유로 인한 것이기 때문이다(채무자위험부담주의의 예외를 규정한 민법 제538조 제1항 참조). 그리하여 원고는 해고무효확인과 함께 복직시까지의 임금을 장래이행의 소로서 청구할 수 있다.

다만 이 경우에 근로자가 자기의 채무를 면함으로써 얻은 이익이 있을 때에는 민법 제538조 제2항의 규정에 의하여 이를 사용자에게 상환할 의무가 있다고 할 것인데, 근로자가 해고기간 중에 다른 직장에 종사하여 얻은 수입은 근로제공의 의무를 면함으로써 얻은 이익이라고 할 것이므로 사용자는 근로자에게 해고기간 중의 임금을 지급함에 있어서 위의 이익(이른바 중간수입, back pay)을 공제할 수 있다. 그런데 근로기준법 제46조가 근로자의 최저생활을 보장하려는 취지에서 사용자의 귀책사유로 인하여 휴업하는 경우에는 사용자는 휴업기간 중 당해 근로자에게 그 평균임금의 100분의 70 이상의 수당을 지급하여야 한다고 규정하고 있으므로 근로자가 지급받을 수 있는 해고기간중의 임금액 중 위 휴업수당의 한도에서는 이를 위 중간수입공제의 대상으로 삼을 수 없고, 그 휴업수당을 초과하는 금액범위에서만 공제할 수 있다(대법원 90다18999 판결).

해고된 근로자로서는 사용자를 상대로 해고무효확인소송을 제기하는 외에 노동위원회에 부당해고 등 불이익처분에 대한 구제신청을 제기할 수도 있다. 그 절차에 관하여는 노동조합 및 노동관계조정법 제82조 내지 제85조가 규정하고 있다. 지방노동위원회의 구제명령 또는 기각결정에 대하여 근로자 또는 사용자는 중앙노동위원회의 재심절차를 거쳐 중앙노동위원회위원장을 피고로 하여 그 재심판정의 취소를 구하는 행정소송을 제기할 수 있다. 이 경우 통상 사용자(근로자가 제기한 경우)나 근로자(사용자가 제기한 경우)가 피고의 보조참가인으로서 소송에 관여하게 된다.

9. 주주총회결의 무효 또는 부존재 확인청구

주주총회결의 무효확인 청구는 총회의 결의의 내용이 법령에 위반한 경우에 제기할 수 있고(결의 내용의 정관 위반은 결의 취소 사유이다. 상법 제376조 제1항), 주주총회결의 부존재확인 청구는 총회의 소집절차 또는 결의 방법에 총회결의가 존재한다고 볼 수 없는 정도의 중대한 하자가 있는 경우에 제기할 수 있다(상법 제380조). 소의 이익이 있는 한 누구든지 제소기간의 제한 없이 회사를 상대로 본점소재지의 지방법원에 제기할 수 있고, 원고 승소의 경우 대세적 효력이 있다. 청구취지 기재례는 다음과 같다.

기재례 • • •

⑨ 피고의 2018. 7. 9. 임시주주총회에서 甲을 이사에서 해임하고, 乙을 이사로 선임한 결의는 무효임을 확인한다.

주주총회결의의 하자를 다투는 소송에는 결의의 취소를 구하는 형성의 소와 무효확인 또는 부존재확인을 구하는 확인의 소 등 세 가지 태양이 있는바, 실무상 하자의 정도에 따른 소송 형태를 구분하는 것이 쉽지 아니하여 청구원인을 주위적, 예비적으로 병합하여 제소하기도 한다.

주주총회결의의 부존재 또는 무효 확인을 구하는 소의 경우, 상법 제380조에 의해 준용되는 상법 제190조 본문에 따라 청구를 인용하는 판결은 제3자에 대하여도 효력이 있다. 이러한 소를 여러 사람이 공동으로 제기한 경우 당사자 1인이 받은 승소판결의 효력이 다른 공동소송인에게 미치므로 공동소송인 사이에 소송법상 합일확정의 필요성이 인정되고, 상법상 회사관계소송에 관한 전속관할이나 병합심리 규정(상법 제186조, 제188조)도 당사자 간 합일확정을 전제로 하는 점 및 당사자의 의사와 소송경제 등을 함께 고려하면, 이는 민사소송법 제67조가 적용되는 필수적 공동소송에 해당한다(대법원 2020다284977(전) 판결의 다수의견).

이사가 임원개임의 주주총회결의에 의하여 임기 만료 전에 이사직에서 해임당하고 그 후임이사의 선임이 있었다 하더라도 그 후에 적법한 절차에 의하여 후임이사가 선임되었을 경우에는 당초의 이사개임결의가 무효라 할지라도 이에 대한 무효확인을 구하는 것은 과거의 법률관계 내지 권리관계의 확인을 구하는 것에 귀착되어 확인의 소로서의 권리보호요건을 결여한 것이라 할 것이다. 그러나 후임이사를 선임한 주주총회의 결의가 무권리자(무효인 주주총회 결의에 의하여 선임된 대표이사)에 의하여 소집된 총회라는 하자(이는 독립된 무효사유가 될 수 없다. 왜냐하면 이것이 무효사유가 된다면 과거에 소급하여 연쇄적으로 무효사태가 발생할 수 있기 때문이다) 이외의 다른 절차상, 내용상의 하자로 인하여 부존재임이 인정되는 경우에는 그 임원을 선임한 당초 결의의 무효 여부는 현재의 임원을 확정함에 있어서 직접적인 관계가 있는 것이므로 이 경우 당초의 선임결의의 무효확인을 구할 법률상의 이익이 있다(대법원 91다8715 판결). 판례는 재개발조합 총회의 경우에도 같은 법리가 적용된다고 본다.

Ⅲ. 형성소송

1. 총 설

형성의 소는 법원에 대하여 형성권의 존재를 확정하여 그 내용에 따른 일정한 권리 또는 법률관계를 직접 발생, 변경, 소멸시켜 줄 것을 구하는 소이다. 실체법상 형성권의 행사와는 전혀 다른 것이다. 형성의 소는 법률이 소송을 거쳐 그 소송에서 선고한 판결에 의하여만 일정한 권리 또는 법률관계의 형성의 효과가 발생하도록 하는 특별규정을 둔 경우에 한하여 인정된다. 따라서 이러한 근거규정이 없음에도 법률관계의 형성을 구하는 소를 제기하면 부적법하여 각하된다. “재심대상판결 및 제1심판결을 각

취소한다"는 조정조항은 법원의 형성재판 대상으로서 당사자가 자유롭게 처분할 수 있는 권리에 관한 것이 아니어서 당연무효이다(대법원 2010다97846 판결).

형성판결을 구하는 소의 청구취지는 확인의 소와 같이 형성효과의 발생을 선언하는 형태(예컨대 원고와 피고는 이혼한다)를 취하여야 하지 이행의 소와 같이 형성효과의 발생을 명하는 형태(예컨대 원고와 피고는 이혼하라)를 취하여서는 아니 된다.

2. 경계확정의 소

경계확정의 소는 서로 인접한 토지의 경계선에 관하여 다툼이 있는 경우에 법원의 판결에 의하여 이를 확정하는 소송이다. 토지의 경우에 한하여 인정되고 건물의 경우에는 인정되지 않는다.

토지는 인위적으로 구획된 일정범위의 지면에 사회관념상 정당한 이익이 있는 범위 내에서의 상하를 포함하는 것으로서, 토지의 개수는 구지적법(현행 공간정보의 구축 및 관리 등에 관한 법률)에 의한 지적공부상의 필수, 분계선에 의하여 결정되는 것이고, 어떤 토지가 지적공부상 1필의 토지로 등록되면 그 지적공부상의 경계가 현실의 경계와 다르다 하더라도 다른 특별한 사정이 없는 한, 그 경계는 지적공부상의 등록, 즉 지적도상의 경계에 의하여 특정되는 것이므로 이러한 의미에서 토지의 경계는 공적으로 설정 인증된 것이고, 단순히 사적관계에 있어서의 소유권의 한계선과는 그 본질을 달리하는 것이다. 따라서 경계확정소송의 대상이 되는 '경계'란 공적으로 설정 인증된 지번과 지번과의 경계선을 가리키는 것이고, 사적인 소유권의 경계선을 가리키는 것이 아니다.

이에 반하여 건물은 일정한 면적, 공간의 이용을 위하여 지상, 지하에 건설된 구조물을 말하는 것으로서, 건물의 개수는 토지와 달리 공부상의 등록에 의하여 결정되는 것이 아니라 사회통념 또는 거래관념에 따라 물리적 구조, 거래 또는 이용의 목적물로서 관찰한 건물의 상태 등 객관적 사정과 건축한 자 또는 소유자의 의사 등 주관적 사정을 참작하여 결정되는 것이고, 그 경계 또한 사회통념상 독립한 건물로 인정되는 건물 사이의 현실의 경계에 의하여 특정되는 것이므로, 이러한 의미에서 건물의 경계는 공적으로 설정 인증된 것이 아니고 단순히 사적관계에 있어서의 소유권의 한계선에 불과한 것이다. 따라서 사적자치의 영역에 속하는 건물 소유권의 범위를 확정하기 위하여는 소유권확인소송에 의하여야 할 것이고, 공법상 경계를 확정하는 경계확정소송에 의할 수는 없다(대법원 96다36517 판결).

경계확정의 소는 원래 비송사건이지만 형식적으로 민사소송의 형식, 즉 형성소송으로 취급하는 것에 불과하다는 의미에서 후술하는 공유물분할 청구의 소와 함께 "형식적 형성의 소"라고 불리운다. 따라서 청구취지는 甲, 乙 두 토지 사이의 경계를 구체적으로 주장할 필요 없이 두 토지 사이의 경계를 정하는 판결을 구한다는 취지를 기재하는 것으로 족하다. 법원도 원고의 주장에 구속되어 원고가 주장하는 경계선을 기준으로 하여 재판하는 것이 아니라 스스로 판단한 바에 따라 경계를 확정하게 된다(당사자처분권주의가 적용되지 않는다. 항소심에서도 불이익변경금지의 원칙이 적용되지 않는다). 그 결과 당사자가 주장하는 경계와 다른 경계를 확정하더라도 원고의 나머지 청구를 기각한다는 주문은 필요하지 않다. 특별한 사정이 있는 경우에는 지적공부와 달리 토지의 위치, 지번, 경계 등을 확정할 수도 있다(대법원 2001다37699 판결).

경계확정의 소는 토지 소유권의 범위의 확인을 목적으로 하는 소와 달리 인접한 토지의 경계가 불분명하여 지적도상의 경계선이 현실의 토지의 어느 부분에 있는지를 확정할 수 없거나 지적공부를 작성함에 있어 기점을 잘못 선택하는 등의 기술적인 착오로 말미암아 지적공부상의 경계가 진실한 경계선과 다르게 잘못 작성되었거나 지적불합지에 속하는 경우에 재판에 의하여 그 경계를 확정하여 줄 것을 구하는 소이다. 서로 인접한 토지의 경계선에 관하여 다툼이 있어서 토지 경계확정의 소가 제기되면 법원은 당사자 쌍방이 주장하는 경계선에 구속되지 않고 스스로 진실하다고 인정되는 바에 따라 경계를 확정하여야 하고, 소송 도중에 당사자 쌍방이 경계에 관하여 합의를 도출해냈다고 하더라도 원고가 그 소를 취하하지 않고 법원의 판결에 의하여 경계를 확정할 의사를 유지하고 있는 한, 법원은 그 합의에 구속되지 아니하고 진실한 경계를 확정하여야 하는 것이므로, 소송 도중에 진실한 경계에 관하여 당사자의 주장이 일치하게 되었다는 사실만으로 경계확정의 소가 권리보호의 이익이 없어 부적법하다고 할 수 없다(대법원 2018다207830 판결).

3. 공유물분할청구의 소

공유물분할청구의 소도 경계확정의 소와 마찬가지로 형식적 형성소송에 해당한다. 따라서 당사자처분권주의가 적용되지 않고(그 결과 법원이 당사자가 주장하는 분할방법과 다른 방법으로 분할을 명하더라도 원고의 나머지 청구를 기각한다는 주문은 필요하지 않다) 항소심에서도 불이익변경금지의 원칙이 적용되지 않는다.

이 소송은 필수적 공동소송이므로 원고는 공유물분할에 반대하는 공유자 전원을 피고로 삼아 제기하여야 한다. 공유물분할은 협의분할을 원칙으로 하고 협의가 성립되지 아니한 때에 재판상 분할을 청구할 수 있는 것이므로 공유자 사이에 이미 분할에 관한 협의가 성립된 경우에는 일부 공유자가 분할에 따른 이전등기에 협조하지 않거나 분할에 관하여 다툼이 있더라도 그 분할된 부분에 대한 소유권이전등기를 청구하든가 소유권확인을 구함은 별론으로 하고 또다시 소로써 그 분할을 청구하거나 이미 제기한 공유물분할의 소를 유지함은 허용되지 않는다(대법원 94다30348 판결. 소송목적이 이미 실현된 경우에 해당한다. 다만 이 경우 화해나 조정으로 해결하는 것은 가능하다).

앞서 본 바와 같이 구분소유적 공유자 사이에는 공유물분할청구를 할 수 없다. 공동명의수탁을 받은 경우(판례는 공유로 본다) 수탁자들이 수탁받은 부동산에 대하여 공유물분할을 하는 것은 명의신탁의 목적에 반하고 신탁자가 명의신탁을 한 취지에도 어긋나는 것이고, 특히 종중의 재산을 보존하고 함부로 처분하지 못하게 하기 위하여 다수의 종중원에게 공동으로 명의신탁한 경우에는 더욱 그 취지에 반하는 것으로서 허용되지 아니한다(대법원 92다37482 판결). 또한 공동상속인은 상속재산의 분할에 관하여 공동상속인 사이에 협의가 성립되지 아니하거나 협의할 수 없는 경우에 가사소송법이 정하는 바에 따라 가정법원에 상속재산분할심판을 청구할 수 있을 뿐이고, 상속재산에 속하는 개별 재산에 관하여 민법 제268조의 규정에 따라 공유물분할청구의 소를 제기하는 것은 허용되지 않는다(대법원 2015다18367 판결).

공유물의 분할은 공유자 간에 협의가 이루어지는 경우에는 방법을 임의로 선택할 수 있으나(그 방법으로는 현물분할, 대금분할, 가액보상이 있다) 협의가 이루어지지 아니하여 재판에 의하여 공유물을 분할하는 경우에는 현물로 분할하는 것이 원칙이고, 예외적으로 경매에 의한 대금분할을 한다. 공유물인 토지를 현물분할함에 있어서는 위치, 면적, 토질, 이용현황, 환경 등을 종합 고려하여 합리적으로 나눔으로써 분할된 각 부분의 지분 비율상의 교환가치가 같도록 분할하여야 한다(대법원 99다6746 판결). 분할대상인 공유토지와 인접 토지에 걸쳐 건물이 축조되어 있는 경우에는 형식적으로는 현물분할이 가능하다 하더라도 주변도로 상황, 사용가치 등 여러 사정에 비추어 각 공유자의 지분비율에 따른 공평한 분할이 이루어지기 어려울 것이다. 이처럼 현물로 분할할 수 없거나 현물로 분할을 하게 되면 현저히 가액이 감손될 염려가 있는 때에는 물건의 경매를 명하여 대금분할을 할 수 밖에 없는데, 위와 같은 사정이 없는 한, 법원은 각 공유자의 지분비율에 따라 공유물을 현물 그대로 수개의 물건으로 분할하고 분할된 물건에 대하여 각 공유자의 단독소유권을 인정하는 판결을 하여야 한다. 그리고 분할의 방법은 당사자가 구하는 방법에 구애받지 아니하고 법원의 재량에 따라 공유관계나 객체인 물건의 제반 상황에 따라 공유자의 지분비율에 따른 합리적인 분할을 하면 되는데, 여러 사람이 공유하는 물건을 현물분할하는 경우에는 분할청구자의 지분한도 안에서 현물분할을 하고 분할을 원하지 않는 나머지 공유자는 공유로 남는 방법도 허용된다. 그러나 분할청구자가 상대방들을 공유로 남기는 방식의 현물분할을 청구하고 있다고 하여, 상대방들이 그들 사이만의 공유관계의 유지를 원하고 있지 아니한데도 상대방들을 여전히 공유로 남기는 방식으로 현물분할을 하여서는 아니 된다(대법원 2014다233428 판결). 마찬가지로 공유물분할을 청구한 공유자의 지분 한도 안에서는 공유물을 현물 또는 경매분할함으로써 공유관계를 해소하고 단독소유권을 인정하여야지, 분할청구자들이 그들 사이의 공유관계의 유지를 원하고 있지 아니한데도 분할청구자들과 상대방 사이의 공유관계만 해소한 채 분할청구자들을 여전히 공유로 남기는 방식으로 현물분할을 하는 것은 허용될 수 없다(대법원 2014다88888 판결). 부동산의 일부 공유지분에 관하여 저당권이 설정된 후 부동산이 분할된 경우, 그 저당권은 분할된 각 부동산 위에 종전의 지분비율대로 존속하고, 분할된 각 부동산은 저당권의 공동담보가 된다(대법원 2011다74932 판결).

경매에 의한 분할을 원하는 경우 청구취지 기재례는 다음과 같다.

기재례 • • •

별지 목록 기재 부동산을 경매에 부쳐 그 대금에서 경매비용을 공제한 나머지 금액을 원고에게 10분의 6, 피고에게 10분의 4의 각 비율로 분배(또는 분할, 또는 배당)한다.

공유물분할의 소송절차 또는 조정절차에서 공유자 사이에 공유토지에 관한 현물분할의 협의가 성립하여 그 합의사항을 조서에 기재함으로써 조정이 성립한 경우 물권변동의 효력발생 시기는 언제일까. 이는 위 조정조서가 민법 제187조 소정의 판결에 해당하는지와 관련된 문제이다. 대법원 2011두1917(전) 판결의 다수의견은 위와 같은 사정만으로 재판에 의한 공유물분할의 경우와 마찬가지로 그 즉시 공유관계가 소멸하고 각 공유자에게 그 협의에 따른 새로운 법률관계가 창설되는 것은 아니고, 공유자들이 협의한 바에 따라 토지의 분필절차를 마친 후 각 단독소유로 하기로 한 부분에 관하여 다른 공유자의 공유지분을 이전받아 등기를 마침으로써 비로소 그 부분에 대한 대세적 권리로서의 소유권을 취득하게 된다고 본다. 이에 대하여 소수의견은 공유물분할의 소에서 공유부동산의 특정한 일부씩을 각각의 공유자에게 귀속시키는 것으로 현물분할하는 내용의 조정이 성립하였다면, 그 조정조서는 공유물분할판결과 동일한 효력을 가지는 것으로서 민법 제187조 소정의 '판결'에 해당하는 것이므로 조정이 성립한 때 물권변동의 효력이 발생한다고 본다.

채권자가 자신의 금전채권을 보전하기 위하여 채무자를 대위하여 부동산에 관한 공유물분할청구권을 행사하는 것은, 책임재산의 보전과 직접적인 관련이 없어 채권의 현실적 이행을 유효·적절하게 확보하기 위하여 필요하다고 보기 어렵고 채무자의 자유로운 재산관리행위에 대한 부당한 간섭이 되므로 보전의 필요성을 인정할 수 없다. 또한 특정 분할 방법을 전제하고 있지 않은 공유물분할청구권의 성격 등에 비추어 볼 때 그 대위행사를 허용하면 여러 법적 문제들이 발생한다. 따라서 극히 예외적인 경우가 아니라면 금전채권자는 부동산에 관한 공유물분할청구권을 대위행사할 수 없다고 보아야 한다(대법원 2018다879(전) 판결의 다수의견).

4. 주주총회결의 취소의 소

주주총회의 소집절차 또는 결의방법이 법령 또는 정관에 위반하거나 현저하게 불공정한 때 또는 그 결의의 내용이 정관에 위반한 때에 주주·이사 또는 감사는 결의의 날로부터 2월내에 결의취소의 소를 제기할 수 있다(상법 제376조 제1항). 피고는 당연히 회사이다. 수인이 원고가 되어 제기한 경우 유사필수적 공동소송이 된다. 원고 승소판결은 대세적 효력이 있기 때문에(동조 제2항, 제190조) 청구의 인낙이나 화해는 할 수 없다고 본다. 이사나 감사가 아닌 주주가 제소한 때에는 담보제공의무가 있다(상법 제377조). 결의취소의 소가 제기된 경우에 결의의 내용, 회사의 현황과 제반사정을 참작하여 그 취소가 부적당하다고 인정한 때에는 법원은 그 청구를 기각할 수 있다(법원의 재량에 의한 청구기각. 상법 제379조). 주주총회결의 취소의 소의 청구취지 기재례는 다음과 같다.

기재례 • • •

피고의 2020. 9. 6. 임시주주총회에서 甲을 이사로 선임한 결의를 취소한다.

5. 청구이의의 소

청구이의의 소는 채무자가 집행권원에 표시된 청구권에 관하여 생긴 이의사유를 내세워 그 집행권원이 가지는 집행력의 배제를 구하는 소이다(민집법 제44조). 실체법상 위법한 부당집행에 대하여는 제3자 이의의 소와 함께 소송의 형태로 구제받도록 한 것이다(이에 대하여 절차법상 위법한 집행에 대하여는 즉시항고나 집행에 관한 이의신청에 의하도록 하고 있다). 청구취지 기재례는 다음과 같다.

기재례 • • •

피고의 원고에 대한 부산지방법원 2015. 7. 5. 선고 2014가합235 판결에 기초한 강제집행을 불허한다.

집행권원 자체의 집행력 배제를 구하는 것으로 집행문 부여 전에도 제기할 수 있으므로 집행문이 부여되어 있는 경우라 하더라도 "……판결의 집행력 있는 정본에 기초한 강제집행을 불허한다"는 표현은 적절하지 않다. 또한 이미 집행된 개개의 구체적인 집행행위의 불허를 구하는 것도 허용되지 않는다(대법원 71다1008 판결. 이는 제3자 이의의 소에서 허용된다).

청구이의의 소는 기판력의 시적범위와 관련하여 원칙적으로 변론종결 뒤에 생긴 사유로만 제기할 수 있다(민집법 제44조 제2항). 다만 변론종결 뒤에 생긴 사유가 아니더라도 확정판결의 내용이 실체적 권리관계에 배치되는 경우, 그 판결에 의하여 집행할 수 있는 것으로 확정된 권리의 성질과 내용, 판결의 성립 경위, 판결 성립 후 집행에 이르기까지의 사정, 그 집행이 당사자에게 미치는 영향 등 여러 사정을 종합하여 볼 때, 그 확정판결에 기한 집행이 현저히 부당하고 상대방에게 그 집행을 수인하도록 하는 것이 정의에 반함이 명백하여 사회생활상 용인할 수 없다고 인정되는 경우에 그 집행은 권리남용으로서 허용되지 않고, 그러한 경우 집행채무자는 청구이의의 소에 의하여 그 집행의 배제를 구할 수 있다(대법원 99다32899 판결). 예를 들면 부진정연대채무자 중 1인의 변제로 이미 소멸된 채권에 관하여 이를 모르는 다른 연대채무자에게 이러한 사실을 감추고 확정판결을 받아 강제집행을 하는 경우이다.

변론종결 전에 생긴 사정은 채무자가 그러한 사정이 있음을 과실 없이 알지 못하여 변론종결 전에 주장하지 못한 것이라 하여도 청구이의의 사유로 삼을 수 없다(대법원 2005다12728 판결). 다만 상계항변은 예외적으로 인정된다(대법원 2005다41443 판결). 상계권이외 다른 형성권(취소권, 해제권등)은 모두 기판력에 의해 차단된다. 한정승인도 예외적으로 인정되나 상속포기는 기판력에 의하여 차단된다(대법원 2008다79876 판결).

건물의 소유를 목적으로 하는 토지 임대차에 있어서 임대차가 종료함에 따라 토지의 임차인이 임대인에 대하여 건물매수청구권을 행사할 수 있음에도 불구하고 이를 행사하지 아니한 채, 토지의 임대인이 임차인에 대하여 제기한 토지인도 및 건물철거청구 소송에서 패소하여 그 패소판결이 확정되었다고 하더라도, 그 확정판결에 의하여 건물철거가 집행되지 아니한 이상, 토지의 임차인으로서는 건물매수청구권을 행사하여 별소로 임대인에 대하여 건물매매대금의 지급을 구할 수 있다(대법원 95다42195 판결. 따라서 이를 청구이의의 사유로 하여 건물철거를 명한 확정판결 부분의 집행력 배제를 구할 수 있을 것인데, 이 경우 청구취지는 "피고(임대인)의 원고(임차인)에 대한 ……판결에 기초한 강제집행은 원고가 피고로부터 10,000,000원을 수령함과 동시에 피고에게 별지 목록 기재 토지와 건물을 인도할 것을 명하는 범위를 초과하는 부분에 한하여 이를 불허한다"와 같이 기재한다).

기판력은 없고 집행력만 있는 경우에는 집행권원 작성 전의 사유를 이의 사유로 삼을 수 있다. 따라서 공정증서(민집법 제59조 제3항), 확정된 지급명령, 확정된 이행권고결정의 경우에는 처음부터 청구권 성립에 흠이 있는 경우에도 청구이의의 소를 제기할 수 있다(대법원 2006다73966 판결, 대법원 2005다54999 판결).

청구이의의 소는 집행문을 부여받기 전에도 제기할 수 있으나 집행이 종료된 후에는 소의 이익이 없다(대법원 96다49049 판결. 이 경우에는 부당이득반환청구나 손해배상청구만이 가능하다). 의사의 진술을 구하는 판결이 선고되어 확정되었다면 그와 동시에 채무자가 의사를 진술한 것과 동일한 효력이 발생하는 것이므로 위 확정판결의 강제집행은 이로써 완료되는 것이고 집행기관에 의한 별도의 집행절차가 필요한 것이 아니므로 특별한 사정이 없는 한, 위 확정판결 이후에 집행절차가 계속됨을 전제로 하여 그 집행권원이 가지는 집행력의 배제를 구하는 청구이의의 소는 허용될 수 없다(대법원 95다37568 판결). 청구이의의 소에서 이의사유가 여러 가지인 때에는 동시에 주장하여야 한다(민집법 제44조 제3항).

점유회수의 본소에 대하여 본권자가 소유권에 기한 인도를 구하는 반소를 제기하여 본소청구와 예비적 반소청구가 모두 인용되어 확정되면, 점유자가 본소 확정판결에 의하여 집행문을 부여받아 강제집행으로 물건의 점유를 회복할 수 있다. 본권자의 소유권에 기한 반소청구는 본소의 의무 실현을 정지조건으로 하므로, 본권자는 위 본소 집행 후 집행문을 부여받아 비로소 반소 확정판결에 따른 강제집행으로 물건의 점유를 회복할 수 있다. 다만 점유자의 점유회수의 집행이 무의미한 점유상태의 변경을 반복하는 것에 불과할 뿐 아무런 실익이 없거나 본권자로 하여금 점유회수의 집행을 수인하도록 하는 것이 명백히 정의에 반하여 사회생활상 용인할 수 없다고 인정되는 경우, 또는 점유자가 점유권에 기한 본소 승소 확정판결을 장기간 강제집행하지 않음으로써 본권자의 예비적 반소 승소 확정판결까지 조건불성취로 강제집행에 나아갈 수 없게 되는 등 특별한 사정이 있다면 본권자는 점유자가 제기하여 승소한 본소 확정판결에 대한 청구이의의 소를 통해서 점유권에 기한 강제집행을 저지할 수 있다(대법원 2019다202795 판결).

청구이의의 소의 제기는 강제집행의 속행에 영향을 미치지 아니하므로(민집법 제46조 제1항) 채무자로서는 청구이의의 소에 대한 판결 전에 본안판결이 있을 때까지 집행의 정지 또는 이미 행한 집행처분의 취소를 구할 필요가 있다. 민집법 제46조, 제47조가 이에 대하여 규정하고 있는데, 이를 잠정처분이라 한다. 법원의 재량에 의하여 본안판결 선고시까지 뿐만 아니라 본안판결 확정시까지 정지할 수도 있다. 한편 채무자의 신청이 없어 판결 선고 전에 잠정처분을 하지 아니한 경우에는 법원이 본안판결을 선고하면서 직권으로 잠정처분을 발하여야 한다(민집법 제47조 제1항은 재량적인 것처럼 규정하고 있으나 성질상 반드시 발하여야 한다고 본다).

판결 선고 전에 잠정처분을 한 경우 중 ① 판결 선고시까지 집행을 정지한 경우에는 본안에서 원고패소판결을 할 때에는 집행정지결정을 취소하는 주문을 낼 필요가 없으나, 원고승소판결을 할 때에는 반드시 집행정지결정을 인가(전부승소) 또는 변경(일부승소)하는 주문을 내야하고, ② 판결 확정시까지 집행을 정지한 경우에는 원고승소판결을 할 때에는 집행정지결정을 인가하는 주문을 낼 필요가 없으나, 원고패소판결을 할 때에는 반드시 집행정지결정을 취소하는 주문을 내야 한다. 이상의 인가, 변경, 취소의 주문에 대하여는 반드시 직권으로 가집행선고를 붙여야 한다(민집법 제47조 제2항). 왜냐하면 가집행선고를 붙이지 아니하면 효력이 즉시 생기지 아니하여 판결 확정시 까지 공백이 생겨 인가 또는 취소의 목적을 달성하지 못하게 될 우려가 있기 때문이다. 잠정처분을 인가하는 경우 주문의 기재례는 다음과 같다.

기재례 • • •

1. 피고의 원고에 대한 …판결에 기초한 강제집행을 불허한다.
2. 이 법원이 2015카기2345 강제집행정지 신청사건에 관하여 2015. 8. 9. 한 강제집행정지결정을 인가한다.
3. 소송비용은 피고의 부담으로 한다.
4. 제2항은 가집행할 수 있다.

판결을 하면서 비로소 잠정처분을 발하는 경우 주문의 기재례는 다음과 같다.

기재례 • • •

1. 피고의 원고에 대한 …판결에 기초한 강제집행을 불허한다.
2. 이 판결이 확정될 때까지(또는 항소심 판결 선고시까지) 제1항 기재 판결의 집행력 있는 정본에 기초한 강제집행을 정지한다.
3. 소송비용은 피고가 부담한다.
4. 제2항은 가집행할 수 있다.

6. 제3자이의의 소

제3자이의의 소는 집행목적물에 대하여 제3자가 소유권 또는 양도나 인도를 저지하는 권리를 가진 경우에 이를 침해하는 강제집행에 대하여 집행법원에 이의를 하여 집행의 배제를 구하는 소이다(민집법 제48조). 즉 채권자가 집행채무자 아닌 제3자의 재산에 대하여 강제집행을 하려고 하는 경우에 제3자가 왜 채무자가 아닌 제3자의 재산에 대하여 강제집행을 하려고 하느냐고 하면서 이의를 제기하는 것을 말한다. 따라서 제3자이의의 소는 청구이의의 소와 달리 집행권원 자체의 집행력의 배제를 구하는 소가 아니라 개개의 구제적인 집행행위를 전제로 이러한 부당한 집행행위의 배제를 구하는 소이다.

제3자의 권리는 집행채권자에게 대항할 수 있는 것이어야 하므로 단순히 매매로 인한 소유권이전등기청구권만을 취득한 제3자는 이 소를 제기할 수 없고, 등기를 마친 소유자라 하더라도 그 등기가 집행채권자의 가압류등기 후에 되었거나 압류의 효력이 발생한 후에 소유권을 취득한 경우에는 원칙적으로 이 소를 제기할 수 없다. 동산 양도담보권자는 제3자에 대하여 소유권을 주장할 수 있으므로 그 목적물에 대하여 설정자의 일반채권자가 집행을 한 경우에는 이 소를 제기할 수 있는데, 점유개정에 의하여 인도되어 채무자가 점유 중인 경우에도 같다(대법원 93다44739 판결). 소유권유보부매매의 경우 매도인은 제3자에 대하여 유보된 목적물의 소유권을 주장할 수 있다(대법원 96다14807 판결). 제3자이의의 소는 등기청구권을 포함하여 모든 재산권을 대상으로 하는 집행에 대하여 적용되는 것이므로, 등기청구권에 대하여 압류명령이 있은 경우에 집행채무자 아닌 제3자가 자신이 진정한 등기청구권의 귀속자로서 자신의 등기청구권의 행사에 있어 위 압류로 인하여 장애를 받는 경우에는 그 등기청구권이 비록 채권적 청구권일지라도 자기에게 귀속됨을 주장하여 집행채권자에 대하여 제3자이의의 소를 제기할 수 있다(대법원 98다52995 판결). 다시 말하자면 甲이 乙의 丙에 대한 채권을 압류한 경우 丁이 丙에 대한 채권자는 乙이 아니라 자신이라고 주장하는 경우 丁은 제3자 이의의 소를 제기할 수 있다.

제3자이의의 소는 청구이의의 소와 마찬가지로 집행이 종료된 후에는 소의 이익이 없고, 잠정처분에 관한 민집법 제46조와 제47조가 준용된다. 주문 기재례는 다음과 같다.

기재례 • • •

1. 피고가 소외 甲에 대한 …판결의 집행력 있는 정본에 기초하여 2015. 9. 7. 별지 목록 기재 물건에 대하여 한 강제집행을 불허한다.
2. 이 법원이 …강제집행정지 신청사건에 관하여 2015. 12. 5. 한 강제집행정지결정을 인가한다.
3. 소송비용은 피고가 부담한다.
4. 제2항은 가집행할 수 있다.

7. 배당이의의 소

배당이의의 소는 배당표에 배당을 받는 것으로 기재된 자의 배당액을 줄여 자신에게 배당이 되도록 하기 위하여 배당표의 변경 또는 새로운 배당표의 작성을 구하는 소이다. 배당절차에서 우선변제권이 있는 채권의 순서대로 배당을 받는 것이 원칙이겠지만, 실제로 배당을 받아야 할 자가 배당을 받지 못하고 배당을 받지 못할 자가 배당을 받는 경우가 발생할 수 있는데, 이 경우 배당을 받지 못한 자가 배당을 받은 자를 상대로 제기하는 소가 배당이의의 소이다. 배당기일에 배당표에 대한 이의가 완결되지 않으면 이의를 한 채권자 또는 집행력 있는 집행권원의 정본을 가지지 않은 채권자에 대하여 이의를 한 채무자는 이의의 상대방을 피고로 배당이의의 소를 제기하고(집행력 있는 집행권원의 정본을 가진 채권자에 대하여 이의한 채무자는 집행을 정지시킬 필요가 있으므로 청구이의의 소를 제기하도록 하고 있다) 배당기일로부터 1주일 이내에 집행법원에 그 사실을 증명하여야 하는데, 만일 배당기일로부터 1주일 이내에 배당이의의 소제기증명을 제출하지 못하면 이의가 취하된 것으로 본다(민집법 제154조 제1항, 제2항, 제3항).

원고로서의 당사자가 될 수 있는 자는 배당표에 대한 실체상의 이의를 한 채권자 또는 채무자인데, 이 중 채권자는 반드시 배당기일에 출석하여 이의를 한 채권자만이 원고적격이 인정되지만 채무자는 배당기일에 출석하여 이의를 한 경우뿐만 아니라 배당기일에 불출석하였더라도 배당표원안이 비치된 이후에 배당기일이 끝날 때까지 서면으로 이의한 경우에도 원고적격이 인정된다(민집법 제151조 제1항, 제2항). 피고적격자는 배당이의의 상대방으로서 이에 동의하지 아니한 채권자 또는 채무자이다. 즉 배당이의에 의하여 자기에 대한 배당액(채무자의 경우에는 잉여금)이 줄어드는 자이다.

원고나 피고가 수인인 경우 필수적 공동소송이 아닌 통상의 공동소송이 된다. 배당이의의 소에 있어서 소를 제기한 원고가 첫 변론기일(변론준비기일은 제외)에 출석하지 아니한 때에는 소를 취하한 것으로 본다(민집법 제158조). 실무상 배당이의의 소에서도 재판상 화해나 청구의 포기, 인낙은 가능하다고 본다.

채권자가 제기하는 배당이의의 소에서 피고의 채권이 존재하지 않는 것으로 인정되는 경우 계쟁 배당부분 가운데 원고에게 귀속시키는 배당액을 계산함에 있어서 이의신청을 하지 아니한 다른 채권자의 채권을 참작할 필요가 없으며, 이는 이의신청을 하지 아니한 다른 채권자 가운데 원고보다 선순위의 채권자가 있다 하더라도 마찬가지이다(대법원 2000다41844 판결). 따라서 채권자가 다른 채권자의 배당액에 관하여 채권의 부존재를 이유로 제기한 배당이의의 소에서 피고의 채권이 존재하지 아니하는 것으로 밝혀진 이상, 피고는 원고의 채권보다 선순위의 채권자가 있어서 그 채권자의 채권에 배당되어야 하고 원고에게 배당되어서는 안 된다는 항변을 할 수 없다.

배당이의의 소가 제소기간 내에 제기되지 않았다든가 기간 내에 제소되었으나 집행법원에 대한 제소증명 기간이 경과한 경우에는 부당이득반환청구소송으로 변경할 수 있다. 위 두 소는 배당수령권의 존부라고 하는 동일한 이익에 청구의 기초를 둔 것이기 때문에 청구취지 변경이 허용된다(대법원 99다3501 판결).

채권자가 제기한 배당이의의 소에서 원고의 청구가 전부 또는 일부 이유 있는 경우에는 종국판결로써 그 이유 있는 한도에서 배당표상의 피고에 대한 배당액을 삭제 또는 감액함과 동시에 그 해당액을 원고에게 배당하도록 정하여야 하고, 다만 이를 정하는 것이 적당하지 아니하다고 인정한 때에는 판결로써 배당표를 다시 만들고 다른 배당절차를 밟도록 명하여야 한다(민집법 제157조). 후자의 예로는 배당이의의 소가 여러 개 계속되어 그 재판이 따로 진행되고 있기 때문에 계산이 복잡하여 집행법원이 하는 것이 적당하다고 인정되는 경우를 들 수 있다.

배당이의의 소의 청구취지 기재례는 다음과 같다.

기재례 • • •

…강제경매사건에 관하여 …배당표 중 원고에 대한 배당액 금 5,000,000원을 금 7,000,000원으로, 피고에 대한 배당액 금 3,000,000원을 금 1,000,000원으로 경정한다.

증명책임은 일반 민사소송에서의 증명책임 분배의 원칙에 따라야 한다(대법원 2005다39617 판결). 채권자가 제기한 배당이의의 소의 판결의 효력은 원고와 피고 사이에만 미친다(상대효). 그러나 채무자가 제기한 배당이의의 소에서 청구가 인용될 경우에는 이의를 제기하지 아니한 채권자를 위하여도 배당표를 바꾸어야 한다(절대효. 민집법 제161조 제2항 제2호). 즉 공탁금은 채무자에게 지급하는 것이 아니라 추가배당을 실시하여야 한다는 의미이다. 배당받을 채권자가 있는데도 채무자에게 지급하는 것은 부당하기 때문이다.

배당이의의 소를 제기하지 아니한 자가 추후에 부당이득반환청구를 할 수 있을까. 이는 물론 배당요구를 하였음을 전제로 한다. 확정된 배당표에 의하여 배당을 실시하는 것은 실체법상의 권리를 확정하는 것이 아니므로, 배당을 받아야 할 채권자가 배당을 받지 못하고 배당을 받지 못할 자가 배당을 받은 경우에는 배당을 받지 못한 채권자로서는 배당에 관하여 이의를 한 여부에 관계없이 배당을 받지 못할 자이면서도 배당을 받았던 자를 상대로 부당이득반환청구권을 갖는다 할 것이고, 배당을 받지 못한 그 채권자가 일반채권자라고 하여 달리 볼 것은 아니다(대법원 99다26948 판결, 대법원 2014다206983(전) 판결의 다수의견, 일본 판례는 이와 달리 배당이의를 하지 않은 채권자는 부당이득반환 청구를 할 수 없다고 본다). 다만 배당이의의 소에서 패소의 본안판결을 받은 당사자가 그 판결이 확정된 후 상대방에 대하여 위 본안판결에 의하여 확정된 배당액이 부당이득이라는 이유로 그 반환을 구하는 소송을 제기한 경우에는, 전소인 배당이의의 소의 본안판결에서 판단된 배당수령권의 존부가 부당이득반환청구권의 성립 여부를 판단하는 데에 있어서 선결문제가 된다고 할 것이므로, 당사자는 그 배당수령권의 존부에 관하여 위 배당이의의 소의 본안판결의 판단과 다른 주장을 할 수 없고, 법원도 이와 다른 판단을 할 수 없다(대법원 99다3501 판결).

8. 사해행위취소의 소

사해행위취소의 소의 성질에 관하여 통설과 판례는 민법 제406조 제1항이 "그 취소 및 원상회복을 법원에 청구할 수 있다"라고 규정하고 있는 점에 비추어 형성의 소와 이행의 소의 결합이라고 본다. 반드시 소로써 그 취소를 구할 수 있을 뿐이고, 공격 또는 방어방법으로는 주장할 수 없다. 채권자가 채권자취소권을 행사하려면 사해행위로 이익을 받은 자나 전득한 자를 상대로 그 법률행위(채무자가 한 법률행위를 의미한다)의 취소를 구하는 소송을 제기하여야 하고, 채무자를 상대로 이 소송을 제기하여서는 안 된다(채무자는 피고적격이 없다. 대법원 91다13717 판결). 채권자취소소송의 요건은 ① 채권자의 피보전채권의 존재, ② 사해행위의 존재, ③ 채무자의 사해의사, ④ 수익자, 전득자의 악의 등인데, 이 중 ①, ②, ③은 청구원인사실이고, ④는 항변사실이다(수익자 및 전득자의 악의는 추정되므로 수익자 또는 전득자는 자신의 선의를 증명하여야 한다).

위 ①의 요건과 관련하여 채권자취소권에 의하여 보호될 수 있는 채권은 원칙적으로 사해행위라고 볼 수 있는 행위가 행하여지기 전에 발생한 것임을 요하나 그 사해행위 당시에 이미 채권성립의 기초가 되는 법률관계가 발생되어 있고, 가까운 장래에 그 법률관계에 기하여 채권이 성립되리라는 점에 대한 고도의 개연성이 있으며, 실제로 가까운 장래에 그 개연성이 현실화되어 채권이 성립된 경우에는 그 채권도 채권자취소권의 피보전채권이 될 수 있다(대법원 2002다42957 판결). 또한 금전채권이 아닌 특정채권의 보전을 위해서는 채권자취소권을 행사할 수 없고, 이중매매에서와 같이 특정채권이 금전채권으로 변환될 수 있는 경우라 하더라도 채무자의 사해행위 당시 이미 손해배상채권으로 변환되어 있지 않는 한, 채권자취소권을 행사할 수 없다(대법원 98다56690 판결). 위 ②의 요건과 관련하여 사해행위 성립여부를 판단하기 위한 취소채권자의 채권액 산정시기는 사해행위 당시이다(대법원 2002다41589 판결). 그러나 취소의 범위를 정하는 데 있어 기준이 되는 취소채권액에는 사해행위 이후 사실심 변론종결시까지 발생한 이자나 지연손해금이 포함된다(대법원 2003다19572 판결). 위 ③의 요건과 관련하여 판례(대법원 99다2515 판결)는 의사설이 아닌 인식설을 취하고 있다. 위 ④와 관련하여 대법원 2014다237192 판결은 "전득행위 당시 채무자와 수익자의 법률행위가 사해행위의 객관적 요건을 구비하였다는 것에 대한 인식을 의미하는 바, 선의를 인정함에 있어서는 객관적이고 납득할 만한 증거자료에 의하여야 하고, 채무자나 수익자의 일방적인 진술이나 제3자의 추측 진술에 터잡아 선의를 인정하여서는 안 된다"라고 판시하고 있다.

채권자취소권은 채권자가 취소원인을 안 날로부터 1년, 법률행위 있은 날로부터 5년 내에 제기하여야 한다(민법 제406조 제2항). 이 기간은 제척기간이다. 취소채권자로서는 원상회복만을 청구하여서는 안 되고, 사해행위의 취소도 함께 소구하여야 하는 반면에 원상회복을 구하지 아니하고 사해행위의 취소만을 먼저 청구하는 것도 허용되는바, 이 경우 사해행위취소의 청구가 위 기간 안에 제기되었다면 원상회복 청구는 그 기간이 지난 뒤에도 할 수 있다(대법원 2001다14108 판결). 채권자가 전득자를 상대로 채권자취소권을 행사하기 위해서는, 위 기간 안에 채무자와 수익자 사이의 사해행위의 취소를 구하여야 하는 것이고, 비록 채권자가 수익자를 상대로 사해행위의 취소를 구하는 소를 이미 제기하여 채무자와 수익자 사이의 법률행위를 취소하는 내용의 판결을 선고받아 확정되었더라도 그 판결의 효력은 그 소송의 피고가 아닌 전득자에게는 미칠 수 없는 것이므로, 채권자가 그 소송과는 별도로 전득자에 대하여 채권자취소권을 행사하여 원상회복을 구하기 위해서는 위 기간 안에 전득자에 대한 관계에 있어서 채무자와 수익자 사이의 사해행위를 취소하는 청구를 하지 않으면 아니 된다(대법원 2004다17535 판결). "채권자가 취소원인을 안 날"이라 함은 채무자가 채권자를 해함을 알면서 사해행위를 한 사실을 알게 된 날을 의미하므로 단순히 채무자가 법률행위를 한 사실을 아는 것만으로는 부족하고, 그 법률행위가 일반채권자를 해하는 행위라는 것, 즉 그에 의하여 채권자의 공동담보에 부족이 생기거나 이미 부족 상태에 있는 공동담보가 한층 더 부족하게 되어 채권을 완전하게 만족시킬 수 없게 되었다는 것까지 알아야 하고, 나아가 채무자에게 사해의 의사가 있었음을 알 것을 요한다(대법원 2001다11239 판결).

채권자취소권의 요건을 갖춘 각 채권자는 고유의 권리로서 채무자의 재산처분 행위를 취소하고 그 원상회복을 구할 수 있는 것이므로 여러 명의 채권자가 동시에 또는 시기를 달리하여 사해행위취소 및 원상회복청구의 소를 제기한 경우 이들 소가 중복제소에 해당하지 아니할 뿐만 아니라, 어느 한 채권자가 동일한 사해행위에 관하여 사해행위취소 및 원상회복청구를 하여 승소판결을 받아 그 판결이 확정되었다는 것만으로는 그 후에 제기된 다른 채권자의 동일한 청구가 권리보호의 이익이 없게 되는 것은 아니고(기판력이 미치지도 않는다), 그에 기하여 재산이나 가액의 회복을 마친 경우에 비로소 다른 채권자의 사해행위취소 및 원상회복청구는 그와 중첩되는 범위 내에서 권리보호의 이익이 없게 된다(대법원 2005다51457 판결).

채무자가 수 개의 재산처분행위를 한 경우에는 원칙적으로 각 행위마다 그로 인한 무자력이 초래되었는지의 여부에 따라 각 행위의 사해성 여부를 판단하여야 한다(대법원 2002다23857 판결). 채무초과 상태에 있는 채무자가 그 소유의 부동산을 채권자 중의 어느 한 사람에게 채권 담보로 제공하는 행위는 특별한 사정이 없는 한, 다른 채권자들에 대한 관계에서 사해행위에 해당한다(대법원 2008다29215 판결). 목적물에 이미 타인의 담보권이 설정되어 있고 그 담보되는 채권액이 목적물의 가격을 초과하고 있는 때에는 당해 목적물의 양도는 사해행위에 해당하지 아니한다. 사해성 여부를 판단하기 위한 부동산 가액의 평가는 부동산 가액의 하락이 예상되는 등 특별한 사정이 없는 한, 사후에 환가된 가액을 기준으로 할 것이 아니라 사해성 여부가 문제되는 재산처분행위 당시의 시가를 기준으로 하여야 한다(대법원 2002다41589 판결). 처분행위 당시에는 채권자를 해하는 것이었다고 하더라도 그 후 채무자가 자력을 회복하여 사해행위취소권을 행사하는 사실심의 변론종결시에는 채권자를 해하지 않게 된 경우에는 책임재산 보전의 필요성이 없어지게 되어 채권자취소권이 소멸하는 것으로 보아야 할 것인바, 그러한 사정변경이 있다는 사실은 채권자취소소송의 상대방이 증명하여야 한다(대법원 2007다54849 판결).

사해행위취소의 범위는 공동담보의 보전에 필요하고 충분한 범위에 한정된다. 따라서 채무자가 사해행위에 의하여 비로소 채무초과상태에 이르게 되는 경우에 채권자는 사해행위가 가분인 한, 그 중 채권의 공동담보로 부족하게 되는 부분만을 자신의 채권액을 한도로 취소청구하면 족하고, 그 행위 전부의 취소를 청구할 수는 없다(대법원 2010다36209 판결). 목적물이 불가분인 경우와 같이 특별한 사정이 있는 경우에는 취소채권자의 채권액을 넘어서까지도 취소를 구할 수 있으나(대법원 2012다34238 판결), 사해행위취소로 인한 원상회복으로서 가액배상을 명하는 경우에는 취소채권자는 상대적 효과설에 따라 직접 자기에게 가액배상금을 지급하도록 청구하여야 하고(대법원 2007다84352 판결), 위 지급받은 가액배상금을 분배하는 방법이나 절차 등에 관한 아무런 규정이 없는 현행법 아래에서 다른 채권자들이 위 가액배상금에 대하여 배당요구를 할 수도 없으므로 결국 채권자는 자신의 채권액을 초과하여 가액배상을 구할 수는 없다(대법원 2006다1442 판결).

부동산에 관한 법률행위가 사해행위에 해당하는 경우에는 그 사해행위를 취소하고 소유권이전등기의 말소 등 부동산 자체의 회복을 명하는 것이 원칙이다(다만 진정명의

회복을 원인으로 채무자 앞으로 소유권이전등기절차의 이행을 구하는 것도 가능하다). 그러나 저당권이 설정되어 있는 부동산에 관하여 사해행위가 이루어진 경우에 그 사해행위는 부동산의 가액에서 저당권의 피담보채권액을 공제한 잔액의 범위 내에서만 성립된다고 보아야 할 것이다. 따라서 사해행위 후 변제 등에 의하여 저당권설정등기가 말소된 경우 사해행위를 취소하고 그 부동산 자체의 회복을 명하는 것은 당초 일반 채권자들의 공동담보로 되어 있지 아니하던 부분까지 회복을 명하는 것이 되어 공평에 반하는 결과가 되므로 그 부동산의 가액에서 저당권의 피담보채무액을 공제한 잔액의 한도에서만 사해행위를 취소하고 그 가액 상당액의 배상을 구할 수 있을 뿐이고, 그 가액 산정은 사실심 변론종결시를 기준으로 하여야 한다(대법원 2000다63912 판결). 이처럼 저당권이 소멸되어 가액배상을 하여야 할 경우 말소된 저당권 이외에 말소되지 아니한 저당권이 있으면 배상하여야 할 가액은 사실심 변론종결시를 기준으로 하여 부동산 가액에서 말소된 저당권의 피담보채무액(채권최고액이 아니라 피담보채무액인데, 다만 피담보채무액이 밝혀지지 않으면 채권최고액을 기준으로 판단할 수밖에 없다)은 물론 말소되지 아니한 저당권의 피담보채권액도 공제하여 산정한다(대법원 97다6711 판결).

수 개의 부동산에 관하여 공동근저당이 설정되어 있는 경우 책임재산을 산정함에 있어 각 부동산이 부담하는 피담보채권액은 특별한 사정이 없는 한 민법 제368조의 취지에 비추어 공동저당권의 목적으로 된 각 부동산의 가액에 비례하여 공동근저당권의 피담보채권액을 안분한 금액으로 보아야 한다. 그러나 수 개의 부동산 중 일부는 채무자의 소유이고, 다른 일부는 물상보증인의 소유인 경우에는 물상보증인이 민법 제481조, 제482조의 규정에 따른 변제자대위에 의하여 채무자 소유의 부동산에 대하여 저당권을 행사할 수 있는 지위에 있는 점 등을 고려할 때, 그 물상보증인이 채무자에 대하여 구상권을 행사할 수 없는 특별한 사정이 없는 한 채무자 소유의 부동산에 관한 피담보채권액은 공동저당권의 피담보채권액 전액으로 봄이 상당하다(대법원 2012다5643(전) 판결. 안분설을 버리고 전액설을 취함). 이 판결은 채무자가 처분한 경우인데, 물상보증인이 처분한 경우 판례(대법원 2013다90402 판결)는 잔액설을 취하고 있다.

저당권이 설정되어 있는 부동산이 사해행위로 이전된 경우 사해행위인 그 계약 전부의 취소와 부동산 자체의 반환을 구하는 청구취지 속에는 저당권설정등기가 말소되어 부동산의 가액에서 저당권의 피담보채무액을 공제한 잔액의 한도에서 사해행위를 취소하고 그 가액의 배상을 구하는 취지도 포함되어 있으므로 청구취지의 변경이 없더라도 바로 가액반환을 명할 수 있다(대법원 2002다41589 판결).

수익자와 전득자가 공동피고가 되어 가액배상을 하는 경우 그들의 가액배상의무는 부진정연대채무의 관계에 있다. 수익자가 선의이고 전득자가 악의인 경우 전득자를 상대로 원물반환을 구하면 되나, 수익자가 악의이고 전득자가 선의인 경우에는 수익자를 상대로 가액배상을 구하면 된다. 수익자, 전득자 모두 악의인 경우 채권자는 그 선택에 따라 수익자와 전득자를 상대로 원물반환을 구할 수 있다.

채권자가 여러 수익자를 상대로 사해행위취소 및 원상회복청구를 하여 여러 개의 소송이 계속 중인 경우에는 각 소송에서 채권자의 청구에 따라 사해행위의 취소 및 원상회복을 명하는 판결을 선고하여야 하며, 수익자가 가액배상을 하여야 할 경우에는 (원상회복을 명한 판결에 기해 재산이나 가액의 회복을 마치지 아니한 이상) 다른 소송의 결과를 참작할 필요 없이 수익자가 반환하여야 할 가액 범위 내에서 채권자의 피보전채권 전액의 반환을 명하여야 한다. 이러한 법리는 채무자가 동시에 여러 부동산을 수인의 수익자들에게 처분한 결과 채무초과 상태가 됨으로써 그와 같은 각각의 처분행위가 모두 사해행위로 되고, 채권자가 그 수익자들을 공동피고로 하여 사해행위취소 및 원상회복을 구하여 각 수익자들이 부담하는 원상회복의무의 대상이 되는 책임재산의 가액을 합산한 금액이 채권자의 피보전채권액을 초과하는 경우에도 마찬가지이다(대법원 2006다1442 판결).

여러 명의 채권자가 사해행위취소 및 원상회복청구의 소를 제기하여 여러 개의 소송이 계속 중인 경우에는 각 소송에서 채권자의 청구에 따라 사해행위의 취소 및 원상회복을 명하는 판결을 선고하여야 하고, 수익자(전득자를 포함한다)가 가액배상을 하여야 할 경우에도 수익자가 반환하여야 할 가액을 채권자의 채권액에 비례하여 채권자별로 안분한 범위 내에서 반환을 명할 것이 아니라, 수익자가 반환하여야 할 가액 범위 내에서 각 채권자의 피보전채권액 전액의 반환을 명하여야 한다(대법원 2005다51457 판결).

사해행위의 취소에 따른 원상회복은 원칙적으로 그 목적물 자체의 반환에 의하여야 하는바, 이 때 사해행위의 목적물이 동산이나 금전이고 그 현물반환이 가능한 경우에는 취소채권자는 직접 자기에게 그 목적물을 인도할 것을 청구할 수 있다(대법원 2003다50061 판결). 취소채권자가 수익자 등으로부터 직접 가액배상을 받을 경우 수익자는 채무자에 대한 반대채권으로 상계를 주장할 수 없다(대법원 2000다44348 판결).

사해행위취소청구소송의 청구취지 기재례는 다음과 같다(②는 가액배상의 경우이다).

기재례 • • •

① 피고와 소외 甲 사이에 별지 목록 부동산에 관하여 2019. 9. 8. 체결된 매매계약을 취소한다. 피고는 甲에게 위 부동산에 관하여 …로 마친 소유권이전등기의 말소등기절차를 이행하라.

② 피고와 소외 乙 사이에 별지 목록 기재 부동산에 관하여 2020. 9. 7. 체결된 매매계약을 1억 원의 한도 내에서 취소한다.
피고는 원고에게 1억 원 및 이에 대한 이 판결 확정일 다음날부터 다 갚는 날까지 연 5%의 비율에 의한 금원을 지급하라.

사해행위취소소송에서 사해행위 취소와 가액배상을 명하는 판결을 선고하는 경우 사해행위취소 부분은 형성판결이므로 성질상 가집행선고가 허용되지 않으며, 금전의 지급을 명하는 가액배상 부분 역시 그 의무가 사해행위취소판결이 확정되어야 비로소 발생하는 것이므로 성질상 가집행선고를 붙일 수 없다. 또한 사해행위취소로 인한 가액배상의 지급의무는 그 전제가 되는 사해행위취소라는 형성판결이 확정되어야 비로소 발생하므로 판결이 확정되기 전까지는 지체책임을 물을 수 없다. 따라서 판결확정일까지의 지연손해금은 인정되지 않는다.

사해행위취소의 효력은 상대적이기 때문에(일본 민법은 절대효가 인정되는 것으로 개정되었다) 소송당사자인 채권자와 수익자 또는 전득자 사이에만 발생할 뿐이다. 따라서 수익자 또는 전득자가 채권자에 대하여 사해행위의 취소로 인한 원상회복 의무를 부담하게 될 뿐, 채권자와 채무자 사이에서 취소로 인한 법률관계가 형성되거나 취소의 효력이 소급하여 채무자의 책임재산으로 복구되는 것은 아니다. 채무자와 수익자 사이의 부동산에 대한 매매계약이 사해행위로 취소되고 그에 따른 원상회복으로 수익자 명의의 소유권이전등기가 말소되었다고 하더라도 채무자가 위 부동산을 취득하여 권리자가 되는 것은 아니므로 채무자의 제3자에 대한 매도행위는 무권리자의 처분에 불과하여 효력이 없고, 위 부동산에 관한 제3자 명의의 소유권이전등기는 원인무효의 등기로서 말소되어야 한다(대법원 2015다217980 판결, 채권자가 직접 말소 청구를 하면 된다). 원고가 피고에 대하여 대물변제약정을 원인으로 하여 소유권이전등기청구를 하고 있는데, 참가인이 위 대물변제약정이 사해행위라는 이유로 원고에 대하여 사해행위취소를 청구하면서 독립당사자참가신청을 하는 경우, 독립당사자참가인의 청구가 그대로 받아들여진다 하더라도 원고와 피고 사이의 법률관계에는 아무런 영향이 없으므로 그러한 참가신청은 사해방지참가의 목적을 달성할 수 없어 부적법하다(대법원 2012다47548 판결).

부부간의 명의신탁약정은 특별한 사정이 없는 한 유효하고(부동산 실권리자명의 등기에 관한 법률 제8조 참조), 이때 명의신탁자는 명의수탁자에 대하여 신탁해지를 하고 신탁관계의 종료 그것만을 이유로 하여 소유 명의의 이전등기절차의 이행을 청구할 수 있음은 물론, 신탁해지를 원인으로 하고 소유권에 기해서도 그와 같은 청구를 할 수 있는데, 이와 같이 명의신탁관계가 종료된 경우 신탁자의 수탁자에 대한 소유권이전등기청구권은 신탁자의 일반채권자들에게 공동담보로 제공되는 책임재산이 된다. 그런데 신탁자가 유효한 명의신탁약정을 해지함을 전제로 신탁된 부동산을 제3자에게 직접 처분하면서 수탁자 및 제3자와의 합의 아래 중간등기를 생략하고 수탁자에게서 곧바로 제3자 앞으로 소유권이전등기를 마쳐 준 경우 이로 인하여 신탁자의 책임재산인 수탁자에 대한 소유권이전등기청구권이 소멸하게 되므로, 이로써 신탁자의 소극재산이 적극재산을 초과하게 되거나 채무초과상태가 더 나빠지게 되고 신탁자도 그러한 사실을 인식하고 있었다면 이러한 신탁자의 법률행위는 신탁자의 일반채권자들을 해하는 행위로서 사해행위에 해당한다(대법원 2015다56086 판결). 또한 부동산에 관하여 부동산 실권리자명의 등기에 관한 법률 제4조 제2항 본문이 적용되어 명의수탁자인 채무자 명의의 소유권이전등기가 무효인 경우에는 그 부동산은 채무자의 소유가 아니기 때문에 이를 채무자의 일반 채권자들의 공동담보에 제공되는 책임재산이라고 볼 수 없고, 채무자가 위 부동산에 관하여 제3자와 매매계약을 체결하고 그에게 소유권이전등기를 마쳐주었다고 하더라도 그로써 채무자의 책임재산에 감소를 초래한 것이라고 할 수 없으므로 이를 들어 채무자의 일반 채권자들을 해하는 사해행위라고 할 수 없으며, 채무자에게 사해의 의사가 있다고 볼 수도 없다. 그러나 명의신탁자와 명의수탁자가 이른바 계약명의신탁 약정을 맺고 명의수탁자가 당사자가 되어 명의신탁약정이 있다는 사실을 알지 못하는 소유자와 부동산에 관한 매매계약을 체결한 후 그 매매계약에 따라 당해 부동산의 소유권이전등기를 명의수탁자 명의로 마친 경우에는, 명의신탁자와 명의수탁자 사이의 명의신탁 약정의 무효에도 불구하고 부동산 실권리자명의 등기에 관한 법률 제4조 제2항 단서에 의하여 그 명의수탁자는 당해 부동산의 완전한 소유권을 취득하게 되고, 다만 명의신탁자에 대하여 그로부터 제공받은 매수자금 상당액의 부당이득반환의무를 부담하게 되는바, 위와 같은 경우에 명의수탁자가 취득한 부동산은 채무자인 명의수탁자의 일반 채권자들의 공동담보에 제공되는 책임재산이 되고, 명의신탁자는 명의수탁자에 대한 관계에서 금전채권자 중 한 명에 지나지 않으므로, 명의수탁자의 재산이 채무의 전부를 변제하기에 부족한 경우 명의수탁자가 위 부동산을 명의신탁자 또는 그가 지정하는 자에게 양도하는 행위는 특별한 사정이 없는 한 다른 채권자의 이익을 해하는 것으로서 다른 채권자들에 대한 관계에서 사해행위가 된다(대법원 2007다74874 판결).

제3절 소송비용

Ⅰ. 총 설

법원이 사건을 완결하는 재판을 할 때에는 반드시 직권으로 그 심급의 소송비용 전부의 부담에 관한 재판을 하여야 한다(민소법 제104조). 상급 법원이 본안의 재판을 변경하는 경우 또는 사건을 환송받거나 이송받은 법원이 그 사건을 완결하는 재판을 하는 경우에는 소송의 총비용에 대하여 재판하여야 한다(민소법 제105조).

이러한 소송비용 재판을 하지 아니한 때에는 재판을 누락한 것이 된다(민소법 제212조 제2항). 따라서 당사자에게는 소송비용 부담의 재판을 구할 신청권이 없고, 당사자가 소송비용 부담의 신청을 하더라도 이는 단지 법원의 직권발동을 촉구하는 의미만 지닐 뿐이다. 그렇지만 실무상의 관행은 소송비용의 부담에 관하여 "소송비용은 피고가 부담한다"와 같이 청구취지의 일부로서 기재하고 있다.

소송비용의 재판에 대하여는 독립하여 상소하지 못한다(민소법 제391조). 소송비용의 재판에 대한 불복은 본안에 대한 상소가 전부 또는 일부 이유 있는 경우에만 허용된다(대법원 95다38233 판결). 법원이 소송비용부담 재판이 잘못되었다고 인정하면 판결경정 결정을 할 것이다(이에 대하여는 상대방이 즉시항고할 수 있다. 동조 제3항). 경정신청을 기각한 경우 신청인은 즉시항고를 할 수는 없고, 특별항고만 할 수 있을 뿐이다(대법원 2020그507 결정).

소송비용 부담의 재판에 있어서는 비용을 부담할 당사자는 물론 액수까지도 확정하여야 할 것이나 소송비용 부담의 비율만을 정하고 액수의 확정에 관하여는 나중에 별도의 신청에 의하여 소송비용액의 확정결정(민소법 제110조)을 하는 것이 원칙이다. 다만 소송이 청구의 포기·인낙, 소의 취하, 상소의 취하 등에 의하여 완결된 경우나 참가 또는 이에 대한 이의가 취하된 때에는 소송비용의 부담에 관한 재판이 없었으므로 법원은 당사자의 신청에 의하여 소송비용 부담의 재판과 소송비용액 확정결정을 동시에 한다(민소법 제114조 제1항). 당사자가 법원에서 화해한 경우 화해비용과 소송비용의 부담에 대하여 특별히 정한 바가 없으면 그 비용은 당사자들이 각자 부담하는 것이 원칙이나(민소법 제106조) 통상 화해조항에 "소송비용은 각자의 부담으로 한다"라는 문구를 넣는다.

Ⅱ. 소송비용 부담의 원칙

소송비용은 패소한 당사자가 그 전부를 부담하는 것이 원칙이다(패소자 부담의 원칙. 민소법 제98조). 다만 법원은 사정에 따라 승소한 당사자로 하여금 그 권리를 늘리거나 지키는 데 필요하지 아니한 행위로 말미암은 소송비용 또는 상대방의 권리를 늘리거나 지키는데 필요한 행위로 말미암은 소송비용의 전부나 일부를 부담하게 할 수 있다(민소법 재99조). 당사자가 적당한 시기에 공격이나 방어의 방법을 제출하지 아니하였거나 기일이나 기간의 준수를 게을리 하였거나 그 밖에 당사자가 책임져야 할 사유로 소송이 지연된 때에는 법원은 지연됨으로 말미암은 소송비용의 전부나 일부를 승소한 당사자에게 부담하게 할 수 있다(민소법 제100조). 일부패소의 경우에 당사자들이 부담할 소송비용은 법원이 정한다. 다만 사정에 따라 한 쪽 당사자에게 소송비용의 전부를 부담하게 할 수 있다(민소법 제101조). 공동소송인은 소송비용을 균등하게 부담한다(민소법 제102조 제1항 본문). 무권대리인이 제기한 소를 각하하는 때에는 당사자 본인에게 부담시킬 것이 아니라 그 소송행위를 한 대리인의 부담으로 하여야 한다(민소법 제108조). 예컨대 종중의 실체가 인정되지 아니함을 이유로 청구를 기각하거나 소를 각하할 경우 소송비용은 실체가 인정되지 아니하는 원고 종중에게 부담시켜서는 안 되고, 원고 종중의 대표자라고 주장하는 자에게 부담시켜야 한다.

Ⅲ. 변호사보수

소송을 대리한 변호사에게 당사자가 지급하였거나 지급할 보수는 대법원규칙이 정하는 금액의 범위 내에서 소송비용으로 인정한다(민소법 제109조 제1항). 제1항의 소송비용을 계산할 때에는 여러 변호사가 소송을 대리하였더라도 한 변호사가 대리한 것으로 본다(동조 제2항).

'변호사 보수의 소송비용 산입에 관한 규칙'에 따르면 소송비용에 산입되는 변호사의 보수는 당사자가 보수계약에 의하여 지급한 또는 지급할 보수액의 범위 내에서 각 심급단위로 소송목적의 값에 따라 별표의 기준에 의하여 산정한다(제3조 제1항). 제3조에 규정된 소송목적의 값의 산정은 민사소송 등 인지법 제2조의 규정에 의한다(제4조 제1항). 청구취지를 변경한 경우에는 변경한 청구취지를 기준으로 한다(동조 제2항). 피고의 전부자백 또는 자백간주에 의한 판결과 무변론 판결의 경우 소송비용에 산입할 변호사의 보수는 제3조의 기준에 의하여 계산한 금액의 2분의 1로 한다(제5조). 제3조 또는 제5조의 금액 전부를 소송비용에 산입하는 것이 현저히 부당하다고 인정되는 경우에는 법원은 상당한 정도까지 감액 산정할 수 있다(제6조 제1항). 법원은 제3조의 금액이 소송의 목적 및 이에 따른 소송대리인의 선임 필요성, 당사자가 실제로 지출한 변호사 보수 등에 비추어 현저히 부당하게 낮은 금액이라고 인정하는 때에는 당사자의 신청에 따라 위 금액의 2분의 1 한도에서 이를 증액할 수 있다(동조 제2항).

Ⅳ. 소송비용액 확정절차

소송비용액 확정절차는 위와 같이 소송비용 부담의 재판에 의하여 정하여진 소송비용액 상환청구권의 액수를 구체적으로 확정하여 강제집행이 가능하도록 하는 절차이다. 민소법 제110조 제1항은 "소송비용의 부담을 정하는 재판에서 그 액수가 정하여지지 아니한 경우에 제1심 법원은 그 재판이 확정되거나 소송비용부담의 재판이 집행력을 갖게 된 후에 당사자의 신청을 받아 결정으로 그 소송비용액을 확정한다"고 규정하고 있다. 후자는 결정·명령 중에 통상항고에 의하여 불복할 수 있는 재판에 대하여는 항소기간에 제한이 없는 관계로 그 재판이 확정되지 아니하여 소송비용액 확정신청을 할 수 없는 문제점이 있어 확정 전이라 하더라도 소송비용을 상환받을 수 있도록 한 것이다. 소송비용액 확정결정은 소송비용의 상환을 구하기 위한 유일한 방법으로서 소송비용액 확정절차에 의하지 아니하고 별개의 소로써 소송비용의 상환을 청구할 수는 없다.

소송비용액의 확정결정을 신청할 때에는 비용계산서, 그 등본과 비용을 소명하는 데 필요한 서면을 제출하여야 한다(민소법 제110조 제2항). 판결·결정으로 소송비용 부담의 재판이 행해진 때에는 제1심 법원이 관할하고, 소송이 재판에 의하지 아니하고 완결한 경우에는 당해 소송이 완결될 당시의 법원이 관할한다(대법원 97마3132 결정).

법원은 소송비용액을 결정하기 전에 상대방에게 비용계산서의 등본을 교부하고, 이에 대한 진술을 할 것과 일정한 기간 이내에 상대방 자신의 비용계산서와 그 비용액을 소명하는 데 필요한 서면을 제출할 것을 최고하여야 한다(민소법 제111조 제1항). 상대방이 최고서를 받고서도 최고서에 정해진 기간 이내에 진술서와 자신의 비용계산서를 제출하지 아니한 때에는 상대방이 지출한 소송비용은 고려하지 아니하고 신청인이 신청한 비용만으로써 그 분담액을 정한다(동조 제2항). 제1항의 결정에 대하여는 즉시 항고를 할 수 있다(동조 제3항). 법원이 소송비용을 확정하는 경우에 당사자들이 부담할 비용은 대등한 금액에서 상계된 것으로 본다. 다만 제111조 제2항의 경우에는 그러하지 아니하다(민소법 제112조).

소송비용 상환의무가 재판에 의하여 확정된 경우에, 소송비용액 확정절차에서는 상환할 소송비용의 수액을 정할 수 있을 뿐이고, 그 상환의무 자체의 존부를 심리·판단할 수는 없다. 따라서 상대방은 신청인이 제출한 비용계산서의 비용항목이 소송비용에 속하는지 여부 및 그 수액에 대하여 의견을 진술하고 소명자료를 제출할 수 있을 뿐이고, 소송비용액 확정절차 외에서 이루어진 변제, 상계, 화해 등에 의하여 소송비용부담에 관한 실체상의 권리가 소멸되었다고 하더라도 이러한 사유는 소송비용액 확정결정의 집행단계에서 청구에 관한 이의의 소를 제기할 사유가 됨은 별론으로 하고 소송비용액 확정절차에서 심리·판단할 대상은 될 수 없다(대법원 2008마482 결정).

소송비용액 확정결정신청이 있는 때에는 법원은 법원사무관 등에게 소송비용액을 계산하게 하여야 한다(민소법 제115조).

제4절 가집행선고

가집행선고는 확정되지 아니한 종국판결에 집행력을 부여하는 형성적 재판이다. 법원은 재산권의 청구에 관한 판결에는 상당한 이유가 없는 한, 당사자의 신청 유무를 불문하고 직권으로 이를 선고하여야 한다(민소법 제213조). 가집행선고는 판결이 아직 확정되기 전에 승소자의 신속한 권리실현에 이바지하며 패소자가 강제집행의 지연만을 노려 상소를 제기하는 것을 억제하는 역할을 한다. 피고로 하여금 가집행선고에 의하여 제1심 판결 후 확정 전에 집행당하는 것을 피하기 위해 제1심에서 모든 자료를 제출하도록 피고를 심리적으로 압박함으로써 집중심리에 기여하는 측면도 있다. 소송비용의 경우와 마찬가지로 반드시 이를 신청하여야 하는 것은 아니지만 법원의 직권발동을 촉구하는 의미에서 "제1항은 가집행할 수 있다"와 같이 청구취지에 기재하는 것이 실무의 관행이다.

가집행선고는 재산권상의 청구에 관한 판결에 하는 것이므로 신분권이나 기타 비재산권에 관한 청구에는 허용되지 아니한다. 그러나 외형상 신분관계를 내용으로 하는 것이지만 부양료, 위자료 지급 청구와 같이 실질적으로 경제적 이익을 내용으로 하는 것이면 재산권상의 청구이므로 가집행선고를 할 수 있다. 반면에 재산권상의 청구라도 등기소송과 같은 의사의 진술을 명하는 판결이나 형성판결과 같이 판결이 확정되어야 집행력이 발생하는 소에 있어서는 가집행선고가 허용되지 않는다. 이행판결의 경우 금전 청구에 한하지 않고, 인도나 철거 청구에도 가집행선고가 가능하다. 가압류・가처분 결정과 같이 당연히 집행력이 생기는 재판이나 결정・명령에는 가집행선고가 허용되지 않는다. 앞서 본 바와 같이 청구이의의 소와 제3자이의의 소에서 잠정처분에는 필수적으로 가집행선고를 붙여야 한다. 동시이행판결이나 선이행판결에도 가집행선고를 붙일 수 있다.

제1심 판결에 붙은 가집행 선고에 의하여 지급된 금원('가지급물'이라 한다)은 확정적으로 변제의 효과가 발생하는 것이 아니어서 채무자가 그 금원의 지급 사실을 항소심에서 주장하더라도 항소심은 그러한 사유를 참작하지 않고 판결을 하게 된다(건물 명도의 경우도 마찬가지이다). 이 경우 금원 지급에 의한 채권 소멸의 효과는 그 판결이 확정된 때에 비로소 발생한다. 따라서 채무자가 그와 같은 금원을 지급하였다는 사유는 변론종결 뒤에 생긴 사유로서 청구이의 사유가 된다. 대법원 95다15827 판결은 "가집행이 붙은 제1심 판결을 선고받은 채무자가 선고일 약 1달 후에 그 판결에 의한 그때까지의 원리금을 추심 채권자에게 스스로 지급하기는 하였으나 그 제1심 판결에 대하여 항소를 제기하여 제1심에서 인용된 금액에 대하여 다투었다면, 그 채무자는 제1심 판결이 인용한 금액에 상당하는 채무가 있음을 스스로 인정하고 이에 대한 확정적 변제행위로 추심 채권자에게 그 금원을 지급한 것이 아니라, 제1심 판결이 인용한 지연손해금의 확대를 방지하고 그 판결에 붙은 가집행 선고에 기한 강제집행을 면하기 위하여 그 금원을 지급한 것으로 봄이 상당하고, 이와 같이 제1심 판결에 붙은 가집행선고에 의하여 지급된 금원은 확정적으로 변제의 효과가 발생하는 것이 아니어서 채무자가 그 금원의 지급 사실을 항소심에서 주장하더라도 항소심은 그러한 사유를 참작하지 않으므로, 그 금원 지급에 의한 채권 소멸의 효과는 그 판결이 확정된 때에 비로소 발생한다고 할 것이며, 따라서 채무자가 그와 같이 금원을 지급하였다는 사유는 본래의 소송의 확정판결의 집행력을 배제하는 적법한 청구이의 사유가 된다"라고 판시하면서 확정적 변제라고 보아 청구이의 사유가 될 수 없다고 본 원심판결을 파기한 바 있다(특별한 사정이 없는 한 가지급물을 지급한 것으로 보아야 한다는 취지이다). 실무에서는 영수증에 가지급물 또는 가집행선고에 의한 것이라고 기재하는 것이 바람직할 것이다.

가집행선고 있는 판결에 기한 강제집행은 확정판결에 기한 경우와 같이 본집행이므로 상소심의 판결에 의하여 가집행선고의 효력이 소멸되거나 집행채권의 존재가 부정된다 하더라도 그에 앞서 이미 완료된 집행절차나 이에 기한 경락인의 소유권취득의 효력에는 아무런 영향을 미치지 아니한다(대법원 93다3165 판결). 따라서 가집행선고가 붙은 제1심 판결을 받은 경우 채무자로서는 불복사유의 정당성을 소명하고 강제집행의 정지를 신청할 필요가 있는데(민소법 제501조, 제500조), 이 때 법원은 담보를 제공하게 하거나 담보를 제공하지 아니하게 하고 강제집행의 일시 정지를 명할 수 있다. 이 때 담보 금액은 집행이 정지됨으로 인한 원고의 손해에 대한 담보라는 점을 감안해서 정해야 할 것인데(청구금액의 1/3정도가 적당하다고 사료된다), 실무에서 종종 청구금액 전액을 담보 금액으로 정하기도 하는 바, 이 점은 시정을 요한다. 이 재판에 대하여는 불복할 수 없다.

본안판결에 덧붙여진 가집행선고의 재판에 대하여서는 본안재판의 불복과 더불어서만 불복할 수 있고 본안재판에 대한 상소가 이유 있는 경우에만 가집행선고의 재판을 시정할 수 있으므로 가집행선고의 재판에 잘못이 있다 하여도 본안사건에 대한 상소가 이유 없다고 판단되는 경우에는 가집행선고의 재판에 대한 불복은 허용될 수 없다(대법원 93다42979 판결). 제1심판결이 한 가집행의 선고가 그 판결을 취소한 항소심 판결의 선고로 인하여 효력을 잃었다 하더라도 그 항소심판결을 파기하는 상고심판결이 선고되었다면 가집행선고의 효력은 다시 회복된다(대법원 93마246 결정).

제 3 장 청구원인

제1절 총 설

청구원인은 청구취지에 기재된 권리 또는 법률관계를 발생시키는 구체적인 사실을 말한다. 청구원인은 청구취지와 더불어(이행소송, 형성소송의 경우) 또는 이를 보충하여(확인소송의 경우 청구취지에 의하여 어느 정도 특정된다) 소송물을 특정하는 역할을 한다. 청구원인 사실은 청구를 특정·식별하는 표준으로서 처분권주의, 청구의 병합 또는 변경, 중복제소금지, 기판력의 객관적 범위, 재소금지 등을 판정하는데 중요하다.

제2절 청구원인의 기재 시 유의할 사항

Ⅰ. 청구원인의 기재 정도

청구원인은 원고가 주장하는 소송상의 청구를 다른 청구와 식별·특정시키고 혼동·오인을 일으키지 않는 한도에서 기재하여야 한다. 개개의 실체법상의 권리 주장을 소송물로 보는 판례(구소송물론)의 입장에서 보면 청구원인은 어떠한 권리 또는 법률관계에 기하여 청구에 이르렀는지를 알 수 있도록 특정하여야 한다. 청구를 특정하는 방법은 물권의 경우와 채권의 경우가 다르다.

물권과 같은 절대권은 하나의 물건에 대하여 2개 이상의 권리가 성립될 수 없기 때문에 원칙적으로 권리의 종류, 주체 그리고 권리의 대상인 객체를 기재하면 족하고, 그 발생원인까지 기재할 필요는 없다. 다만 저당권과 같은 제한물권은 동일한 물건에 대하여 순위를 달리하여 병존할 수 있으므로 등기부의 기재에 따라 저당권의 피담보채권과 순위 등을 기재하여야 한다.

채권과 같은 상대권은 같은 내용의 권리가 동일 당사자 사이에 여러 개가 성립할 수 있으므로 그 발생원인도 구체적으로 기재하여야 한다. 따라서 계약상의 청구권이라면 계약의 당사자, 종류, 내용(금액), 경우에 따라서는 계약이 성립된 일시 또는 장소 등 그 발생원인인 구체적 사실을 기재하여야 한다.

동일한 인도청구라도 소유권에 기한 물권적 청구인지, 계약에 의한 채권적 청구인지 밝혀야 한다. 부당이득반환청구권인지, 아니면 불법행위로 인한 손해배상청구권인지에 따라 소멸시효기간, 과실상계 가능여부, 상계의 제한(민법 제496조 참조) 등에 차이가 있으므로 어느 것에 기한 청구인지 기재하여야 한다. 부당이득반환청구권과 불법행위로 인한 손해배상청구권은 서로 실체법상 별개의 청구권으로 존재하고 각 청구권에 기초하여 이행을 구하는 소는 소송법적으로도 소송물을 달리하므로, 채권자로서는 불법행위로 인한 손해배상 청구의 소를 제기하여 승소 확정판결을 받았다고 하더라도 아직 채권의 만족을 얻지 못한 경우에는 부당이득반환 청구권에 관한 이행판결을 얻기 위하여 그에 관한 이행의 소를 제기할 수 있다. 따라서 채권자가 먼저 부당이득반환청구의 소를 제기하였을 경우 특별한 사정이 없는 한, 손해 전부에 대하여 승소판결을 얻을 수 있었을 것임에도 우연히 손해배상청구의 소를 먼저 제기하는 바람에 과실상계 또는 공평의 원칙에 기한 책임제한 등의 법리에 따라 그 승소액이 제한되었다고 하여 그로써 제한된 금액에 대한 부당이득반환청구권의 행사가 허용되지 않는 것도 아니다(대법원 2013다45457 판결. 별도로 추가지급을 구할 수 있다는 취지이다).

임대차 종료를 원인으로 한 임대목적물 반환청구의 경우 기간 만료를 사유로 할 수도 있고, 차임 2기 이상 연체를 이유로 한 계약해지를 사유로도 할 수 있는데, 판례에 의하면 차임 2기 이상 연체의 경우에는 임차인의 부속물매수청구권, 지상물매수청구권 행사가 허용되지 않으므로 원고로서는 이러한 사정 등을 감안하여 청구원인을 구성하여야 한다(후자를 주위적으로 주장하는 것이 유리할 것이다).

불법행위로 말미암아 신체의 상해를 입거나 사망하였음을 원인으로 하여 가해자에 대하여 손해배상을 청구하는 경우 판례(대법원 2002다34581 판결)는 손해3분설에 따라 그 소송물인 손해는 치료비와 같은 적극적 손해와 일실수익 상실에 따른 소극적 손해 및 정신적 고통에 대한 정신적 손해(위자료)의 3가지로 나누어진다고 보고 있으므로 위 3가지 손해에 대한 각각 금액과 산출근거를 기재하여야 한다.

Ⅱ. 간접사실과 공격방어방법

청구원인에는 변론주의가 적용되는 요건사실 위주로 기재하는 것이 원칙이나 간접사실이라 하더라도 그 행위가 이루어지게 된 동기나 연유, 경위 등을 기재하기도 한다. 요건사실만으로 청구원인을 구성하게 되면 사건의 줄거리를 파악하기 어렵기 때문에 사건의 이해를 위해 간접사실을 추가하는 것이다. 물론 소장을 작성하는 원고로서는 무엇이 주요사실이고 간접사실인지, 특히 상대방이 항변으로 주장하여야 할 사실은 아닌지에 관하여 주의를 기울여야 할 것이다. 또한 정당한 사유, 권리의 남용, 공서양속 위반 등과 같은 불확정 개념의 경우 이를 이유 있게 할 구체적인 사실(간접사실)을 기재하여야 할 것이고, 상대방의 과실에 대하여는 주의의무의 내용과 그 위반 사실을 구체적으로 기재하여야 한다. 법률요건이 사기, 강박, 착오 등과 같이 추상적으로 표현되어 있는 경우에도 이에 해당하는 사실을 구체적으로 기재하여야 하다.

소제기 전에 상대방과 교섭을 벌인 결과 상대방이 어떠한 점을 다투는지, 어떠한 항변을 제출할 것인지 예상할 수 있는 때에는 상대방의 주장을 기다릴 필요 없이 미리 소장에서 이에 대한 답변이나 재항변 사항을 기재하기도 한다. 쟁점을 미리 부각시켜 소송을 촉진하고 충실한 심리를 기하기 위함이다. 변시 기록형 문제에서는 소장에 "예상되는 피고의 주장과 이에 대한 판단"이라는 항목으로 기재하면 된다.

Ⅲ. 객관적 병합

이는 피고가 1인인 경우를 전제로 한 것이다. 수개의 소송목적을 한 개의 소로 구하는 경우(객관적 병합) 단순 병합 외에 선택적이나 예비적으로 주장할 수도 있다. 여러 개의 청구는 같은 종류의 소송절차에 따르는 경우에만 하나의 소로 제기할 수 있다(민소법 제253조). 인지의 표준이 되는 소송목적의 값의 산정에 있어서 단순 병합의 경우에는 병합된 청구의 가액을 합산함이 원칙이나, 예비적, 선택적 병합의 경우에는 중복청구의 흡수의 법리에 따른다.

단순병합의 경우에는 병합하는 청구들 사이에 관련성이 요구되지 아니하나 선택적 병합이나 예비적 병합의 경우에는 병합하는 청구들 사이에 관련성이 있을 것을 요한다. 선택적 병합은 논리적으로 양립이 가능하나 단순병합으로는 구할 수 없는 경우에 구하는 심판 형태이다. 즉 모든 청구가 다 인용되어서는 안 되는 경우이다. 논리적으로 양립이 불가능한 경우에는 선택적 병합으로 청구할 수 없다. 선택적 병합은 손해배상 또는 부당이득반환과 같이 하나의 목적을 위한 청구권이나(가옥명도 청구 또는 이전등기 청구와 같이 목적이 별개인 두 개의 채권은 선택적 병합으로 청구할 수 없다) 이혼사유별로 청구하는 경우와 같이 형성권의 경합의 경우에 경합하는 수 개의 권리에 기한 청구를 하는 때에 한하여 인정된다. 법조경합(예컨대 민법상 사용자 책임과 자동차손해배상책임법에 의한 책임)이나 선택채권에 기한 청구는 실체법상 하나의 권리를 바탕으로 하는 청구이기 때문에 선택적 병합이 아니다. 이에 반하여 예비적 병합은 논리적으로 양립 불가능한 경우에 구하는 심판 형태로서 제1차적 청구(주위적 청구)와 함께 이 청구가 기각되거나 각하될 경우를 대비하여 제2차적 청구(예비적 청구)를 하는 것을 말한다. 즉 여러 개의 청구를 하면서 그 심판의 순서를 정하여 제1차적 청구가 인용될 것을 해제조건으로 하여 제2차적 청구에 대하여 심판을 구하는 병합 형태이다. 병합된 청구가 같은 청구원인을 내용으로 하면서 수량만을 감축한 것이거나 질적으로 일부감축 청구한 것에 불과한 경우(예컨대 주위적으로 무조건의 소유권이전등기청구를, 예비적으로 금전지급과 상환으로 소유권이전등기청구를 하는 경우)에는 예비적 청구라고 볼 수 없다(주된 청구취지만 기재하면 족하다). 실무상으로는 예비적 청구취지라고 기재하기도 하나 엄밀한 의미에서는 예비적 청구가 아니다. 앞서 본 바와 같이 종류물 인도청구에서 집행불능에 대비한 대상청구는 예비적 병합이 아니라 단순병합이다.

논리적으로 양립 불가능하여 예비적 병합으로 구하여야 할 여러 개의 청구를 선택적 병합으로 청구하면, 예컨대 매매의 유효와 무효를 동시에 주장하게 되어 주장 자체가 서로 모순될 뿐만 아니라 양립할 수 없는 여러 개의 청구 가운데 어느 것을 인정해줄 것인가를 법원에 맡기는 것이 되어 처분권주의에 반하므로 부적법하다(대법원 97누6889 판결). 반대로 논리적으로 양립 가능하여 성질상 선택적 관계에 있는 2개의 청구를 원고가 주위적, 예비적 청구의 병합 형태로 심판의 순서를 정하여 청구하는 것을 부진정예비적 병합이라 하는데(판례도 인정하는 병합형태이다), 판례는 이러한 경우 먼저 구하는 청구를 심리하여 이유 없으면 다음 청구를 심리하여야 한다고 본다(대법원 2020다292411 판결). 선택적 병합인지 예비적 병합인지는 원고의 의사가 아니라 병합청구의 성질(논리적으로 양립가능한 청구인지)을 기준으로 판단하여야 한다. 따라서 부진정예비적 병합 청구에 있어 주의적 청구를 기각하고 예비적 청구를 인용한 판결에 대하여 피고만이 항소한 경우에는 실질적으로 선택적 병합이므로 항소심은 주위적 청구도 심판의 대상으로 삼아 판단하여야 한다(대법원 2013다96868 판결. 실질적으로 단순병합인 경우에는 추가판결의 대상이 됨을 주의하여야 한다).

한편 주위적 청구가 전부 인용되지 않을 경우에는 주위적 청구에서 인용되지 아니한 수액 범위 내에서의 예비적 청구에 대해서도 판단하여 주기를 바라는 취지로 불가분적으로 결합시켜 제소할 수도 있다(대법원 98다17145 판결). 주위적 청구와 예비적 청구가 분할 가능한 것이고 주위적 청구가 일부만 인용되는 경우에 나아가서 예비적 청구를 심리할 것인지의 여부는 소송에서의 당사자 의사 해석에 달린 문제라고 할 것이므로, 주위적 청구의 일부를 특정하여 그 부분이 인용될 것을 해제조건으로 하여 그 부분에 대해서만 하는 예비적 청구도 특별히 소송절차의 안정을 해친다거나 예비적 청구의 성질에 반하는 것이 아닌 한, 허용된다(대법원 94다50274 판결).

예비적, 선택적 병합의 경우 변론의 분리나 일부 판결을 할 수 없다.

주위적 청구를 인용하는 판결은 전부판결로서 이러한 판결에 대하여 피고가 항소하면 제1심에서 심판을 받지 않은 다음 순위의 예비적 청구도 모두 이심되고 항소심이 제1심에서 인용되었던 주위적 청구를 배척할 때에는 다음 순위의 예비적 청구에 관하여 심판을 하여야 하는 것이다. 예비적 병합의 경우에는 수개의 청구가 하나의 소송절차에 불가분적으로 결합되어 있기 때문에 주위적 청구를 먼저 판단하지 않고 예비적 청구만을 인용하거나 주위적 청구만을 배척하고 예비적 청구에 대하여 판단하지 않는 등의 일부판결은 예비적 병합의 성질에 반하는 것으로서 법률상 허용되지 아니하며, 그럼에도 불구하고 주위적 청구를 배척하면서 예비적 청구에 대하여 판단하지 아니하는 판결을 한 경우에는 그 판결에 대한 상소가 제기되면 판단이 누락된 예비적 청구 부분도 상소심으로 이심이 되고 그 부분이 재판의 누락에 해당하여 원심에 계속중이라고 볼 것은 아니다(대법원 98다22253(전) 판결).

Ⅳ. 일부청구

일부청구 긍정설은 인지 부담 때문에 이를 인정하지 않을 수 없고, 손해배상 청구소송에서 감정 후 청구취지 확장을 예정하여 일부 청구할 필요성도 있다는 점을 근거로 한다. 판례는 명시적 일부청구설에 따라 가분채권의 일부에 대한 이행청구의 소를 제기하면서 나머지 부분을 유보하고 청구한다는 취지를 명시한 경우에 소송물은 일부청구부분에 한정되고 그 확정판결의 기판력도 잔부청구에는 미치지 않으므로 나머지 부분을 별도로 다시 청구할 수 있으나(대법원 2013다96165 판결), 일부청구라는 취지를 명시하지 아니한 경우(묵시적 일부청구)에는 기판력은 잔부청구에까지 미치므로 나머지 부분에 대하여 다시 청구를 할 수 없다는 입장이다(대법원 2008다51649 판결).

한 개의 채권 중 일부에 관하여만 판결을 구한다는 취지를 명백히 하여 소송을 제기한 경우에는 그 나머지 채권 부분에 대하여는 시효가 중단되지 아니하지만, 비록 그 중 일부만을 청구한 경우에도 그 취지로 보아 채권 전부에 대하여 판결을 구하는 것으로 해석된다면 그 청구액을 소송물인 채권의 전부로 보아야 하고, 이러한 경우에는 그 채권의 동일성의 범위 내에서 그 전부에 관하여 시효중단의 효력이 발생한다(대법원 91다43695 판결. 신체훼손으로 인한 손해배상사건에서 신체 감정 후 감정 결과에 따라 청구취지를 확장한 경우이다).

하나의 채권 중 일부에 관하여만 판결을 구한다는 취지를 명백히 하여 소송을 제기한 경우에는 소제기에 의한 소멸시효중단의 효력이 그 일부에 관하여만 발생하고, 나머지 부분에는 발생하지 아니하나, 소장에서 청구의 대상으로 삼은 채권 중 일부만을 청구하면서 소송의 진행경과에 따라 장차 청구금액을 확장할 뜻을 표시하고 당해 소송이 종료될 때까지 실제로 청구금액을 확장한 경우에는 소제기 당시부터 채권 전부에 관하여 판결을 구한 것으로 해석되므로, 이러한 경우에는 소제기 당시부터 채권 전부에 관하여 재판상 청구로 인한 시효중단의 효력이 발생한다. 소장에서 청구의 대상으로 삼은 채권 중 일부만을 청구하면서 소송의 진행경과에 따라 장차 청구금액을 확장할 뜻을 표시하였으나 당해 소송이 종료될 때까지 실제로 청구금액을 확장하지 않은 경우에는 소송의 경과에 비추어 볼 때 채권 전부에 관하여 판결을 구한 것으로 볼 수 없으므로, 나머지 부분에 대하여는 재판상 청구로 인한 시효중단의 효력이 발생하지 아니한다. 그러나 이와 같은 경우에도 소를 제기하면서 장차 청구금액을 확장할 뜻을 표시한 채권자로서는 장래에 나머지 부분을 청구할 의사를 가지고 있는 것이 일반적이라고 할 것이므로, 다른 특별한 사정이 없는 한 당해 소송이 계속 중인 동안에는 나머지 부분에 대하여 권리를 행사하겠다는 의사가 표명되어 최고에 의해 권리를 행사하고 있는 상태가 지속되고 있는 것으로 보아야 하고, 채권자는 당해 소송이 종료된 때부터 6월 내에 민법 제174조에서 정한 조치를 취함으로써 나머지 부분에 대한 소멸시효를 중단시킬 수 있다(대법원 2019다223723 판결). 다만 소장에서 청구의 대상으로 삼은 채권 중 일부만을 청구하면서 소송의 진행경과에 따라 장차 청구금액을 확장할 뜻을 표시하였더라도 그 후 채권의 특정 부분을 청구범위에서 명시적으로 제외하였다면, 그 부분에 대하여는 애초부터 소의 제기가 없었던 것과 마찬가지이므로 재판상 청구로 인한 시효중단의 효력이 발생하지 않는다(대법원 2018다44114 판결).

일부청구에 있어서 과실상계의 방법에 관하여 판례(대법원 2008다51649 판결)는 안분설이 아닌 외측설의 입장에서 손해전액에 대하여 과실상계한 뒤 남은 금액이 청구금액을 초과할 경우에는 청구금액을 인용하고, 그 잔액이 청구금액을 초과하지 않을 경우에는 그 잔액을 인용하여야 한다고 본다. 중복제소와 관련한 내용은 후술한다.

Ⅴ. 기재방법

청구원인은 누가, 언제, 누구와 사이에, 무엇에 관하여, 어떠한 행위를 하였다는 순서로 기재하되, 가능한 주어를 변경하지 아니하고, 시간적 순서에 따라 기재하는 것이 좋다. 예컨대 "원고는 2010. 5. 10. 피고로부터 (목적물)을 1억 원에 매수하였습니다"와 같이 기재한다. 법률행위의 장소는 특별한 의미를 갖는 경우가 아닌 이상 기재할 필요는 없다. 간접사실에서 추정되는 의견이나 법률적 견해는 사실과 분리하여 기재하고, 법률적 견해는 결론 부분에 소송목적을 특정함에 필요한 정도로 기재한다. 통상 원고가 피고에 대하여 어떠한 권리가 있다는 방식이 아니라 피고가 원고에게 어떠한 의무가 있다는 방식으로 결론을 맺는다(다만 채권자대위소송에소는 원고가 채무자에 대하여 어떠한 권리가 있고, 채무자는 피고에 대하여 어떠한 권리가 있으므로 원고가 채무자를 대위하여 채무자의 피고에 대한 권리를 행사한다는 형식으로 기재한다).

제 4 장

공동소송

제1절 통상공동소송

Ⅰ. 의 의

통상공동소송은 공동소송인 사이에 합일확정이 필수적이 아닌 공동소송으로서 원래 개별적으로 해결하여야 할 여러 개의 사건이 편의상 하나의 소송절차에 병합된 소송형태를 말한다.

Ⅱ. 요 건

공동소송이 인정되려면 공동소송인의 각 청구가 같은 종류의 소송절차에 의해 심리할 수 있을 것과 각 청구에 대하여 공통의 관할권이 있을 것이라는 객관적 요건 외에 다음과 같은 주관적 요건을 갖추어야 한다(민소법 제65조).

① 소송목적이 되는 권리나 의무가 여러 사람에게 공통되는 경우(예컨대 공유자나 합유자가 공유물이나 합유물의 인도청구소송을 제기하는 경우)

② 소송목적이 되는 권리나 의무가 사실상 또는 법률상 같은 원인으로 말미암아 생긴 경우(예컨대 동일사고로 인한 다수의 피해자가 가해자를 상대로 손해배상청구를 하는 경우, 주채무자와 연대보증인을 공동피고로 하는 경우)

③ 소송목적이 되는 권리나 의무가 같은 종류의 것이고, 사실상 또는 법률상 같은 종류의 원인으로 말미암은 것인 경우(예컨대 같은 종류의 분양계약에 기해 여러 사람에 대하여 분양대금지급을 청구하는 경우). 이 요건은 위 두 가지의 경우와 달리 각 청구 상호간에 구체적인 관련성을 요구하고 있지 않다.

위 ①, ②의 경우에 한하여 관련재판적에 관한 민소법 제25조 제1항이 준용되고(동조 제2항), 선정당사자를 선정할 수 있는 요건인 공동의 이해관계(민소법 제53조 제1항 참조)에 해당한다(대법원 99다15474 판결).

Ⅲ. 공동소송인 독립의 원칙

통상공동소송에서 적용되는 원칙이다. 공동소송인 가운데 한 사람이 한 소송행위 또는 이에 대한 상대방의 소송행위와 공동소송인 가운데 한 사람에 관한 사항은 다른 공동소송인에게 영향을 미치지 아니한다(민소법 제66조). 따라서 소의 취하, 청구의 포기·인낙, 재판상 화해도 각자 할 수 있고, 상대방의 주장에 대하여 각자 다투거나 자백할 수 있다. 공동소송인 중 한 사람이 자백한 경우 그 공동소송인에 대하여는 자백대로 사실인정을 하여야 하나, 다른 공동소송인에 대하여는 변론 전체의 취지로 평가될 수 있을 뿐이다. 변론의 분리도 가능하고, 일부판결도 가능하다. 한 사람에 대해 생긴 소송절차의 중단, 중지 사유도 그 자의 소송관계에서만 절차를 정지하게 할 뿐이다. 상소기간도 각자 공동소송인 별로 진행하고, 상소에 의한 확정차단 및 이심의 효력은 상소인과 그 상대방에 대하여만 생긴다. 다만 공동소송인에 대해서는 공통으로 기일을 지정하고, 변론이나 증거조사도 공통으로 실시하며, 1개의 전부판결을 하는 것이 원칙이다.

한편 공동소송인 가운데 한 사람이 상대방의 주장사실을 다투며 항변을 한 경우 다른 공동소송인의 원용이 없더라도 그를 위하여 주장된 것으로 볼 수 있는지에 관하여(이를 "주장공통의 원칙"이라 한다) 판례는 이를 부정하고 있다(대법원 93다47196 판결). 그리하여 주채무자와 그 보증인을 공동피고로 하여 대여금청구를 하는데, 보증인이 불출석한 상태에서 주채무자만이 변제항변을 하여 주채무자에 대한 청구가 기각되더라도 보증인은 그로 인한 혜택을 볼 수 없어 패소하게 된다(이는 변론주의 아래에서의 부득이한 일인데, 이에 대하여는 반대하는 견해도 다수 있다. 독일의 통설과 일본의 소수설로 당연 보조참가이론이 있지만 일본의 판례는 부정하고 있다).

甲으로부터 乙 앞으로 원인무효에 의한 소유권이전등기가 경료되고, 이에 터잡아 丙 명의의 소유권이전등기가 경료된 경우 甲은 乙과 丙을 상대로 위 각 등기의 말소를 구할 수 있는데, 이 때 乙과 丙은 각자가 실체관계에 부합한다는 항변을 할 수는 있으나 乙이 丙의 항변을 원용할 수는 없다. 다만 丙이 등기부취득시효가 완성되었을 때 丙이 등기부취득시효가 완성되었다고 항변한 경우 乙은 이를 원용할 수 있는바, 이는 丙이 등기부취득시효가 완성되었다면 甲이 소유권을 상실하기 때문이다(대법원 94다7348 판결).

Ⅳ. 공동소송인 간의 증거공통의 원칙

원래 증거공통의 원칙은 공동소송이 아닌 개별 소송에서 증거력의 자유평가는 증거제출자에게 유리하게만이 아니라 불리하게도 할 수 있다는 것을 의미한다. 그런데 공동소송인 사이에서는 1인의 공동소송인이 제출한 증거는 다른 공동소송인의 원용이 없어도 그를 위한 유리한 사실인정의 자료로 삼을 수 있다는 원칙을 말한다. 병합심리를 하는 이상 변론 전체의 취지 및 증거조사 결과 얻은 심증은 각 공동소송인에 대하여 공통으로 되기 때문에 인정되는 것이다(공동소송인 독립의 원칙의 예외이다). 다만 공동소송인 간에 이해상반의 경우 또는 명시적으로 반대의사를 표시한 경우에는 다른 공동소송인의 방어권 보장을 위하여 이 원칙이 적용되지 않고, 명시적인 원용을 요한다고 본다(통설).

제2절 필수적 공동소송

Ⅰ. 의 의

필수적 공동소송이란 소송목적이 공동소송인 모두에게 합일적으로 확정되어야 하는 공동소송을 의미한다(민소법 제67조 제1항). 즉 공동소송인 간에 소송의 승패를 일률적으로 통일하여야 하는 경우를 말한다. 소송공동이 강제되느냐의 여부에 따라 고유필수적 공동소송과 유사필수적 공동소송으로 나뉜다.

Ⅱ. 고유필수적 공동소송

1. 의 의

소송의 공동이 법률상 강제되면서 합일확정의 필요가 있는 공동소송이다. 반드시 전원이 공동으로 원고 또는 피고가 되지 않으면 당사자적격을 잃어 부적법해지는 경우이다. 통설인 관리처분권설에 따르면 고유필수적 공동소송은 실체법상 관리처분권, 즉 소송수행권이 여러 사람에게 공동 귀속되는 경우의 소송형태이다(이를 "실체법상 이유에 의한 필수적 공동소송"이라고도 한다).

2. 판례를 통해 본 고유필수적 공동소송에 해당하는 경우

(1) 형성권이 여러 사람에 의하여 또는 여러 사람에 대하여 행사되어야 하는 경우

공유물분할청구는 분할을 구하는 공유자 모두가 다른 공유자들 모두를 상대로 제기하여야 한다. 공유자측이 경계확정의 소를 제기할 때에도 공유자 모두가 공동원고가 되어야 한다.

수인의 채권자가 각기 채권을 담보하기 위하여 채무자와 채무자 소유의 부동산에 관하여 수인의 채권자를 공동매수인으로 하는 1개의 매매예약을 체결하고 그에 따라 수인의 채권자 공동명의로 그 부동산에 가등기를 마치고 각자가 지분별로 본등기이행청구를 한 경우, 수인의 채권자가 공동으로 매매예약완결권을 가지는 관계(고유필수적 공동소송)인지 아니면 채권자 각자의 지분별로 별개의 독립적인 매매예약완결권을 가지는 관계인지는 매매예약의 내용에 따라 판단하여야 한다. 만일 매매예약에서 그러한 내용을 명시적으로 정하지 않은 경우에는 수인의 채권자가 공동으로 매매예약을 체결하게 된 동기 및 경위, 매매예약에 의하여 달성하려는 담보의 목적, 담보 관련 권리를 공동 행사하려는 의사의 유무, 채권자별 구체적인 지분권의 표시 여부 및 지분권 비율과 피담보채권 비율의 일치 여부, 가등기담보권 설정의 관행 등을 종합적으로 고려하여 판단하여야 한다(대법원 2010다82530(전) 판결).

(2) 재산권 또는 관리처분권이 여러 사람에게 합유적 또는 총유적으로 귀속된 경우

① 재산권이 합유인 경우

합유물을 처분·변경함에 있어서는 합유자 전원의 동의가 있어야 하고, 합유물에 대한 지분을 처분함에도 전원의 동의가 있어야 하므로(민법 제272조, 제273조 제1항) 합유물에 관한 소송은 원칙적으로 고유필수적 공동소송이 된다. 합유인 조합재산에 관한 소송(예컨대 조합재산으로 매수한 부동산에 관한 소유권이전등기청구소송), 여러 사람의 파산관재인이나 여러 사람의 정리회사 관리인이 하는 소송, 공동명의의 허가권·면허권에 관한 소송(예컨대 공동광업권을 목적물로 하는 소송), 수인의 선정당사자가 하는 소송 등도 고유필수적 공동소송이다. 2인이 부동산을 공동매수한 경우에 단순한 공동매수인에 해당될 때에는 매도인은 각 2분의 1 지분에 대한 이전등기의무를 부담하게 되지만 2인을 조합원으로 하는 동업체에서 매수한 경우라면 동업자들이 소유권이전등기청구권을 준합유하는 관계에 있으므로 그 소송관계는 고유필수적 공동소송이 된다. 다만 합유물에 관한 것이더라도 예외적으로 합유물에 관하여 경료된 원인무효의 소유권이전등기의 말소를 구하는 소송과 같이 보존행위에 기한 소송, 각 조합원의 개인적 책임에 기하여 조합채무의 이행을 구하는 소송, 합유자 중 일부가 합유재산을 점유하고 있는 경우에 그 합유자만을 상대로 한 명도소송은 필수적 공동소송이 아니다. 공동명의예금자들의 은행을 상대로 한 예금반환청구소송에 있어 그 예금이 동업자들의 동업자금예금인 경우에는 채권의 준합유관계로서 필수적 공동소송이지만 동업 이외의 목적의 공동예금일 때에는 채권의 준공유관계로서 필수적 공동소송이 아니다.

② 재산권이 총유인 경우

비법인사단의 재산관계, 즉 총유관계에 관한 소송은 사단 자체 명의로 할 수 있는 외에 그 구성원 전원이 당사자로 되어 소송을 할 수 있는데, 이때의 소송관계에 대하여 민법 제276조 제1항을 근거로 필수적 공동소송으로 본다. 총유물의 보존행위에 해당하는 소송의 경우 공유 · 합유의 경우와 달리 정관이나 규약에 정함이 없는 한, 비법인사단의 구성원이 개별적으로 제소할 수 없고, 사원총회의 결의를 거쳐 사단 명의로 제소하거나 구성원 전원이 당사자가 되어 필수적 공동소송의 형태로 제기하여야 한다.

3. 공유관계

판례는 대체로 공유관계소송에 있어 소유권이 지분의 형식으로 공존할 뿐, 관리처분권이 공동귀속하는 것이 아님을 이유로 하거나 보존행위를 근거로 하여 필수적 공동소송이 아니라고 본다. 공유자가 보존행위로서 할 수 있는 공유물의 방해배제청구, 공유물의 인도청구, 등기말소 청구는 모두 필수적 공동소송이 아니다. 공동점유물의 인도청구나 공유건물의 철거청구도 공동점유자나 공유자 전원을 상대로 하여야 하는 필수적 공동소송이라 할 수 없고, 각자에 대하여 그 지분권의 한도 내에서 인도 또는 철거를 구하면 된다.

4. 이론상 합일확정소송

원인무효의 등기에 터잡아 순차 경료된 소유권이전등기의 말소를 구하는 소송은 법률상으로는 합일확정의 필요가 없으나 논리상 또는 실천적으로 합일확정이 요청된다는 의미에서 이를 "이론상 합일확정소송"이라 하는데, 이는 고유필수적 공동소송이 아닌 통상공동소송이다. 따라서 등기명의자들 중 일부를 상대로 말소청구를 할 수 있으며, 최종 등기명의자에 대하여 말소를 구할 수 있는지에 관계없이 중간의 등기명의자에 대하여 말소를 구할 소의 이익이 있다(대법원 98다23393 판결). 다만 앞서 본 바와 같이 선등기명의자의 소유권이전등기가 원인무효라고 하더라도 그 이후의 최종 등기명의자가 등기부시효취득의 항변을 제출하여 법원에서 그것이 받아들여진 경우, 그 전의 등기명의자들이 최종 등기명의자의 시효취득 사실을 원용하여 원소유자의 소유권 상실을 주장하고 있다면 원소유자의 소유권에 기한 등기말소청구는 배척될 수밖에 없다. 이 경우 원소유자는 선등기명의자에게 불법행위로 인한 손해배상을 청구할 수 밖에 없을 것이다.

Ⅲ. 유사필수적 공동소송

소송의 공동이 강제되지는 않으나 합일확정의 필요가 있는 공동소송이다. 여러 사람이 공동으로 원고 또는 피고가 되어야 하는 것은 아니지만 일단 공동소송인이 된 이상 합일확정을 요하는 것을 말한다. 이는 소송법상 판결의 효력이 제3자에게 확장될 경우에 인정되는데(이러한 이유로 이를 "절차법상 이유에 의한 필수적 공동소송"이라고도 한다), 여기서의 판결의 효력에는 반사효까지 포함된다고 본다(다수설). 소의 일부 각하와 소의 일부 취하가 가능하다는 점에서 고유필수적 공동소송과 다르다.

유사필수적 공동소송의 예로는 여러 사람이 제기하는 주주총회결의 취소의 소, 무효・부존재확인의 소, 여러 사람이 제기하는 이사회결의무효확인의 소, 수인의 주주에 의한 회사대표소송 등이 있다. 채권자대위소송 중 채권자가 사망하여 그의 상속인이 공동으로 소송을 수계한 경우 이들의 소송형태도 유사필수적 공동소송이다(대법원 91다23486 판결). 각기 다른 채권자가 대위소송을 제기하면 중복제소가 되지만 수인의 채권자가 공동으로 대위소송을 제기하는 것은 무방한바, 이 경우의 소송형태도 유사필수적 공동소송이 될 것이다.

Ⅳ. 필수적 공동소송의 심판

1. 소송요건의 조사

소송요건은 각자에 대하여 조사하되, 고유필수적 공동소송의 경우에는 1인에 대한 소송요건에 흠이 있으면 전원의 소를 각하하여야 하지만, 유사필수적 공동소송의 경우에는 그 흠이 있는 당사자의 부분만 각하한다. 고유필수적 공동소송인이 되어야 할 일부 당사자가 누락되었을 경우에는 후술하는 바와 같이 1심 변론종결전까지 공동소송인의 추가가 가능하다(민소법 제68조).

2. 소송자료의 통일

공동소송인 중 한 사람이 한 유리한 소송행위(예컨대 부인, 항변)는 전원에 대하여 효력이 생기지만 불리한 소송행위(예컨대 자백, 청구의 포기·인낙, 화해, 취하)는 전원이 하지 않으면 효력이 생기지 않는다(민소법 제67조 제1항). 따라서 공동소송인 중 한 사람이 기일에 출석하여 변론하면 기일불출석의 효과가 발생하지 않는다. 다만 유사필수적 공동소송에 있어서는 공동소송인 중 일부가 소를 취하할 수 있으므로 이 한도에서 쌍불취하간주 규정이 적용된다. 한편 공동소송인 가운데 한 사람에 대한 상대방의 소송행위는 공동소송인 모두에게 효력이 있다(동조 제2항).

3. 소송진행의 통일

변론 및 증거조사는 공통된 기일에 한다. 변론의 분리나 본안에 대한 일부판결도 허용되지 않는다. 공동소송인 중 한 사람에게 소송절차를 중단 또는 중지하여야 할 이유가 있는 경우 그 중단 또는 중지는 모두에게 효력이 미친다(동조 제3항).

상소기간이 모두에게 경과되기까지는 판결이 확정되지 않는다. 한 사람이 상소하면 모두에 대하여 확정이 차단되고 상소심으로 이심된다. 이 때 패소하고도 상소하지 아니한 당사자의 지위에 대하여 통설과 판례는 합일확정의 요청 때문에 소송관계가 상소심으로 이심되는데 불과한, 단순한 상소심 당사자로 본다.

제3절 예비적, 선택적 공동소송 (소의 주관적 예비적 병합과 소의 주관적 선택적 병합)

Ⅰ. 의의와 요건

공동소송인 가운데 일부의 청구가 다른 공동소송인의 청구와 법률상 양립할 수 없거나(원고측이 공동소송인인 경우) 공동소송인 가운데 일부에 대한 청구가 다른 공동소송인에 대한 청구와 법률상 양립할 수 없는 경우(피고측이 공동소송인인 경우)에는 필수적 공동소송에 관한 민소법 제67조 내지 제69조를 준용한다(민소법 제70조 제1항 본문). 이는 예비적 공동소송과 선택적 공동소송에 관한 규정인데(민소법 제70조 표제를 보면 알 수 있다), 전자는 공동소송인 사이에 심판의 순서를 정한 형태이고(1차적으로 주위적인 것을 인용해 줄 것을 해제조건으로 하여 2차적으로 예비적 청구를 하는 것을 말한다. 이 경우 법원은 원고 또는 원고들이 정한 심판의 순서에 구속된다), 후자는 심판의 순서를 정하지 아니한 형태이다(법원은 임의로 1인을 자유롭게 선택하여 인용하면 된다). 예비적, 선택적 공동소송은 제1심 변론종결시까지 당사자를 추가하는 방식에 의하여 이루어질 수도 있다(민소법 제68조 제1항). 선택적 공동소송은 법률상 양립할 수 없는 경우에 할 수 있다는 점에서 객관적 병합 중 논리적으로 양립이 가능한 선택적 병합과 구별하여야 한다.

여기서의 "법률상 양립할 수 없다"는 것은 공동소송인 가운데 일부가 권리자나 의무자이면 나머지 공동소송인은 권리자나 의무자가 될 수 없는 관계에 있는 것을 의미한다. 공작물설치보존상의 하자로 인한 손해배상청구(주위적으로 점유자를 상대로, 예비적으로 소유자를 상대로 한다)와 같이 법률상 명문의 규정에 의한 양립불가능의 경우를 포함하는 것은 당연하나 사실관계에 의한 양립불가능의 경우(예컨대 채권양도가 이루어졌으나 그 양도의 효력이 불명한 경우, 주식회사와 계약을 하였는데, 그 당사자가 회사인지 대표이사 개인인지 불명한 경우, 도로의 관리 소홀에 대한 배상책임의 주체가 국가인지 지방자치단체인지 불명한 경우 등)도 이에 해당하는지에 관하여 다툼이 있다. 대법원 2007마515 결정과 2005다49430 판결은 "'법률상 양립할 수 없다'는 것은, 동일한 사실관계에 대한 법률적인 평가를 달리하여 두 청구 중 어느 한 쪽에 대한 법률효과가 인정되면 다른 쪽에 대한 법률효과가 부정됨으로써 두 청구가 모두 인용될 수는 없는 관계에 있는 경우나, 당사자들 사이의 사실관계 여하에 의하여 또는 청구원인을 구성하는 택일적 사실인정에 의하여 어느 일방의 법률효과를 긍정하거나 부정하고 이로써 다른 일방의 법률효과를 부정하거나 긍정하는 반대의 결과가 되는 경우로서, 두 청구들 사이에서 한 쪽 청구에 대한 판단 이유가 다른 쪽 청구에 대한 판단 이유에 영향을 주어 각 청구에 대한 판단 과정이 필연적으로 상호 결합되어 있는 관계를 의미하며, 실체법적으로 서로 양립할 수 없는 경우뿐 아니라 소송법상으로 서로 양립할 수 없는 경우를 포함하는 것으로 봄이 상당하다"고 판시함으로써 긍정설을 취하고 있다.

Ⅱ. 심 판

소송의 진행, 변론 및 증거조사는 공통된 기일에 통일적으로 실시한다. 공동소송인 중 1인의 소송행위 가운데 유리한 것은 전원에 효력이 미친다(민소법 제70조 제1항, 제67조 제1항). 반면에 불리한 소송행위는 공동소송인 전원이 하여야 한다. 공동소송인 중 1인에 대한 상대방의 소송행위는 공동소송인 전원에게 효력이 미친다(민소법 제67조 제2항). 공동소송인 가운데 한 사람에 대하여 소송절차의 중단 또는 중지의 원인이 발생하면 전체 소송절차의 진행이 정지된다(동조 제3항). 판결에 있어서도 모든 공동소송인 사이에 서로 어긋나는 일이 없도록 하기 위하여 모든 공동소송인에 대하여 판결을 하여야 한다(민소법 제70조 제2항). 예비적 공동소송의 경우 주위적 청구를 인용하면 예비적 공동소송에 대하여 청구를 기각하여야 하고, 선택적 공동소송의 경우 어느 청구를 받아들이면 나머지 공동소송인에 대하여 청구를 기각하여야 한다(이 점이 예비적, 선택적 병합청구와 다르다). 다만 청구의 포기·인낙, 화해 및 소의 취하는 각자가 할 수 있다(동조 제1항 단서). 각 공동소송인의 소송물 처분의 자유를 지나치게 제한하는 것은 너무 가혹하기 때문이다(다만 예비적 피고가 인낙한 경우에는 어려운 문제가 생긴긴다).

Ⅲ. 항 소

피고측 예비적 공동소송에서 예비적 청구만이 인용된 경우에는 원고에게 항소의 이익이 있으나 주위적 청구가 인용되었을 경우에는 항소의 이익이 없다. 피고측 선택적 공동소송에서 어느 하나가 인용되었다면 원고는 항소할 수 없고, 패소한 피고만 항소를 제기할 수 있다. 제1심에서 주위적 피고에 대한 청구는 기각되고 예비적 피고에 대한 청구가 인용되었는데, 원고는 항소하지 않고 예비적 피고만이 항소한 경우(이 경우 물론 주위적 피고에 대한 판결도 확정되지 않고 항소심으로 이심되는데, 항소심에서 주위적 피고의 지위는 항소심 당사자가 된다), 항소심에서 심리 결과 예비적 피고의 항소가 이유 있고, 주위적 피고에 대한 원고의 청구가 정당하다면 항소심은 제1심 판결을 취소하고, 원고의 주위적 피고에 대한 청구를 인용하고 원고의 예비적 피고에 대한 청구를 기각하여야 한다(통설. 이 범위 내에서 불이익변경금지의 원칙이 적용되지 않는다).

만일 부진정연대채무의 관계에 있는 채무자들을 잘못하여 주위적, 예비적 공동피고로 하여 이행의 소를 제기한 경우에는 어떻게 될 것인가. 이 경우 공동피고에 대한 각 청구는 법률상 양립할 수 없는 것이 아니므로 그 소송은 민사소송법 제70조 제1항에서 규정한 본래 의미의 예비적 공동소송이라고 할 수 없다. 따라서 거기에 필수적 공동소송에 관한 민사소송법 제67조는 준용되지 않는다고 할 것이어서 상소로 인한 확정차단의 효력도 상소인과 그 상대방에 대해서만 생기고 다른 공동소송인에 대한 관계에는 미치지 않는다. 이와 관련하여 대법원 2011다76747 판결은 원고가 부진정연대채무관계에 있는(사안은 직접점유자와 간접점유자를 상대로 부당이득반환청구를 한 경우이

다) 한국수자원공사와 국가에 대하여 주위적으로 한국수자원공사에 대하여, 예비적으로는 국가에 대하여 부당이득반환청구의 소를 제기하여 제1심이 공사에 대한 청구는 기각하고 국가에 대한 청구는 인용하자 원고가 공사에 대하여 항소를 제기하고 공사와 국가는 항소하지 않은 사안에서, 원고가 제1심판결 중 공사에 대한 부분에 한하여 항소를 제기한 이상 공사에 대한 청구만이 항소심의 심판대상이 되고, 국가에 대한 제1심판결은 항소기간 만료일이 지남으로써 분리 확정되었음을 이유로 하여 분리 확정된 국가에 대한 청구까지 항소심에 이심된 것으로 본 원심판결을 파기하고 그 부분에 대하여 소송종료선언을 하였다.

제 5 장

답변서

제1절 답변서의 의의와 제출의 효과

앞서 본 바와 같이 소장이 법원에 접수되면 법원은 재판장의 소장 심사(민소법 제254조)를 거쳐 소장 부본을 피고에게 송달하여야 한다(민소법 제255조 제1항). 소장의 부본은 특별한 사정이 없으면 바로 피고에게 송달하여야 한다(규칙 제64조 제1항). 소장 부본을 송달받은 피고는 답변서를 제출할 의무가 있는데(민소법 제256조 제1항), 답변서는 원고가 소를 제기하여 주장한 내용에 대하여 피고가 답변을 밝히는 최초의 준비서면이다. 답변서에는 준비서면에 관한 규정을 준용하되(동조 제4항), 청구취지에 대한 답변을 기재하여야 한다(규칙 제65조 제1항).

피고가 원고의 청구를 다투는 경우에는 공시송달에 의한 경우가 아닌 이상, 소장의 부본을 송달받은 날로부터 30일 이내에 답변서를 제출하여야 한다. 법원은 소장의 부본을 송달할 때에 이러한 취지를 알려야 한다(민소법 제256조 제2항. 통상 소장 부본 송달시 이러한 취지가 포함된 소송절차 안내서를 동봉한다).

법원은 피고가 위 답변서를 제출하지 아니한 때에는 청구원인 사실을 자백한 것으로 보고 변론 없이 판결할 수 있다(이를 무변론판결이라 하는데, 피고에 대하여 적법하게 송달된 것을 전제로 한다. 민소법 제257조 제1항 본문). 다만 직권으로 조사할 사항이 있거나 판결이 선고되기까지 피고가 원고의 청구를 다투는 취지의 답변서를 제출한 경우에는 그러하지 아니하다(같은 항 단서). 피고가 청구원인 사실을 모두 자백하는 취지의 답변서를 제출하고 따로 항변하지 아니한 때에도 같다(동조 제2항). 재판장은 제257조 제1항 및 제2항에 따라 변론 없이 판결할 경우 반드시 선고기일을 지정하여 법정에서 판결을 선고하여야 한다. 무변론판결시 판결서의 이유는 청구를 특정함에 필요한 사항만 간략하게 표시할 수 있다(민소법 제208조 제3항 제1호). 무변론판결의 경우에는 변론종결이라는 개념을 상정할 수 없으므로 기판력의 기준시는 판결선고시가 된다(민집법 제44조 제2항 참조). 원고의 주장 자체로 보아 이유 없는 경우에 무변론으로 청구기각 판결을 할 수 있는지에 관하여는 학설의 대립이 있으나 판례(대법원 2017다201033 판결)는 변론을 거쳐 청구기각 판결을 하여야 한다고 본다. 답변서 제출기한이 지나 판결 선고기일이 지정된 후 판결이 선고되기 전에 답변서가 제출된 경우에는 지정된 선고기일을 취소하여야 한다. 제1심에서 피고에 대하여 공시송달로 재판이 진행되어 원고의 청구가 기각된 후 원고가 항소하여 진행된 항소심에서 피고가 공시송달이 아닌 방법으로 송달을 받고도 다투지 아니한 때에는 민소법 제150조에 의한 자백간주가 성립한다(대법원 2015다36167 판결).

채무부존재확인의 소에서 피고가 응소하는 경우 시효중단의 효력이 인정된다(대법원 92다47861(전) 판결). 물상보증인(소유자)이 근저당권자를 상대로 근저당권말소등기소송을 제기한 경우 피고가 피담보채권이 있다고 주장하였다고 하더라도 직접 채무자에 대하여 재판상 청구를 하였다고 볼 수 없으므로 시효중단의 효력이 인정되지 않는다(대법원 2003다30890 판결).

답변서를 미리 제출하여 두면 변론기일에 피고가 출석하지 아니하더라도 이를 진술한 것으로 보고 원고에게 변론을 명할 수 있다(민소법 제148조 제1항). 이처럼 한 쪽 당사자만 출석한 경우 재량에 의하여 변론을 연기할 수도 있지만 한 쪽 당사자에게 변론을 명할 때에는 그 때까지 제출된 답변서나 준비서면을 진술간주시켜야 한다. 이 경우 답변서 등을 진술한 것으로 보지 아니하고 변론을 종결하면 안 된다(대법원 2008다2890 판결). 본안에 관한 답변서나 준비서면을 제출한 경우(진술하거나 진술간주된 것을 요건으로 하지 않는다) 원고가 소를 취하하기 위하여는 피고의 동의를 얻어야 한다(민소법 제266조 제2항).

피고가 답변서를 제출하지 않은 경우 불법행위가 되는 경우도 있다. 소유권이전등기청구권에 대한 가압류가 있으면 제3채무자는 일반채권이 가압류된 경우와는 달리 채무자 또는 그 채무자를 대위한 자로부터 제기된 소유권이전등기 청구소송에 응소하여 그 소유권이전등기청구권이 가압류된 사실을 주장하고 자신이 송달받은 가압류결정을 제출하는 방법으로 입증하여야 할 의무가 있다고 할 것이고, 만일 제3채무자가 고의 또는 과실로 위 소유권이전등기 청구소송에 응소하지 아니한 결과 자백간주에 의한 판결이 선고되어 확정됨에 따라 채무자에게 소유권이전등기가 경료되고 다시 제3자에게 처분된 결과 채권자가 손해를 입었다면, 이러한 경우는 제3채무자가 채무자에게 임의로 소유권이전등기를 경료하여 준 것과 마찬가지로 불법행위를 구성한다(대법원 98다22963 판결).

제2절 답변서의 기재사항

Ⅰ. 총 설

답변서에는 민소법 제274조 제1항 각 호 및 제2항에 규정된 사항과 청구의 취지에 대한 답변 외에 다음 각 호에 규정된 사항(제1호 소장에 기재된 개개의 사실에 대한 인정 여부, 제2호 항변과 이를 뒷받침하는 구체적 사실, 제3호 제1호 및 제2호에 관한 증거방법)을 적어야 한다(규칙 제65조 제1항). 실무상 원고가 제출한 서증(갑호증)에 대한 인부와 함께 피고가 제출하고자 하는 서증을 을호증으로 정리하여 그 사본을 첨부하여 제출한다. 그리고 결론 부분에는 "이 사건 소는 각하되어야 합니다" 또는 "원고의 청구는 이유 없으므로 기각되어야 합니다"라고 기재한다.

Ⅱ. 청구취지에 대한 답변

1. 본안전 항변

소송요건에 흠이 있어 소가 부적법하다는 피고의 주장을 말한다. 소송요건의 대부분은 법원이 직권으로 조사하여야 할 사항이지만(이러한 경우 피고의 주장은 직권발동을 촉구하는 것으로서 엄밀한 의미에서 항변은 아니다) 피고의 주장을 기다려 비로소 법원이 고려하게 되는 소송요건도 있는데, 임의관할 위반의 주장(민소법 제30조), 소송비용 담보제공의 신청(민소법 제117조, 제119조), 중재합의 존재의 항변(중재법 제9조), 부제소특약, 소취하계약 등이다. 이를 방소(妨訴)항변이라 한다.

(1) 소송의 이송을 구하는 신청

(가) 관할위반에 의한 이송(민소법 제34조 제1항).

관할은 소송요건으로서 직권조사사항이므로(민소법 제32조) 관할위반의 경우 법원은 당사자의 신청을 기다릴 필요 없이 결정으로 관할법원에 이송하여야 한다(민소법 제34조 제1항). 관할위반의 경우 소를 각하하지 아니하고 관할권이 있는 법원에 이송하도록 한 것은 다시 소를 제기할 때 들이는 시간·비용·노력을 절감하게 하고, 소제기에 의한 시효중단·제척기간준수의 효력을 유지시켜 소송경제에 도움이 되게 하기 위함이다. 민소법 제39조가 "이송결정에 대하여는 즉시항고를 할 수 있다"고 규정하고 있으므로 이송결정은 물론 확정되어야 효력이 생긴다. 임의관할 위반을 간과하고 본안 판결을 하였을 때에도 그 흠은 치유되지만(민소법 제411조 본문) 전속관할 위반의 경우에는 상소심에서 다툴 수 있다(동조 단서). 항소심법원이 전속관할 위반을 이유로 제1심 판결을 취소하는 때에는 판결로 당해 사건을 관할권 있는 제1심 법원에 이송하여야 한다(민소법 제419조). 전속관할 위반을 간과한 판결은 절대적 상고이유는 되지만 재심사유에는 해당하지 아니한다.

관할위반을 이유로 한 피고의 이송신청은 법원의 직권발동을 촉구하는 것에 그치므로 이에 대하여 법원은 따로 재판을 할 필요는 없다. 설사 법원이 이송신청을 기각하는 결정을 하였더라도 즉시항고를 할 수 없다(대법원 93마524(전) 결정). 민소법 제39조는 이송신청의 기각결정에 대하여는 즉시항고를 제기할 수 있다고 규정하고 있는바, 여기서의 기각결정이란 편의이송 신청에 대한 기각결정만을 의미한다. 당사자의 신청에 의한 직권발동으로서 한, 관할위반을 이유로 한 이송결정에 대하여 즉시항고를 한 결과 항고심에서 이송결정을 취소한 경우 당사자에게는 관할위반을 이유로 한 이송신청권이 없으므로 신청인의 재항고(이송신청의 의미임)는 허용되지 않는다(대법원 2017마1332 결정). 입법론으로는 일본 민소법 제16조와 같이 피고의 이송신청권을 인정하여 이를 기각한 결정에 대하여는 즉시항고할 수 있도록 하여야 한다는 견해도 있다.

원고가 관할권 없는 제1심 법원에 소송을 제기하였다고 하더라도 전속관할 위반의 경우가 아닌 이상 피고가 관할위반을 주장하지 아니하고 본안에 관하여 변론하거나 변론준비기일에서 진술한 때에는(진술간주된 경우는 제외됨) 변론관할이 생긴다(민소법 제30조). 따라서 피고로서는 관할권의 유무를 조사해 보고, 전속관할위반이 아닌 한, 관할위반의 주장을 하는 것이 유리하다고 판단되면 이에 따른 이송신청을 하고, 그럴 필요까지 없다고 판단되면 응소하여 변론관할이 생기게 하면 된다. 법원으로서도 소장 심사 결과 임의관할위반 사실을 발견하였다고 하더라도 답변서 제출기한까지 답변서 제출을 기다려 변론관할이 생기는지 기다렸다가 이송결정을 하여야지 곧바로 이송결정을 하여서는 아니 된다.

때로는 피고로서는 관할의 합의가 있는지 여부를 검토하여 합의관할 위반을 주장해야 할 경우도 있다. 반면에 원고로서는 관할 합의가 포괄적이어서 무효라고 주장하거나 약관의 규제에 관한 법률 제14조에 의하여 무효라고 주장해야 할 경우도 있을 것이다.

(나) 손해 또는 지연을 피하기 위한 이송(민소법 제35조)

법원은 소송에 대하여 관할권이 있는 경우라도 전속관할이 정하여진 소가 아닌 한, 현저한 손해 또는 지연을 피하기 위하여 필요하면 직권 또는 당사자의 신청(피고가 신청하는 경우가 대부분이다)에 따른 결정으로 소송의 전부 또는 일부를 다른 관할 법원에 이송할 수 있다(민소법 제35조). 이를 "재량이송" 또는 "편의이송"이라 하는데, 법원은 이러한 이송결정을 꺼리는 경향이 있다(직권으로 하는 경우는 거의 없다). 당사자의 신청이 있는 경우에도 자신에게 계속된 사건을 다른 법원으로 이송하는 것은 자칫 사건처리를 회피하는 것으로 오해받을 우려가 있기 때문에 이송결정을 주저한다고 생각되나 원고와 피고 사이의 관할 이익의 조정(특히 원고의 동의가 있는 경우)과 법원 사이의 사건 처리의 적정을 위하여 편의이송을 활성화할 필요가 있다고 본다.

위 이송신청에 대하여는 당사자에게 신청권이 있으므로 법원은 허부결정을 하여야 한다. 법원은 결정에 앞서 상대방에게 의견을 진술할 기회를 주어야 한다(규칙 제11조 제1항). 이송결정과 이송신청을 기각하는 결정에 대하여 즉시항고를 할 수 있다(민소법 제39조). 이송결정이 확정된 때에는 소송은 처음부터 이송받은 법원에 계속된 것으로 본다(민소법 제40조 제1항). 이송받은 법원은 이송결정에 따라야 하고(민소법 제38조 제1항), 사건을 다시 다른 법원에 이송하지 못한다(동조 제2항). 이를 이송결정의 기속력이라 하는데, 이송결정은 전속관할에 위반된 것이라 하더라도 심급관할에 위배된 것이 아닌 한, 기속력이 있다.

(다) 지적재산권 등에 관한 소송의 이송(민소법 제36조).

(라) 상당하다고 인정하는 경우 지방법원 단독판사의 합의부로의 이송(민소법 제34조 제2항)

위 (나), (다), (라)의 경우에는 위 (가)의 경우와 달리 당사자에게 이송신청권이 인정되므로 위 (가)의 경우에는 답변서에 기재하면 족하나 나머지의 경우에는 별도의 신청서를 제출하여야 한다.

(2) 소각하의 답변

소송요건에 흠결이 있으면 직권으로 소각하의 판결을 하게 되므로 피고로서는 소장을 받으면 소송요건에 흠결이 없는지 확인하여야 한다. 검토해야 하는 소송요건은 다음과 같다.

(가) 법원에 관한 것

① 피고 및 그 사건이 우리나라의 재판권에 속하는 것이어야 한다.

② 법원이 관할권을 가지고 있어야 한다. 행정소송이나 가사소송 사항을 민사소송으로 제소한 경우에는 각하판결이 아니라 관할법원으로 이송을 구하는 답변을 하여야 한다. 원고가 민소법 제25조를 이용하여 관할만을 발생시킬 목적으로 본래 제소할 의사가 없는 청구를 병합한 것이 명백한 경우 피고는 관할선택권의 남용으로 신의칙위반(소송상태의 부당형성에 해당한다)이라고 주장할 수 있다(대법원 2011마62 결정).

③ 법관의 제척(민소법 제41조), 기피 사유에 해당되지 아니하여야 한다. 당사자는 법관에게 공정한 재판을 기대하기 어려운 사정이 있는 때에는 기피신청을 할 수 있다(민소법 제43조 제1항). 기피신청은 법관을 기피할 이유가 있다는 것을 알면서도 본안에 관하여 변론하거나 변론준비기일에서 진술을 한 경우에는 하지 못한다(동조 제2항).

(나) 당사자에 관한 것

① 당사자가 실재하고 당사자능력을 갖고 있어야 한다.

② 당사자가 당사자적격을 갖고 있어야 한다.

③ 소장의 송달이 적법하게 이루어져야 한다.

(다) 소송목적에 관한 것

① 중재계약이나 부제소특약이 없어야 한다.

중재합의의 대상인 분쟁에 관하여 소가 제기된 경우에 피고가 중재합의가 있다는 항변을 하였을 때에는 법원은 그 소를 각하하여야 한다. 다만 피고는 중재합의의 항변을 본안에 관한 최초의 변론을 할 때까지 하여야 한다(중재법 제9조 제1항, 제2항). 장래의 분쟁을 중재에 의하여 해결하겠다는 중재합의가 있는 것으로 인정되는 경우, 중재합의의 대상인 분쟁의 범위를 명확하게 특정하여 한정하였다는 등의 특별한 사정이 없는 한, 당사자들 사이의 특정한 법률관계에서 비롯되는 모든 분쟁을 중재에 의하여 해결하기로 정한 것으로 본다(대법원 2010다76573 판결).

당사자간에 유효한 부제소 합의가 있는 경우 그 범위에서는 소의 이익이 없다(직권조사사항이라고 본다. 대법원 2011다80449 판결). 부제소합의가 유효하기 위하여는 당사자가 자유로이 처분할 권리가 있는 범위내의 것이어야 하고, 특정된 법률관계에 한정되어야 하며, 합의 당시 각 당사자가 예상할 수 있는 상황에 관한 것이어야 하고, 불공정한 방법에 의한 것이 아니어야 한다(대법원 98다63988 판결, 대법원 2000다65086 판결).

판례는 판결 후 후유장애가 발생하여 추가청구를 하는 경우 "별개의 소송물설"(그 밖에 "명시적 일부청구에 따른 잔부청구설", "기판력의 시적 한계설"이 있다)에 따라 변론종결 당시 그 손해의 발생이 예견될 수 없었고, 그 부분 청구를 포기했다고 볼 수 없는 등의 특별한 사정이 있으면 전소송과 동일성이 없는 별개의 소송물로서 전소의 기판력이 미치지 않는다고 본다(대법원 2006다78640 판결). 한편 고객에 대하여 일방적으로 합리적 근거 없이 그 거래로 인한 분쟁과 관련하여 소제기를 금지시키는 취지의 약관조항은 고객에게 부당하게 불리하여 공정을 잃은 것으로 신의칙에 반하여 무효이다(대법원 93다43873 판결. 약관의 규제에 관한 법률 제14조 제1호 참조).

② 소의 이익이 있어야 한다.

"이익 없으면 소 없다"는 법언에서 보는 것처럼 소의 이익은 국가적·공익적 측면에서 무익한 소를 통제하기 위한 원리이고, 사익적 측면에서는 소송제도를 이용할 이익 또는 필요성을 위한 개념요소이다. 소의 이익의 개념을 지나치게 넓게 인정하면 남소를 허용하여 국가의 적정한 재판권 행사에 어려움을 주게 되고, 반면 이를 너무 좁게 인정하면 당사자에게 헌법상 보장된 재판청구권(재판을 받을 권리)을 부당하게 제한하는 셈이 된다. 따라서 소의 이익을 판단함에 있어서는 위헌의 소지가 없게 여러 사정을 종합적으로 고려하여야 한다.

넓은 의미의 소의 이익은 ㉠ 청구의 내용이 본안판결을 받기에 적합한 일반적 자격(권리보호의 자격)이 있을 것, ㉡ 원고가 청구에 대하여 판결을 구할 현실의 필요성(권리보호의 이익)이 있을 것, ㉢ 당사자가 제대로 소송수행을 하고 본안 판결을 받기에 적합한 정당한 당사자일 것 등 세 가지의 형태로 발현된다. 위 ㉠, ㉡은 청구의 측면에서 본 객관적 이익의 문제이다(좁은 의미의 소의 이익이라 할 때에는 이를 가리킨다).

공통된 소의 이익으로는 일반적으로 청구가 쟁송할 수 있는 구체적인 권리 또는 법률관계일 것, 법률상·계약상 소제기금지사유가 없을 것, 특별구제절차(예컨대 소송비용확정절차)가 없을 것을 든다. 이행의 소, 확인의 소, 형성의 소에 있어 개별적인 소의 이익에 관하여는 앞서 청구취지에서 본 바와 같다.

③ 동일사건에 대하여 따로 소송이 계속되어 있지 않아야 한다(중복제소의 금지 또는 중복소제기의 금지. 민소법 제259조).

후소가 중복제소에 해당하려면 전소와 당사자, 청구에 있어 동일하여야 한다. 이 경우 전소·후소의 판별기준은 소송계속의 발생 시기, 즉 소장이 피고에게 송달된 때의 선후에 의한다. 양소의 당사자가 동일하지 않더라도 후소의 당사자가 전소의 기판력의 확장으로 전소 판결의 효력을 받게 될 경우(민소법 제218조. 예컨대 변론종결 뒤에 소송물을 양도받은 자, 선정당사자의 경우 선정자)에는 동일사건으로 본다.

채권자대위권과 관련한 판례를 보면, 대위소송이 제기된 후 채무자가 같은 내용의 별소를 제기하는 것은 채무자가 대위소송제기 사실을 알았건 몰랐건 가리지 않고 중복소송으로서 금지된다(대법원 91다41187 판결). 대위소송 계속 중 다른 채권자가 채무자를 대위하여 제3채무자를 상대로 대위소송을 제기함도 채무자가 알았는지와 관계없이 중복제소로서 금지된다{대법원 94다12517,12524 판결. 다만 채권자들이 함께 채권자대위소송을 제기한 것은 적법하며, 소송형태는 유사필수적 공동소송이 된다. 이에 반하여 채권자취소권은 각 채권자가 고유의 권리로서 행사할 수 있는 것이므로 각 채권자가 동시 또는 이시에 채권자취소소송을 제기하여도 중복제소에 해당하지 않는다(대법원2003다19558 판결)}. 한편 채무자가 자기 권리에 관하여 소송을 하고 있는 중에 채권자가 대위소송을 제기하는 것은 당사자적격을 흠결하여 부적법하다고 본 판례(대법원 92다30016 판결)도 있고, 중복제소라고 본 판례도 있다(대법원 80다2751 판결). 이 경우 채무자가 자신의 소를 취하하더라도 채권자가 제기한 대위소송이 적법해지는 것은 아니다.

채무자가 제3채무자를 상대로 제기한 이행의 소가 법원에 계속되어 있는 경우에도 압류채권자는 제3채무자를 상대로 압류된 채권의 이행을 청구하는 추심의 소를 제기할 수 있는바, 이러한 추심의 소는 채무자가 제기한 이행의 소에 대한 관계에서 중복제소에 해당하지 않는다고 봄이 타당하다(대법원 2013다202120(전) 판결의 다수의견. 오히려 채무자는 소송수행권을 상실한다고 본다).

공격방어방법을 이루는 선결적 법률관계나 항변(동시이행항변이나 유치권항변 등)으로 주장한 권리에 대하여는 소송계속의 효력이 발생하지 아니하므로 반대채권을 별소로 청구하여도 중복소송에 해당하지 않는다. 상계항변으로 주장한 채권에 대하여는 반대하는 견해(유추적용긍정설)도 있으나 판례는 별소 제기가 중복소송에 해당하지 않는다고 본다(대법원 2000다4050 판결). 일부청구가 계속 중 잔부청구를 하는 것이 중복제소에 해당하는지에 관하여 판례(대법원 84다552 판결)는 명시적 일부청구의 경우에는 그 일부만이 소송물이므로 잔부청구를 별소로 제기하여도 중복제소에 해당하지 않지만 묵시적 일부청구의 경우에는 채권의 전부가 소송물이므로 별소로 잔부청구를 하는 것은 중복된 소제기에 해당한다고 본다(명시적 일부청구설).

중복소제기인가 여부는 직권조사사항이기 때문에 이에 해당되면 피고의 항변을 기다릴 필요 없이 판결로써 후소를 각하하여야 한다. 전소의 소송요건에 흠이 있어 부적법하더라도 후소의 변론종결시까지 전소가 취하·각하 등에 의하여 그 계속이 소멸하지 않는 한, 후소는 중복제소에 해당되어 각하를 면하지 못한다(대법원 97다45532 판결). 중복제소의 경우에도 전소나 후소 중 어느 한 쪽이 취하·각하되어 중복 상태가 해소되면 나머지 한 쪽은 적법하게 된다. 그러나 만약 후소에 관하여 먼저 제1심의 판결이 선고된 후 피고가 항소를 하였으나 원고가 항소심에서 그 소를 취하한 때에는 종국판결 후에 소를 취하한 자가 재소를 제기한 것이 되어 전소는 각하를 면할 수 없다(대법원 67다1848 판결). 전소와 후소의 판결이 모두 확정되었으나 서로 모순·저촉이 되는 때에는 어느 것이 먼저 제소되었는가에 관계없이 나중에 확정된 판결이 재심대상이 된다(민소법 제451조 제1항 제10호).

④ 분쟁이 전후 동일한 것으로 인정되는 경우 기판력 있는 판결이 존재하지 않아야 한다.

판결이 형식적으로 확정되면 소송당사자가 이를 다시 다투는 것이 허용되지 않고, 법원도 그 판결의 내용인 특정한 법률효과의 존부에 관한 판단과 모순·저촉되는 판단을 할 수 없게 되는데, 확정판결의 이러한 효력을 기판력이라 한다. 기판력의 본질에 관하여 모순금지설(구소송물설)을 취하는 판례에 따르면 승소판결을 받은 원고가 다시 동일한 신소를 제기하면 권리보호이익이 없어 소각하판결을 하여야 하지만(이 점은 반복금지설과 결론이 같다), 패소판결을 받은 원고가 신소를 제기하면 모순된 판단을 하여서는 안 된다는 구속력 때문에 신소에 대하여 청구기각 판결을 하여야 한다. 다만 원고가 승소의 확정판결을 받은 경우라 하더라도 확정판결의 원본이 멸실되어 강제집행에 필요한 집행문을 받을 수 없는 특별한 사정이 있는 경우(대법원 80다1888,1889 판결), 판결이나 화해조서의 내용이 특정되지 아니하여 강제집행을 할 수 없는 경우(대법원 97다57658 판결), 확정판결에 기한 채권에 대한 시효중단의 필요가 있는 경우(대법원 2018다22008(전) 판결의 다수의견. 이 경우 10년의 소멸시효 기간의 만료가 임박할 것을 요한다. 이 경우 전소에서 그 권리를 주장할 수 있는 모든 요건이 갖추어져 있는지 여부를 후소에서 다시 심리할 수 없다고 봄) 등에는 신소의 제기가 가능하다. 위 시효중단을 위한 후소로서는 이행소송 외에 전소 판결로 확정된 채권의 시효를 중단시키기 위한 조치, 즉 재판상의 청구가 있다는 점에 대하여만 확인을 구하는 형태의 '새로운 방식의 확인소송'도 허용되고, 채권자는 두 가지 형태의 소송 중 자신의 상황과 필요에 보다 적합한 것을 선택하여 제기할 수 있다(대법원 2015다232316(전) 판결. 이 확인 소송의 경우 10년의 소멸시효 기간의 경과가 임박할 것을 요하지 않는다). 이 소송의 청구취지는 "원고와 피고 사이의 …… 법원 …… 선고 …… 사건의 판결로 확정된 채권의 소멸시효 중단을 위한 재판상 청구가 있음을 확인한다."라고 적으면 될 것이다.

기판력은 전소에서 확정된 권리관계가 후소에서 다시 문제되는 때에 작용한다. 즉 전소의 소송물과 같은 후소 제기가 허용되지 않음은 물론이고(동일사건), 전소의 소송물에 관한 판단이 후소의 선결문제가 될 때(선결관계) 또는 후소와 모순관계에 있을 때에는(모순관계) 후소에서 전소의 판단과 다른 주장을 하지 못한다. 그러나 소유권에 기한 말소등기청구가 기각되고, 이 판결이 확정된 경우에도 소유권의 존부에는 기판력이 미치지 아니하므로 소유권확인 청구를 할 수 있다.

기판력은 소송물에 대하여 행한 일정 시점의 판단으로서(시적 범위) 일정한 사항에 대하여(객관적 범위) 일정한 사람(주관적 범위)사이에서 인정된다.

시적범위(표준시)는 사실심의 변론종결시가 기준이 된다(대법원 98다7001 판결. 민집법 제44조 제2항 참조). 종국판결은 사실심 변론종결시까지 제출된 주장사실과 증거자료를 기초로 하기 때문이다. 당사자는 표준시 이후에 발생한 사유(새로운 사실관계만을 의미한다. 대법원 2016다222149 판결)를 주장하면서 청구이의의 소(민집법 제44조)를 제기하여 확정된 법률효과를 다툴 수 있다. 상계권을 제외한 형성권의 경우 표준시 이전에 이미 발생한 때에는 후소에서 이를 행사하여 전소 확정 판결의 기판력을 부인할 수 없다. 다만 상계권의 경우 전소의 변론종결 전에 상대방에 대하여 상계적상에 있는 채권을 가지고 있었다고 하더라도 변론종결 뒤에 비로소 상계의 의사표시를 한 때에는 이의 사유가 변론종결 뒤에 생긴 것에 해당한다고 보아야 하므로 청구이의의 사유가 된다(대법원 2005다41443 판결). 건물매수청구권의 항변에도 상계의 항변과 같은 법리가 적용된다. 정기금의 지급을 명한 판결이 확정된 뒤에 그 액수산정의 기초가 된 사정(확정판결의 변론종결시를 기준으로 그 이후에 생긴 사정을 의미한다)이 현저하게 바뀜으로써 당사자 사이의 형평을 크게 침해할 특별한 사정이 생긴 때(예컨대 산정시에 예상했던 후유장애가 크게 호전된 경우, 임금, 부동산 가격 기타 물가가 폭등한 경우 등)에는 그 판결의 당사자(종전의 원고는 증액청구를, 종전의 피고는 감액청구를 할 수 있다)는 장차 지급할 정기금 액수를 바꾸어 달라는 소(정기금 판결에 대한 변경의 소)를 제1심 판결 법원에 제기할 수 있다(민소법 제252조).

객관적 범위는 주문에 포함된 것에 한하여 발생한다(민소법 제216조 제1항). 주문에만 기판력을 미치게 한 것은 당사자의 소송의 주된 관심사와 목적이 판결 주문에 압축되어 있고, 당사자도 소송물을 중심으로 공격방어방법을 제출할 것이 예상되므로 소송물에 한정하여 효력을 미치게 함으로써 당사자에 대한 절차권을 보장하고 예상외의 판결을 방지할 수 있으며, 법원의 입장에서도 소송물의 판단에 필요한 부분에 집중하여 심리할 수 있는 장점이 있기 때문이다(판결 이유 중의 판단에도 구속력을 인정하자는 이른바 "쟁점효"에 관하여는 후술한다). 판결 이유 중에 판단된 항변에는 기판력이 생기지 아니하는 것이 원칙이지만 상계항변은 예외이다. 이는 자동채권의 존부에 관하여 실질적인 판단을 한 경우에 한한다. 상계를 주장한 청구가 성립되는지 아닌지의 판단은 상계하자고 대항한 액수(대등액)에 한하여 기판력을 가진다(동조 제2항). 이를 인정하는 이유는 상계항변의 자동채권의 존부 및 액수에 대하여 기판력을 부정할 경우 자동채권의 존부 및 액수에 관하여 재차 분쟁이 발생할 수 있고(같은 채권의 이중청구우려와 부당이득반환청구 소송을 제기할 우려가 있다), 실질적으로 전소의 결과를 뒤집는 결과가 발생할 수 있기 때문이다. 이는 단독행위로서의 상계 항변에 관하여 적용되고, 상계합의에는 적용되지 않는다(대법원 2013다54390 판결).

주관적 범위는 당사자와 변론종결 뒤의 승계인, 또는 그를 위하여 청구의 목적물을 소지한 사람에 대하여 미친다(민소법 제218조 제1항). 변론종결 뒤의 승계인에게도 기판력이 미치도록 한 이유는 패소당사자가 소송물인 권리관계를 처분함으로써 기판력 있는 판결을 무력화시킬 수 있기 때문이다. 여기서 변론종결 뒤의 승계인이란 변론종결 뒤에 당사자로부터 소송물인 실체법상의 권리의무 자체를 승계한 자뿐만 아니라 계쟁물에 관한 당사자적격을 이전받은 자(예컨대 건물인도청구소송에서 건물의 소유권을 이전받은 자)도 포함하는데, 판례는 후자의 경우 소송물인 청구가 물권적 청구권인 때와 채권적 청구권인 때를 구별하여 대세적 효력이 있는 물권적 청구권일 때에는 민소법 제218조 제1항의 승계인이지만, 대인적 효력 밖에 없는 채권적 청구권일 때에는 승계인에 해당되지 않는다고 본다(후술하는 바와 같이 특정승계의 경우에도 판례는 통일설에 따라 같은 이론을 취한다). 다른 사람을 위하여 원고나 피고가 된 사람(제3자 소송담당의 경우)에 대한 확정판결은 그 다른 사람에 대하여도 효력이 미친다(동조 제3항).

변론종결 뒤의 승계인과 관련하여 다음과 같은 판례(대법원 98다6855 판결. 이 판례에 대하여는 비판하는 견해도 있다)가 있다. 건물 소유권에 기한 물권적 청구권을 원인으로 하는 건물명도소송의 소송물은 건물 소유권이 아니라 그 물권적 청구권인 건물명도청구권이므로 그 소송에서 청구기각된 확정판결의 기판력은 건물명도청구권의 존부 그 자체에만 미치는 것이고, 소송물이 되지 아니한 건물 소유권의 존부에 관하여는 미치지 아니하므로, 그 건물명도소송의 사실심 변론종결 후에 그 패소자인 건물 소유자로부터 건물을 매수하고 소유권이전등기를 마침으로써 그 소유권을 승계한 제3자의 건물 소유권의 존부에 관하여는 위 확정판결의 기판력이 미치지 않으며, 또 이 경우 위 제3자가 가지게 되는 물권적 청구권인 건물명도청구권은 적법하게 승계한 건물 소유권의 일반적 효력으로서 발생된 것이고, 위 건물명도소송의 소송물인 패소자의 건물

명도청구권을 승계함으로써 가지게 된 것이라고는 할 수 없으므로, 위 제3자는 위 확정판결의 변론종결 뒤의 승계인에 해당한다고 할 수 없다.

⑤ 본안에 관한 종국판결이 있은 후에 소를 취하한 사람은 같은 소를 제기하지 못한다(재소금지. 민소법 제267조 제2항. 이에 관하여는 후술하는 소의 취하 부분 참조).

⑥ 소송의 목적이 이미 실현된 경우가 아니어야 한다.

소송으로 달성하려는 목적이 소 제기 전 또는 소송 계속 중에 이미 실현된 경우에는 소의 이익이 없거나 사후적으로 소멸하여 부적법하게 된다. 예컨대 국유지에 대한 취득시효 완성을 원인으로 한 소유권이전등기청구 소송 도중에 국가가 그 토지에 관하여 원고에게 상환완료를 원인으로 한 소유권이전등기를 마쳐 준 경우(대법원 96다11785 판결), 근저당권설정등기의 말소를 구하는 소송 도중에 그 근저당권설정등기가 경락을 원인으로 하여 말소된 경우(대법원 2002다57904 판결), 어느 한 채권자가 동일한 사해행위에 관하여 채권자취소 및 원상회복 청구를 하여 승소판결을 받아 그에 기하여 재산이나 가액의 회복을 마친 경우(대법원 2003다19558 판결)에는 권리보호이익 흠결로 부적법하게 된다.

⑦ 법률상의 기간을 준수하여 소를 제기하여야 한다.

법률상의 기간이란 출소기간, 그 밖의 청구의 제척기간 등 일정한 기간 이내에 소를 제기하지 않으면 권리 등이 없어지게 되는 기간을 말한다. 제척기간의 취지는 권리자로 하여금 당해 권리를 신속하게 행사하도록 함으로써 법률관계를 조속히 확정시키기 위함이다.

판례는 제척기간의 보전방법에 관하여 재판외의 권리행사로 족한 경우(재판상 청구를 위한 출소기간이 아니라고 본다)와 재판상의 권리행사가 필요한 경우(출소기간이라고 본다)의 두 가지로 나누고 있다. 전자의 예는 미성년자의 법률행위취소권, 매도인의 하자담보책임에 관한 민법 제582조 소정의 매수인의 권리행사(대법원 2003다20190 판결), 수급인의 하자담보책임에 관한 기간(대법원 2000다15371 판결) 등이다. 후자의 예는 상속회복청구권(민법 제999조 제1항, 제2항), 사해행위취소권(민법 제406조 제1항, 제2항), 민법 제204조 제3항과 제205조 제2항 소정의 점유보호청구권(대법원 2001다8097,8103 판결) 등이다. 결국 제척기간에는 출소기간인 것과 재판외의 권리행사인 것의 두 가지가 있는 셈이다. 판례는 채권양도통지는 채권양도 사실을 채무자에게 알리는 행위(관념의 통지)일 뿐 제척기간 준수사유인 권리의 재판외 행사가 될 수 없다고 본다(대법원 2010다28840(전) 판결).

법률상의 기간준수의 효력은 시효중단과 마찬가지로 소송계속 시가 아니라 소를 제기한 때, 즉 소장을 법원에 제출한 때에 발생한다(민소법 제265조). 제척기간을 도과하였는지 여부는 직권조사사항에 속한다.

⑧ 쟁점효이론에 관하여

쟁점효이론이란 위에서 본 바와 같이 판결이유 중의 판단에는 기판력이 미치지 않는 것이 원칙이지만 판결이유 중의 판단이라도 그것이 중요한 쟁점으로 되어 당사자가 다투고 법원도 이에 대하여 실질적으로 심리하였다면 그 쟁점에 대하여 내린 판단에 쟁점효라는 구속력을 인정하자는 이론(기판력의 확장 이론)이다(일본에서 처음 시도된 것으로 독일에서는 의미관련론, 경제적 가치동일론 등으로 논의 되고 있다).

이 이론에 대하여는 기판력의 객관적 범위를 정하고 있는 민소법 제216조 제1항의 규정과 배치되고, 쟁점의 의미가 무엇인지 명확하지 않으며, 중간확인의 소(민소법 제264조) 규정을 두고 있어 이를 인정할 효용이 크지 않다는 반론이 있는데, 쟁점효 이론은 학설로도 소수설이고 판례도 부정하고 있다(대법원 78다58(전) 판결).

판례는 쟁점효를 대체할 이론으로 증명효설(증명력설이라고도 한다)을 채택하여 민사재판에 있어서는 다른 민사사건 등의 판결에서 인정된 사실에 구속받는 것이 아니라 할지라도 이미 확정된 관련 민사사건에서 인정된 사실은 특별한 사정이 없는 한, 유력한 증거가 되므로, 합리적인 이유설시 없이 이를 배척할 수 없고, 특히 전후 두 개의 민사소송이 당사자가 같고 분쟁의 기초가 된 사실도 같으나 다만 소송물이 달라 기판력에 저촉되지 아니한 결과 새로운 청구를 할 수 있는 경우에 있어서는 더욱 그러하다고 판시한바 있다(대법원 2007다30393 판결. 이는 판결서의 사실적 효력에 불과하다).

⑨ 소송법(민소법 제1조 제2항)상 신의칙에 위반되지 아니하여야 한다(직권조사사항이다). 신의칙 위반의 유형으로는 소송상태의 부당형성, 선행행위에 모순되는 거동, 소권의 실효, 소권의 남용을 들 수 있다. 순환소송에 해당되어 소송경제에 반한다고 한 판결(대법원 2014다19776 판결)도 있다.

2. 본안에 관한 답변

(1) 청구기각 신청

원고의 청구가 이유 없을 경우 피고는 청구취지에 대한 답변으로 "원고의 청구를 기각한다"는 판결을 구한다.

(2) 청구 인낙

피고가 원고의 청구를 그대로 받아들여 청구 인낙을 하고 그 취지가 조서에 기재되면 확정판결과 동일한 효력이 있다(민소법 제148조 제2항. 청구의 인낙에 관하여는 후술함).

3. 부수적 신청

(1) 소송비용 부담의 신청

피고가 원고 청구기각의 신청을 하는 경우 "소송비용은 원고가 부담한다" 또는 "소송비용은 원고의 부담으로 한다"는 신청을 하게 된다. 소송비용의 부담에 관한 재판은 직권으로 하는 것이지만 소장에서 원고가 "소송비용은 피고의 부담으로 한다"라고 기재하는 것에 대응하여 피고도 답변서에서 이를 기재하는 것이 관례이다.

원고가 단체인 경우에 그 대표자의 자격을 다툴 때에는 소송비용은 원고의 부담이 아니라 "원고 대표자 ○○○의 부담으로 한다"라고 기재하여야 함을 유의하여야 한다.

(2) 소송비용의 담보제공 신청

원고가 대한민국에 주소·사무소와 영업소를 두지 아니한 때 또는 소장·준비서면, 그 밖의 소송기록에 의하여 청구가 이유 없음이 명백한 때 등 소송비용에 대한 담보제공이 필요하다고 판단되는 경우에 피고의 신청이 있으면 법원은 원고에게 소송비용에 대한 담보를 제공하도록 명하여야 한다(민소법 제117조 제1항). 피고는 소송비용 담보제공 신청시 답변서가 아닌 인지를 첩부한 별도의 신청서를 제출하여야 한다.

이 경우 법원은 직권으로 원고에게 소송비용에 대한 담보를 제공하도록 명할 수 있다(동조 제2항). 다만 담보를 제공할 사유가 있다는 것을 알고도 피고가 본안에 대하여 변론하거나 변론준비절차에서 진술한 경우에는 담보제공을 신청하지 못한다(민소법 제118조). 따라서 상소심에서의 소송비용 담보제공 신청은 담보제공의 원인이 이미 제1심 또는 항소심에서 발생되어 있었음에도 신청인이 과실 없이 담보제공을 신청할 수 없었거나 상소심에서 새로이 담보제공의 원인이 발생한 경우에 한하여 가능하다(대법원 2017마63 결정).

담보제공을 신청한 피고는 원고가 담보를 제공할 때까지 소송에 응하지 아니할 수 있다(민소법 제119조). 법원은 담보를 제공하도록 명하는 결정에서 담보액과 담보제공의 기간을 정하여야 한다(민소법 제120조 제1항). 담보액은 피고가 각 심급에서 지출할 비용의 총액을 표준으로 하여 정하여야 한다(동조 제2항). 담보를 제공하여야 할 기간 이내에 원고가 이를 제공하지 아니하는 때에는 법원은 변론없이 판결로 소를 각하할 수 있다. 다만 판결하기 전에 담보를 제공한 때에는 그러하지 아니하다(민소법 제124조).

(3) 가집행면제의 선고 신청(민소법 제213조 제2항)

Ⅲ. 청구원인에 대한 답변

1. 개 요

원고가 주장하는 사실에 관하여 피고가 어느 부분은 인정하고, 어느 부분은 다투는지 밝히는 것이다. 원고가 주장하는 사실 중 주요사실, 즉 요건사실에 관한 것이 대부분일 것이나 간접사실에 관하여도 인정 여부를 밝힐 필요가 있다. 원고가 주장하는 사실에 관하여 피고가 부인을 하면 입증책임 배분에 관한 법률요건분류설에 따라 권리의 발생사실을 원고가 입증하여야 하고, 권리의 발생이나 행사에 장애사유가 있거나 발생한 권리가 소멸하였다고 주장(항변)하면 피고가 그 항변사실을 입증하여야 하므로 피고로서는 원고가 주장하는 사실을 인정할 것인지 여부를 신중히 판단하여야 한다. 일단 자백하였다가 부인하는 것은 자백의 취소가 되어 뒤에서 보는 바와 같은 자백의 취소 요건이 문제가 되고, 일단 부인하였다가 자백하는 것도 법관의 심증 형성에 나쁜 영향을 미칠 염려가 있으므로 처음부터 자백할 것인지, 부인할 것인지를 명백히 하는 것이 좋다.

답변서에는 소장에 기재된 개개의 사실에 대한 인정 여부와 항변과 이를 뒷받침하는 구체적인 사실, 그리고 이들에 관한 증거방법을 적어야 한다(규칙 제65조 제1항). 이는 쟁점을 부각시켜서 쓸데없는 증거조사를 거치지 않고 집중적으로 필요한 증거조사를 할 수 있게 하기 위함이다. 청구원인에 대한 답변은 구체적, 개별적으로 기재하여야 하고, 단순히 “원고의 주장사실을 일응 부인한다”라고 적어서는 안 된다. 재판장은 위 규정에 어긋나는 답변서가 제출된 때에는 법원사무관 등으로 하여금 방식에 맞는 답변서의 제출을 촉구하게 할 수 있다(동조 제3항). 피고가 이러한 촉구를 받고도 아무런 조치를 취하지 아니한 때에는 원고의 주장사실을 자백한 것으로까지 보지는 않지만 실질적으로 다툴 의사가 없는 것으로 보아 곧바로 변론기일을 지정하여 원고에게 입증을 하게 하는 등 다음 절차로 넘어가게 된다.

2. 답변의 방식

(1) 부 인

상대방이 입증책임을 지는 주장사실을 아니라고 부정하는 진술이다. 즉, 상대방이 주장하는 사실에 대하여 그런 사실이 존재하지 않거나 진실에 반하는 것이라고 주장하는 것이다. 부인에는 상대방이 주장하는 사실이 진실이 아니라고 진술함에 그치는 경우(직접부인, 단순부인, 소극부인)와 상대방이 주장하는 사실과 양립할 수 없는 별개의 사실을 주장함으로써 간접적으로 상대방의 주장을 부인하는 경우(간접부인, 적극부인, 이유부부인)가 있다. 어느 경우나 입증책임은 상대방이 부담한다.

(2) 부 지

상대방의 주장사실을 알지 못한다고 하는 진술로서, 부지는 부인으로 추정된다(민소법 제150조 제2항). 자기가 관여하지 아니한 제3자의 행위에 대하여는 부지라고 진술할 수 있으나, 자기가 관여한 것으로 주장된 행위나 자기 명의의 문서에 대하여는 부지라고 진술함은 적절치 않다. 다만 자기의 행위에 대한 것이라고 하더라도 시일의 경과 등으로 명확히 기억할 수 없는 경우에는 그 사유를 설명하고 “기억할 수 없다”거나 “모르겠다”라고 답할 수 있다.

(3) 자 백

자기에게 불리한 상대방의 주장사실을 시인하는 진술이다. 변론 또는 변론준비기일에 소송행위로서 법원에 대하여 하는 경우를 재판상 자백이라 한다(이하 재판상 자백에 한하여 설명한다). 구두(진술간주 포함)로 하여야 하므로 단순히 답변서나 준비서면에 “원고의 주장사실을 인정합니다”라는 취지를 기재한 것만으로는 진술이 된 것이 아니므로 자백의 효력이 발생하지 않는다(따라서 이 경우 상대방이 원용한다는 진술을 하지 않는 이상 위 기재사실에 대하여는 자유로이 철회·변경할 수 있다). 당사자 일방이 상대방의 주장에 앞서서 자기에게 불이익한 사실을 진술한 경우(선행자백)에도 상대방이 이를 원용하거나 그에 상응하는 주장을 한 때에는 자백의 효력이 있으나 상대방이 원용하기 전에는 그 진술을 자유로이 철회할 수 있다. 당사자 일방이 한 진술에 잘못된 계산이나 기재, 기타 이와 비슷한 표현상의 잘못이 있고, 그 잘못이 분명한 경우에는 비록 상대방이 이를 원용하였다고 하더라도 당사자 쌍방의 주장이 일치하였다고 볼 수 없으므로 선행자백이 성립할 수 없다(대법원 2018다229564 판결. 입원기간에 오류가 있었던 사안임).

자백은 주요사실에 관한 것이어야 하므로(변론주의는 주요사실에 한하여 인정된다) 보조사실이나 간접사실에 대하여는 자백이 성립하지 않으며(따라서 증거에 의하여 자백내용과 달리 인정할 수 있다) 다만 예외적으로 보조사실 중 서증의 진정성립에 관한 진술은 자백의 취소 요건을 충족해야 취소할 수 있다.

이른바 권리자백에 대하여는 법원이 이에 기속되지 않는다. 예컨대 피고가 매매계약이 원고에 의하여 해제되었다는 점을 자백하더라도 해제의 의사표시(이 점은 자백의 대상이다)에 의하여 계약의 해제라는 법률효과가 발생하였는지는 법원이 판단할 사항으로서 자백의 대상이 아니므로 자백의 효력이 생기지 않는다. 피해자의 기대여명은 변론주의가 적용되는 주요사실이다(대법원 2016다41869 판결). 다만 실제 소송에서 당사자가 매매나 임대차와 같은 법률용어를 사실관계를 압축하여 표현하기 위하여 사용하였을 때 이에 관한 자백은 사실에 관한 자백이라고 보아야 할 것이다. 판례(대법원 87다카749 판결)도 어느 물건이 원고의 소유인 사실을 피고가 인정한 경우(원칙적으로는 권리자백에 해당할 것이다) 자백의 효력을 인정한 바 있다(자백을 취소하기 위하여는 자백취소의 요건을 갖추어야 한다는 취지이다).

자백은 법원과 당사자 모두를 구속한다. 법원에서 당사자가 자백한 사실은 증명을 필요로 하지 않는다(불요증사실. 민소법 제288조 본문). 변론주의의 요청상 법원은 증거조사 및 변론 전체의 취지로부터 자백한 사실과 다른 심증을 형성하였다고 하더라도 자백사실에 반하여 사실을 인정할 수 없다(사실인정권의 배제). 이처럼 자백에 증거를 요하지 않는 이유는 ①진실, ②당사자의 책임, ③소송경제로 설명할 수 있다. 즉 통상 자백은 진실에 합치하는 경우가 많고, 자백이 진실에 반하는 경우에는 자백자에게 그 책임을 돌릴 수 있는 사유가 있을 것이고, 또한 그러한 책임사유가 없다 하더라도 소송경제의 원칙에 비추어 모든 자백사실에 대하여 증거를 요하지 않는 것으로 할 필요가 있다는 것이다.

상대방의 동의가 있을 때 자백 당사자는 그 자백을 취소할 수 있다. 그러나 상대방의 동의가 없을 때에는 자백이 진실에 반하고 착오로 말미암은 것임을 자백한 당사자가 증명한 경우에 한하여 그 자백을 취소할 수 있다(철회의 제한. 민소법 제288조 단서). 자백의 취소는 반드시 명시적인 방법으로만 하여야 하는 것은 아니고, 전에 자백한 사실과 상충되는 사실을 주장하는 방법을 통해 묵시적으로도 할 수 있다(이 경우 재판장은 자백 여부에 관하여 석명을 하여야 한다고 볼 것이다). 진실에 어긋난다는 것을 증명하여도 이것이 착오로 말미암은 것으로 추정되지는 않으나(대법원 91다21145 판결) 자백이 착오로 말미암은 것이라는 점은 변론 전체의 취지만으로도 인정할 수 있다(대법원 2004다13533 판결).

(4) 침 묵

변론에서 상대방이 주장하는 사실을 명백히 다투지 아니한 때에는 변론 전체의 취지로 보아 그 사실에 대하여 다툰 것으로 인정되지 아니하는 한, 그 사실을 자백한 것으로 본다(민소법 제150조 제1항). 피고가 공시송달에 의하지 아니한 적법한 소환을 받고도 변론기일에 출석하지 아니한 경우에도 같다(동조 제3항). 그렇지만 침묵한다고 하여 법원이 위와 같이 자백한 것으로 보는 경우는 실무상 드물다.

Ⅳ. 피고의 주장(항변 등)

1. 개 요

답변서에 기재할 내용에는 원고의 청구를 이유 없게 만들 모든 사실상·법률상의 주장이 포함된다. 예컨대 원고의 청구를 배척하기 위하여 피고가 주장하는, 원고의 주장사실과 양립하지 아니하는 사실(적극부인), 원고의 주장사실이 존재하는 것을 전제로 하여 이와 양립 가능한 별개의 사실(항변), 원고의 주장사실과 양립하면서 원고 주장의 법률요건의 존재를 부정하기에 족한 특별한 사정(간접반증), 원고의 주장사실로부터 원고 주장의 권리가 발생하지 아니한다(원고의 주장자체로 보아도 이유 없다)는 법률적 견해 등이 포함된다.

2. 항 변

항변은 원고의 주장 사실을 인정하면서 그 사실로부터 생기는 법률효과를 배척하기 위하여 원고의 주장사실과 양립 가능한 별개의 사실을 주장하는 것이다. 원고의 주장사실을 부인하면서 할 수도 있고, 원고의 주장사실을 일응 다투면서 예비적 항변의 형태("가정적 항변"이라 한다)로 할 수도 있다. 가정적 항변을 하더라도 실무상 부인의 효력이 감소되지는 않는다. 항변사실에 대한 주장·입증책임은 피고에게 있다(다만 가정적 항변의 경우 원고의 주장사실에 대하여 피고의 자백이 성립하지 아니하므로 여전히 원고는 자신이 주장하는 사실에 대하여 입증책임을 진다).

어느 사실이 항변에 해당하는지, 부인에 해당하는지는 실체법의 해석에 따라 달라

진다(법률요건분류설). 이에 따르면 항변은 ①권리장애적 항변, ②권리소멸적 항변, ③권리저지적 항변으로 나눌 수 있다. 권리장애적 항변은 법률효과의 발생에 장애가 되는 예외적 사유에 관한 항변을 말한다. 예컨대 의사표시의 하자, 행위능력의 흠결 등이다. 권리소멸적 항변은 일단 발생한 법률효과를 소멸시키는 사유에 관한 항변을 말한다. 예컨대 변제, 시효소멸완성, 계약 해제 등이다. 권리저지적 항변은 발생한 법률효과의 행사를 저지하는 사유에 관한 항변을 말한다. 예컨대 기한미도래, 동시이행의 항변 등이다.

제출할 항변이 여러 개일 때에는 논리적으로 앞서는 것을 먼저 쓰고, 논리적인 선후가 없는 것은 시간적 선후에 따라 정리하면 된다. 권리장애적 항변, 권리소멸적 항변, 권리저지적 항변의 순으로 기재하는 것이 논리적이다. 소송 전부를 해결할 항변과 일부분을 해결한 항변이 있을 때에는 전부를 해결할 항변을 먼저 기재한다. 기판력이 생기는 상계의 항변은 가장 나중에 기재하여야 할 것이다.

취소, 해제, 상계와 같이 그 권리의 존재뿐만 아니라 이를 행사한다는 의사표시를 하여야 하는 경우에는 권리의 발생사실은 물론 이를 행사한다는 의사표시가 상대방에게 도달한 사실까지 주장·입증하여야 한다. 이러한 권리(형성권)는 소송 외에서 행사하고 그 의사표시를 도달케 한 다음 그 사실들을 주장·입증할 수도 있지만 소송상 답변서나 준비서면을 통하여 행사한다는 의사표시를 하고, 그 서면을 상대방에게 도달케 함으로써 형성권 행사의 효과를 발생하게 할 수도 있다. 이러한 경우 "이 사건 답변서(또는 준비서면)의 송달로 취소권을 행사한다"와 같이 기재한다(판결서에는 "송달일인 …… 취소의 효력이 생겼다"고 기재한다). 이 답변서는 제척기간 내에 상대방에게 송달되어야 한다(대법원 2008다27301 판결).

원고는 피고의 항변에 대하여 재항변을 할 수 있다. 다만 판례는 피고가 소송상 상계의 항변을 한 경우 원고가 소송상 상계의 재항변을 함은 원칙적으로 허용되지 않는다고 한다(대법원 2012다107662 판결. 항변과 재항변 모두 소송상 행사된 경우에만 그러하다). 또한 상계항변 후 소멸시효 항변을 하더라도 채무자가 수동채권의 시효이익을 포기하려는 의사가 있었다고 단정할 수 없다(대법원 2011다21556 판결). 왜냐하면 상계의 항변에는 기판력이 생기므로 상계의 항변은 소멸시효의 항변 보다 먼저 행사하였다고 하더라도 나중에 판단하여야 하기 때문이다.

제 6 장

반 소(反訴)

제1절 반소의 의의

1. 반소는 소송계속 중에 피고가 그 소송절차를 이용하여 원고에 대하여 제기하는 소이다(피고가 반소를 제기하면 피고를 반소원고라고 한다). 이는 서로 관련이 있는 사건의 병합심리를 통하여 증거를 공통으로 사용함으로써 심리의 중복을 피하고, 판결의 모순·저촉을 방지하기 위하여 인정된 것이다. 원고에게 청구의 병합과 변경을 인정하는 것에 대응하여 피고에게도 반소 제기를 인정함이 공평할 것이다.

2. 반소는 독립된 소로서 단순한 방어방법이 아니다. 방어방법인 항변에는 기판력이 생기지 않으나 반소의 판단에는 기판력이 생긴다. 매매계약에 기한 물건의 인도청구에 대하여 피고가 대금미지급을 이유로 동시이행의 항변을 하면 대금을 지급받을 때까지 물건의 인도를 거절할 수 있으나 피고가 대금을 지급받으려면 별도의 집행권원이 필요한바, 이러한 경우 피고로서는 동시이행의 항변을 함과 동시에 반소를 제기해 두어야 한다.

3. 소송의 진행 중 쟁점이 된 법률관계의 성립 또는 불성립이 그 소송의 재판에 영향을 미칠 경우에는 당사자는 그 소송절차에 부수하여 확인판결을 청구할 수 있는데(민소법 제264조), 이를 중간확인의 소라고 한다. 선결적 법률관계에 대하여 기판력 있는 판결을 받기 위해 제기하는 소로서 원고뿐만 아니라 피고도 제기할 수 있는데, 피고가 제기하면 반소의 한 형태가 될 것이다.

4. 공동피고 중의 1인이 원고에 대하여, 또는 피고가 공동원고 중의 1인에 대하여 반소를 제기할 수 있고, 원고나 피고가 독립당사자참가인에게도 반소를 제기할 수 있다.

원고가 아닌 제3자에 대한 반소는 고유필수적 공동소송인 추가의 요건(민소법 제68조)을 갖춘 경우에만 인정된다(통설 및 대법원 2007후1510 판결). 그러나 보조참가인은 반소를 제기할 수 없고, 보조참가인을 상대로도 반소를 제기할 수 없다.

제2절 반소의 형태

1. 예비적 반소

본소 청구가 인용되거나 기각되는 것을 조건으로 제기하는 반소이다. 소송절차의 안정을 해할 염려가 없으므로 당연히 인정된다. 예컨대 본소 청구(매매를 원인으로 한 소유권이전등기청구)가 인용되는 것을 조건으로 잔대금의 지급을 구하는 반소를 제기하는 경우이다. 이 경우 본소 청구가 기각되면 반소청구에 대하여는 판단할 필요가 없다. 항소심에서의 가지급물 반환 신청도 후술하는 바와 같이 예비적 반소의 성격을 띤다.

2. 재반소

피고의 반소에 대하여 원고가 재차 반소를 제기하는 것을 말한다. 재반소는 소송절차를 복잡하게 하는 단점이 있음에도 통설은 분쟁의 일회적 해결을 위하여 본소 소송절차를 현저히 지연시키지 아니하고 다른 반소요건을 갖춘 경우에는 인정할 수 있다고 본다.

제3절 반소 제기의 요건

1. 본소의 계속

반소제기 시 본소가 계속 중이어야 한다. 이는 반소의 제기 요건일 뿐, 그 존속 요건은 아니다. 반소는 본소의 사실심 변론종결시까지 제기할 수 있다(민소법 제269조 제1항).

항소심에서는 상대방의 심급의 이익을 해할 우려가 없는 경우 또는 상대방의 동의를 받은 경우에 제기할 수 있다(민소법 제412조 제1항). 여기에서 심급의 이익을 해할 우려가 없는 경우에 상대방의 동의 없이도 반소를 제기할 수 있도록 한 것은 종전의 판례가 인정하던 내용을 신법에서 명문화한 것인데, 구체적으로는 중간확인의 반소, 본소와 청구원인을 같이 하는 반소, 제1심에서 이미 심리가 충분히 된 항변 또는 방어방법과 관련된 반소, 항소심에서 추가된 예비적 반소 등을 말한다. 상대방이 이의 없이 항소심에서 본안에 관하여 변론을 한 때에는 반소제기에 동의한 것으로 본다(동조 제2항). 반소기각의 답변만 한 경우는 본안에 관하여 변론을 한 것에 해당하지 않는다.

2. 소송절차를 현저하게 지연시키지 아니할 것

반소가 소송지연책으로 남용되는 것을 막기 위함이다. 이 요건은 공익적 요건으로서 직권조사사항이다.

3. 소송절차와 관할의 동일성

반소는 본소의 소송절차를 이용하여 피고가 신소를 제기하는 것이므로 청구병합에 지장이 없어야 하고, 다른 법원의 전속관할에 속하지 아니하여야 한다.

4. 본소와의 관련성

반소는 본소청구 또는 방어방법과 서로 관련성이 있어야 한다. 이러한 관련성이 있어야 본소와 반소 사이에 변론과 증거조사를 공통으로 할 수 있고, 판결의 모순·저촉을 피할 수 있기 때문이다. 이 요건은 상대방인 원고를 보호하기 위한 것이므로 사익적 요건에 해당한다.

본소청구와 관련성을 가진다고 함은 반소가 본소 청구와 소송물이 같은 경우, 반소청구가 본소의 소송물인 권리의 내용 또는 그 발생원인에 있어 법률상이나 사실상 공통점을 가지는 경우를 말한다. 본소의 방어방법과 관련성을 가진다고 함은 반소가 본소의 청구에 대한 항변사유와 내용 또는 그 발생원인에 있어 법률상이나 사실상 공통점을 가지는 경우를 말한다.

5. 소송요건

반소도 일종의 소이므로 소송요건을 구비하여야 한다. 원고가 임차권존재확인 청구의 소를 제기한 데 대하여 피고가 반소로 동일 임차권의 부존재확인을 구하는 것은 확인의 이익이 없어 부적법하다. 원고가 대여금 청구를 함에 대하여 피고가 반소로 그 차용금 채무의 부존재 확인을 구하는 것도 마찬가지이다. 그러나 원고가 차용금채무 부존재확인의 소를 제기한 데 대하여 피고가 반소로 그 대여금 반환 청구를 한 경우 본소청구에 대한 확인의 이익이 소멸하여 본소 청구가 부적법하게 되는 것은 아니다(대법원 99다17401,17418 판결). 이미 소송요건을 구비하여 적법하게 제기된 본소가 그 후의 반소로 인하여 소송요건에 흠이 생겨 부적법하게 되는 것은 아니라는 취지이다. 이는 뒤에서 보는 바와 같이 본소가 취하된 때에는 피고는 원고의 동의 없이 반소를 취하할 수 있다는 규정(민소법 제271조)과 관련이 있다. 원고가 반소가 제기되어 확인의 이익이 없어졌다고 판단하여 본소를 취하한 경우 피고가 일방적으로 반소를 취하함으로써 원고가 당초 추구한 기판력을 취득할 수 없는 사태가 발생할 수 있는 점을 고려한 것이다(대법원 2010다2428 판결). 이 판결에 대하여는 반대하는 견해도 있다. 일본 판례는 본소의 확인의 이익은 소멸한다고 하면서 다만 본소 소송비용은 피고의 부담으로 하여야 한다고 본다.

현재 계속 중인 소송에서 상계항변으로 주장한 채권을 별소 또는 반소로 청구할 수 있는지에 관하여 상계항변에 기판력이 생기므로 중복제소에 해당한다는 이유로 소극적으로 해석하는 견해도 있으나 다수설과 판례(대법원 75다103 판결)는 상계항변에 대하여 기판력을 인정하여도 그것은 소송물이라기보다는 일종의 방어방법이고, 더구나 수동채권의 존재를 전제로 한 예비적 반소로 소송상 취급되기 때문에 판결에서 상계항변에 관한 판단을 할 것인지의 여부가 소송이 종료될 때까지 불확실하므로(원고의 본소 청구가 청구채권의 부존재로 기각될 경우도 있다) 그 사이에 중복소송에 해당된다는 이유로 별소 청구를 금한다면 피고의 당해 채권을 침해하는 결과가 될 수 있다는 이유로 적극설을 취하고 있다. 다만 이미 계속 중인 소송에서 상계항변으로 제공된 자동채권에 대하여는 별소에 의한 청구를 금하고 반소의 제기를 요구함이 타당할 것이다. 자동채권자가 별소를 제기해 왔을 경우에도 곧 바로 소각하할 것은 아니다. 그로 인하여 발생할 수 있는 기판력의 모순·저촉은 이송(동일심급의 별개 법원에 계속 중인 경우), 이부(동일 법원의 별개 재판부에 계속 중인 경우), 변론의 병합(동일 재판부에 계속 중인 경우) 등을 시도함으로써 방지하도록 해야 할 것이다(대법원 2000다4050 판결. 이 판결은 별소로 계속 중인 채권을 자동채권으로 하는 소송상 상계의 주장이 허용되지 않는다고 볼 수는 없다는 취지의 판결이다).

원고가 매매계약 등 법률행위에 기하여 소유권을 취득하였음을 전제로 피고를 상대로 일정한 청구를 할 때, 피고는 원고의 소유권 취득의 원인이 된 법률행위가 사해행위로서 취소되어야 한다고 다투면서, 동시에 반소로써 그 소유권 취득의 원인이 된 법률행위가 사해행위임을 이유로 법률행위의 취소와 원상회복으로 원고의 소유권이전등기의 말소절차 등의 이행을 구하는 것도 가능하다. 이 경우 사해행위의 취소 여부는 반소의 청구원인임과 동시에 본소 청구에 대한 방어방법이자, 본소 청구 인용 여부의 선결문제가 될 수 있다. 그 경우 법원이 반소 청구가 이유 있다고 판단하여 사해행위의 취소 및 원상회복을 명하는 판결을 선고하는 경우, 비록 반소 청구에 대한 판결이 확정되지 않았다고 하더라도, 원고의 소유권 취득의 원인이 된 법률행위가 취소되었음을 전제로 원고의 본소 청구를 심리하여 판단할 수 있다고 봄이 타당하다. 그때에는 반소 사해행위취소 판결의 확정을 기다리지 않고, 반소 사해행위취소 판결을 이유로 원고의 본소 청구를 기각할 수 있다. 본소와 반소가 같은 소송절차 내에서 함께 심리, 판단되는 이상, 반소 사해행위취소 판결의 확정 여부가 본소 청구 판단 시 불확실한 상황이라고 보기 어렵고, 그로 인해 원고에게 소송상 지나친 부담을 지운다거나, 원고의 소송상 지위가 불안정해진다고 볼 수도 없다. 오히려 이로써 반소 사해행위취소소송의 심리를 무위로 만들지 않고, 소송경제를 도모하며, 본소 청구에 대한 판결과 반소 청구에 대한 판결의 모순 저촉을 피할 수 있다(대법원 2018다277785 판결).

제4절 반소 제기 절차와 심판

반소는 본소에 관한 규정을 따른다(민소법 제270조). 반소장에는 소정의 인지를 붙여야 한다. 반소장에 서증을 첨부할 경우 을호증으로 정리한다. 소송대리인이 반소를 제기하기 위하여는 특별수권을 요한다(민소법 제90조 제2항 제1호).

본소가 단독사건인 경우에 피고가 반소로 합의사건에 속하는 청구를 한 때에는 직권 또는 당사자의 신청에 의하여 결정으로 본소와 반소를 모두 합의부에 이송하여야 한다. 다만 반소에 관하여 변론관할권이 있는 경우에는 그러하지 아니하다(민소법 제269조 제2항).

점유권을 기초로 한 본소에 대하여 본권자가 본소청구의 인용에 대비하여 본권에 기초한 장래이행의 소로서 예비적 반소를 제기하고 양 청구가 모두 이유 있는 경우, 법원은 점유권에 기초한 본소와 본권에 기초한 예비적 반소를 모두 인용해야 하고 점유권에 기초한 본소를 본권에 관한 이유로 배척할 수 없다. 이러한 법리는 점유를 침탈당한 자가 점유권에 기한 점유회수의 소를 제기하고, 본권자가 그 점유회수의 소가 인용될 것에 대비하여 본권에 기초한 장래이행의 소로서 별소를 제기한 경우에도 마찬가지로 적용된다(대법원 2019다208441 판결).

반소가 적법하면 본소와 병합하여 심리하고 판결하여야 한다. 반소요건에 흠이 있는 경우에 반소를 각하하여야 하는지 아니면 분리심판하여야 하는지에 관하여 분리심판설이 다수설이나 각하설을 취한 판례(대법원 65다2034 판결)가 있다.

반소를 제기한 후에 본소가 취하 등에 의하여 종료되더라도 반소의 운명에는 영향이 없다. 반소의 취하에도 원고의 동의가 필요하나 본소가 취하된 후에는 원고의 동의 없이도 반소를 취하할 수 있다(민소법 제271조).

본소와 반소는 원칙적으로 하나의 전부판결을 하여야 하고, 이 판결 중 일부에 대하여 항소한 경우에는 본소 및 반소 전부가 확정이 차단되어 항소심으로 이심된다.

제 7 장

변 론

제1절 변론의 의의

변론이란 기일(변론기일과 변론준비기일)에 수소법원의 공개법정에서 양쪽 당사자가 말로 판결의 기초가 될 사실을 주장하고 증거를 제출하는 절차를 말한다. 말로 한다는 것을 강조하는 의미에서 구두변론 또는 구술변론이라고도 한다.

변론의 내용은 판결사항의 신청, 즉 당사자가 소로써 종국판결에 의한 재판을 받을 사항에 관하여 하는 신청(원고의 경우 청구취지와 청구원인, 피고의 경우 소각하 또는 청구기각 신청)과 공격방어방법, 즉 판결사항의 신청을 뒷받침하기 위하여 당사자가 제출하는 일체의 소송자료로 구분된다. 이에 따라 소장이나 준비서면 또는 답변서의 진술은 물론 사실의 인부와 석명, 증거방법의 제출, 증거조사의 시행 등 소송절차의 대부분이 변론기일에서 이루어진다. 다만 사건 내용이 복잡하거나 증거조사에 상당한 시일이 필요한 사유가 있는 때에는 소송의 신속을 위하여 변론준비절차에 회부하여 이 절차에서 쟁점과 증거를 정리한 다음 변론절차를 거치도록 하고 있다.

변론에는 반드시 변론을 열어야 하고 변론에서 말로 한 진술만이 재판의 자료가 되는 “필요적 변론(필수적 변론이라고도 한다)”과 변론을 열 것인지 여부가 법원의 재량에 맡겨져 있는 “임의적 변론”이 있다. 판결로 재판할 경우에는 반드시 필요적 변론에 의하여야 한다(민소법 제134조 제1항 본문). 다만 예외적으로 무변론판결(민소법 제257조) 등과 같이 변론 없이 판결할 수 있는 경우도 있다. 결정으로 완결할 사건은 임의적 변론에 해당한다(민소법 제134조 제1항 단서). 이 경우 법원은 당사자, 이해관계인 그 밖의 참고인을 심문할 수 있다(동조 제2항).

제2절 변론에 관한 제원칙

Ⅰ. 처분권주의

1. 의 의

절차의 개시, 심판의 대상, 절차의 종결에 대하여 당사자의 처분에 맡기는 원칙을 말한다. 사적자치의 원칙에 따른 것으로 소송물에 대한 처분의 자유를 뜻한다.

2. 내 용

(1) 절차의 개시

민사소송절차는 당사자의 소의 제기에 의하여 개시되는 것이 원칙이다. 예외적으로 직권으로 재판할 수 있는 경우가 있는데, 소송비용재판, 가집행선고, 판결의 경정, 추가판결, 배상명령 등이 이에 해당한다.

(2) 심판의 대상

법원은 당사자가 신청하지 아니한 사항에 대하여는 판결하지 못한다(민소법 제203조). 민사소송절차에서 심판의 대상은 원고의 의사에 의하여 특정되고 한정된다. 이는 상소심에서 불이익변경금지의 원칙으로 나타난다.

(3) 절차의 종결

당사자는 어느 때나 소의 취하, 청구의 포기·인낙 또는 화해로 소송을 종결시킬 수 있다.

Ⅱ. 변론주의

1. 의 의

소송자료, 즉 사실과 증거의 수집·제출의 책임을 당사자에게 맡기고, 당사자가 수집하여 변론에서 제출한 소송자료만을 재판의 기초로 삼는 원칙을 말한다. 직권탐지주의와 달리 소송자료에 대한 수집책임을 당사자에게 부담시키는 것을 말한다. 사적자치의 원칙과 함께 민사소송의 재판을 위한 판단자료는 사실관계를 가장 잘 아는 당사자(승소하려는 이기심을 지니고 있는 자이다)로 하여금 제출토록 하는 것이 사실을 보다 정확하게 파악하는 데에 적합할 것이라고 하는 경험을 통한 이해를 근거로 한 것이다.

2. 내 용

(1) 주장책임

주요사실은 당사자가 변론에서 주장하지 않으면 판결의 기초로 삼을 수 없다. 소송자료와 증거자료는 준별되기 때문이다. 자기에게 유리한 주요사실을 변론에서 주장하지 않으면 그 사실이 존재하지 아니하는 것으로 불이익취급을 받게 되는데, 이러한 위험부담을 주장책임이라 한다. 이는 주요사실에 대하여만 적용되고, 간접사실(주요사실의 존재 여부를 추인하는 데 이바지하는 사실)이나 보조사실(증거의 증거능력과 증명력에 관한 사실)에 대하여는 적용되지 않는다. 주요사실(직접사실이라고도 한다)과 간접사실의 구별은 법규의 구조에서 구하여야 한다고 보는 법규기준설이 통설이다.

통상공동소송의 경우 주장공통의 원칙이 적용되는지에 관하여 판례(대법원 90다9872 판결)는 부정설을 취하고 있다.

(2) 자백의 구속력

당사자 사이에 다툼이 없는 사실은 증거조사를 할 필요 없이 그대로 판결의 기초로 하여야 한다. 변론주의에 의하는 소송절차에 있어서는 자백이 있으면 그 사실에 관하여는 법원의 사실인정권이 배제된다.

(3) 직권증거조사의 제한

직권증거조사는 당사자가 신청한 증거에 의하여 심증을 얻을 수 없거나 그 밖에 필요하다고 인정하는 때에 한하여 보충적으로 할 수 있을 뿐이다(민소법 제292조).

(4) 간접적 주장

판례(대법원 2002다38361,38378 판결)는 "법률상의 요건사실에 대하여 당사자가 주장하지도 아니한 사실을 인정하여 판단하는 것은 변론주의에 위배된다고 할 것이나, 당사자의 주요사실에 대한 주장은 직접적으로 명시적으로 한 경우뿐만 아니라 당사자가 법원에 서증을 제출하여 그 증명취지를 진술함으로써 서증에 기재된 사실을 주장하거나 그 밖에 당사자의 변론을 전체적으로 관찰하여 간접적으로 주장한 것으로 볼 수 있는 경우에도 주요사실의 주장이 있는 것으로 보아야 할 것이다"라고 하여 간접적 주장을 인정하고 있다. 이에 따라 판례는 변론전체의 취지에 의한(변론을 전체적으로 관찰함) 계약해제 주장(대법원 94다16083 판결), 서증신청 행위에 의한 총대회 무효 주장(대법원 98다46167 판결), 증인신청에 의한 대리 주장(대법원 87다카982 판결. 증인 신문까지 마친 경우이다), 공탁서 제출에 의한 변제공탁 주장(대법원 2001다42080 판결)을 인정한 바 있다. 그러나 이에 대하여는 심판범위의 불명확, 법원의 심리부담의 가중, 상대방 당사자에 대한 방어권의 침해의 염려 등의 문제가 있다는 이유로 차라리 석명권의 행사를 통하여 직접 주장을 하도록 유도하여야 한다는 반론이 있다.

Ⅲ. 구술심리주의

1. 의 의

소송행위는 말로써 행해야 한다는 원칙을 말한다. 서면심리주의에 대립되는 것이다. 이 원칙에 따라 소송당사자가 자기의 주장사실을 서면에 기재하여 법원에 제출하였다고 하더라도 변론에서 진술하지 아니한 이상 법원으로서는 이를 사건의 판단자료로 삼을 수 없다.

2. 구술심리주의의 보완

예외적으로 다음과 같은 경우에는 서면의 제출을 요구하고 있다.

(1) 소의 제기, 상소의 제기, 청구취지의 변경, 관할의 합의, 소송고지, 피고의 경정

(2) 변론의 집중과 준비를 위하여 준비서면을 제출하도록 하고 있고, 불출석한 당사자가 제출한 준비서면에 대하여는 이를 진술한 것으로 볼 수 있다(민소법 제148조). 다만 단독사건의 변론은 서면으로 준비하지 아니할 수 있으며(민소법 제272조 제2항), 소액사건은 구술제소가 가능하다.

Ⅳ. 직접심리주의

1. 의 의

판결을 하는 법관이 변론절차의 진행 및 증거조사를 직접 행하는 원칙을 말한다. 판

결은 기본이 되는 변론에 관여한 법관이 하여야 한다(민소법 제204조 제1항). 단독사건의 판사가 바뀐 경우 또는 합의부 법관의 반수 이상이 바뀐 경우에 종전에 신문한 증인에 대하여 당사자가 다시 신문신청을 한 때에는 법원은 그 신문을 하여야 한다(동조 제3항. 판례는 이 규정에도 불구하고 증인에 대한 재신문은 필요적인 것은 아니라고 본다).

2. 직접심리주의 예외

(1) **변론의 갱신(민소법 제204조 제2항, 제407조 제2항: 법관이 바뀐 경우 종전의 변론의 결과만을 진술함)**

(2) **수명법관 또는 수탁판사에 의한 증거조사(민소법 제297조)**

(3) **변론준비절차에서의 증거조사(민소법 제281조: 재판장 혼자도 할 수 있음)**

V. 쌍방심리주의

사건의 심리에 있어 양쪽 당사자를 평등하게 대우하여 공격방어방법을 제출할 수 있는 기회를 동등하게 주어야 하는 원칙을 말하는데, 무기대등의 원칙 또는 당사자 대등의 원칙이라고도 한다.

Ⅵ. 공개주의

1. 의 의

재판의 심리와 판결의 선고를 일반인이 방청할 수 있는 상태에서 행하는 원칙을 말한다. 재판의 공정과 사법에 대한 국민의 신뢰를 확보하기 위한 것이다. 공개해야 하는 것은 변론절차와 판결의 선고이고(법원조직법 제57조 제1항 본문), 재판의 합의는 공개하지 아니한다(법원조직법 제65조). 임의적 변론이나 변론준비기일, 증거조사기일(변론기일 외의 경우), 조정절차, 비송사건절차 등은 공개하지 않아도 된다.

2. 비공개 결정

재판의 심리는 국가의 안전보장, 안녕질서, 선량한 풍속을 해할 우려가 있는 경우에는 법원의 결정으로 공개하지 아니할 수 있다(법원조직법 제57조 제1항 단서). 비공개결정은 이유를 밝혀야 하며 선고하여야 한다(동조 제2항. 결정이지만 고지만 해서는 안 된다). 변론을 공개하여야 함에도 이를 위반하여 행한 판결은 절대적 상고이유에 해당한다(민소법 제424조 제1항 제5호). 변론의 공개 여부와 공개하지 아니한 이유는 변론조서의 필수적 기재사항이다(민소법 제153조 제6호).

Ⅶ. 적시제출주의

1. 의 의

당사자가 공격방어방법을 소송의 정도에 따라 적절한 시기에 제출하여야 한다는 원칙을 말한다(민소법 제146조). 신법은 소송촉진과 집중심리를 위하여 수시제출주의를 버리고 적시제출주의를 채택하였다. 변론주의가 적용되는 범위에 한정되며, 직권탐지사항이나 직권조사사항에 대하여는 적용이 배제된다(민소법 제285조 제1항 제3호, 제434조).

2. 내 용

(1) 재정기간 제도(민소법 제147조)

(2) 실기한 공격방어방법의 각하(민소법 제149조 제1항)

민사소송법 제149조에 정한 실기한 공격·방어방법이란 당사자가 고의 또는 중대한 과실로 소송의 정도에 따른 적절한 시기를 넘겨 뒤늦게 제출하여 소송의 완결을 지연시키는 공격 또는 방어의 방법을 말한다. 여기에서 적절한 시기를 넘겨 뒤늦게 제출하였는지를 판단함에는 새로운 공격·방어방법이 구체적인 소송의 진행정도에 비추어 당사자가 과거에 제출을 기대할 수 있었던 객관적 사정이 있었는데도 이를 하지 않은 것인지, 상대방과 법원에 새로운 공격·방어방법을 제출하지 않을 것이라는 신뢰를 부여하였는지 여부 등을 고려해야 한다. 항소심에서 새로운 공격·방어방법이 제출된 경우에는 특별한 사정이 없는 한 항소심뿐만 아니라 제1심까지 통틀어 시기에 늦었는지를 판단해야 한다. 나아가 당사자의 고의 또는 중대한 과실이 있는지를 판단함에는 당사자의 법률지식과 함께 새로운 공격·방어방법의 종류, 내용과 법률구성의 난이도, 기존의 공격·방어방법과의 관계, 소송의 진행경과 등을 종합적으로 고려해야 한다(대법원 2017다1097 판결).

(3) 석명에 불응하는 공격방어방법의 각하(민소법 제149조 제2항)

(4) 변론준비기일을 거친 경우의 새로운 주장의 제한(민소법 제285조)

⑸ **본안에 관한 진술 후 임의관할위반 주장의 제한**(민소법 제30조), **담보제공사유가 있음을 안 경우 소송비용 담보제공 신청의 제한**(민소법 제118조), **중재합의 주장의 제한**(중재법 제9조 제2항)

Ⅷ. 집중심리주의

1. 의 의

소송절차의 신속하며 경제적 진행을 위해 변론은 집중되어야 한다는 원칙으로서(민소법 제272조 제1항 전단) 병행심리주의에 대립되는 개념이다. 신법은 가급적 변론기일 1회로 종결하도록 함으로써(민소법 제287조) 변론의 집중을 통한 소송의 효율과 촉진을 도모하고 있다.

2. 내 용

⑴ **당사자의 조사의무**

변론준비절차를 거쳐 쟁점을 조기에 정리하고 정리된 쟁점에 관하여 집중증거조사를 거치는 것을 기본적인 구조로 하고 있으므로 당사자가 사전에 사실관계와 증거를 상세히 조사하고 정리할 필요성이 증대되었다고 볼 수 있다.

⑵ **변론준비절차의 활용**(민소법 제258조 제1항)

⑶ **변론준비절차를 거친 사건의 변론기일 집중**(민소법 제287조)

⑷ **증인신문 등의 집중**(민소법 제293조)

⑸ **변론의 재개와 집중심리**

변론을 재개하는 경우 재판장은 특별한 사정이 없는 한 변론재개결정과 동시에 변론기일을 지정하여야 한다(규칙 제43조). 이 때 변론준비명령서를 함께 송달함으로서 변론재개이유의 고지만을 위한 기일의 진행을 피해야 할 것이다. 필요한 경우에는 변론준비절차에 부칠 수도 있다(민소법 제279조 제2항).

당사자가 변론종결 후 주장·증명을 제출하기 위하여 변론재개신청을 한 경우 당사자의 변론재개신청을 받아들일지 여부는 원칙적으로 법원의 재량에 속한다. 그러나 변론재개신청을 한 당사자가 변론종결 전에 그에게 책임을 지우기 어려운 사정으로 주장·증명을 제출할 기회를 제대로 갖지 못하였고, 그 주장·증명의 대상이 판결의 결과를 좌우할 수 있는 관건적 요증사실에 해당하는 경우 등과 같이, 당사자에게 변론을 재개하여 그 주장·증명을 제출할 기회를 주지 않은 채 패소의 판결을 하는 것이 민사소송법이 추구하는 절차적 정의에 반하는 경우에는 법원은 변론을 재개하고 심리를 속행할 의무가 있다. 또한 법원이 사실상 또는 법률상 사항에 관한 석명의무나 지적의무 등을 위반한 채 변론을 종결하였는데 당사자가 그에 관한 주장·증명을 제출하기 위하여 변론재개신청을 한 경우 등과 같이 사건의 적정하고 공정한 해결에 영향을 미칠 수 있는 소송절차상의 위법이 드러난 경우에는, 사건을 적정하고 공정하게 심리·판단할 책무가 있는 법원으로서는 그와 같은 소송절차상의 위법을 치유하고 그 책무를 다하기 위하여 변론을 재개하고 심리를 속행할 의무가 있다(대법원 2020다277641 판결).

제3절 변론기일 전에 준비할 사항

Ⅰ. 준비서면, 증거신청서의 사전 제출

준비서면은 변론기일 이전에 제출함이 원칙이다. 변론준비절차에 회부한 때에는 특별한 사정이 없는 한, 쟁점정리기일 이전에 제출하여 필요한 주장을 마쳐야 한다. 상대방으로부터 준비서면을 받은 경우에도 곧바로 필요한 주장을 기재한 준비서면을 작성하여 변론기일이나 변론준비기일 이전에 제출하여야 한다.

서증은 변론준비기일이나 변론기일에 문서를 직접 제출하는 방식으로 신청하여야 하나 준비서면 등에 첨부하여 미리 사본을 상대방에게 교부함으로써 상대방으로 하여금 변론기일이나 변론준비기일에서 인부나 의견을 진술하게 하거나 이를 전제로 변론을 준비하게 하여야 한다(민소법 제274조 제2항). 이로써 쟁점정리기일에 증거의 정리가 효율적으로 이루어질 수 있게 된다. 그 밖에 소송촉진을 위해 사실조회, 문서송부촉탁, 검증, 감정의 신청 등 법정 외에서 가능한 모든 증거조사에 대한 신청을 변론기일이나 변론준비기일 이전에 하여야 한다. 이러한 증거방법에 대한 증거조사 결과가 쟁점정리기일 이전에 법원에 현출되어 상대방과 법원이 그 내용을 검토할 수 있어야 하기 때문이다.

Ⅱ. 변론기일 등의 변경

1. 의 의

기일의 변경은 재판장의 명령에 의하여 기일 개시 전에 그 지정을 취소하고 이에 갈음하는 새로운 기일을 지정하는 것으로서 기일변경명령을 각 당사자에게 송달하는 방법으로 한다. 기일 개시 후에 새로운 기일을 지정하는 연기나 속행과 구별된다(연기나 속행의 경우 변론조서를 작성한다).

2. 요 건

첫 변론기일 또는 첫 변론준비기일은 당사자 사이에 합의가 있으면 당연히 변경이 허용된다(민소법 제165조 제2항). 이는 항소심 절차에도 적용된다. 그 밖의 기일은 당사자 사이에 합의가 있더라도 현저한 사유가 있는 경우에 한하여 변경이 허용된다(규칙 제41조).

기일변경 신청을 하는 때에는 기일변경에 필요한 사유를 구체적으로 밝히고, 그 사유를 소명하는 자료를 붙여야 한다(규칙 제40조). 기일변경의 허가 여부는 재판장의 직권사항이다.

Ⅲ. 기일지정신청

기일은 재판장이 직권으로 지정한다(민소법 제165조 제1항). 당사자의 기일지정신청은 직권발동을 촉구하는 의미만 있다. 재판장은 피고의 답변서가 제출된 경우 변론준비절차를 거칠 필요가 없는 경우에는 바로 변론기일을 지정하여야 하고, 변론준비절차를 거친 경우에는 변론준비절차가 끝난 뒤에 바로 지정하여야 한다(민소법 제258조). 그런데 피고의 답변서가 제출되고 상당한 시일이 지났음에도 불구하고 재판장이 첫 변론기일이나 첫 변론준비절차기일을 지정하지 않는 경우에는 당사자는 직권발동을 촉구하는 의미에서 기일의 지정을 신청할 수 있다.

한편 당사자에게 기일지정신청권이 인정되는 경우도 있다. ① 법원이 사건을 심리하지 않고 오랫동안 사건을 방치하는 경우(예컨대 감정을 위해 기일을 추후지정하기로 한 후 감정서가 도착했음에도 불구하고 기일을 지정하지 않고 있는 경우) 법원에 의한 소송지연을 견제하기 위해 하는 기일지정신청이다. 엄밀한 의미에서는 직권발동을 촉구하는 의미이지만 신의칙상 재판장은 기일을 지정하여야 할 것이므로 사실상 당사자에게 기일지정신청권이 부여된 경우라고 볼 수 있다. ② 소 취하 후에 그 취하가 부존재 또는 무효라고 다투며 기일지정신청을 하는 경우(규칙 제67조)이다. 이러한 기일지정신청에 대하여는 반드시 변론을 열어 신청사유에 관하여 심리하여야 한다. 신청이 이유 없다고 인정될 경우에는 판결로 소송종료선언을 하여야 하고, 신청이 이유 있다고 인정될 경우에는 취하 당시의 소송정도에 따라 필요한 절차를 계속 진행하면 된다. ③ 당사자 쌍방이 변론기일에 2회 불출석한 경우 소의 취하간주를 막기 위하여서는 1월 이내에 기일지정신청을 해야 한다(민소법 제268조 제2항).

Ⅳ. 전문심리위원의 지정 신청

법원은 소송관계를 분명하게 하거나 소송절차(증거조사・화해 등을 포함한다)를 원활하게 진행하기 위하여 직권 또는 당사자의 신청에 따른 결정으로 전문심리위원을 지정하여 소송절차에 참여하게 할 수 있다(민소법 제164조의2). 전문심리위원 제도는 재판의 전문성을 제고하기 위해 도입된 것이다. 전문심리위원은 건축, 의료, 지적재산권 기타 여러 분야의 전문가 중에서 법원행정처장이 선별하여 후보자명단을 미리 작성해 두고 법원은 개개의 사건마다 후보자 중에서 1인 이상을 지정한다. 전문심리위원은 변론준비절차, 변론절차, 증인신문기일, 감정인신문기일 등에 출석하여 재판부에 소송관계에 관한 설명을 하거나 재판장의 허가를 받아 당사자, 증인, 감정인 등에게 질문을 할 수도 있으며, 설명서나 의견서를 제출할 수도 있다. 전문심리위원의 설명이나 의견은 증거자료가 아니라 법원이 참고자료로만 활용할 수 있을 뿐이다. 전문심리위원의 설명이나 의견 진술에 대하여는 당사자에게 의견진술의 기회를 주어야 한다.

제4절 변론준비절차

Ⅰ. 의 의

변론준비절차는 변론기일에 앞서 변론이 효율적이고 집중적으로 실시될 수 있도록 당사자의 주장과 증거를 정리하는 절차이다(민소법 제279조 제1항). 통상 변론기일 전에 열지만 재판장은 특별한 사정이 있는 때에는 변론기일을 연 뒤에도 사건을 변론준비절차에 부칠 수 있다(동조 제2항).

답변서가 제출되면 재판장은 바로 사건을 검토하여 가능한 최단기간 안의 날로 제1회 변론기일을 지정하여야 한다(규칙 제69조 제1항). 법원은 변론이 집중되도록 함으로써 가능한 한 속행되지 않도록 하여야 하고, 당사자는 이에 협력하여야 한다(동조 제2항). 사건을 변론준비절차에 부칠 필요가 있는 경우 재판장은 사건의 신속한 진행을 위하여 필요한 때에는 사건을 변론준비절차에 부침과 동시에 변론준비기일을 정하고 기간을 정하여 당사자로 하여금 준비서면, 그 밖의 자료를 제출하게 하거나 당사자 사이에 이를 교환하게 하고 주장사실을 증명할 증거를 신청하게 할 수 있다(동조 제3항 및 민소법 제280조 제1항).

변론준비절차는 재판장의 회부명령으로 개시되고, 재판장이 담당하나 합의사건의 경우 재판장은 부원인 판사를 수명법관으로 지정하여 담당하게 할 수 있다(민소법 제280조 제2항. 제3항). 이 절차에는 재판장의 소송지휘권, 석명권, 석명준비명령, 법원의 석명처분, 화해의 권고, 공격방어방법의 적시제출주의, 제출기간의 제한, 당사자 불출석의 효과, 실기한 공격방어방법의 각하, 자백간주, 소송절차에 대한 이의, 화해권고결정, 요약준비서면에 관한 규정 등이 준용된다(민소법 제286조).

Ⅱ. 준비절차의 내용

1. 서면에 의한 변론준비절차

변론준비절차는 서면에 의한 쟁점정리절차가 주가 된다(이러한 의미에서 “서면에 의한 쟁점정리절차”라고도 한다). 이 절차에서는 소장, 답변서, 준비서면을 교환함으로써 쟁점을 정리하게 된다. 아울러 기일 전에 서증, 문서송부촉탁, 검증, 감정, 사실조회 등 증거를 신청하고(민소법 제280조 제1항), 가능한 증거조사도 미리 시행한다(민소법 제281조 제3항). 다만 증인신문과 당사자신문은 민소법 제313조(증인이 정당한 사유로 수소법원에 출석하지 못 하는 때, 증인이 수소법원에 출석하려면 지나치게 많은 비용 또는 시간을 필요로 하는 때, 그 밖에 상당한 이유가 있는 경우로서 당사자가 이의를 제기하지 아니하는 때)에 해당되는 경우에만 할 수 있다.

2. 변론준비기일

재판장등은 변론준비절차를 진행하는 동안에 쟁점정리를 위해 필요한 경우 변론준비기일을 열어 당사자를 출석하게 할 수 있다(민소법 제282조 제1항). 구법에서는 원칙적으로 모든 사건에 대해 변론준비절차를 거치도록 하였는데, 이로 인해 준비절차를 거칠 필요가 없는 많은 사건에 대하여까지 변론준비절차를 거치도록 함으로써 변론기일과 중복되는 면이 있었고, 법관의 업무부담이 증가하고 제1차 변론기일에 들어 갈 때까지 많은 시일이 필요하여 소송지연의 원인이 되기도 하였다. 그리하여 신법에서는 변론기일을 지정하는 것을 원칙으로 하되 사건을 변론준비절차에 부칠 필요가 있는 경우에만 변론준비절차에 회부하도록 하였다(민소법 제258조).

당사자는 재판장 등의 허가를 얻어 제3자와 함께 변론준비기일에 출석할 수 있다(민소법 제282조 제3항). 변론준비기일이 끝날 때까지 당사자는 변론의 준비에 필요한 주장과 증거를 정리하여 제출하여야 하고, 재판장 등은 변론의 준비를 위한 모든 처분을 할 수 있다(동조 제4항, 제5항). 변론준비기일의 심리는 비공개로 하더라도 공개주의 위반이 아니다(대법원 2004다69581 판결).

변론준비기일에서 재판장의 심증개시는 어느 정도 범위 내에서 허용될 것인가. 사건에 대한 이해 내지 인식의 노출은 가능한 한 탄력성 있게 일반적으로 언급되어야 하며, 당사자 사이에 유·불리한 점을 균형 있게 언급함이 바람직하다. 어떠한 경우에도 확정적 심증개시는 허용되지 않는다. 당사자로 하여금 법원이 사건에 대한 예단을 가지고 있는 것으로 오해할 우려가 있기 때문이다.

Ⅲ. 변론준비절차의 종결

당사자의 주장과 증거가 정리되어 변론 준비의 목적이 달성된 경우에는 변론준비절차를 종결한다. 법원은 변론준비절차를 마친 경우에는 첫 변론기일을 거친 뒤 바로 변론을 종결할 수 있도록 하여야 한다(민소법 제287조 제1항). 변론준비절차에서 절차를 집중하여야 한다는 의미이다. 당사자는 변론준비절차를 마친 뒤의 변론기일에서 변론준비절차의 결과를 진술하여야 한다(동조 제2항). 법원은 변론기일에 변론준비기일에서 정리된 결과에 따라서 바로 증거조사를 하여야 한다(동조 제3항).

사건이 변론준비절차에 부쳐진 뒤 변론준비기일이 지정됨이 없이 4월이 지난 때에는 즉시 변론준비기일을 지정하거나 변론준비절차를 끝내야 하다(민소법 제282조 제2항). 또한 변론의 준비를 계속하여야 할 상당한 이유가 없는 한, 사건을 변론준비절차에 부친 뒤 6월이 지났거나, 당사자가 기간 내에 준비서면 등을 제출하지 않거나 증거의 신청을 하지 아니하거나, 당사자가 변론준비기일에 출석하지 아니한 때에는 변론준비절차를 종결하여야 한다(민소법 제284조 제1항).

변론준비기일이 종결된 때(서면에 의한 변론준비절차만 거친 경우는 제외)에는 변론준비기일에 제출하지 아니한 공격방어방법은 그 제출로 인하여 소송을 현저히 지연시키지 아니하거나, 중대한 과실 없이 변론준비절차에서 제출하지 못하였다는 것을 소명하거나, 법원이 직권으로 조사할 사항인 경우에 한하여 변론에서 제출할 수 있다(민소법 제285조 제1항). 이를 변론준비기일에 따른 실권효라고 한다(실무상으로는 잘 활용되지 않는다). 이러한 실권효는 항소심까지 유지된다(민소법 제410조).

Ⅳ. 변론준비와 변론의 관계

변론기일에는 제출된 소장이나 답변서, 준비서면에 기재된 사실상·법률상 사항에 대하여 구두로 진술하여 변론한다. 필요한 경우 법원은 소장이나 답변서 등을 토대로 당사자에게 이를 확인하는 방식으로 변론하게 할 수도 있다(규칙 제28조, 제70조의2).

변론할 사항을 소장이나 준비서면 등에 기재하여 법원에 제출하였거나 변론준비기일에 진술하였다고 하더라도 반드시 변론기일에 출석하여 이를 구두로 변론하여야 한다(민소법 제134조 제1항). 이를 변론하지 아니하면 준비서면에 기재한 사실도 주장하지 아니한 것으로 됨이 원칙이나 실무상으로는 출석한 당사자나 소송대리인이 진술하지 않겠다는 의사를 명백히 표시하지 아니하는 한 변론한 것으로 처리한다.

법원은 당사자 일방이 기일에 불출석하였더라도 그가 제출한 준비서면 등을 진술한 것으로 간주하고 상대방에게 변론을 명할 수 있다(민소법 제148조 제1항). 그러나 이는 임의적인 것으로 상대방이 변론하지 아니하겠다고 하는 경우에는 기일 해태 및 진술하지 아니한 것으로 처리되는 불이익을 입을 수 있다. 다만 재판장은 진술한 것으로 간주하지 아니한 채 불출석으로 처리하면서 재량으로 연기할 수는 있으나 출석한 당사자만으로 변론을 진행할 때에는 반드시 불출석한 당사자가 제출한 서면은 반드시 진술간주시켜야 한다(대법원 2008다2890 판결).

제5절 준비서면

Ⅰ. 의 의

준비서면은 당사자가 변론에서 진술하고자 하는 사항을 기일 전에 미리 적어 법원에 제출하는 서면을 말한다. 준비서면은 증거절차와 아울러 변론의 핵심이라 할 수 있다. 준비서면은 변론기일에서 진술할 사항을 미리 예고함을 넘어 복잡한 사안에 있어 법원과 상대방이 미리 이해하고 변론을 준비하여 변론에 임하게 함으로써 변론의 집중과 심리의 촉진에 기여함을 목적으로 한다. 당사자로서는 준비서면을 작성, 제출함으로써 자기의 주장을 법원의 소송기록에 확실하게 남겨두는 효과도 거둘 수 있다.

준비서면은 어디까지나 변론 예고에 그치기 때문에 이를 제출한 것만으로는 소송자료가 될 수 없고, 소송자료가 되기 위하여는 변론에서 진술되거나 진술간주되어야 한다. 물론 당사자는 제출한 준비서면을 진술하지 않고 철회할 수 있다.

준비서면에는 통상의 준비서면 외에 답변서와 요약준비서면이 있다. 요약준비서면은 변론의 종결에 앞서 종래의 쟁점과 증거의 정리결과를 요약한 준비서면이다. 재판장은 당사자의 공격방어방법의 요지를 파악하기 어렵다고 인정되는 때에는 요약준비서면의 제출을 명할 수 있다(민소법 제278조). 특히 사안이 복잡다기하여 심리가 장기간에 걸쳐 이루어진 사건에 있어서는 이러한 요약준비서면의 제출을 명하는 경우가 많다.

Ⅱ. 준비서면의 기재사항

준비서면에 기재할 사항은 민소법 제274조 제1항에 규정되어 있다. 주된 기재내용은 공격방어방법과 이에 대한 답변이다(같은 항 제4호, 제5호). 이들에 대하여는 사실상 주장을 증명하기 위한 증거방법과 상대방의 증거방법에 대한 의견을 함께 적어야 한다(동조 제2항).

당사자가 가지고 있는 문서로서 준비서면에 인용한 것은 그 등본 또는 사본을 붙여야 한다(민소법 제275조 제1항). 문서의 일부가 필요한 때에는 그 부분에 대한 초본을 붙이고, 문서가 많을 때에는 그 문서를 표시하면 된다(동조 제2항. 따라서 표시만 하고 첨부하지 않아도 된다). 다만 위 제1항 및 제2항의 문서는 상대방이 요구하면 그 원본을 보여주어야 한다(동조 제3항).

2016. 8. 1. 시행된 규칙 제69조의4에 "준비서면의 분량은 30쪽을 넘어서는 아니 된다. 다만, 제70조 제4항에 따라 그에 관한 합의가 이루어진 경우에는 그러하지 아니하다(제1항). 재판장 등은 제1항 본문을 어긴 당사자에게 해당 준비서면을 30쪽 이내로 줄여 제출하도록 명할 수 있다(제2항), 준비서면에는 소장, 답변서 또는 앞서 제출한 준비서면과 중복·유사한 내용을 불필요하게 반복 기재하여서는 아니 된다(제3항)."라고 규정하여(항소심에 관하여는 규칙 제128조) 준비서면의 분량을 제한할 수 있도록 하였다.

Ⅲ. 준비서면의 실질적 요소

1. 공격 또는 방어방법의 기재

(1) 사실에 관한 주장

사실에 관한 주장은 청구를 이유 있게 하거나 이를 저지할 법률요건 사실에 관한 것이다. 통상 이러한 요건사실 이외에 그러한 사실들을 추인할 수 있는 간접사실, 보조사실 등 주변사정(요건사실의 존부에 관한 법원의 심증형성에 도움이 될 사정)에 관한 주장도 기재한다.

변론주의가 지배하는 민사재판에서 요건사실, 즉 주요사실은 당사자가 변론에서 주장하지 아니하는 한, 법원은 판결의 기초로 삼을 수 없다. 반면에 간접사실은 주요사실의 존부를 확인하는 데 도움이 되는 데 그치는 주요사실의 경위, 내력 등에 관한 사실로서 변론주의가 적용되지 않으므로 당사자의 주장이 없더라도 법원은 증거에 의하여 이를 인정하여 요건사실을 인정할 수 있는 자료로 사용할 수 있다. 간접사실에 대하여 당사자 간에 자백이 있더라도 법원은 이에 구속되지 아니하며, 이에 관한 당사자의 주장에 대하여 판단하지 아니하더라도 판단 누락이 되지 않는다. 주요사실인지 간접사실인지 문제가 되는 경우는 다음과 같다.

① 소멸시효의 기산점은 변론주의의 적용대상으로 본래의 소멸시효 기산일과 당사자가 주장하는 기산일이 서로 다른 경우에는 당사자가 본래의 기산일보다 뒤의 날짜를 기산일로 하여 주장한 경우는 물론이고(대법원 71다409 판결) 특별한 사정이 없는 한, 그 반대의 경우에 있어서도 변론주의의 원칙상 법원은 당사자가 주장하는 기산일을 기준으로 소멸시효를 계산하여야 한다(달리 본다면 소멸시효 중단 사유 주장에도 지장이

있을 뿐만 아니라 채권자가 불측의 불이익을 입을 수 있기 때문이다. 대법원 94다35886 판결). 그러나 어떤 권리의 소멸시효 기간이 얼마나 되는지에 관한 주장은 단순한 법률상의 주장에 불과하므로 변론주의의 적용대상이 아니다(대법원 2012다68217 판결).

② 이전등기의 경위, 계약의 성립경위(대법원 71다278 판결), 취득시효에 관한 점유 권원(대법원 96다53789 판결)은 간접사실이다.

③ 유권대리 주장에는 무권대리에 속하는 표현대리 주장이 포함되어 있다고 볼 수 없다(따라서 표현대리 주장은 주요사실이다. 대법원 83다카1489 판결).

④ 취득시효의 기산일은 간접사실이다(이른바 고정시설. 대법원 76다487 판결). 제3자 명의의 소유권이전등기 시점이 취득시효 완성 전인가 후인가에 따라 시효취득자가 제3자에 대항할 수 있는지 여부가 좌우되기 때문에 취득시효 주장자가 임의로 기산점을 조작하는 것을 막기 위하여 점유기간 중에 당해 부동산의 소유권에 변동이 있는 경우에는 취득시효를 주장하는 자가 임의로 기산점을 선택하거나 소급하여 20년 이상 점유한 사실만을 내세워 시효완성을 주장할 수 없도록 하면서 이와 같은 경우에는 법원이 당사자의 주장에 구애됨이 없이 소송자료에 의하여 인정되는 바에 따라 진정한 점유의 개시시기를 인정하고 이를 바탕으로 취득시효 주장의 당부를 판단하도록 한 것이다.

준비서면에 사실에 관하여 주장을 기재하는 경우, 될 수 있는 한, 청구를 이유 있게 하는 사실, 항변사실, 재항변 사실을 구분하여 기재한다. 간접사실이나 보조사실에 관하여는 어느 요건사실과 관련된 것인지, 이를 주장하는 목적이 무엇인지를 명확하게 하여야 한다. 예비적 주장은 어떤 사실의 주장이 법원에 의하여 받아들여지지 않을 경우를 가정하여 하는 주장인데, 예비적 주장을 할 때에는 그것이 예비적인 것임을 분명하게 표시하는 것이 좋다.

(2) 법률상 주장

당사자가 주장한 사실관계가 인정됨을 전제로 하였을 때 어떠한 법률효과가 발생하는가는 법률적용의 문제로서 법원의 직권사항이다. 당사자가 주장하는 법률상 주장은 일종의 의견에 불과하여 법원을 기속하지 않는다. 그러나 법률상 주장도 동일한 사실관계로부터 2개의 청구권이 경합적으로 발생하는 경우(구소송물론을 취하고 있는 현행법 하에서는 소송물이 2개라고 본다)와 같이 청구를 특정함에 필요한 경우에는 그 범위 내에서 법원을 구속한다. 예컨대 채무불이행에 의한 손해배상책임을 주장하는 경우에

법원이 불법행위를 원인으로 한 손해배상책임을 인정하여서는 안 된다.

경우에 따라서는 법률상의 의견 진술로 보이지만 동시에 그것이 사실상의 진술을 포함한다고 보아야 할 경우도 있다. 예컨대 매매라든가 임대차라는 용어는 사실관계가 아닌 법률적 표현이지만 동시에 매매나 임대차라는 사실관계를 총괄적으로 표현하는 사실의 주장도 포함한다고 해석할 수 있는 것이다. 이러한 경우 상대방이 인정하면 재판상 자백이 성립한다. 소유권을 선결문제로 하는 소송에서 피고가 원고 주장의 소유권을 인정한다고 진술한 경우 그 소전제가 되는 소유권의 내용을 이루는 사실에 대한 진술로 볼 수 있으므로 재판상 자백이 성립한다(대법원 87다카749 판결. 원고의 소유인 사실에 다툼이 없다고 하는 진술은 권리자백이 아닌 사실에 관한 자백이므로 이를 취소하기 위하여는 재판상 자백의 취소 요건이 필요하다는 취지이다).

(3) 증거에 관한 주장(증거설명과 증거항변)

재판장은 서증의 내용을 이해하기 어렵거나 서증의 수가 방대하고 그 입증취지가 불명확한 경우에는 이를 제출한 당사자에게 서증과 그에 의하여 증명할 사실의 관계를 구체적으로 명시한 설명서의 제출을 명할 수 있다(규칙 제106조 제1항). 이러한 명령을 받은 당사자는 물론 이러한 명령을 받지 않았더라도 당사자 스스로 준비서면의 내용 중에 중요한 증거에 관하여 설명하거나 관련 주장 사실에 괄호 등을 사용하여 관련 증거를 표시하거나 서증번호, 서증명칭, 작성일자, 작성자, 입증취지 등을 기재한 증거설명서를 제출하여야 한다.

증거항변은 상대방이 제출한 증거나 자기에게 불리한 증언 등에 대하여 그 증거능력을 다투거나 증명력을 탄핵하는 것을 말한다. 예컨대 상대방 제출의 문서가 위조문서라고 주장하거나 그 기재된 일자와 다른 날에 작성되었다거나 증인이 객관적인 제3자의 입장에 놓인 사람이 아니라고 주장하는 것이다.

2. 상대방의 청구와 공격 또는 방어방법에 대한 진술

상대방의 청구에 대한 진술은 상대방의 청구를 배척하기 위한 진술로 소의 각하 또는 청구기각의 신청이 이에 해당한다. 상대방의 공격 또는 방어방법에 대한 진술은 상대방이 주장하는 개개의 공격 또는 방어방법, 즉 청구를 이유 있게 하는 진술, 항변, 재항변 등으로 주장된 사실에 대하여 그 인정 여부를 진술하는 것을 말한다(이에 의하여 쟁점을 명확하게 할 수 있다).

3. 석명에 관한 답변

석명은 소장의 청구취지 또는 청구원인, 기타 답변서나 준비서면에 기재된 당사자의 사실상 또는 법률상의 주장에 관하여 그 취지가 불분명한 것, 모순되는 것이 있을 경우에 이를 지적하고 당사자의 진술취지를 명확히 하며, 입증을 다하지 못한 경우에 필요한 입증을 촉구하는 것을 말한다(민소법 제136조 제1항). 재판장의 권한이지만 합의부원도 재판장에게 알리고 이를 행할 수 있다(동조 제2항). 석명권은 널리 당사자가 간과하였음이 분명하다고 인정되는 법률상의 사항을 지적하여 의견 진술의 기회를 줌으로써 변론을 보다 완전하게 하는 법원의 후견적 권능도 포함한다(동조 제4항. 이를 "법적 관점 지적의무"라고 한다). 규칙 제28조 제2항은 사실상 쟁점에 관하여도 의견진술의 기회를 주도록 하고 있다. 석명권은 법원의 소송지휘권 중에서 가장 중요한 위치를 차지하는 것으로서 변론주의 하에서 당사자 사이의 능력의 실질적 차이로 발생할 수 있는 잘못을 시정하는 역할을 한다. 다시 말하자면 변론주의의 혜택을 누리지 못하는 당사자에 대하여 제대로 소송자료를 제출하도록 돕는 역할을 하는 것이다. 이로써 실질적 평등 또는 사회적 법치국가의 이상을 실현할 수 있게 될 것이다. 당사자도 상대방의 주장에 대하여 그 취지가 분명하지 아니한 것에 대하여는 법원에 구문권을 행사하여 상대방에게 석명을 구할 수 있다(동조 제3항).

석명권은 그 기능면에서 변론주의와 밀접한 관계를 맺고 있는 만큼 그 범위를 어느 정도로 한정할 것인가가 중요한 문제이다. 대체로 석명권은 그 소송관계를 분명하게 하기 위하여 인정된 것이므로 당사자의 신청이나 주장에 모순된 점, 불완전한 점, 불분명한 점을 지적하여 이를 정정, 보충하는 기회를 주고, 계쟁사실에 관한 증거의 제출을 촉구하는 경우에 한하여 허용된다(이를 "소극적 석명의 원칙"이라 한다). 당사자가 주장하지도 아니한 전혀 새로운 신청이나 공격방어방법을 시사하여 그 제출을 권유하는 것과 같은 적극적 석명은 변론주의의 원칙상 허용되지 않는다고 본다(대법원 2001다15576 판결). 한편 석명은 법원의 의무이기도 하다(동조 제4항). 이러한 석명 의무 위반이 상고이유가 되는지에 관하여는 후술한다.

석명의 태양은 크게 당사자에 관한 사항, 청구취지의 석명, 청구원인의 석명, 입증촉구, 법적 관점 지적의무로 나누어 볼 수 있다. 재판장은 민소법 제136조의 규정에 따라 당사자에게 설명 또는 증명하거나 의견을 진술할 사항을 지적하고 변론기일 이전에 이를 준비하도록 명할 수 있는데(민소법 제137조), 이를 "석명준비명령"이라 한다. 이러한 석명준비명령을 받은 당사자는 준비서면에 석명에 관한 답변을 기재하여 변론기일 전에 제출하여야 할 것이다.

Ⅳ. 준비서면의 제출과 교환

지방법원 합의부 이상의 절차에서는 준비서면의 제출이 필요하지만 단독판사의 변론은 준비하지 아니할 수 있다(민소법 제272조 제2항 본문). 본인소송이 많아 절차의 신속, 간이화를 위함이다. 다만 상대방이 준비하지 아니하면 진술할 수 없는 사항은 그러하지 아니하다(같은 항 단서). 재판장은 당사자의 의견을 들어 특정한 사항에 관한 주장을 기재한 준비서면을 그 제출기한을 정하여 제출할 것을 명할 수 있다(민소법 제147조 제1항).

준비서면의 교환은 원칙적으로 법원을 통하여 하여야 한다. 따라서 준비서면은 그에 적힌 사항에 대하여 상대방이 준비하는 데 필요한 기간(규칙 제69조의3에 의하면 변론기일 7일전까지 상대방에게 송달될 수 있도록)을 두고 제출하여야 하며, 법원은 상대방에게 그 부본을 송달하여야 한다(민소법 제273조). 다만 양쪽 당사자가 변호사를 소송대리인으로 선임한 경우에는 변호사들 사이에 팩스나 이메일을 통하여 직접 송달이 가능하다(규칙 제47조).

재판장 등은 당사자와 준비서면의 제출횟수, 분량, 제출기간 및 양식에 관한 협의를 할 수 있고, 이에 관한 합의가 이루어진 경우 당사자는 그 합의에 따라 준비서면을 제출하여야 한다(규칙 제70조 제4항).

Ⅴ. 준비서면 제출의 효과

1. 부제출의 효과

(1) 준비서면에 적지 아니한 사실은 상대방이 출석하지 아니한 때에는 변론에서 주장하지 못한다. 다만 위 제272조 제2항 본문의 규정에 따라 준비서면을 필요로 하지 아니하는 경우(단독사건의 경우)에는 그러하지 아니하다(민소법 제276조).

위와 같이 예고 없는 사항의 주장 금지는 변론에서 상대방에게 불의타를 가하여 적절한 방어의 기회를 주지 아니하는 것은 부당하다는 취지에서 비롯된 것이다. 실무에서는 늦게 준비서면을 제출한 탓에 송달되지 아니한 준비서면을 진술하기 위하여 또는 준비서면에 기재되지 아니한 새로운 주장을 하기 위하여 기일을 1회 더 속행한 후 그 기일에서 준비서면을 진술하게 하거나 새로운 주장을 하게 한 다음 변론을 종결하게 된다.

(2) 무변론판결의 위험

피고가 소장 부본을 받은 날로부터 30일 이내에 준비서면의 일종인 답변서를 제출하지 아니한 때에는 법원은 원고의 청구에 대하여 자백한 것으로 보아 변론 없이 판결할 수 있다(민소법 제257조 제1항).

(3) 변론준비절차의 종결

변론준비절차가 열려 법원이 기간을 정하여 준비서면을 제출하게 하였음에도 불구하고 당사자가 그 기간 안에 준비서면을 제출하지 아니한 때에는 변론의 준비를 계속하여야 할 상당한 이유가 없는 한, 변론준비절차를 종결하여야 한다(민소법 제284조 제1항 제2호).

(4) 재정기간의 도과로 인한 실권효

재판장이 특정한 사항에 관하여 기간을 정하여 준비서면의 제출을 명하였음에도 당사자가 이 기간을 도과한 때에는 정당한 사유를 소명한 경우 이외에는 주장을 제출할 수 없다(민소법 제147조 제1항, 제2항).

2. 제출의 효과

(1) 진술간주의 이익

준비서면을 제출한 제출자가 변론기일에 불출석하여도 제출한 준비서면에 적혀 있는 사항을 진술한 것으로 보고 출석한 상대방에게 변론을 명할 수 있다(민소법 제148조 제1항). 만일 진술간주 전에 준비서면에 불리한 사항이 기재되었음을 발견한 경우에는 법정에 출석하여 그 준비서면은 진술하지 않는다고 진술하여야 한다.

(2) 실권적 효력의 배제

변론준비절차 전에 제출한 준비서면에 적힌 사항은 변론준비절차에서 이를 진술하지 아니한 경우에도 변론에서 주장할 수 있다. 다만 변론준비절차에서 철회되거나 변경된 때에는 그러하지 아니하다(민소법 제285조 제3항).

(3) 소취하, 피고 경정에 대한 동의권

피고가 본안에 관한 준비서면(청구가 이유 있는지 여부에 관한 주장을 기재한 준비서면을 말한다)을 제출한 후에는 원고가 소를 취하하려면 피고의 동의를 받아야 한다(민소법 제266조 제2항). 피고의 경정의 경우에도 동일하다(민소법 제260조 제1항).

(4) 사법상 형성권 행사의 효력발생

준비서면에 해제권, 취소권 등의 사법상의 형성권 행사의 의사표시를 기재한 경우에는 상대방에게 송달된 때에 사법상 형성권행사에 따른 효력이 발생한다. 이는 물론 형성권을 소송상 행사한 경우에 한한다. 다만 소취하나 소각하, 실기한 공격방어 방법으로 각하된 경우 실체법적 효과가 남는지에 관하여 판례(대법원 2013다95964 판결)는 신병존설에 따라 유효하게 남지만 상계항변은 예비적 항변인 점에 비추어 실질적 판단이 이루어지지 않은 경우 소멸한다고 본다.

제6절 변론기일에서의 당사자 쌍방 불출석

양쪽 당사자가 적법한 기일 통지(공시송달에 의한 경우도 포함한다)를 받고도 필요적 변론기일에 불출석하거나 출석하였다 하더라도 변론하지 아니한 경우를 말한다(증거신청행위는 변론한 경우에 해당한다고 본다). 양쪽 당사자가 총 2회 결석하고(양쪽 당사자가 1회 결석한 경우 재판장은 다시 기일을 정하여 당사자에게 통지하여야 한다. 민소법 제268조 제1항) ①1월 이내에 기일지정신청을 하지 아니하거나 ②기일지정신청에 따라 정한 변론기일 또는 그 뒤의 변론기일에 양쪽 당사자가 출석하지 아니하거나 출석하였다 하더라도 변론하지 아니한 때에는 소를 취하한 것으로 본다(이를 "쌍불취하 간주" 또는 "소의 의제적 취하"라고 한다. 동조 제2항, 제3항). 이는 변론준비기일 및 상소심에도 준용되는데, 상소심에서는 상소를 취하한 것으로 본다(민소법 제286조, 제268조 제4항).

당사자 쌍방 불출석으로 인한 소의 취하 간주 규정은 동일 심급의 동종 기일에 2회 불출석한 경우에만 적용된다. 따라서 ① 연속하여 결석할 필요는 없고, ② 제1심에서 1회 결석하고, 2심에서 1회 결석하거나, ③ 변론준비기일에 1회 결석하고 변론기일에 1회 결석하거나, ④ 파기환송 전후로 각 1회 결석하거나, ⑤ 소의 교환적 변경 전후로 각 1회 결석한 경우 소가 취하된 것으로 보지 아니한다.

배당이의의 소의 경우에는 배당이의를 한 사람이 첫 변론기일(첫 변론준비기일은 포함되지 않는다. 대법원 2005다41856 판결)에 출석하지 아니하면 소를 취하한 것으로 본다(민집법 제158조). 증권관련 집단소송에는 쌍불취하 간주 규정이 적용되지 않는다(증권관련 집단소송법 제35조 제4항).

양쪽 당사자 모두 불출석한 경우 변론조서에는 출석 여부 표시란에 '불출석'이라고 기재하고, 본문에는 아무런 표시를 하지 않는다. 원고가 불출석하고, 출석한 피고가 변론하지 아니한 때에는 원고 '불출석'이라고 기재하고, 본문에 피고 '변론하지 아니하다'라고 기재한다. 양쪽 당사자가 불출석한 경우 이 사실만으로 민소법 제268조의 효과가 발생하므로 변론조서에 연기라고 기재하였다고 하더라도 아무런 의미가 없고, 그로써 양쪽 당사자 불출석의 효과를 저지할 수 없다(대법원 81다791 판결).

소가 취하 간주되었음에도 불구하고 그것을 모르고 심리하던 중에 이를 발견한 경우에는 법원은 심리를 종결하고 판결로 소송종료선언을 하여야 한다. 이 경우 주문은 "이 사건 소는 2016. 3. 1.자 소취하간주로 종료되었다"라고 하면 된다. 반대로 소가 취하 간주되지 않았음에도 불구하고 법원이 취하 간주되었다고 처리한 경우에는 전술한 바와 같이 기일지정신청을 하면 된다.

제7절 변론의 제한, 분리, 병합(변론의 정리)

I. 총 설

법원은 변론의 제한, 분리, 병합을 명할 수 있고, 그 명령을 취소할 수 있다(민소법 제141조). 변론의 제한, 분리, 병합은 변론을 정리하고, 심리를 합목적적으로 진행하기 위하여 인정된 것이다. 변론의 제한과 분리는 복잡한 사건을 단순화하여 소송지연을 막는 수단인 반면, 변론의 병합은 흩어져 있는 관련사건을 하나로 모아 일거에 해결하기 위한 수단이다. 이들은 법원의 소송지휘권에 속하므로 결정의 형식으로 하며, 당사자는 이에 대하여 불복할 수 없다. 실무상으로는 변론의 제한은 청구의 객관적 병합의 경우에, 변론의 분리와 병합은 공동소송의 경우에 많이 활용되고 있다.

Ⅱ. 변론의 제한

여러 사항 중 그 일부에 대하여 변론을 명하는 등으로 변론의 대상을 한정하는 조치를 말한다. 1개의 소송에 있어서 수 개의 청구가 병합되어 있거나 피고가 수 개의 항변을 제출하여 쟁점이 복잡하여 질 경우에 심리의 혼잡을 피하기 위하여 변론을 1개의 청구 또는 1개의 항변 등으로 순서를 정하여 제한할 필요가 있다. 이러한 경우 변론을 제한함으로써 1개의 청구나 항변에 한정하여 차례로 소송자료를 심리할 수 있게 된다. 변론의 제한을 명한 경우 변론조서에는 "재판장, 이 사건의 변론을 손해배상의 존부 여부로 제한한다는 결정 고지"와 같이 기재한다.

Ⅲ. 변론의 분리

청구의 객관적 병합이나 공동소송 등으로 청구가 여럿인 경우 법원이 그 중 어느 청구를 분리하여 별개의 소송절차로 심리재판하는 절차를 말한다. 어느 청구가 다른 청구와 관련성이 부족하거나 공동소송인 중 일부에 대하여 절차의 진행에 장애가 있는 경우(예컨대 공동소송피고들 중 일부에 대하여 기일통지서가 송달불능된 경우)에는 변론을 분리하여 따로 처리하는 것이 능률적일 것이다. 후자의 경우 변론의 분리를 통하여 송달된 피고에 대하여는 변론기일을 진행하고, 송달불능된 피고에 대하여는 기일을 연기하는 방식으로 처리한다. 이 경우 변론조서에는 "재판장, 피고 ○○○에 대한 변론을 분리한다는 결정 고지"와 같이 기재한다. 차회기일에 송달불능되었던 피고에 대하여 적법하게 송달이 된 경우에는 변론을 병합할 필요 없이(이 점에서 형사공판절차와 다르다) 분리결정을 취소하면 된다(민소법 제141조 참조).

필수적 공동소송, 예비적·선택적 공동소송, 독립당사자 참가, 예비적·선택적 병합의 경우에는 변론의 분리가 허용되지 않는다.

문제는 송달불능인 피고를 분리한 채 증거조사를 마친 다음 분리되었던 피고에 대하여 나중에 위와 같이 분리결정을 취소함으로써 변론을 병합한 경우 이미 실시된 증거조사결과를 사실인정의 자료로 삼을 수 있는지 여부이다(민소법 제167조에 의하면 증거조사기일은 당사자에게 통지하여야 한다). 원고로 하여금 분리되었던 피고에 대하여 그대로 사용할 증거방법을 특정하여 거시하게 한 다음, 피고의 이의가 없다면 그대로 그 피고에 대하여도 새로운 증거조사 없이 증거자료로 삼아도 무방할 것이나 피고가 이의를 한다면 그 증거방법을 그대로 그 피고에 대한 사실인정의 자료로 삼아서는 안

될 것이다.

Ⅳ. 변론의 병합

같은 법원에 계속되어 있는 수 개의 소송을 결합하여 하나의 소송절차로 심리하기로 하는 결정을 말한다. 여기에는 동일한 당사자 사이의 객관적 병합과 당사자를 달리하는 공동소송의 형태가 있는데, 법원의 결정에 의하여 후발적으로 생긴 객관적 병합과 주관적 병합(공동소송)이라 말할 수 있다. 변론을 병합하는 이유는 매 사건 마다 심리와 증거조사를 되풀이 하는 불편을 없애고 판결을 동시에 함으로써 서로의 저촉을 막고 재판의 통일을 기하기 위함이다.

병합에 의하여 청구의 객관적 병합이 된 경우에는 동일한 당사자 사이이므로 원용이 필요 없으나 공동소송으로 된 경우에는 문제가 있다. 다수설과 실무는 각 사건에 관하여 실시된 변론이나 증거조사의 결과를 병합 후의 소송자료나 증거자료로 삼으려면 당사자의 원용이 필요하다고 본다(다만 원용의 의사표시는 묵시적으로도 할 수 있다).

한편 병합된 사건의 서증은 철회시킨 후 기본사건에 다시 제출시켜야 한다.

제8절 기일의 실시

Ⅰ. 기일의 개시

기일은 소송지휘권을 가진 재판장 등이 지정된 일시에 지정된 장소에서 사건과 당사자의 이름을 부름으로써 개시된다(민소법 제169조). 지정된 시각이 도래한 뒤에 사건의 이름과 당사자의 이름을 부를 때 당사자가 출석하지 아니하면 기일해태의 효과가 생긴다. 위법한 기일의 개시(예컨대 적법한 기일지정이나 기일통지가 없었던 경우, 적법한 사건과 당사자의 호명이 없었던 경우 등)는 소송절차에 관한 이의권(민소법 제151조, 구법하에서는 책문권이라고 하였다) 상실의 대상이 된다(대법원 82므14 판결).

Ⅱ. 기일의 진행

1. 사건의 진행순서

효율적인 심리와 당사자의 편의를 위하여 개정시간은 반드시 사건단위로 구분하여 지정하여야 한다(규칙 제39조).

2. 당사자 등 소송관계인의 출석 여부 확인

기일을 실시하기 위하여는 적법하게 기일통지가 되어 있어야 하므로 사건과 당사자의 이름을 부른 후에 당사자 등 소송관계인의 출석여부를 확인하되 적법한 기일통지가 있었는지 여부를 확인하고, 그 결과를 조서에 표시하여야 한다. 만일 적법한 기일통지가 없었다거나 송달통지서 미도착 등으로 적법하게 기일통지가 되었는지 여부를 확인할 수 없을 때에는 그 취지도 간략히 기재하여야 한다. 예컨대 "(미통지 또는 미송달) 불출석", "(송달불능) 불출석", "(송달통지서 미도착) 불출석", "(공시송달기간 미완료) 불출석"과 같이 기재한다.

3. 소송행위의 진행

재판장 등이 사건과 당사자의 이름을 부름으로써 기일이 개시되고 나면 변론기일의 경우 변론의 진행이 개시된다. 변론이 진행된 경우에 변론조서에 변론의 요지를 기재함에 있어서는 ① 판결사항의 신청과 이에 대한 답변, ② 공격방법과 방어방법에 관한 진술, ③ 석명관계 등 소송자료의 제출에 관한 사항, ④ 증거신청과 그 채부 등의 증거결정, ⑤ 증인·감정인 등의 신문 등 증거조사에 관한 사항의 순서로 기재하는 것이 통례이다.

위 ④ 에 대하여는 기록 첫머리에 편철되는 증거목록(서증목록과 증인등목록으로 나뉘며, 원고, 피고별로 별도의 용지로 작성된다. 원고 서증목록, 피고 서증목록, 원고 증인등목록, 피고 증인등목록의 순으로 편철되어 있다)에 구체적인 사항을 기재하고, 변론조서(또는 변론준비기일조서)에는 "증거관계 별지와 같음"이라고 적은 다음에 관계당사자와 서증인지 증인등인지를 구분하여 기재한다. 예컨대 원고가 서증을 제출한 경우에는 "증거관계 별지와 같음(원고 서증)"이라고 기재하고, 피고가 이에 대하여 인부를 하였을 경우에도 "증거관계 별지와 같음(원고 서증)"이라고 기재한다. 원고가 서증을 제출하고, 같은 기일에서 피고가 증인을 신청하였을 경우에는 "증거관계 별지와 같음(원고 서증, 피고 증인등)"이라고 기재한다.

4. 기일의 종료

통상의 변론기일은 재판장이 변론의 종결을 선언하거나 연기 또는 속행을 선언한 다음, 다음 기일(판결선고기일 또는 변론기일)을 지정 고지함으로써 종료된다. 연기는 일단 기일을 개시한 후 아무런 소송행위(변론기일에서의 변론이나 증거조사기일에서의 증거조사 등)를 하지 아니하고, 새로 다음 기일을 지정하는 것을 말하고, 속행은 기일을 개시하여 목적한 소송행위를 하였으나 완결을 보지 못하여 나머지 또는 새로운 소송행위를 하기 위하여 다음 기일을 지정하는 것을 말한다. 기일을 연기 또는 속행할 때에는 소송절차의 중단, 중지 기타 특별한 사정이 없는 한, 다음 기일을 지정하여야 한다(규칙 제42조).

제 8 장
소의 변경

제1절 총 설

민사소송에서는 소송의 동태적 성격으로 말미암아 그 절차가 진행됨에 따라 소송물과 당사자 측면에서 소장에 잘못 기재한 것이 발견되거나 소장 기재 내용과 다른 사실이 드러나는 경우가 종종 있고, 이에 맞추어 소송의 목적이나 주체를 변경할 필요가 생기게 된다. 이 때 그 변경을 어느 범위 내에서 허용할지가 문제인데(너무 광범위하게 인정할 경우에는 절차의 안정을 해할 우려가 있기 때문이다), 당사자의 변경과 청구의 변경으로 나누어 살펴본다.

제2절 당사자의 변경

Ⅰ. 의 의

당사자의 변경이라 함은 소송 계속 중에 종래의 당사자에 대신하여 또는 추가하여 새로운 당사자가 소송에 가입하는 것을 말한다. 여기에는 ① 소송 중에 소송의 목적이나 분쟁의 주체로서의 지위가 인정됨에 따라 종전의 당사자가 소송에서 배제되고 새로이 분쟁의 주체가 된 제3자가 당사자로 되어 종래의 소송을 속행하는 "소송의 승계"와 ② 소송의 목적이나 분쟁의 주체로서의 지위 이전과 상관없이 새로운 제3자가 당사자로서 소송에 가입하는 "임의적 당사자 변경"이 있다.

당사자의 변경은 당사자 표시정정과 구별하여야 한다. 당사자 표시정정은 당사자의 동일성을 해하지 않는 범위 내에서 당사자의 동일성에 관한 표시를 정정하는 것을 말한다(이에 관하여는 후술한다).

Ⅱ. 소송의 승계

1. 당연승계

실체법상의 포괄승계의 원인이 있는 때에 법률상 당연히 소송당사자가 바뀌고 소송을 인계받게 되는 경우를 말한다. 이는 당사자의 사망, 법인 기타 단체의 합병, 수탁자의 임무종료, 일정한 자격에 기하여 당사자가 된 자의 자격상실, 선정당사자의 소송중에 선정당사자 전원의 사망이나 그 자격의 상실, 파산의 선고, 파산절차의 해지, 회생절차개시결정 또는 회생절차의 종료 등을 원인으로 하여 발생한다(민소법 제233조, 제234조, 제236조, 제237조, 제239조, 제240조, 채무자 회생 및 파산에 관한 법률 제59조). 소송을 승계할 자는 각 조문의 후문에 정해져 있다. 다만 당사자 사망의 경우 상속인 등이 수계인이 되는데, 상속인은 상속포기를 할 수 있는 기간인 상속개시 있음을 안 날로부터 3월내에는 소송절차를 수계하지 못한다(민소법 제233조 제2항). 상속인이 상속포기기간 내에 한 수계신청은 위법이나 그 수계신청을 받아 들여 소송절차를 진행한 흠이 있다고 하더라도 그 후 상속 포기 없이 상속포기기간을 경과한 때에는 그 전까지의 소송행위에 관한 흠은 치유된다(대법원 95다5905,5912 판결).

당연승계 사유가 발생한 경우 소송은 중단되고(다만 소송대리인이 있는 경우에는 그러하지 아니하다. 민소법 제238조), 승계인 또는 상대방에 의한 수계신청(민소법 제241조)이나 법원의 직권에 의한 속행명령(민소법 제244조)에 의하여 소송절차가 속행된다. 속행명령은 수계신청을 촉구하였음에도 당사자가 신청하지 않는 경우에 행하게 되는데, 실무상으로는 수계신청을 잘못한 경우에 흔히 명해진다. 소송절차의 수계신청이 있는 때에는 법원은 상대방에게 이를 통지하여야 한다(민소법 제242조). 소송절차의 수계신청은 법원이 직권으로 조사하여 이유가 없다고 인정한 때에는 결정으로 기각하여야 한다(민소법 제243조 제1항). 수계신청이 이유가 있다고 인정되면 명시적인 결정 없이 승계인의 소송관여를 허용하면 될 것이다. 한참 속행된 후에 승계인적격 없음이 밝혀진 경우(참칭승계인)에 관하여 대법원 80다1895 판결은 수계허가결정(묵시적으로 행해졌다고 볼 수 있다)을 취소하고, 수계신청을 각하하여야 한다고 판시한 바 있다(다만 수계신청 각하는 결정으로 기각하도록 한 민소법 제243조 제1항에 배치하는 표현인 것으로 보인다). 제1심 종국판결 선고 후에 상소심에서 그 부적법함이 드러난 경우 상소법원은 이를 간과한 원심판결을 취소하거나 파기하고, 수계신청을 기각한 다음 제1심법원에 환송하여야 한다(대법원 2000다21802 판결).

2. 특정승계

(1) 소송의 목적인 권리나 의무가 양도되어 분쟁의 주체가 변동되는 경우 승계인이나 상대방의 신청에 의하여 소송을 인계받게 되는 것을 말한다. "소송물(또는 계쟁물)의 양도에 의한 승계"라고도 한다. 승계인이 스스로 참가신청을 하여 당사자가 되는 경우를 "참가승계"(민소법 제81조)라고 하고, 종전당사자의 신청에 의하여 승계인이 비자발적으로 소송에 참가하게 되는 경우를 "인수승계"(민소법 제82조)라고 하는데, 상고심에서는 허용되지 않는다(대법원 2013다202120(전) 판결).

(2) 소송 계속 중 소송물의 양도가 있는 경우 입법례에 따라서는 당사자항정주의를 취하고 있는 나라(독일)도 있으나 우리 법은 소송승계주의를 채택하고 있다. 소송승계주의 아래에서는 승계인을 보호할 수 있는 장점이 있으나 반면에 승계인과 피승계인이 승계사실을 상대방에게 알리지 아니하고 재판을 진행하는 경우 상대방의 보호에 문제가 있다. 이에 현행법은 이를 보완하기 위하여 가처분제도(특히 점유이전금지가처분과 처분금지가처분)와 추정승계인제도(당사자가 변론종결 전에 승계사실을 진술하지 아니한 때에는 변론종결 뒤에 승계한 것으로 추정한다. 민소법 제218조 제2항)를 두고 있다(종전에 있던 예고등기제도는 폐지되었다).

(3) 소송물의 양도는 특정한 권리관계의 변동에 의하여 종전당사자가 당사자적격을 잃고 신당사자가 당사자적격을 취득하는 당사자적격의 이전이므로(당사자적격승계설, 대법원 68다725(전) 판결 참조) 민소법 제81조와 제82조의 승계인은 민소법 제218조 제1항의 변론종결 뒤의 승계인에 준하여 통일적으로 취급하여야 한다는 것이 통설, 판례이다. 그리하여 청구권의 성질이 채권적인지 물권적인지에 따라 승계인의 범위를 달리 본다. 예컨대 매수인이 매도인을 상대로 소유권이전등기청구소송을 제기한 경우에 매도인으로부터 제3자가 목적물에 관한 소유권이전등기를 마친 때에 그 제3자는 여기의 승계인에 포함되지 아니한 반면에 소유권에 기한 이전등기말소소송 중에 당해 부동산을 매수하여 이전등기를 마친 자는 여기의 승계인에 해당한다.

(4) 승계의 방식과 절차

① 참가승계(또는 승계참가)

민소법 제81조 소정의 자발참가방식인데, 독립당사자참가신청의 방식으로 한다. 예컨대 원고 측의 경우 甲이 乙을 상대로 소유권에 기한 가옥명도청구소송 중에 甲이 그 가옥의 소유권을 丙에게 이전한 경우에 丙이 신청하여 새로운 원고가 되는 것을 말한다. 피고 측의 경우 乙이 丁에게 점유를 이전하여 丁이 새로운 피고가 되는 것을 말한다. 이는 채무승계인도 참가신청을 할 수 있다는 의미인데, 자기 쪽에서 승소의 자신이 있으면 자발적으로 참가를 바랄 것이기 때문에 인정된다.

만일 전주(피승계인)가 승계사실을 다투지 아니하는 경우에는 참가인이 전주에 대하여 아무런 청구를 하지 아니하여도 되며(편면참가), 전주의 대리인이 참가인의 대리인을 겸하여도 쌍방대리의 문제가 생기지 않는다. 만일 전주가 승계사실을 다투는 경우에는 승계인은 전주에 대하여도 일정한 청구를 하여야 한다(쌍면참가). 이 경우 전주, 승계인, 상대방 사이에 삼면소송의 형태가 된다.

참가신청을 하면 참가의 시기와 관계없이 당초의 소 제기 시에 소급하여 기간준수, 시효중단의 효력이 생긴다(민소법 제81조). 승계인은 참가시까지 전주가 한 소송수행의 결과에 구속된다.

② 인수승계(또는 인수참가)

민소법 제82조 소정의 강제참가방식인데, 종전당사자의 인수승계신청에 의하여 승계인을 새로운 당사자로 소송에 강제로 끌어들이는 것을 말한다. 예컨대 甲이 乙을 상대로 소유권에 기한 가옥명도청구 소송 중에 乙이 丙에게 가옥의 점유를 이전한 경우 甲의 신청에 의해 丙을 소송에 끌어 들이는 것을 말한다. 채무승계의 경우가 일반적이지만 예컨대 甲이 소유권을 丁에게 이전한 경우 권리승계인이 자기측이 승소의 자신이 없으면 참가를 꺼리는 경우도 있을 수 있으므로 전주의 상대방인 乙에 의한 원고측 인수승계(丁을 소송에 끌어 들이는 것)도 가능하다. 결론적으로 甲 과 乙간의 소송에서 丙 이 乙의 채무를 승계한 경우 인수승계 신청인은 甲 또는 乙이다(丙이 신청하면 참가승계가 된다). 인수승계는 법률이 인정한 "제3자의 소송인입(引入)"의 대표적인 예이다.

인수신청이 있을 때 법원은 신청인과 제3자를 심문하여야 한다(민소법 제82조 제2항). 인수신청을 기각한 결정에 대하여는 항고할 수 있다(민소법 제439조). 인수를 명하는 결정(주문은 "피인수신청인은 피고를 위하여 이 사건을 인수한다"와 같이 기재한다)은 중간적 재판이기 때문에 독립하여 불복할 수 없다. 원고로부터 인수신청이 있는 경우 신청의 이유로서 주장하는 사실관계 자체에서 그 승계적격의 흠결이 명백하지 않는 한 결정으로 그 신청을 인용하여야 한다(일단 인용한 후 본안 판단을 한다). 만일 인수결정 후 본안 심리결과 피고측 승계사실이 인정되지 아니하면 이는 피인수신청인에 대한 청구의 당부와 관련하여 판단할 사항이므로 청구기각 판결을 하면 된다(대법원 2003다66691 판결. 참가승계의 경우에도 같다). 이에 대하여는 인수결정을 취소하고, 신청을 각하하여야 한다는 견해도 있다.

인수승계의 효과는 참가승계의 그것과 같다.

(5) 전주의 지위와 소송탈퇴

참가승계나 인수승계가 있는 경우에는 전주인 종전당사자는 당사자적격을 잃게 되므로 상대방의 동의를 얻어 소송에서 탈퇴할 수 있다. 다만 판결의 효력은 탈퇴한 당사자에게도 미친다(민소법 제81조, 제82조 제3항, 제80조). 피승계인이 승계의 효력을 다투거나 소송물의 일부에 관하여만 승계가 있거나 추가적 인수{예컨대 건물철거 소송 도중에 피고가 그 건물에 제3자를 입주시킨 경우에 원고로서는 입주자를 피고로 삼아 퇴거 청구를 하기 위하여 인수신청을 할 필요가 있는데, 판례(대법원 80마283 결정)는 교환적 인수("면책적 인수"라고도 한다)만 인정할 뿐 이러한 추가적 인수는 부정하나 일본 판례와 같이 이를 인정해야 한다는 학설도 있다}의 경우에는 소송탈퇴의 문제가 생기지 않는다.

승계참가에 관한 민사소송법 규정과 2002년 민사소송법 개정에 따른 다른 다수당사자 소송제도와의 정합성, 원고 승계참가인(이하 '승계참가인'이라 한다)과 피참가인인 원고의 중첩된 청구를 모순 없이 합일적으로 확정할 필요성 등을 종합적으로 고려하면, 소송이 법원에 계속되어 있는 동안에 제3자가 소송목적인 권리의 전부나 일부를 승계하였다고 주장하며 민사소송법 제81조에 따라 소송에 참가한 경우, 원고가 승계참가인의 승계 여부에 대해 다투지 않으면서도 소송탈퇴, 소 취하 등을 하지 않거나 이에 대하여 피고가 부동의하여 원고가 소송에 남아 있다면 승계로 인해 중첩된 원고와 승계참가인의 청구 사이에는 필수적 공동소송에 관한 민사소송법 제67조가 적용된다(대법원 2019. 10. 23. 선고 2012다46170(전) 판결).

Ⅲ. 임의적 당사자 변경

1. 의 의

임의적 당사자 변경은 소송의 목적인 권리, 의무나 분쟁의 주체로서의 지위 변경과 상관없이 소송계속 중에 당사자의 의사에 의하여 당사자가 교체되거나 추가되는 것을 말한다. 임의적 당사자 변경은 절차의 안정을 해할 우려가 있으므로 법이 예외적으로 인정한 경우에 한하여 제1심 변론종결시까지 허용되는데, 교환적으로 당사자가 변경되는 피고의 경정과 추가적으로 당사자가 변경되는 고유필수적 공동소송인의 추가, 예비적 또는 선택적 공동소송인의 추가가 있다. 광의의 임의적 당사자 변경에는 계속 중인 타인간의 소송에 당사자 아닌 제3자가 자신의 의사에 기하여 가입하는 소송참가(보조참가, 공동소송적 보조참가, 독립당사자참가, 공동소송참가)가 포함된다.

2. 피고의 경정(更正)

원고가 피고를 잘못 지정한 것이 분명한 경우에는 제1심 법원은 변론을 종결할 때까지 원고의 신청에 따라 결정으로 피고를 경정하도록 허가할 수 있다(민소법 제260조 제1항). 원고의 경정은 허용되지 않으며(이에 대하여는 반대설도 있다), 경정신청은 제1심 변론종결시까지만 할 수 있다. 경정신청은 서면으로 하여야 하는데(동조 제2항), 신청서에는 새로 피고가 될 사람의 이름·주소와 경정신청의 이유를 기재하여야 한다(규칙 제66조). 다만 피고가 본안에 관하여 준비서면을 제출하거나 변론준비기일에서 진술하거나 변론을 한 뒤에는 피고의 동의를 받아야 한다(민소법 제260조 제1항 단서). 경정신청서는 피고에게 송달하여야 하는데, 피고에게 소장의 부본이 송달되지 아니한 경우 그러하지 아니하다(동조 제3항). 피고가 경정신청서를 송달받은 날로부터 2주 이내에 이의를 제기하지 아니하면 동의를 한 것으로 본다(동조 제4항).

피고를 잘못 지정한 것이 분명한 경우라고 함은 청구취지나 청구원인의 기재내용 자체로 보아 원고가 법률적 평가를 그르치는 등의 이유로 피고의 지정을 잘못한 것이 명백하거나 법인격의 유무에 관하여 착오를 일으킨 경우 등을 말하고, 뒤에 증거조사 결과 판명된 사실관계로 미루어 피고 지정이 잘못된 경우는 포함되지 않는다(대법원 97마1632 결정). 실무상 피고적격자를 혼동한 것이 분명하여 피고경정이 허용되는 대표적인 사례는 주식회사를 피고로 할 것을 그 대표이사 개인을 피고로 한 경우를 들 수 있다. 피고를 잘못 지정한 것이 분명한 경우에 해당되지 않는 경우에도 민소법 제70조에 따라 예비적 또는 선택적 공동소송인으로 추가할 수 있는 때에 해당할 수 있으므로 이 경우에는 재판장의 적절한 석명권 행사가 요청된다.

경정신청에 대한 결정은 피고에게 송달하여야 한다. 다만 피고에게 소장의 부본을 송달하지 아니한 때에는 그러하지 아니하다(민소법 제261조 제1항). 신청을 허가하는 결정을 한 때에는 그 결정의 정본과 함께 소장의 부분을 새로운 피고에게 송달하여야 한다(동조 제2항). 신청을 허가하는 결정에 대하여는 동의가 없었다는 사유로만 즉시항고를 할 수 있다(동조 제3항). 신청을 기각하는 결정에 대하여 원고는 민소법 제439조에 의한 항고(통상항고)를 할 수 있다. 신청을 허가하는 결정을 한 때에는 종전의 피고에 대한 소는 취하된 것으로 본다(동조 제4항). 새로운 피고에 대하여는 경정신청의 서면을 제출한 때에 소를 제기한 효력(시효중단, 법률상 기간 준수 등)이 생긴다(민소법 제265조).

3. 고유필수적 공동소송인의 추가

법원은 필수적 공동소송인 가운데 일부가 누락된 경우에는 제1심 변론을 종결할 때까지 원고의 신청에 따라 원고 또는 피고를 추가하도록 허가할 수 있다(민소법 제68조 제1항 본문). 추가하지 아니하면 소송 자체가 부적법해지기 때문인데, 판례(대법원 2007후1510 판결)와 통설은 유사필수적 공동소송이 아닌 고유필수적 공동소송인의 추가만이 허용된다고 본다. 다만 원고의 추가는 추가될 사람의 동의를 받은 경우에만 허가할 수 있다(같은 항 단서). 원고만이 추가신청을 할 수 있는데, 원고의 추가신청에 대하여 법원은 결정으로 그 허부를 재판한다.

법원이 필수적 공동소송인의 추가를 허가하는 결정을 한 때에는 허가결정의 정본을 당사자 모두에게 송달하여야 하며, 추가될 당사자에게는 소장 부본도 송달하여야 한다(동조 제2항). 허가결정에 대하여는 추가될 원고의 동의가 없었다는 것을 사유로 하는 경우에만 즉시항고를 할 수 있다(동조 제4항). 그 즉시항고는 집행정지의 효력을 가지지 아니한다(동조 제5항). 공동신청인의 추가신청을 기각한 결정에 대하여는 즉시항고를 할 수 있다(동조 제6항).

법원의 허가결정에 의하여 공동소송인이 추가된 경우에는 필수적 공동소송의 성질에 비추어 처음에 소가 제기된 때에 추가된 당사자와 사이에 소가 제기된 것으로 본다(동조 제3항). 종전의 공동소송인이 행한 소송수행의 결과는 유리한 소송행위의 범위 내에서 추가된 당사자에게도 효력이 있다.

4. 예비적 또는 선택적 공동소송인의 추가

공동소송인 가운데 일부의 청구가 다른 공동소송인의 청구와 법률상 양립할 수 없거나(원고가 복수인 경우이다) 공동소송인 가운데 일부에 대한 청구가 다른 공동소송인에 대한 청구와 양립할 수 없는 경우(피고가 복수인 경우이다)에는 민소법 제67조 내지 제69조를 준용한다(민소법 제70조 제1항 본문). 이는 주관적 예비적 병합 및 주관적 선택적 병합에 관한 규정인데, 제68조(필수적 공동소송인의 추가)를 준용한다고 규정하고 있으므로 제1심의 변론을 종결할 때까지 당사자를 추가하는 방식에 의하여 이와 같은 공동소송을 제기할 수 있다.

5. 보조참가

(1) 의의와 요건

보조참가는 타인간의 소송계속 중 그 소송결과에 이해관계 있는 제3자가 당사자 일방의 승소를 보조하기 위하여 그 소송에 참가하는 것을 말한다(민소법 제71조 본문). 보조참가인은 피참가인인 당사자의 승소를 위한 보조자일 뿐 당사자가 아니다.

"소송결과에 이해관계가 있다"는 것은 판결의 효력이 직접 참가인에게 미치는 경우(이 때는 공동소송적 보조참가가 된다)는 물론 참가인의 법률상의 지위가 소송목적인 권리관계의 존부와 논리적으로 의존관계에 있는 경우를 말한다. 구체적으로는 피참가인이 패소할 경우 참가인이 구상당하거나 손해배상청구를 당할 가능성이 있는 때 등이다. 보조참가로 인하여 소송절차를 현저하게 지연시키는 경우에는 보조참가가 허용되지 않는다(동조 단서). 이는 보조참가가 재판지연의 수단으로 악용되는 것을 막기 위해 마련된 공익적 요건이다.

(2) 참가절차

보조참가에는 소에 관한 규정이 적용되지 않으므로 참가신청은 서면 또는 말로 할 수 있다(민소법 제161조). 보조참가신청서에는 참가의 취지(누구를 위하여 보조참가하는지)와 참가이유(소송의 결과에 대한 이해관계의 내용)를 밝혀야 한다(민소법 제72조 제1항). 서면으로 참가를 신청한 경우에는 법원은 그 서면을 양쪽 당사자에게 송달하여야 한다(동조 제2항). 참가신청은 참가인으로서 할 수 있는 소송행위(예컨대 상소의 제기 등)와 동시에 할 수 있다(동조 제3항).

당사자가 참가에 대하여 이의를 신청한 때에는 참가인은 참가의 이유를 소명하여야 하며, 법원은 참가를 허가할 것인지 아닌지를 결정하여야 한다(민소법 제73조 제1항). 법원은 직권으로 참가인에게 참가의 이유를 소명하도록 명할 수 있으며, 참가의 이유가 있다고 인정되지 아니하는 때에는 참가를 허가하지 아니하는 결정을 하여야 한다(동조 제2항). 참가이유도 없이 사실상 소송대리의 목적으로 보조참가를 신청하는 등 변호사대리의 원칙을 잠탈하기 위한 편법으로 보조참가 제도가 이용되는 것을 방지하기 위함이다. 위 제1항 및 제2항의 허부결정에 대하여는 당사자 또는 참가인이 즉시항고를 할 수 있다(동조 제3항). 당사자가 참가에 대하여 이의를 신청하지 아니한 채 변론하거나 변론준비기일에서 진술을 한 경우에는 이의를 신청할 권리를 잃는다(민소법 제74조).

참가인은 그의 절차에 대한 이의신청이 있는 경우라도 참가를 허가하지 아니하는 결정이 확정될 때까지 소송행위를 할 수 있다(민소법 제75조 제1항). 당사자가 참가인의 소송행위를 원용한 경우에는 참가를 허가하지 아니하는 결정이 확정되어도 그 소송행위는 효력을 가진다(동조 제2항).

(3) 참가인의 소송상 지위

보조참가인은 당사자가 아니므로 증인이 될 수 있다. 보조참가인에게 독자적으로 기일의 통지도 하여야 하고, 판결정본도 송달하여야 한다. 보조참가인이 출석하여 변론하면 피참가인이 기일해태의 불이익을 입지 않게 된다.

보조참가인은 증거신청, 상소의 제기, 이의신청 등 원칙적으로 모든 소송행위를 할 수 있다(민소법 제76조 제1항 본문). 그러나 참가할 때의 소송정도에 따라 할 수 없는 소송행위(예컨대 피참가인의 상소기간이 도과한 후의 상소제기)는 할 수 없다(같은 항 단서). 또한 참가인의 소송행위가 피참가인의 소송행위에 어긋나는 경우(예컨대 피참가인이 한 자백을 취소하는 경우)에는 그 참가인의 소송행위는 효력을 가지지 아니한다(동조 제2항). 피참가인은 참가인이 제기한 항소를 취하할 수 있다(대법원 2010다38168 판결). 그러나 피참가인의 명백하고도 적극적인 의사에 어긋나지 않으면 참가인의 행위가 무효로 되지 않는다. 예컨대 피참가인이 명백히 다투지 않은 사실을 다투거나 피참가인이 상소를 제기하고 있지 않을 때에 상소를 제기할 수도 있다. 한편 보조참가인은 피참가인의 승소보조자에 불과하므로 피참가인에게 불이익한 행위, 예컨대 소의 취하, 청구의 포기·인낙, 화해, 상소의 포기와 취하 등의 행위는 물론 주도적 당사자의 지위에서만 할 수 있는 반소 제기나 소의 변경도 할 수 없다. 참가인은 언제든지 피참가인이나 상대방의 동의 없이 참가신청을 취하할 수 있다.

(4) 판결의 참가인에 대한 효력(참가적 효력)

보조참가가 있는 경우에 판결의 효력은 특별한 경우를 제외하면 참가인에게도 미친다(민소법 제77조). 이 효력을 통설과 판례는 기판력이 아닌 참가적 효력이라 하는데, 피참가인이 패소한 후 보조참가인을 상대로 소송을 하는 경우에 보조참가인이 피참가인에 대하여 그 판결이 부당하다고 주장할 수 없는 구속을 받게 되는 것을 말한다. 참가적 효력을 인정하는 근거는 피참가인과 공동으로 소송을 수행한 이상, 패소의 경우 그 책임을 공평하게 부담하는 것이 형평의 관념과 금반언의 원칙에 부합하기 때문이라고 본다. 참가적 효력은 참가인과 피참가인 사이에만 미치고, 피참가인에게 불이익하게 발생할 수도 있으며, 판결 주문 뿐만 아니라 이유 중의 법률상·사실상의 판단에도 미친다(이렇게 효력의 범위를 넓히지 아니하면 참가인에게 판결의 효력이 미치는 실익을 거둘 수 없기 때문이다). 참가인과 피참가인이 공동전선을 구축하여 소송수행을 하였다고 할 수 있는 사항(공동이익으로 주장하거나 다툴 수 있었던 사항)에 대한 판단에 한정되며, 결론에 영향을 미칠 수 없는 부가적·보충적 판단이나 방론에까지 미치는 것은 아니다(대법원 95다42133 판결). 소송당사자는 참가할 수 있음에도 참가하지 아니한 자에게 참가적 효력을 미치게 하기 위하여 소송고지를 할 수 있다.

화해권고결정에 의해 종료된 경우에는 확정판결과 같은 법원의 사실상 또는 법률상의 판단이 이루어졌다고 할 수 없으므로 참가적 효력이 발생하지 않는다(대법원 2012다78184 판결).

6. 공동소송참가

(1) 의 의

공동소송참가는 소송목적이 한 쪽 당사자와 제3자에게 합일적으로 확정되어야 할 경우에 그 제3자가 계속 중인 소송에 당사자로서 참가하는 것을 말한다(민소법 제83조). 당사자로 참가한다는 점에서 판결의 효력을 받는 제3자가 보조참가인으로 참가하는 공동소송적 보조참가와 다르다.

(2) 요 건

"합일적으로 확정될 경우"라 함은 판결의 효력이 제3자에게도 미치는 경우로서 참가인과 피참가인이 공동으로 소를 제기하였거나 제기당하였다면 그들의 관계가 필수적 공동소송인의 관계에 있는 경우를 의미한다. 여기서의 필수적 공동소송에는 유사필수적 공동소송뿐만 아니라 고유필수적 공동소송도 포함된다(통설). 고유필수적 공동소송의 경우 탈락된 공동소송인을 추가하는 제도(민소법 제68조)가 따로 마련되어 있지만 공동소송참가는 항소심에서까지 허용되고(대법원 2000다9086 판결. 상고심에서도 허용되는지에 관하여는 학설의 다툼이 있는데, 민소소송 등 인지법 제6조 제1항은 제1심과 항소심에서만 적용되는 것을 전제로 규정하고 있다), 제3자가 스스로 소송에 참가하여 당사자 적격의 흠을 보정할 수 있게 된다는 점에서 이 제도의 독자적 의의가 있다.

공동소송참가가 허용되는 예로는 주주의 1인이 주주총회결의취소의 소를 제기하고 그 소의 판결의 효력을 받을 다른 주주가 공동 원고로서 소송에 참가하는 경우, 채권자대위소송에서 다른 채권자가 원고로서 참가하는 경우(대법원 2013다30301 판결), 추심채권자의 추심의 소에 집행력 있는 정본을 가진 다른 채권자가 원고로서 참가하는 경우(민집법 제249조 제2항), 상법 제403조 소정의 주주대표소송에서 회사가 원고로서 참가하는 경우(상법 제404조 제1항. 주주대표소송이 사해소송으로 나아가는 것을 막기 위해 참가하는 것인데, 이 경우의 참가의 성질에 관하여 판례(대법원 2000다9086 판결)는 공동소송적 보조참가가 아닌 공동소송참가라고 본다) 등이 이에 해당한다.

(3) 참가절차와 심리

참가신청에는 보조참가신청에 관한 규정이 준용된다(민소법 제83조 제2항). 다만 소의 제기 또는 청구의 기각을 구하는 신청에 해당하므로 서면에 의하여야 한다. 기존의 당사자는 참가신청에 대하여 이의를 제기할 수 없다. 원고 측의 경우 중복제소에 해당하지 않아야 함은 물론, 제소기간 내에 신청하여야 한다(제소기간이 지난 경우에는 후술하는 공동소송적 보조참가를 할 수 밖에 없다).

참가가 적법하다고 인정되면 참가인과 피참가인은 필수적 공동소송인이 되므로 그 절차에 관하여는 민소법 제67조가 준용된다.

7. 공동소송적 보조참가

(1) 의 의

공동소송적 보조참가는 재판의 효력이 제3자에게 미치는 경우에 그 제3자가 하는 보조참가를 말한다(민소법 제78조). 예컨대 채권자대위소송에 있어서 채무자, 선정당사자에 의한 소송에 있어서 선정자, 추심채권자에 의한 추심의 소에 있어서의 집행채무자 등이 보조참가하는 경우가 이에 해당한다. 공동소송적 보조참가인은 독립된 당사자적격을 가지지 아니한다는 점에서 공동소송참가와 구별된다.

보통의 보조참가와 별도로 공동소송적 보조참가를 인정하는 이유는 판결의 효력을 받는 제3자를 위해서는 보통의 보조참가보다 훨씬 강한, 필수적 공동소송인에 준하는 소송수행권을 부여할 필요가 있기 때문이다. 단순한 보조참가로 취급할 것인가 아니면 공동소송적 보조참가로 취급할 것인가의 여부는 당사자의 신청이나 의사에 구애될 것이 아니고, 법원이 법률해석에 의하여 결정할 성질의 것이다.

(2) 참가절차와 심리

참가신청 방법과 허부결정 및 이의는 보통의 보조참가와 같다. 또한 공동소송적 보조참가인의 지위와 그가 할 수 있는 소송행위 등도 대체로 통상의 보조참가의 경우와 동일하나 공동소송적 보조참가인은 판결의 효력을 받는 지위에 있다는 점에서 보조참가인에 비해 독립성을 인정할 필요가 있으므로 필수적 공동소송에 관한 민소법 제67조 및 제69조의 규정이 준용된다(민소법 제78조). 따라서 공동소송적 보조참가인은 소의 취하·변경, 피참가인이 한 상소의 취하나 상소취지의 감축, 반소의 제기, 청구의 포기·인낙 등은 할 수 없으나 피참가인의 행위와 저촉되는 행위는 할 수 있다(민소법 제76조 제2항의 적용이 배제된다. 예컨대 참가인이 상소를 한 경우에 피참가인이 상소를 취하할 수는 없다). 참가인의 상소기간은 피참가인과 관계없이 참가인에 대한 판결 송달시로부터 독립하여 진행한다.

8. 독립당사자참가

(1) 의 의

독립당사자참가는 타인 간의 소송계속 중에 당사자의 양 쪽 또는 어느 한 쪽을 상대로 하여 그 소송과 관련된 자기의 청구에 대하여 동시에 심판을 구하기 위하여 당사자로서 참가하는 것을 말한다. 당사자로서 참가한다는 점에서 승소보조에 불과한 보조참가와 구별되고, 기존의 어느 일방 당사자와 공동소송인이 되지 않고 독립된 제3의 당사자가 된다는 점에서 공동소송참가와 구별된다.

민소법 제79조 제1항은 "소송목적의 전부나 일부가 자기의 권리라고 주장하거나 소송결과에 따라 권리가 침해된다고 주장하는 제3자는 당사자의 양 쪽 또는 한 쪽을 상대방으로 하여 당사자로서 소송에 참가할 수 있다"라고 규정하고 있다. 전자를 "권리주장참가", 후자를 "사해방지참가"라고 한다(전자를 "견제적 독립심판 요구형 참가", 후자를 "불이익 방지형 참가"라고도 한다). 2002년 민소법이 개정되어 편면적 참가도 허용하기에 이르렀다. 독립당사자참가는 소송 중의 소의 하나로서 이에 의하여 원고·피고, 참가인 사이의 분쟁을 한꺼번에(소송경제에 도움이 된다) 모순 없이 해결할 수 있다는 점에 그 존재의의가 있으므로 이러한 합일확정을 위하여 소송진행과 재판자료의 통일에 관한 고유필수적 공동소송의 특칙(민소법 제67조)이 준용된다(민소법 제79조 제2항).

그 법적 성질에 관하여는 제3자가 당사자로 참가함으로써 전통적인 양당사자 대립구조의 예외적인 소송형태로 되어 원·피고와 참가인 세 당사자 사이에 각각 독립한 지위에서 대립되는 3면의 1개 소송관계가 성립된다고 보는 '3면소송설'이 통설, 판례이다(3개소송병합설도 있다).

(2) 요 건

먼저 타인간의 소송이 계속 중이어야 한다. 독립당사자참가는 실질에 있어 소제기의 성질을 가지므로 상고심에서는 할 수 없다고 본다(대법원 93다43682 판결). 민사소송 등 인지법 제6조 제1항도 이를 전제로 하고 있다.

참가의 이유는 권리주장참가와 사해방지참가의 경우로 나누어 볼 수 있다.

① 권리주장참가의 경우

소송목적의 전부 또는 일부가 자기의 권리임을 주장하고, 원고가 본소에서 주장하는 권리와 참가인이 주장하는 권리가 주장 자체에 의하여 논리적으로 양립할 수 없는 관계에 있어야 한다. 참가인이 원고의 본소청구와 양립되지 않는 권리 또는 그에 우선할 수 있는 권리를 주장할 것을 요하나 그것이 물권일 필요는 없다(채권이더라도 상관없다). 참가신청에서 권리가 양립할 수 없는 관계에 있다면 비록 본안에 들어가 심리한 결과 참가인의 권리가 인정되지 않더라도 이는 참가인의 청구가 이유 없는 사유가 될 뿐 참가신청이 부적법하게 되는 것은 아니다(주장설. 대법원 92다26772 판결).

부동산 이중양도의 경우, 예컨대 제2매수인이 매도인을 피고로 하여 소유권이전등기청구의 소를 제기하여 소송계속 중에, 제1매수인이 원고에 대하여 소유권이전등기청구권의 확인청구를, 피고에 대하여 소유권이전등기청구를 하면서 독립당사자참가를 한 경우 판례는 원고의 청구와 양립가능하다는 이유 또는 참가인이 피고에 대하여는 승소할 수 있으나 원고에 대하여는 승소할 수 없다는 이유로 그 참가가 부적법하다고 본다(이에 대하여는 편면적 참가도 허용된다는 점을 근거로 반대하는 학설도 있다). 다만 원고가 매매계약에 기하여 소유권이전등기청구의 소를 제기한 데 대하여, 참가인이 그 매매계약상의 매수당사자는 원고가 아니라 참가인이라고 주장하면서 원고에 대하여 매수인으로서 권리의무가 참가인에게 있다는 확인을 구하고, 피고에 대하여는 원고가 주장하는 매매계약에 기한 소유권이전등기청구의 소를 제기한 경우에는 부동산의 이중매매와 달리 하나의 매매계약상의 당사자가 누구인가의 문제이므로(하나의 계약에 기초한 것으로서 어느 한쪽의 이전등기청구권이 인정되면 다른 한쪽의 이전등기청구권은 인정될 수 없다) 그 참가는 적법하다(대법원 86다148 판결).

독립당사자참가인의 권리 또는 법률상 지위가 원고로부터 부인당하거나 그와 저촉되는 주장을 당함으로써 위협을 받거나 방해를 받는 경우에는 독립당사자참가인은 원고를 상대로 자기의 권리 또는 법률관계의 확인을 구하여야 하며, 그렇지 않고 원고가 주장하는, 자신의 주장과 양립할 수 없는 제3자에 대한 권리 또는 법률관계가 부존재하다는 확인을 구하는 것은 설령 그 확인의 소에서 독립당사자참가인만이 승소판결을 받는다고 하더라도 그로 인하여 원고에 대한 관계에서 자기의 권리가 확정되는 것도 아니고 판결의 효력이 제3자에게 미치는 것도 아니므로 확인의 이익이 없다(대법원 2010다54535,54542 판결).

② 사해방지참가의 경우

원고와 피고가 당해 소송을 통하여 제3자를 해할 의사(사해의사)를 가지고 있고, 그 소송의 결과 제3자의 권리 또는 법률상의 지위가 침해될 염려가 있다고 인정되면 충분하다. 권리주장참가와 달리 참가인의 청구가 원고의 청구와 반드시 논리상 양립할 수 없는 관계에 있어야 하는 것은 아니다(대법원 95다22795 판결). 여기서 권리의 침해가 무엇을 의미하는가에 관하여 다수설과 판례는 사해의사설에 따라 당사자가 소송을 통하여 참가인을 해할 의사를 가지고 있는 것을 객관적으로 판정할 수 있는 것을 말한다고 한다(대법원 2002다694,700 판결. 소수설로는 이해관계설, 판결효설이 있는데, 판결효설에 대하여는 참가가 허용되는 범위가 너무 좁다는 비판이, 이해관계설에 대하여는 그 범위가 너무 넓어 보조참가와의 구별이 명확하지 않다는 비판이 있다). 편면참가는 사해방지참가의 경우에도 허용된다고 본다.

채권자가 사해행위의 취소와 함께 수익자로부터 책임재산의 회복을 명하는 사해행위취소의 판결을 받은 경우 취소의 효과는 채권자와 수익자 사이에만 미치므로, 수익자가 채권자에 대하여 사해행위의 취소로 인한 원상회복 의무를 부담하게 될 뿐, 채권자와 채무자 사이에서 취소로 인한 법률관계가 형성되거나 취소의 효력이 소급하여 채무자의 책임재산으로 복구되는 것은 아니므로(사해행위취소판결의 상대적 효력) 원고의 피고에 대한 청구(소유권이전등기청구)의 원인행위(대물변제 약정)가 사해행위라는 이유로 원고에 대하여 사해행위취소를 청구하면서 독립당사자참가신청을 하는 경우, 독립당사자참가인의 청구가 그대로 받아들여진다 하더라도 원고와 피고 사이의 법률관계에는 아무런 영향이 없으므로 그러한 참가신청은 사해방지참가의 목적을 달성할 수 없어 부적법하다(대법원 2012다47548,47555 판결).

권리주장참가인지 사해방지참가인지 여부가 애매한 경우도 있다. 어느 쪽의 참가인지가 명백하지 아니한 경우 법원은 석명권을 행사하여 그 참가가 어떤 참가인지를 명백히 한 후에 참가의 적법 여부를 심리하여야 한다(대법원 94다12517,12524 판결).

(3) 심 리

참가신청은 신소 제기의 성질을 지니므로 서면에 의하여야 하고, 그 서면에는 참가의 취지와 이유를 명시하여야 한다(민소법 제79조 제2항, 제72조 제1항). 참가의 요건은 직권으로 심리하며 구비하지 않은 경우 법원은 판결로 참가신청을 각하하여야 한다.

독립당사자참가소송에는 필수적 공동소송에 관한 민소법 제67조의 규정이 준용되므로(민소법 제79조 제2항) 본안심리에 있어 3인 중 2인 간의 소송행위가 다른 1인에게 불이익이 될 때에는 효력이 생기지 않으나(민소법 제67조 제1항), 유리한 소송행위는 나머지 1인에 대하여도 효력이 있다(동조 제2항). 화해권고결정에 대하여 원·피고 및 참가인 모두가 이의를 하지 않는 경우에만 재판상화해로서 효력이 있다(대법원 2004다25901,25918 판결). 기일은 반드시 공통으로 정하여야 하며, 어느 1인에게 생긴 소송절차의 중단이나 중지의 사유는 전원에 대하여 효력이 있다(동조 제3항). 변론의 분리나 일부 판결도 허용되지 않는다.

패소자 중 1인이 상소하면 다른 패소자에게도 상소의 효력이 미쳐 판결 전부에 대하여 확정이 차단되고, 사건은 전부 상소심으로 이심된다. 이 때 패소하고도 상소하지 아니한 당사자의 지위에 관하여 판례는 합일확정을 위해 단순히 상소심의 당사자로 취급되는데 불과하다는 이유로 "상소인도 피상소인도 아닌 단순한 상소심당사자"라고 본다(대법원 80다577 판결). 독립당사자참가소송에서는 합일확정의 요청 때문에 불이익변경금지 원칙의 적용이 배제된다.

(4) 독립당사자참가소송의 해소

본소의 취하에는 피고는 물론 참가인의 동의가 필요하다(참가인도 본소 유지에 이익이 있다고 본다). 본소가 취하되거나 각하되는 경우에는 참가인의 원고 및 피고에 대한 공동소송이 남게 된다(대법원 90다4723 판결. 다만 편면참가의 경우에는 참가인의 원고 또는 피고에 대한 단일소송만이 남는다).

참가인은 소의 취하에 준하여 참가신청을 취하할 수 있다. 따라서 원고나 피고가 본안에 관하여 답변서나 준비서면을 제출한 때에는 그 자의 동의를 필요로 한다. 이 경우 원, 피고 중 어느 한 쪽의 청구만을 취하한 경우가 아닌 한, 본소만이 남게 된다.

제3자가 참가함으로써 종전의 원고 또는 피고가 소송에 머무를 필요가 없게 된 때에는 그 소송에서 탈퇴할 수 있다. 민소법 제80조 본문은 권리주장참가의 경우에 한정하여 탈퇴를 규정하고 있으나 사해방지참가의 경우에도 탈퇴가 허용된다고 보는 것이 다수설이다. 탈퇴 시에는 상대방의 승낙을 받아야 하나 참가인의 승낙은 필요하지 않다. 판결의 효력은 탈퇴자에게도 미친다(동조 단서). 여기서의 효력에는 기판력과 집행력을 포함한다고 본다(통설).

9. 소송고지

(1) 의 의

소송고지는 소송 계속 중에 당사자가 소송참가를 할 이해관계 있는 제3자에 대하여 소송계속의 사실을 통지하는 것을 말한다. 이를 통해 제3자(피고지자)에게 소송에 참가할 수 있는 기회를 줌과 동시에, 고지에 의하여 피고지자에게 판결의 효력(참가적 효력)을 미치게 하려는 것이다.

소송고지는 원칙적으로 고지자의 권한이나 예외적으로 피고지자를 위하여 법률상 강제되는 경우가 있는데, 제3채무자를 상대로 추심의 소를 제기한 채권자는 채무자에게 그 소를 고지하여야 하고(민집법 제238조), 주주대표소송을 제기한 주주는 회사에 대하여 소 제기 사실을 지체 없이 고지하여야 한다(상법 제404조).

소송고지를 할 수 있는 사람은 당사자뿐만 아니라 독립당사자참가인, 보조참가인 및 이들로부터 고지를 받은 사람이다(민소법 제84조 제2항. 따라서 어음 소송의 경우 순차 고지도 가능하다). 피고지자가 될 수 있는 사람에는 그 소송에 참가할 수 있는 제3자로서(동조 제1항) 보조참가를 할 수 있는 사람(실무상으로는 이 경우가 가장 많다)은 물론이고, 독립당사자참가, 공동소송참가 또는 권리승계참가를 할 수 있는 제3자도 포함된다. 고지자(보증채무자)가 패소할 경우에 구상청구나 손해배상청구를 당할 제3자(주채무자)가 대표적인 경우이다.

(2) 절 차

소송고지를 하고자 하는 경우 소송고지의 이유와 소송의 진행정도를 적은 서면을 제출하여야 한다(민소법 제85조 제1항). 소송고지의 이유로는 그 소송의 결과에 관하여 피고지자가 이해관계를 갖는 이유를 기재하면 되고, 소송의 진행정도는 현재 소송이 어느 정도 진행되고 있는지와 다음 기일 등을 표시하면 된다. 소송고지서는 피고지자뿐만 아니라 상대방에게도 송달하여야 한다(동조 제2항). 소송고지의 효력은 피고지자에게 적법하게 송달된 때에 발생한다. 법원은 소송고지를 할 경우가 아님이 명백한 경우가 아니면 일응 신청에 따라 고지를 행하고, 그 요건 해당 여부는 후에 피고지자가 참가한 경우 그 허부를 결정할 때 또는 고지자와 피고지자 사이에 고지의 효과가 문제될 때에 판단하면 된다.

(3) 효 과

소송고지를 받은 사람이 참가할지 여부는 전적으로 피고지자의 자유에 속한다. 다만 피고지자가 참가하지 않은 경우라도 민소법 제77조의 규정을 적용할 때에는 참가할 수 있었을 때에 참가한 것으로 본다(민소법 제86조). 즉 참가하지 않았더라도 판결의 참가적 효력이 미친다. 참가적 효력이 미치는 범위는 보조참가에서 본 바와 같다. 다만 판결문에 참가하지 아니한 피고지자의 이름은 표시하지 않는다.

소송고지서에 고지자가 피고지자에 대하여 채무의 이행을 청구하는 의사가 표명되어 있으면 시효중단 사유로서의 최고의 효력이 인정되는데, 그 효력 발생시점은 민소법 제265조를 유추적용하여 소송고지서를 법원에 제출한 때로 본다(대법원 2014다16494 판결). 소송고지의 요건이 갖추어진 경우에 그 소송고지서에 고지자가 피고지자에 대하여 채무의 이행을 청구하는 의사가 표명되어 있으면 민법 제174조에 정한 시효중단사유로서의 최고의 효력이 인정된다. 시효중단제도는 그 제도의 취지에 비추어 볼 때 이에 관한 기산점이나 만료점은 원권리자를 위하여 너그럽게 해석하는 것이 상당한데, 소송고지로 인한 최고의 경우 보통의 최고와는 달리 법원의 행위를 통하여 이루어지는 것으로서, 그 소송에 참가할 수 있는 제3자를 상대로 소송고지를 한 경우에 그 피고지자는 그가 실제로 그 소송에 참가하였는지 여부와 관계없이 후일 고지자와의 소송에서 전소 확정판결에서의 결론의 기초가 된 사실상·법률상의 판단에 반하는 것을 주장할 수 없어 그 소송의 결과에 따라서는 피고지자에 대한 참가적 효력이라는 일정한 소송법상의 효력까지 발생함에 비추어 볼 때, 고지자로서는 소송고지를 통하여 당해 소송의 결과에 따라 피고지자에게 권리를 행사하겠다는 취지의 의사를 표명한 것으로 볼 것이므로, 당해 소송이 계속중인 동안은 최고에 의하여 권리를 행사하고 있는 상태가 지속되는 것으로 보아 민법 제174조에 규정된 6월의 기간은 당해 소송이 종료된 때로부터 기산되는 것으로 해석하여야 한다(대법원 2009다14340 판결).

Ⅳ. 당사자표시정정

1. 의 의

당사자표시정정이란 소제기 당시에 확정된 당사자의 표시에 의문이 있거나 당사자가 정확히 표시되지 않은 경우에 그 표시를 정정하는 것을 말한다. 이는 당사자의 동일성을 해치지 않는 범위 내에서만 허용된다는 점에서 당사자의 변경과 구별된다. 당사자표시를 정정하는 것은 당사자를 변경하는 것이 아니므로 항소심에서도 가능하다.

원고 표시 정정도 가능하고, 항소심에서도 가능하며, 시효 중단 등 소 제기시의 효과가 유지된다는 점에서 피고 경정과 다르다. 당사자표시 정정은 민소법에 규정은 없지만 판례가 인정하고 있는 것이다.

2. 판례상 허용된 경우

(1) 사망자를 당사자로 한 소송

이미 사망한 자를 상대로 사망사실을 모르고 소를 제기하였다가 그 표시를 상속인으로 정정하는 경우(대법원 82다146 판결)이다. 소제기 당시 이미 사망한 사실을 알고 있었다면 원칙적으로 소각하 사유가 된다. 다만 사망 사실을 알면서도 그를 피고로 하여 소를 제기한 경우에도 제반사정을 감안하여 당사자표시정정을 허용한 경우도 있다(대법원 2010다99040 판결). 만일 피고가 소 제기 전에 이미 사망한 사실을 법원이 모른 채 판결을 선고하여 형식적으로 확정되었다고 하더라도 이 판결은 당연무효이다. 따라서 상소 및 재심의 대상도 되지 아니한다(대법원 2001다69122 판결). 소제기 후 소장부본 송달 전에 피고가 사망한 경우에도 마찬가지이다(대법원 2014다34041 판결. 소송수계도 할 수 없다).

피고가 소송계속 후 변론종결 전에 사망한 경우에는 앞서 본 당연승계의 법리가 적용된다. 만일 이 경우 법원이 당사자가 사망한 사실을 모르고 판결을 선고한 경우에는 소송 계속 전에 사망한 경우와 달리 무권대리인의 경우에 준하여 상소나 재심으로 취소를 구할 수 있다(대법원 2003다34038 판결).

변론종결 이후에 피고가 사망한 경우에는(소송대리인이 없는 경우를 전제로 함) 소송절차는 중단되나 판결의 선고는 소송절차가 중단된 중에도 할 수 있으므로(민소법 제247조 제1항) 사망자 명의의 판결은 무효이거나 위법한 것이 아니다. 상속인들은 변론종결 뒤의 승계인으로서 당연히 기판력 등의 효력을 받는다. 다만 원고가 판결에 따른 집행을 위하여는 승계집행문을 받아야 하다(민집법 제31조).

소제기 당시 이미 사망한 당사자와 그 상속인이 공동원고가 되어 손해배상청구소송을 제기한 경우 이미 사망한 당사자 명의로 제기된 소는 부적법 각하되어야 할 뿐이므로 상속인이 자신의 상속분에 대해서까지 권리를 행사한 것으로 볼 수는 없다(따라서 소멸시효진행이 중단되었다고 볼 수 없다. 대법원 2015다209002 판결).

(2) 공동선조가 동일하고 실질적으로 동일한 단체를 가리키는 종중의 명칭을 변경 또는 정정하는 경우(대법원 98다50722 판결)

(3) 2차의 정정에 의하여 당초의 표시로 환원된 경우(대법원 78다1205 판결)

(4) 제소자의 의사에 비추어 착오 또는 오기임이 분명한 경우(대법원 99다3150 판결)

3. 판례상 불허된 경우

(1) 새로운 당사자의 추가(대법원 73다1190 판결)

(2) 법인이나 법인이 아닌 사단을 그 대표자 개인으로 변경(대법원 85누953 판결. 원고 주식회사 ○○○ 대표이사 甲을 甲으로 정정하려 한 사례임. 이 경우에는 원고의 경정도 허용되지 아니하므로 신소를 제기하는 수밖에 없다)

(3) 고유 의미의 종중을 종중유사의 단체로 변경(대법원 93다53955 판결)

(4) 甲을 공동선조로 하는 종중을 甲의 후손인 乙을 공동선조로 하는 종중으로 변경(대법원 2001다58870 판결)

4. 절 차

표시정정을 허용할 경우에는 별도의 명시적인 결정을 할 필요 없이 이후의 소송절차에서 정정 신청된 바에 따라 당사자의 표시를 해 줌으로써 족하다(인영 결정을 해야 하는 피고의 경정과 다르다). 실무에서는 신청서를 피고에게 송달하고 변론기일에서 진술한다. 정정신청을 불허할 경우에는 반드시 즉시 불허의 결정을 하여야 한다. 만일 즉시 불허의 결정을 하지 아니한 채 만연히 새로운 당사자를 대상으로 하여 이후의 절차를 진행하였다가 종국판결 단계에서 정정신청을 불허하게 된다면 판결절차가 위법하게 되는 결과가 될 수 있기 때문이다.

제3절 청구의 변경

I. 총 설

1. 청구의 변경의 의의

청구의 변경은 소송의 계속 중에 원고가 동일 피고에 대하여 청구취지 또는 청구원인을 변경하는 것을 말한다(민소법 제262조). 청구의 변경의 형태에는 교환적 변경과 추가적 변경이 있는데, 후자는 청구의 후발적 병합에 해당하며 단순병합, 선택적 병합, 예비적 병합으로 나누어 볼 수 있다.

2. 공격방법의 변경과의 구별

구소송물론에 따를 때 청구는 청구취지와 청구원인으로써 특정되고 동일성을 판별할 수 있는데, 공격방법은 이러한 청구를 이유 있게 하는 법률상·사실상의 소송자료이다. 따라서 원고가 동일한 청구를 유지하면서 그 청구를 이유 있게 하는 공격방법을 변경하는 것은 청구의 변경이 아니다. 이러한 공격방법을 변경하는 데에는 청구의 변경 요건을 요하지 않는다. 예컨대 가등기에 기한 본등기청구에 있어 가등기의 피담보채무를 대여금채권이라고 주장하다가 손해배상채권으로 변경하는 경우(대법원 92다11848 판결), 원인무효를 이유로 하는 등기말소청구의 경우 말소등기청구권의 발생원인을 변경하는 경우(말소등기청구권의 발생원인은 당해 등기원인의 무효에 국한되므로 사기에 의한 매매의 취소 주장과 매매의 불성립 주장은 다 같이 청구원인인 등기원인의 무효를 뒷받침하는 독립된 공격방법에 불과하다. 대법원 97다54024 판결), 채권자취소소송 중 피보전채권을 추가하거나 변경하는 경우(대법원 2001다13532 판결) 등은 공격방법의 변경이지 청구의 변경이 아니다. 이에 반하여 손해배상청구에 있어 불법행위를 원인으로 주장하다가 그 원인을 채무불이행으로 바꾸는 경우, 소유권이전등기청구소송에서 그 등기원인을 매매에서 취득시효 완성으로 바꾸는 경우(이전등기청구소송에서 소송물은 말소등기청구소송에서와 달리 등기원인별로 별개로 취급된다) 등은 청구의 변경에 해당한다.

3. 교환적 변경과 추가적 변경

추가적 변경은 구청구를 유지하면서 신청구를 추가함으로써 청구를 확장하는 형태이다. 따라서 청구의 후발적 병합에 해당하므로 청구의 병합 요건(민소법 제253조)을 필요로 한다. 추가적 병합에는 단순 병합, 선택적 병합, 예비적 병합의 세 형태가 있으므로 이 중 어떠한 형태의 병합인지 명확히 할 필요가 있다(법원의 석명의무 사항이기도 하다. 대법원 2002다41435 판결).

교환적 변경은 구청구에 갈음하여 신청구를 제기하는 변경 형태이다. 구청구의 취하와 신청구의 추가가 결합된 형태인데(결합설), 다수설과 판례(대법원 2008두2606 판결)는 구청구의 취하에 피고의 동의를 요한다고 본다. 만일 피고의 동의를 얻지 못하면 소의 변경은 교환적 변경이 아닌 추가적 변경으로 된다고 본다. 본안에 관한 1심판결이 있은 후 항소심에서 소의 교환적 변경을 하였다가 다시 본래의 구청구로 교환적 변경을 한 경우에는 종국판결 후 소를 취하하였다가 동일한 소를 다시 제기한 경우에 해당하여 민소법 제267조 제2항(재소금지)에 의하여 부적법하다(대법원 87다카1405 판결). 다만 전소와 후소가 권리보호이익이 다를 경우에는 재소가 허용된다(후술하는 대법원 97다45341 판결 참조). 항소심에서 교환적 변경 신청이 적법하면 제1심 판결은 실효되고, 항소심의 심판 대상은 새로운 청구로 바뀐다(대법원 2017다21411 판결).

변경의 형태가 추가적 변경인지 교환적 변경인지 불분명한 경우 법원으로서는 석명권 행사를 통해 명확히 하여야 한다.

Ⅱ. 요 건

1. 청구의 기초에 변경이 없을 것(민소법 제262조 제1항 본문)

판례를 중심으로 청구의 기초에 동일성이 있다고 판단한 경우를 유형화해 보면 ① 동일한 청구원인을 기초로 하여 청구의 취지를 변경한 경우, ② 신·구청구 중 어느 쪽이 다른 쪽의 변형물이거나 부수물인 경우, ③ 동일한 급부나 형성을 목적으로 하면서 법률적 구성만을 달리 하는 경우, ④ 동일한 사실이나 이익에 관한 것인데, 분쟁 해결방법만을 달리 하는 경우 등이다. 판례는 이 요건을 피고의 이익을 보호하기 위한 요건(사익적 요건)으로서 소송절차에 관한 이의권의 대상으로 본다(대법원 2009다33655 판결).

2. 소송절차를 현저하게 지연시키지 않을 것(같은 항 단서)

새로운 청구의 심리를 위하여 종전의 소송자료를 대부분 이용할 수 있는 경우에는 이 요건을 충족시킨다고 본다(대법원 2007다56524 판결). 이 요건은 공익적 요건이다. 다만 청구이의의 소와 같이 별도의 소를 금하는 경우(민집법 제44조 제3항. 이의 사유를 동시에 주장하여야 한다)에는 소송절차를 지연시킬 경우에도 청구의 변경이 허용된다.

3. 사실심에 계속 중이고 변론종결 전일 것(변론 없이 한 판결의 경우에는 판결을 선고할 때까지. 동조 제1항 본문)

Ⅲ. 방식 및 절차

청구취지의 변경은 서면으로 신청하여야 한다(동조 제2항). 이 서면은 상대방에게 송달하여야 한다(동조 제3항). 서면에 의하지 않은 경우 상대방이 지체 없이 이의하지 아니하면 이의권이 상실된다(대법원 92다51204 판결). 청구원인의 변경은 말로 해도 무방하다. 청구의 감축은 청구취지의 변경에 해당하지만 원칙적으로 청구의 포기가 아닌, 소의 일부 취하로 보므로 반드시 서면에 의할 필요가 없고, 피고가 본안에 관하여 응소한 때에는 피고의 동의를 요하나 이러한 동의는 묵시적으로 하여도 무방하다(대법원 93누9460 판결). 청구취지를 보충·정정함에 그치는 경우에도 반드시 서면에 의할 필요는 없다.

Ⅳ. 심 리

청구의 변경 신청이 적법하다고 인정할 때에는 바로 변경된 청구에 대하여 심판하면 족하며 허가한다는 명시적 재판을 요하지 않는다. 만일 법원이 청구의 취지 또는 원인의 변경이 옳지 아니하다고 인정한 때에는 직권으로 또는 상대방의 신청에 따라 변경을 허가하지 아니하는 결정을 하여야 한다(민소법 제263조).

청구의 교환적 변경에 있어 신청구의 시효중단 내지 제척기간의 준수의 효과는 구청구 당시로 소급하지 않고 소 변경의 서면을 제출하였을 때에 발생한다(민소법 제265조). 다만 판례는 다음에서 보는 바와 같이 소급효를 긍정한 경우도 있다.

(1) 저당권이 설정된 부동산에 관한 매매행위가 사해행위에 해당함을 이유로 그 매매계약의 전부 취소 및 그 원상회복으로서 소유권이전등기의 말소를 구하다가 사해행위 이후 저당권이 소멸된 사정을 감안하여 법률상 이러한 경우 원상회복이 허용되는 범위 내의 가액배상을 구하는 것으로 청구취지를 변경하면서 그에 맞추어 사해행위취소의 청구취지를 변경한 데에 불과한 경우에는 하나의 매매계약으로서의 당해 사해행위의 취소를 구하는 소 제기의 효과는 그대로 유지되고 있다고 봄이 상당하다(대법원 2004다67806 판결. 이는 청구취지의 변경이 없이도 가액배상 판결이 가능하다는 점에서 타당하다).

(2) 원고가 채권자대위권에 기해 청구를 하다가 당해 피대위채권 자체를 양수하여 양수금청구로 소를 변경한 사안에서, 이는 청구원인의 교환적 변경으로서 채권자대위권에 기한 구 청구는 취하된 것으로 보아야 하나, 그 채권자대위소송의 소송물은 채무자의 제3채무자에 대한 계약금반환청구권인데 위 양수금청구는 원고가 위 계약금반환청구권 자체를 양수하였다는 것이어서 양 청구는 동일한 소송물에 관한 권리의무의 특정승계가 있을 뿐 그 소송물은 동일한 점, 시효중단의 효력은 특정승계인에게도 미치는 점(민법 제169조 참조), 계속 중인 소송에 소송목적인 권리 또는 의무의 전부나 일부를 승계한 특정승계인이 소송참가하거나 소송인수한 경우에는 소송이 법원에 처음 계속된 때에 소급하여 시효중단의 효력이 생기는 점 등에 비추어 볼 때, 당초의 채권자대위소송으로 인한 시효중단의 효력은 소멸하지 않는다(대법원 2010다17284 판결).

항소심에서 소의 교환적 변경이 있는 때 변경된 신청구에 대하여 배척하여야 할 경우 법원은 원고의 청구를 기각한다는 주문을 표시하여야 하며, 그 주문의 표시가 제1심 판결과 같다고 하여 항소기각을 해서는 안 된다(대법원 96다25449,25456 판결). 소 변경 결과 청구취지가 동일하고 청구원인만 달리 하는 경우에도 마찬가지이다. 가집행선고있는 승소 판결 이후 항소심에서 교환적 변경이 있으면 그 가집행선고는 실효된다(대법원 94다58490,58506 판결).

제 9 장

당사자의 행위에 의한 소송의 종료

제1절 소의 취하

Ⅰ. 의 의

소의 취하는 원고가 소의 전부나 일부를 철회하는 법원에 대한 단독적 소송행위이다. 처분권주의상 원고는 자유롭게 소를 취하할 수 있다. 소가 주관적 또는 객관적으로 병합되어 있는 수 개의 청구 중 일부는 물론, 1개의 청구 중 일부도 취하할 수 있다. 청구의 감축을 청구의 일부 포기로 볼지, 아니면 소의 일부 취하라고 볼지 여부에 관하여 원고의 의사가 분명하지 아니한 때에는 원고에게 유리한(기판력이 생기지 아니하므로 청구의 포기보다 유리하다) 소의 일부 취하(이에 대하여 피고는 묵시적으로 동의하는 경우가 대부분이다)로 볼 것이다(대법원 2003다46758 판결). 또한 소의 일부 취하와 공격방법의 일부 철회는 구별하여야 한다(소송물인지 공격방법인지의 구별은 소송물이론에 따라 달라진다).

소송 외에서 원고가 소를 취하하기로 피고와 합의한 경우(소취하 계약 또는 소취하 합의라고 한다), 피고가 소송에서 이를 주장·입증하면 원고는 권리보호의 이익을 잃기 때문에 법원은 소를 각하하여야 한다(사법행위설에 따른 것이다. 대법원 2005다14861 판결). 소 취하 합의는 합의 해제 할 수 있다(대법원 2005후1202 판결).

Ⅱ. 요 건

1. 소송물

가사소송, 행정소송 등 직권탐지주의의 적용을 받는 소송물에 대하여도 원고는 자유롭게 소를 취하할 수 있다. 다만 주주가 대표소송을 제기한 경우 소를 취하하기 위하여는 법원의 허가를 받아야 한다(상법 제403조 제6항). 증권관련 집단소송에서의 소의 취하도 마찬가지이다(증권관련 집단소송법 제35조 제1항).

2. 시 기

소제기 후 종국판결의 확정에 이르기까지 언제든지 할 수 있다(민소법 제266조 제1항). 따라서 항소심, 상고심에서도 할 수 있다. 다만 본안에 관한 종국판결이 있는 뒤에 소를 취하하면 재소금지의 제재가 따른다(민소법 제267조 제2항). 항소심에서 항소인인 원고가 취하서를 낸 경우 법원은 항소를 취하하는 취지인지 아니면 소를 취하하는 취지인지 확인하여야 할 것이나 불명일 때에는 원고에게 불이익이 적은 소취하로 봄이 상당하다.

3. 유효한 소송행위

원고에게 소송능력이 있어야 하며, 법정대리인 또는 소송대리인이 소를 취하하려면 특별한 권한을 받아야 한다(민소법 제56조 제2항, 제90조 제2항 제2호). 소의 취하는 소송행위이므로 조건을 붙여서는 아니 되며, 사기·강박이나 착오를 이유로 취소할 수도 없다.

4. 피고의 동의

상대방이 본안에 관하여 준비서면을 제출하거나 변론준비기일에서 진술하거나 변론을 한 뒤에는 상대방의 동의를 받아야 소 취하의 효력이 생긴다(민소법 제266조 제2항). 피고가 본안에 관한 진술 등을 한 경우 피고의 동의를 요하도록 한 것은 피고가 응소하겠다는 적극적인 의사표명을 하였다는 점에서 피고에게 소송절차를 유지하여 제소된 기회에 청구기각의 판결을 받을 이익이 생겼기 때문이다.

소 취하의 동의도 소송행위이므로 소송능력이 있어야 하고, 조건을 붙일 수 없다. 소송대리인의 소 취하 동의권은 특별수권사항이 아니다. 양쪽 당사자를 상대로 한 독립당사자참가를 취하함에는 원·피고 쌍방의 동의를 요하고(대법원 80다577 판결), 독립당사자참가 후 원고가 본소를 취하함에도 참가인의 동의가 필요하다(대법원 72마787 결정). 청구의 감축(일부 취하로 본다)에 대하여 피고가 이의를 하지 않고 소송을 진행시킨 경우에는 묵시적인 동의가 있다고 본다.

Ⅲ. 방 법

소송이 계속된 법원에 취하서를 제출하여야 하나(소장을 송달한 뒤에는 취하서를 상대방에게 송달하여야 한다) 변론기일이나 변론준비기일에서 말로 소를 취하할 수 있다(민소법 제266조 제3항). 상대방이 불출석하여도 말로 소를 취하할 수 있는데, 이 경우 취하의 진술을 기재한 조서의 등본을 상대방에게 송달하여야 한다(동조 제5항). 취하서나 조서등본이 송달된 날로부터 2주 이내에, 말로 취하한 때 피고가 출석한 경우에는 출석한 날로부터 2주 이내에 이의를 제기하지 않으면 소의 취하에 동의한 것으로 본다(동조 제6항).

Ⅳ. 효 력

1. 소송계속의 소급적 소멸

소가 취하되면 처음부터 소송이 계속되지 아니하였던 것으로 본다(민소법 제267조 제1항). 그러나 소 취하에 앞서 제기된 독립당사자참가, 반소는 본소의 취하에 불구하고 아무런 영향을 받지 아니한다.

소의 제기에 의한 실체법적 효과인 시효중단(민법 제170조)과 제소기간 준수의 효과는 소급적으로 소멸한다. 판례는 소송에서 공격방어방법의 일환으로 행해진 형성권행사의 효과(예컨대 원고가 계약을 해제하거나 의사표시를 취소한 경우)에 대하여 사법행위설(병존설이라고도 한다)에 따라 원고가 소를 취하하였다고 하더라도 형성권행사의 효력에는 아무런 영향이 없다고 한다(대법원 80다916 판결. 다만 상계 항변에 대하여는 신병존설에 따라 예외를 인정해야 한다고 본다. 대법원 2003다95964 판결).

소 취하로 소송이 종료된 경우 법원은 당사자의 신청에 의하여 결정으로 소송비용의 부담과 액수를 정하여야 한다(민소법 제114조). 원칙적으로 원고를 패소자에 준하여 소송비용의 전액을 부담시킬 것이나 소 취하 당시까지의 구체적인 사정에 따라 달리 정할 수도 있다.

원고가 당해 심급의 변론종결 전에 소를 취하한 때에는 해당 심급의 소장·항소장에 붙인 인지액의 2분의 1에 해당하는 금액의 환급을 청구할 수 있다(민사소송 등 인지법 제14조 제1항).

2. 재소금지

(1) 의 의

본안에 관하여 종국판결이 있은 뒤에 소를 취하한 사람은 같은 소를 제기하지 못한다(민소법 제267조 제2항). 종국판결을 선고한 뒤에 소를 취하한 다음 다시 재소의 제기를 허용한다면 본안 판결에 이르기까지 법원이 들인 노력이 무용지물이 되고, 법원의 종국판결이 당사자에 의하여 농락당할 수 있으므로 이러한 효력을 인정한 것이다(소 취하의 효력에 대하여는 나라마다 입법례가 다양하다). 이에 따라 항소심에서 청구의 교환적 변경 시 구소에 대하여는 재소금지의 효력이 미친다.

본안에 관한 종국판결에 소각하판결은 포함되지 않는다. 본안판결인 이상 원고 승소판결이건 피고 승소판결이건 불문한다.

(2) 요 건

전소와 같은 소는 당사자가 같고, 소송물이 동일하며, 권리보호이익이 같아야 한다는 것을 의미한다. 권리보호이익의 동일까지 요구한다는 점이 기판력의 범위, 중복제소금지와 다르다.

① 당사자의 동일

재소할 수 없는 자는 전소의 원고이다. 원고의 변론종결 뒤의 특정승계인도 포함되는지에 관하여는 학설이 양립하고 있다. 선정당사자가 소를 취하한 때 선정자도 재소금지의 효과를 받는다. 채권자대위소송에서 채무자가 대위소송이 제기된 것을 안 이상 채무자에게도 재소금지의 효과가 미친다(대법원 93다20177 판결. 이 판결에 대하여는 기판력으로 인한 후소의 차단과 소취하 및 재소의 남용을 방지하고자 하는 재소금지를 혼동하여 양자를 같은 기준으로 취급하는 잘못을 범하고 있다는 비판이 있다).

② 소송물의 동일

전소와 후소의 소송물이 같아야 한다. 청구취지가 같더라도 소유권에 기한 경우와 채권적 청구권에 기한 경우는 소송물이 다르다. 전소의 소송물이 후소의 소송물에 대한 선결적 법률관계를 이루고 있는 경우(예컨대 전소가 면직처분 무효 확인 청구의 소이고, 후소가 면직이 무효임을 전제로 한 손해배상 청구 소송인 경우)에도 소송물이 같다고 본다(대법원 88다카18023 판결).

③ 권리보호이익의 동일

재소를 금지한 취지는 소취하의 남용을 막고, 법원의 종국판결을 농락한 데에 대하여 제재하려는 것이므로 소취하 후 재소를 제기할 새로운 권리보호이익이 있는 경우에는 재소가 허용된다. 예컨대 피고가 전소 취하의 전제조건인 약정사항을 이행하지 않아 약정이 해제되는 사정변경이 있는 경우(대법원 2000다46399 판결), 매매를 원인으로 한 소유권이전등기 청구소송에서 승소판결을 받았으나 토지거래허가 구역 내의 토지임에도 허가를 받지 아니함이 밝혀져 항소심에서 토지거래허가 신청절차 이행의 소로 변경함으로써 당초의 소가 종국판결 후 취하된 것으로 되었는데, 원고가 토지거래허가를 받은 후 다시 소유권이전등기 청구소송을 제기하는 경우(대법원 97다45341 판결) 등이다.

甲 주식회사가 乙에 대하여 가지는 정산금 채권에 대하여 甲 회사의 채권자 丙이 채권압류 및 추심명령을 받아 乙을 상대로 추심금 청구의 소를 제기하였다가 항소심에서 소를 취하하였는데, 그 후 甲 회사의 다른 채권자 丁이 위 정산금 채권에 대하여 다시 채권압류 및 추심명령을 받아 乙을 상대로 추심금 청구의 소를 제기한 사안에서, 丙이 선행 추심소송에서 패소판결을 회피할 목적 등으로 종국판결 후 소를 취하하였다거나 丁이 소송제도를 남용할 의도로 소를 제기하였다고 보기 어려운 사정 등을 감안할 때, 丁은 선행 추심소송과 별도로 자신의 甲 회사에 대한 채권의 집행을 위하여 위 소를 제기한 것이므로 새로운 권리보호이익이 발생한 것으로 볼 수 있어 재소금지 규정에 반하지 않는다(대법원 2018다259213 판결).

(3) 효 과

재소금지의 효과는 공익적 성질을 가지고 있으므로 직권조사사항이다. 재소금지는 소권상실이라는 소송법상의 효과에 그치고, 실체법상의 권리관계에는 영향이 없다(자연채무 상태로 남게 된다). 그러므로 재소가 금지된 채권자라도 임의 변제의 수령, 담보권의 실행, 상계 등이 가능하다. 소취하의 효력을 다투는 절차로서 기일지정신청에 관하여는 전술한 바와 같다.

제2절 청구의 포기와 인낙

Ⅰ. 의 의

청구의 포기는 원고가 자기의 소송상 청구가 이유 없음을 자인하는 법원에 대한 일방적 의사표시이고, 청구의 인낙은 피고가 원고의 소송상 청구가 이유 있음을 자인하는 법원에 대한 일방적 의사표시이다. 청구의 포기 또는 인낙이 변론조서 또는 변론준비기일조서에 기재되면 확정판결과 동일한 효력이 생기고, 이로써 소송은 당연히 종료된다. 판례는 청구의 포기 및 인낙의 소송법상 성질을 소송행위(구체적으로는 관념의 통지)로 본다.

Ⅱ. 요 건

1. 당사자

당사자는 소송능력을 갖추어야 하고, 법정대리인 또는 소송대리인은 특별한 권한을 받아야 한다(민소법 제56조 제2항, 제90조 제2항). 필수적 공동소송의 경우에는 공동소송인 전원이 일치하여 청구의 포기나 인낙을 하여야 하고(민소법 제67조 제1항), 독립당사자 참가의 경우 원고가 청구를 포기하거나 피고가 청구를 인낙하더라도 참가인이 다투면 효력이 없다(민소법 제79조 제2항, 제67조 제1항).

2. 소송물

당사자가 자유로이 처분할 수 있는 권리나 법률관계이어야 한다. 따라서 직권탐지주의가 적용되는 영역에서는 청구의 포기나 인낙이 제한된다. 예컨대 가류 및 나류 가사소송사건에는 청구의 인낙에 관한 규정이 적용되지 않고(가사소송법 제12조), 행정소송에서도 청구의 인낙은 허용되지 않는다고 본다. 주주총회결의의 흠을 다투는 소송 등 회사관계형성소송에서도 청구인용판결의 대세적 효력에 의하여 제3자에게 불측의 손해를 미칠 수 있는 점에 비추어 청구의 인낙은 허용되지 않는다(대법원 92누14908 판결). 주주대표소송에서 청구의 포기나 인낙을 함에는 법원의 허가를 요하며(상법 제403조 제6항), 증권관련 집단소송에서 청구의 포기도 법원의 허가를 요한다(증권관련 집단소송법 제35조 제1항).

인낙에 의하여 인정되는 권리관계는 현행법상 인정되는 것이어야 하며 선량한 풍속 기타 사회질서에 위반되어서는 아니 된다. 권리관계 자체는 허용되지만 그것이 불법의 원인이나 강행법규위반의 원인에 의하여 생긴 경우, 예컨대 도박에 의하여 발생한 금전 등의 지급 청구에 관하여 인낙이 가능한지 문제인데, 판례(대법원 68다2024 판결)는 인낙이 가능하다고 본다(이에 대하여는 반대설도 있다). 청구의 포기나 인낙은 본안의 확정판결과 동일한 효력을 가지므로 소송요건이 구비되지 않으면 소를 각하하여야 한다(다수설).

원심에서 추가된 청구가 종전의 주위적 청구가 인용될 것을 해제조건으로 하여 청구된 것임이 분명하다면, 원심으로서는 종전의 주위적 청구의 당부를 먼저 판단하여 그 이유가 없을 때에만 원심에서 추가된 예비적 청구에 관하여 심리판단할 수 있고, 위 추가된 예비적 청구만을 분리하여 심리하거나 일부 판결을 할 수 없으며, 피고로서도 위 추가된 예비적 청구에 관하여만 인낙을 할 수도 없고, 가사 인낙을 한 취지가 조서에 기재되었다 하더라도 그 인낙의 효력이 발생하지 아니한다(대법원 94다62017 판결).

Ⅲ. 절 차

1. 시 기

판결이 확정되기까지 언제든지 할 수 있다. 종국판결 후 상소제기 전이더라도 판결법원에 청구의 포기나 인낙을 위한 기일지정신청을 할 수 있다.

2. 방 식

변론기일 또는 변론준비기일에 말로 진술함으로써 하는 것이 원칙이다. 상대방이 법정에 출석하지 아니하여도 할 수 있다. 청구의 포기나 인낙은 인증된 서면에 의하여도 할 수 있는데(당사자가 기일에 출석하여 진술하여야 하는 불편을 덜기 위하여 신법이 마련한 것이다), 불출석한 당사자의 진술간주되는 서면에 청구의 포기 또는 인낙의 의사표시가 적혀 있고, 공증사무소의 인증을 받은 때에는 그 취지에 따라 청구의 포기 또는 인낙이 성립된 것으로 본다(민소법 제148조 제2항).

청구의 포기나 인낙은 소송행위이므로 조건을 붙여서는 안 된다.

3. 조서의 작성

청구의 포기 또는 인낙의 요건이 충족되면 변론조서에 그 진술을 기재하여야 하고, 포기조서 또는 인낙조서를 따로 작성한다. 포기조서 또는 인낙조서에는 민소법 제153조에 규정된 형식적 기재사항을 적은 다음 "원고는 이 사건 청구을 포기하였다", "피고는 이 사건 청구를 인낙하였다"와 같이 기재하고, 이어 청구의 표시(청구취지 및 청구원인)를 기재한다.

Ⅳ. 효 과

청구의 포기나 인낙이 있는 한도 내에서 소송은 당연히 종료된다. 포기나 인낙을 한 당사자는 패소자로서 소송비용을 부담하는 것이 원칙이다. 그 액수에 관하여는 따로 결정으로 재판한다. 제1심 또는 항소심에서 청구의 포기나 인낙이 있은 경우 해당 심급의 소장·항소장에 붙인 인지액의 2분의 1에 해당하는 금액의 환급을 청구할 수 있다(민사소송 등 인지법 제14조 제1항).

포기조서나 인낙조서는 확정판결과 동일한 효력이 있으므로 기판력이 생긴다. 조서 작성 후 포기나 인낙의 진술에 흠이 있다고 주장하려면 재심사유에 해당하는 흠이 있어야 하고, 준재심의 소(민소법 제461조)로만 다툴 수 있다.

제3절 소송상 화해

Ⅰ. 의 의

소송상 화해는 소송의 계속 중에 법관의 면전에서 당사자가 소송물인 권리 또는 법률관계에 관하여 상호 양보함으로써 다툼을 해결하는 소송상 합의를 말한다. 화해가 성립되어 당사자 쌍방의 일치된 진술이 조서에 기재된 때에는 확정판결과 동일한 효력이 있다. 소송상 화해와 제소전 화해를 통틀어 재판상 화해라고 한다.

화해와 조정, 중재를 통틀어 ADR(alternative dispute resolution. 대체적 분쟁해결방식)이라 한다. 중재는 분쟁당사자가 분쟁의 처리를 국가기관이 아닌 제3자의 판정에 따르기로 하는 합의를 하고, 이 약정에 따라 선정된 중재인이 심판절차를 거쳐 판정을 함으로써 분쟁을 해결하는 절차를 말한다. 조정은 제3자가 분쟁당사자를 중개하여 양쪽의 주장을 절충, 화해에 이르도록 알선·협력하는 제도를 말한다. 다시 말하자면 당사자의 수락을 전제로 제3자가 타협안을 제시하는 것을 말한다. 이에 반하여 화해는 분쟁당사자가 직접적, 자주적 교섭을 통한 상호양보를 바탕으로 서로 타협하는 것을 말한다.

소송상 화해의 장점은 다음과 같다. 소송지연을 완화할 수 있고, 분쟁에 관련된 모든 자를 참여시켜 포괄적으로 분쟁을 해결할 수 있으며, 분쟁의 일도양단적인 해결을 추구하지 아니하고 상호 양보를 받아냄으로써 분쟁을 평화적으로 해결할 수 있을 뿐만 아니라 비용을 절감할 수 있다는 것이다. 분쟁 초기부터 이러한 화해의 장점을 감안하여 상대방의 다투는 정도가 미약한 때에는 제소전화해의 신청, 지급명령신청, 조정신청을 고려해 볼 수도 있다. 다만 조정 등이 성립하지 아니한 경우 통상의 소로 전환될 수 있어 시간상으로 급박한 사건일 경우에는 적절하지 아니할 수 있음을 주의해야 한다.

소송상 화해의 법적 성질에 관하여는 민법상 화해계약과 관련하여 다툼이 있다. 판례(대법원 63다333 판결)는 소송상 화해는 민법상 화해계약과는 전혀 다른 소송행위로서 소송법상의 원칙에 따라 규율되고, 민법상의 화해계약에 관한 규정은 적용되지 않는다고 한다(소송행위설).

Ⅱ. 요 건

1. 당사자

당사자는 소송능력이 있어야 하고, 법정대리인이나 소송대리인이 화해를 하기 위하여는 특별한 권한을 받아야 한다(민소법 제56조 제2항, 제90조 제2항). 필수적 공동소송에서는 공동소송인 전원이 공동으로 하여야 한다(민소법 제67조 제1항). 독립당사자참가의 경우도 마찬가지이다. 후술하는 바와 같이 제3자도 소송절차에 참가하여 화해할 수 있다.

2. 소송물

화해의 대상인 권리관계는 당사자가 자유로이 처분할 수 있는 것이어야 한다. 직권탐지주의가 적용되는 행정소송에서 화해는 허용되지 아니한다. 나류 가사소송에서는 직권탐지주의가 지배하지만 협의이혼 및 협의상 파양이 인정되므로 이혼과 파양사건에서는 예외적으로 화해할 수 있다. 회사관계소송에서 원고 승소판결에는 대세적 효력이 인정되므로 원고의 청구를 인용하는 화해는 허용되지 아니한다(대법원 2004다28047 판결). 주주대표소송 및 증권관련 집단소송에서 화해를 하려면 법원의 허가를 요한다(상법 제403조 제6항, 증권관련 집단소송법 제35조 제1항).

소송요건의 흠이 있는 경우(예컨대 소장 부분의 송달이 무효이거나 관할위반 등)에도 원칙적으로 화해가 허용된다. 제소전화해가 인정되기 때문이다. 이 점에서 청구의 포기·인낙과 다르다. 판례는 화해의 내용이 선량한 풍속 기타 사회질서에 반하거나 강행법규에 위반되더라도 그 화해가 무효는 아니라고 본다(대법원 2002다44014 판결. 제소전 화해가 배임행위에 적극 가담하여 이루어진 경우임). 이 판례에 대하여는 비판하는 학설도 있다.

소송상 화해에서 그 내용을 이루는 이행의무의 발생에 조건을 붙일 수 있다. 판례는 제3자의 권리관계를 화해조항에 포함시킨 경우에 제3자가 이의를 제기하면 화해가 실효되기로 합의하는 실효조건부 화해도 가능하다고 본다(대법원 92다56056 판결. 그 결과 화해의 효력은 상실되고, 구 소송이 부활하게 된다).

3. 상호의 양보

양보의 방법 또는 범위에 관하여는 아무런 제한이 없다. 소송물의 전부를 인정하거나 포기하고 소송비용의 부담에 관하여만 양보할 수도 있다. 피고가 채무를 전부 인정하고 원고가 기한의 유예를 주는 경우도 있다. 어떤 경우이건 화해조항에 "원고의 나머지 청구를 포기한다"는 내용이 들어가야 한다.

Ⅲ. 절 차

1. 시 기

소송계속중이면 언제든지 할 수 있다. 상고심에서도 가능하다. 법원은 소송의 정도에 관계없이 화해를 권고할 수 있다(민소법 제145조 제1항). 소송대리인이 선임된 사건에서 법원은 화해를 위하여 당사자 본인이나 법정대리인의 출석을 명할 수 있다(동조 제2항).

2. 방 식

화해는 기일에 당사자가 출석하여 말로 진술하는 것이 원칙이다. 다만 당사자가 변론기일이나 변론준비기일에 출석하지 아니한 경우에 당사자가 진술한 것으로 보는 답변서, 준비서면 등에 화해의 의사표시가 적혀 있고, 공증사무소의 인증을 받은 경우에 상대방 당사자가 기일에 출석하여 그 화해의 의사표시를 받아들인 때에는 소송상 화해가 성립된 것으로 본다(민소법 제148조 제3항, 제286조).

소송의 당사자가 아닌 제3자의 권리관계도 화해의 대상이 될 수 있는데, 이 경우 제3자가 직접 화해의 당사자로 화해절차에 참가하는 방식과 제3자가 당사자가 되지는 않지만 수익자로서 화해의 내용에 포함됨에 그치는 방식이 있다.

3. 조서의 작성

소송상 화해가 성립된 경우 변론조서(또는 변론준비기일조서)에 "당사자 별지조서와 같이 화해"라고 기재한 다음 화해조서를 작성한다. 화해조서에는 형식적 기재사항과 실질적 기재사항을 기재하는데, 실질적 기재사항으로는 화해성립사실("위 당사자는 다음과 같이 화해하였다"라고 기재한다), 청구의 표시(청구취지와 청구원인을 기재한다), 화해조항의 3가지가 있다.

Ⅳ. 화해성립의 효과

소송상 화해가 성립하여 화해조서가 작성되면 확정판결과 같은 효력이 있다(민소법 제220조). 그에 의하여 소송이 종료된다. 소송상 화해의 소송비용에 대하여 특별히 정한 바가 없으면 당사자들이 각자 부담한다(민소법 제106조).

화해조서에 기판력을 인정할 수 있을지 문제가 된다. 민소법 제461조가 화해조서는 재심사유가 있는 경우에 한하여 재심의 규정을 준용하여 준재심의 소로만 다툴 수 있도록 규정하고 있기 때문이다. 판례(대법원 98다38760 판결)는 무제한기판력설의 입장에서 화해의 성립과정의 하자는 그것이 재심사유에 해당되어 재심절차에 의한 구제를 받는 이외에는 그 무효를 주장할 수 없다고 본다. 현행법에 충실한 해석으로 화해의 무효, 취소를 쉽사리 다툴 수 있게 된다면 법적 안정성을 해치게 된다는 이유를 들고 있다. 이에 대하여는 판례의 태도를 비판하면서 실체법상의 흠이 있는 경우에는 기판력을 인정할 수 없고, 실체법상의 흠이 없는 경우에 한하여 준재심의 소를 통해 구제받을 수 있다고 보는 견해(제한적기판력설. 준재심에 관한 규정이 없는 일본에서의 통설, 판례이다)도 있다.

화해조서에 명백한 오류가 있을 때에는 판결에 준하여 경정이 허용된다. 당사자가 소송상 화해의 당연무효(사유는 예컨대 사망자를 상대로 한 화해, 화해조서의 기재사항이 특정되지 않은 경우 등이다)를 주장하면서 기일지정신청을 한 때에 법원은 변론기일을 열어 당연무효사유가 있는지를 심리한 다음 무효사유가 존재한다고 판단된다면 심리를 속행하고, 그 사유가 존재하지 아니하면 판결로써 소송종료선언을 하여야 한다(대법원 99다67703 판결).

제1심 또는 항소심에서 재판상 화해가 성립된 경우 해당 심급의 소장·항소장에 붙인 인지액의 2분의 1에 해당하는 금액의 환급을 청구할 수 있다 (민사소송 등 인지법 제14조 제1항).

V. 화해권고결정

법원·수명법관 또는 수탁판사는 소송에 계속 중인 사건에 대하여 직권으로 당사자의 이익, 그 밖의 모든 사정을 참작하여 청구의 취지에 어긋나지 아니하는 범위 안에서 사건의 공평한 해결을 위한 화해권고결정을 할 수 있다(민소법 제225조 제1항). 화해권고안의 권위와 공정성에 믿음을 주고, 화해를 성공적으로 이끌 수 있도록 하기 위하여 직권으로 화해권고결정을 하고, 당사자가 이의 없이 받아들이면 소송상 화해가 성립한 것으로 보도록 한 것이다.

화해권고결정은 변론준비절차에서도 할 수 있고, 소송계속 후 판결 선고 전까지 언제든지 직권으로 별도의 기일지정 없이도 할 수 있다. 다만 청구의 취지에 어긋나지 아니하는 범위 내에서만 할 수 있다.

결정 내용을 적은 조서 또는 결정서의 정본은 당사자에게 송달하여야 하는데, 다만 발송송달이나 공시송달의 방법으로는 송달할 수 없다(민소법 제225조 제2항). 발송송달이나 공시송달의 방법에 의하지 않고는 송달할 수 없는 때에는 법원은 화해권고결정을 취소하여야 한다(규칙 제59조 제1항).

당사자는 결정서 또는 결정조서의 정본을 송달받은 날로부터 2주 이내에 이의를 신청할 수 있다(민소법 제226조 제1항). 이의신청은 이의신청서를 화해권고결정을 한 법원에 제출하는 방법으로 한다(민소법 제227조 제1항). 이의신청서 부본은 상대방에게 송달하여야 한다(동조 제4항). 이의신청을 한 당사자는 그 심급의 판결이 선고될 때까지 상대방의 동의를 얻어 이의신청을 취하할 수 있다(민소법 제228조 제1항). 소 취하 규정을 준용하여 이의신청 취하서를 송달받은 날로부터 2주 이내에 상대방이 이의하지 아니하면 이의신청에 동의한 것으로 본다(동조 제2항, 민소법 제266조 제3항 내지 제6항). 이의신청이 적법하게 취하되면 화해권고결정은 재판상 화해와 같은 효력을 가지게 된다(민소법 제231조 제3호). 이의신청이 적법한 때에는 소송은 화해권고결정 이전의 상태로 돌아간다. 이 경우 그 이전에 행한 소송행위는 그대로 효력을 가진다(민소법 제232조 제1항). 화해권고결정은 그 심급에서 판결이 선고된 때에는 그 효력을 잃는다(동조 제2항).

제4절 민사조정

Ⅰ. 의 의

민사조정제도란 민사사건에서 중립적인 제3자가 당사자가 쉽게 협상할 수 있도록 도와주는 분쟁해결방법이다. 앞서 언급한 바와 같이 당사자의 수락을 전제로 제3자가 타협안을 제시하는 것을 말한다. 1990년 제정된 민사조정법은 당사자의 신청에 의하여 또는 소송사건의 조정회부에 의하여 조정담당판사나 수소법원 또는 법원에 설치된 조정위원회(판사가 아닌 사람도 관여한다)가 간이한 절차에 따라 분쟁당사자의 여러 사정을 고려하여 그들에게 상호 양보하여 합의하도록 권유·주선함으로써 화해에 이르게 하는 제도를 마련하여 두고 있다.

Ⅱ. 절 차

조정은 크게 소 제기 전에 당사자가 신청하는 것과 소 제기 후에 소송계속 중인 수소법원이 직권으로 회부하는 것으로 나눌 수 있다. 소송계속 중의 조정은 변론종결 전후를 불문하고 상고심을 제외한 당해 심급의 판결 선고 전까지 수소법원의 "조정에 회부하는 결정"에 의하여 개시되고(민사조정법 제6조), 수소법원은 조정담당판사나 조정위원회 대신 스스로 조정을 할 수도 있으며(동법 제7조 제1항, 제2항, 제3항), 수명법관이나 수탁판사로 하여금 하게 할 수도 있다(동조 제5항).

민사조정신청은 서면이나 구두로 할 수 있다(동법 제6조 제1항). 민사조정신청시 수수료를 내야 하는데(동조 제4항), 수수료는 민사소송 등 인지법 제2조에 따라 산출된 금액의 10분의 1로 저렴하다(민사조정규칙 제3조 제1항). 민사조정제도 이용을 독려하기 위해 일반 민사사건보다 훨씬 낮게 수수료를 정하였다.

조정담당판사는 조정에 관하여 이해관계인의 진술을 듣고, 필요하다고 인정하면 적당한 방법으로 사실 또는 증거를 조사할 수 있다(민사조정법 제22조). 조정절차는 공개하지 아니할 수 있으며(동법 제20조), 조정절차에서의 당사자 또는 이해관계인의 진술은 민사소송에서 원용하지 못한다(동법 제23조).

당사자에게 조정기일을 통지할 수 없을 때에는 조정담당판사는 결정으로 조정신청을 각하할 수 있다(동법 제25조 제1항). 조정담당판사는 상당한 기간을 정하여 주소의 보정을 명한 다음 미보정시 명령으로 조정신청서를 각하할 수도 있다(민사조정규칙 제2조의2).

조정담당판사는 사건이 그 성질상 조정을 하기에 적당하지 아니하다고 인정하거나 당사자가 부당한 목적으로 조정신청을 한 것임을 인정하는 경우에는 조정을 하지 아니하는 결정으로 사건을 종결시킬 수 있고(민사조정법 제26조 제1항), 당사자 사이에 합의가 성립되지 아니하는 경우 또는 성립된 합의의 내용이 적당하지 아니하다고 인정하는 경우에 조정을 갈음하는 결정을 하지 아니할 때에는 조정이 성립되지 아니한 것으로 사건을 종결시켜야 한다(동법 제27조). 이 두 경우 조정신청을 한 때 소가 제기된 것으로 본다(동법 제36조 제1항).

당사자 사이에 합의가 이루어져 조정이 성립된 경우에는 합의된 사항을 조정조서에 기재함으로써 조정이 성립된다(동법 제28조). 조정은 재판상의 화해와 동일한 효력이 있다(동법 제29조).

신청인이 조정기일에 출석하지 아니한 때에는 다시 기일을 정하여 통지하여야 하고, 이 새로운 기일 또는 그 후의 기일에 신청인이 출석하지 아니한 때에는 조정신청이 취하된 것으로 본다(동법 제31조 제1항, 제2항).

Ⅲ. 조정을 갈음하는 결정

합의가 성립되지 않거나 성립된 합의 내용이 적당하지 않은 경우 조정담당판사는 직권으로 당사자의 이익 기타 모든 사정을 참작하여 조정신청의 취지에 반하지 않는 한도 내에서 사건의 공평한 해결을 위한 결정을 하여야 하는데(동법 제30조), 이를 "조정을 갈음하는 결정"("조정에 갈음하는 결정" 또는 "강제조정결정"이라고도 한다)이라 한다. 이처럼 조정이 성립되지 않은 사건에 대하여는 당사자가 이의신청을 할 것이 명백한 경우가 아닌 한, 조정을 갈음하는 결정을 하는 것이 원칙이다. 또 피신청인이 조정기일에 출석하지 아니한 경우 조정담당판사는 상당한 이유가 없으면 직권으로 조정을 갈음하는 결정을 하여야 한다(동법 제32조).

이 결정에 대하여는 조서의 정본 또는 결정서 정본을 송달받은 날로부터 2주 이내에 이의를 신청할 수 있다(동법 제34조 제1항). 이의신청을 한 당사자는 당해 심급의 판결 선고 전까지 상대방의 동의를 얻어 이의신청을 취하할 수 있다. 이 경우 민소법 제266조 제3항 내지 제6항의 규정을 준용한다(동조 제4항). 이의신청이 없거나 이의신청이 취하 또는 각하된 경우 조정을 갈음하는 결정은 재판상 화해와 동일한 효력이 있다(동조 제4항). 적법한 이의신청이 있는 경우에는 조정신청을 한 때에 소가 제기된 것으로 본다(동법 제36조 제1항).

제10장

증 거

제1절 증거의 의의

I. 증거의 개념

민사재판은 사실을 확정하고, 거기에 법률을 적용함으로써 분쟁을 해결하는 절차이다. 다시 말하자면 구체적 사실을 소전제로 하고, 법규의 해석을 대전제로 하여 3단논법식의 논리전개를 통하여 권리관계의 유무를 확정하는 것이다. 따라서 민사재판의 쟁점은 사실의 인정문제와 법규의 해석문제로 구분된다. 그런데 법규의 해석에 있어 법관은 전문가이므로 외국법규(자유로운 증명의 대상이다)나 오래 전의 법규가 아닌 한, 법규의 존재사실은 증거에 의하여 확정할 필요는 없다. 그러나 사실은 이를 인정할 만한 자료에 의하여 확정하여야 하는데, 이를 증거라고 한다. 증거는 인간인 법관이 사실을 확정하는 과정에서 그 객관성을 담보해 주는 것이다.

인증(증인, 감정인, 당사자 본인)과 물증(문서, 검증물)을 합하여 "증거방법"이라고 하고, 증언, 감정결과, 검증결과, 문서의 기재를 "증거자료"하고 하며, 증거자료와 변론전체의 취지를 합하여 "증거원인"이라고 한다.

변론주의 아래에서 다툼 있는 사실에 대하여는 당사자가 법원에 증거자료를 제출하여야 한다. 사실인정에 실패한 경우에는 증명책임을 부담하는 당사자가 패소의 불이익을 입게 된다. 법원은 불요증사실(자백이나 현저한 사실 등)이 아닌 한 당사자가 제출한 증거자료에 의하여 자유로운 심증에 따라(민소법 제202조) 사실관계를 확정할 수 있다(물론 법관은 증거에 기초하여 객관적, 합리적으로 판단하여야 한다).

Ⅱ. 증거의 종류

1. 증명과 소명

이는 법관의 심증 정도를 기준으로 나눈 것이다.

증명은 어느 사실의 존부에 관하여 법관으로 하여금 확신을 얻게 하는 정도의 입증활동을 말한다. 여기서의 확신(또는 고도의 개연성)이란 어느 사실의 존재에 관하여 합리적 의심을 가지지 않을 정도의 심증을 의미한다. 이를 자연과학적인 논리적 증명이 아닌 역사적 증명이라고도 한다.

이에 대해 소명은 증명에 비하여 낮은 개연성으로서 일응 그럴 것이라고 추측할 수 있는 정도의 심증만 주면 족하다. 소명은 가압류, 가처분 등 특별한 규정이 있는 경우에 한하고, 즉시 조사할 수 있는 것에 한한다(민소법 제299조 제1항).

2. 본증과 반증, 간접반증

이는 증명책임의 소재를 기준으로 나눈 것이다.

본증은 당사자가 입증책임을 부담하는 사실을 입증하기 위하여 제출하는 증거이고, 반증은 상대방이 입증책임을 지는 사실의 입증을 저지하기 위하여 제출하는 증거이다. 본증은 요증사실의 존재가 확실하다는 확신을 갖게 하지 않으면 목적을 달성할 수 없는데 반하여, 반증은 요증사실의 존재가 확실치 못하다는 심증을 형성케 하는 것으로 족하다.

반증과 반대사실의 증거는 다르다. 반대사실의 증거는 법률상 추정을 번복하기 위한 증거로서 추정사실에 반대되는 사실을 증명하기 위하여 제출하는 증거를 말한다. 법률상 추정에는 점유자 권리의 적법 추정, 부부재산의 공유 추정, 등기의 추정력과 같은 법률상 권리 추정과 부(夫)의 친생자 추정, 점유의 계속 추정과 같은 법률상 사실 추정이 있는데, 여기서의 법률상 추정은 법률상의 사실 추정을 말한다. 이러한 반대사실의 증거는 자신이 증명책임을 지는 반대사실을 증명하기 위한 것이므로 반증이 아닌 본증에 해당한다.

간접반증은 주요사실에 대하여 일응의 추정이 생긴 경우에 그 추정의 전제사실과 양립되는 별개의 간접사실을 증명하여 주요사실에 대한 일응의 추정을 방해하는 입증활동을 의미한다. 주로 공해소송, 의료과오소송, 제조물책임소송 등의 현대형 소송에서 인과관계의 증명곤란을 완화하기 방안으로 응용되고 있다. 간접반증은 주요사실에 대하여는 반증이지만 별개의 간접사실에 대하여는 자신에게 증명책임이 있으므로 본증에 해당한다. 따라서 간접반증을 제출한 당사자는 법관으로 하여금 자신이 내세운 간접사실의 존재가 확실하다고 확신을 갖게 하지 않으면 안 된다.

일반적으로 불법행위로 인한 손해배상청구사건에서 가해자의 가해행위, 피해자의 손해발생, 가해행위와 피해자의 손해발생 사이의 인과관계에 관한 증명책임은 청구자인 피해자가 부담한다. 다만 대기오염이나 수질오염 등에 의한 공해로 인한 손해배상을 청구하는 소송에서 피해자에게 사실적인 인과관계의 존재에 관하여 과학적으로 엄밀한 증명을 요구하는 것은 공해로 인한 사법적 구제를 사실상 거부하는 결과가 될 수 있는 반면에, 기술적 · 경제적으로 피해자보다는 가해자에 의한 원인조사가 훨씬 용이한 경우가 많을 뿐만 아니라 가해자는 손해발생의 원인을 은폐할 염려가 있기 때문에, 가해자가 어떤 유해한 원인물질을 배출하고 그것이 피해물건에 도달하여 손해가 발생하였다면 가해자 측에서 그것이 무해하다는 것을 증명하지 못하는 한 가해행위와 피해자의 손해발생 사이의 인과관계를 인정할 수 있다. 그러나 이 경우에 있어서도 적어도 가해자가 어떤 유해한 원인물질을 배출한 사실, 그 유해의 정도가 사회통념상 일반적으로 참아내야 할 정도를 넘는다는 사실, 그것이 피해물건에 도달한 사실, 그 후 피해자에게 손해가 발생한 사실에 관한 증명책임은 피해자가 여전히 부담한다(대법원 2016다233538 판결).

이와 관련하여 증명방해에 관하여 살펴본다. 증명방해란 증명책임을 지지 않는 당사자가 증명책임을 지고 있는 당사자의 증명을 곤란하게 하는 것을 말한다. 예컨대 의료과오소송에서 병원 측이 환자의 진료기록을 변조한다든가 또는 상대방이 신청한 증인의 출석을 방해하는 것 등이 이에 해당한다. 명문에 규정이 있으면(민소법 제349조, 제350조, 제361조, 제366조, 제369조 등) 이 규정에 따른 제재를 가하면 될 것이나 명문에 규정이 없는 경우에 어떤 제재를 가할 것인지가 문제된다. 증명책임전환설도 있으나 통설(자유심증설), 판례(대법원 98다9915 판결)는 증명책임을 곧바로 전환하는 것은 방해행위자에 대한 제재로 너무 가혹하므로 법원은 이를 하나의 자료로 삼아 자유로운 심증에 따라 방해 행위의 형태, 정도, 증거의 가치 등을 고려하여 방해자 측에게 불리한 평가를 할 수 있음에 그칠 뿐, 입증책임이 전환되거나 곧바로 상대방의 주장사실이 증명된 것으로 보아야 하는 것은 아니라고 본다.

3. 직접증거와 간접증거

이는 주요사실과의 관련성을 기준으로 나눈 것이다.

직접증거는 주요사실의 존부를 직접 증명하는 증거이고, 간접증거는 간접사실이나 보조사실을 증명하기 위한 증거이다. 여기서 간접사실이란 주요사실의 존부를 추인하게 하는 사실을 말하고, 보조사실은 증거방법의 증거능력과 증명력에 관한 사실을 말한다. 통상 처분문서가 있는 경우와 같은 특별한 사정이 없는 한, 주요사실을 직접 증명하는 것은 어려운 일이기 때문에 여러 간접사실들에 대한 증명을 통해 주요사실을 증명하게 된다.

4. 엄격한 증명과 자유로운 증명

증거조사에 있어서 법률규정을 지켜야 하는지를 기준으로 나눈 것이다.

엄격한 증명은 법률에서 정한 증거방법으로 법률이 정한 절차에 의하여 행하는 증명을 말한다. 이에 대하여 자유로운 증명은 위와 같은 제약을 받지 아니하는 증명을 말하는데, 이 구별은 형사소송에서 도입된 것이다. 소송물인 권리관계의 기초가 되는 사실의 인정은 엄격한 증명을 요하나 그밖에 외국법이나 관습법의 인정, 소가의 산정 등은 자유로운 증명으로 족하다.

5. 증거능력과 증거력

증거능력이란 유형물이 증거방법으로서 증거조사의 대상이 될 자격을 말한다. 주로 형사재판에서 문제되고, 민사소송에서는 원칙적으로 유형물의 증거능력에 제한이 없다. 다만 불법검열, 감청에 의하여 취득한 우편물이나 전기통신, 공개되지 아니한 타인간의 대화를 녹음 또는 청취하여 취득한 자료의 내용은 재판절차에서 증거로 사용할 수 없다(통신비밀보호법 제4조, 제14조). 어느 일방이 상대방과의 대화를 비밀리에 녹음한 녹음테이프는 타인간의 대화를 녹음한 것이 아니므로 증거능력이 있다(대법원 99다1789 판결).

증거력이란 증거자료가 요증사실의 인정에 이바지하는 정도를 말하는데, 증거가치 또는 증명력이라고도 한다. 다만 서증에 있어 증거력 중 형식적 증거력은 문서가 작성명의자의 의사에 기하여 진정하게 성립된 경우(문서의 진정성립이라고도 한다)를 의미하고, 실질적 증거력이 증명력을 의미한다. 법원은 변론 전체의 취지와 증거조사의 결과를 참작하여 자유로운 심증으로 사회정의와 형평의 이념에 입각하여 논리와 경험의 법칙에 따라 사실주장이 진실한지 아닌지를 판단한다(민소법 제202조. 이를 자유심증주의라고 한다). 여기서 "변론 전체의 취지"라 함은 증거조사의 결과 얻은 증거자료 이외에 변론에 나타난 일체의 자료 및 상황(증거원인)을 말한다. 예컨대 변론의 일관성, 증명방해, 공동피고의 자백 등을 의미한다. 판례는 변론 전체의 취지를 보충적 증거원인으로 본다(일본의 통설은 독립적 증거원인설이다). 다만 서증의 진정성립과 자백의 취소요건으로서의 착오는 변론 전체의 취지만으로 인정할 수 있다고 본다. 증거력의 자유평가는 증거제출자에게 유리하게도 혹은 불리하게도 평가될 수 있는데, 이를 "증거공통의 원칙"이라 한다. 증거제출자에게 불리하게 평가될 경우에는 상대방이 이익으로 원용한다고 진술하기도 한다. 공동소송인 간에는 원용이 필요한지에 관하여 견해가 나뉜다.

위법하게 수집된 증거에도 증거능력을 인정할 수 있는지에 관하여 통설은 실체적 진실발견과 인격권의 보호라는 두 가치의 조화가 필요하다는 입장에서 원칙적으로 증거능력을 부인하되 다만 증거방법의 수집에 긴급성, 보충성이 인정되는 특수한 상황이 있는 경우에는 예외적으로 증거능력을 인정하는 것이 옳다고 본다.

채무불이행이나 불법행위로 인한 손해배상청구 소송에서 손해가 발생한 사실은 인정되나 구체적인 액수를 증명하는 것이 사안의 성질상 매우 어려운 경우에 법원은 변론 전체의 취지와 증거조사의 결과에 의하여 인정되는 모든 사정을 종합하여 상당하다고 인정되는 금액을 손해배상 액수로 정할 수 있다(민소법 제202조의2).

제2절 증거조사절차

Ⅰ. 증거조사의 의의

증거조사란 법관의 심증형성을 위하여 법정의 절차에 따라 인적, 물적 증거의 내용을 오관의 작용에 의하여 지각하는 법원의 소송행위이다. 그 절차는 증거의 신청, 증거의 채부 결정, 증거조사의 실시, 증거조사의 결과에 의한 심증형성의 순으로 진행된다.

Ⅱ. 증거방법 선정 시 고려할 사항

후술하는 증거방법(증인신문, 감정, 서증, 검증, 조사의 촉탁, 당사자신문) 중 어느 증거방법에 의하여 입증을 할 것인지 미리 계획을 세워 소송에 임할 필요가 있는데, 증거방법 선정시 위 각 증거방법의 특성과 증명력뿐만 아니라 다음과 같은 사항, 즉 ①직접성, 객관성, ②신속성, 경제성, ③조사의 현실성, ④조사결과의 유익성 등을 고려하여야 한다.

Ⅲ. 증거신청의 방식

증거신청은 법원에 대하여 증거조사를 해 줄 것을 구하는 것이다. 증거신청은 처음부터 서면으로 신청할 수도 있지만 법정에서 말로 신청하고 법원이 채택하면 추후에 신청서를 제출하는 경우도 많다. 증거를 신청할 때에는 증명할 사실(입증사항이라 한다)과 입증취지(증거와 증명할 사실의 관계)를 구체적으로 밝혀야 한다(민소법 제289조 제1항, 규칙 제74조). 서증은 통상 제출하는 방식으로 신청하는데, 별도의 채택절차 없이 증거조사가 이루어진다. 증거조사에 비용이 소요될 때에는 신청인은 그 비용을 예납하여야 한다(민소법 제116조 제1항).

위 입증취지와 관련하여 이를 미리 밝히기 어려운 경우 모색적(摸索的) 증명(증거낚기라고도 한다)이 가능한지 문제가 된다. 모색적 증명이란 증명책임을 지는 당사자가 사실관계를 정확히 알 수 없는 경우에 증명할 사항을 정확히 명시하지 않고 증거신청을 하여 그 증거조사를 통하여 주장의 기초 자료를 얻으려고 하는 것을 말한다. 변론주의 하에서 모색적 증명을 인정할 것인지에 관하여 다수설은 증거를 신청할 때에는 증명할 사실을 표시하여야 한다고 규정한 민소법 제289조 제1항에는 반하지만 공해소송, 의료과오소송, 제조물책임소송 등의 현대형 소송에 있어서 증거의 편재 등으로 인하여 피해자가 사고발생 원인 등을 알기 어려우므로 신의칙상 이를 인정하는 것이 타당하다고 본다.

Ⅳ. 증거신청의 시기

수시제출주의 하에서 증거신청은 변론종결시까지 언제든지 할 수 있는 것이 원칙이었으나 2002년 개정 민소법은 신속한 심리를 위한 집중증거조사를 위하여 공격 또는 방어의 방법은 소송의 정도에 따라 적절한 시기에 제출하여야 하고(민소법 제146조, 적시제출주의라고 한다), 재판장은 당사자의 의견을 들어 증거를 신청할 기간을 정할 수 있으며, 그 기간을 넘긴 때에는 그 증거를 신청할 수 없도록 하고 있다(민소법 제147조,

재정기간제도라고 한다). 또한 변론준비절차에 회부한 때에는 증인신문이나 당사자신문을 제외한 증거조사를 마치고(민소법 제281조), 당사자는 변론준비기일이 끝날 때까지 변론의 준비에 필요한 주장과 증거를 정리하여 제출하여야 한다(민소법 제282조 제4항). 증인신청을 할 때에는 필요한 증인 전원을 일괄신청함이 원칙이다(규칙 제75조 제1항).

기일 전에 또는 법정 외에서 서면으로 하는 신청을 실무상 "소정외 신청"이라 하는데, 법원은 이에 따라 미리 증거채부결정을 하여 증거조사를 할 수 있어 소송절차를 신속히 진행할 수 있게 된다.

V. 증거신청의 철회

증거신청은 증거조사가 개시되기 전에는 언제든지 철회할 수 있다.

증거조사가 개시된 후에는 증거공통의 원칙에 의하여 증거조사의 결과가 상대방에게 유리하게 참작될 수도 있으므로 상대방의 동의가 있는 때에 한하여 철회할 수 있다.

증거조사가 종료된 뒤에는 법원의 심증 형성에 이미 기여하였기 때문에 상대방의 동의가 있더라도 철회는 허용되지 않는다.

VI. 증거채부의 결정

(1) 법원은 당사자의 증거신청이 있으면 신속하게 채부결정을 하여야 한다. 증거신청이 부적법하거나 시기에 늦은 경우(민소법 제149조)에는 신청을 각하할 수 있고, 증인의 행방불명 또는 목적물의 분실 등으로 증거조사를 할 수 있을지, 언제 할 수 있을지 알 수 없는 경우에는 그 증거를 조사하지 아니할 수 있다(민소법 제291조).

(2) 법원은 당사자가 신청한 증거라도 쟁점과 관련이 없거나 쟁점의 판단에 도움이 되지 아니하는 등 불필요하다고 인정할 때에는 조사하지 아니할 수 있다(민소법 제290조 본문). 다만 유일한 증거일 때에는 반드시 채택하여 조사하여야 한다(동조 단서). 유일한 증거인지는 주요사실 및 본증에 한하여, 쟁점 단위로, 전(全) 심급을 통하여 결정한다.

(3) 증거채부는 법원의 권한인가 아니면 재판장의 권한인가. 민소법 제290조에 의하면 법원의 권한이다. 그러나 민소법 제281조 제1항에 의하면 변론준비절차를 진행하는 재판

장이나 수명법관도 증거결정을 할 수 있다(재판장 또는 수명법관의 증거채부 결정에 대하여는 수소법원에 이의신청을 할 수 있는데, 이를 준항고라 한다. 이에 대하여는 후술한다).

(4) 증거의 채부는 각하, 기각, 채택, 보류의 네 가지로 나누어진다. 법정에서 당사자로부터 증거신청이 있는 때에는 채부결정을 고지하고 이를 변론조서의 일부인 증인 등 목록(서증의 경우에는 서증 목록)에 기재하는 것이 실무의 관행이다. 기일 외의 증거신청에 대하여는 결정서를 작성하거나 그에 갈음하여 증거신청서의 표지에 재판장이 채부를 표시하여 날인하는 방식으로 한다. 증거신청에 대하여 채부의 결정 없이 변론이 종결되었다면 그 신청은 묵시적으로 기각하였다고 볼 수 있다(대법원 92누5096 판결). 증거채부에 대한 결정은 소송지휘에 관한 재판이므로 언제든지 취소, 변경할 수 있고(민소법 제222조), 이에 대한 독립한 불복신청은 허용되지 않으나 문서제출명령 신청에 관한 결정에 대하여는 즉시항고를 허용하고 있다(문서제출명령의 중요성에 비추어 특별히 인정한 것이다. 민소법 제348조).

Ⅶ. 증거조사

증거조사는 직접주의, 공개주의의 요청에서 수소법원이 법정에서 행하는 것이 원칙이나 현장검증, 임상신문, 제3자 소지 문서의 서증조사 등 필요하다고 인정하는 때에는 법정 밖에서 증거조사를 할 수 있고, 이 경우 합의부원(수명법관)에게 명할 수 있다(민소법 제297조 제1항). 변론준비절차를 진행하는 재판장 등은 필요한 범위 내에서 증거조사를 할 수 있는데, 다만 증인신문 및 당사자신문은 증인이 정당한 사유로 수소법원에 출석하지 못하는 때, 증인이 수소법원에 출석하려면 지나치게 많은 비용 또는 시간을 필요로 하는 때, 그 밖의 상당한 이유가 있는 경우로서 당사자가 이의를 제기하지 아니하는 때에 해당하는 경우에만 할 수 있다(민소법 제281조 제3항, 제313조).

법원이 증거조사를 하는 경우에는 그 기일, 장소를 당사자에게 통지하여야 한다. 증거조사는 그 기일에 당사자가 불출석하여도 할 수 있다(민소법 제295조). 법원은 증거조사의 결과에 대하여 당사자에게 변론의 기회를 부여하여야 하고, 법원이 직권으로 증거조사한 결과에 대하여 당사자의 의견을 들어야 한다. 증거조사의 절차 및 결과는 변론기일에 행한 경우에는 변론조서에, 그 밖의 경우에는 증거조사기일 조서에 기재한다.

제3절 증인신문

Ⅰ. 증인의 의의와 신청절차

증인은 오관의 작용에 의하여 자기가 직접 보고 듣는 방법으로 경험한 바를 법원에 보고(진술)할 것을 명받은 사람으로서 소송당사자와 그 법정대리인 이외의 제3자이어야 한다. 즉 보거나 들은 과거의 어떠한 사실이나 상태에 관하여 보고적 진술을 할 자를 말한다. 우리나라 재판권에 따르는 당사자 이외의 제3자는 누구든지 증인으로 신문에 응할 공법상 의무가 있다(민소법 제303조). 증인 의무의 내용은 출석의무, 선서의무, 진술의무의 세 가지이다.

소송무능력자나 당사자의 친족이라도 상관없다(다만 친족의 경우 선서거부권이 있다. 민소법 제324조. 형사재판절차에서는 이와 달리 증인에게 선서거부권이 인정되지 않는다). 소송대리인, 보조참가인, 선정자, 소송고지를 받은 자, 채권자대위소송에서의 채무자, 법인이 당사자인 경우 대표자 아닌 구성원도 증인이 될 수 있다(법인의 대표자는 당사자신문의 대상이 될 뿐이므로 법인의 대표자가 선서하고 증언한 경우에도 위증죄의 주체가 될 수 없다. 대법원 2010도14360 판결). 공동소송인도 자기의 소송관계와 무관한 사항에 대하여는 증인이 될 수 있다(공동의 이해관계 있는 사항에 대하여는 당사자신문을 요한다). 제1심에서는 공동소송인이었다가 항소심에서는 공동소송인이 아닌 자도 증인이 될 수 있다.

민사소송에서 증인은 서증과 더불어 증거방법의 양대산맥에 해당한다. 서증은 증거의 왕, 증언은 최악의 증거라는 말이 있듯이 그 중 증인은 증인의 인격, 기억력, 사건과 당사자에 대한 관련정도, 고의에 의한 허위진술(위증)의 가능성, 정의 보다는 의리 또는 인정을 앞세우는 풍조 등으로 인해 사실과 다른 진술을 할 가능성이 매우 높다. 때문에 서증에 비하여 증명력이 떨어진다고 할 수 밖에 없지만 서증이 없거나(우리나라의 법률문화 자체가 당사자 간의 합의내용을 문서화하는 것이 일반화 되어 있지 않다) 서증의 내용이 불명확하거나 사실이 그 기재와 다른 경우에는 필수적인 증거방법이 된다. 이 경우 증언은 서증의 부족한 부분을 메우는 기능을 수행한다. 한편 반대신문을 하는 당사자나 소송대리인의 입장에서는 증인의 위와 같은 특성을 염두에 두어 법관으로 하여금 증인의 진술이 진실이 아닐 수 있다는 회의가 들도록 그 신빙성을 탄핵하는 전략을 짜야 한다.

증인신청은 서면으로, 필요한 증인 전원에 대하여 법원이 정한 증인신청서의 양식에 따라 함이 원칙이다(일괄신청의 원칙). 다만 특정 증인의 증언을 들어 보아야만 주장을 정리하고 그 이후의 입증을 할 수 있는 경우에는 그 증인을 먼저 신문할 수도 있을 것이다.

기억하는 과거는 경험한 과거가 아닐 수도 있다(아닌 경우가 더 많을지도 모른다). 기억은 현재의 경험, 느낌, 생각에 의하여 편집이 가능하다는 의미이다. 인간은 기억하고 싶은 것만 기억한다고도 한다. 증인을 대할 때에는 항상 이 점을 유념하여야 한다.

Ⅱ. 증인조사의 방식

법원은 증인신문을 효율적으로 하기 위하여 신문에 앞서 증인신문사항을 제출하게 하거나 증인진술서를 제출하게 하고, 경우에 따라서는 구술에 갈음하는 서면증언으로 대체하게 할 수 있다. 이러한 세 가지 증인조사방식 중에서 실무상 가장 많이 시행하는 것은 증인신문사항 제출 방식이다.

1. 증인진술서 제출 방식

증인이 증언하고자 하는 내용을 사건이 진행된 시간순서에 따라 기재하고 증인이 직접 서명날인을 한 증인진술서를 작성하여 이를 제출하면 그 사본을 미리 상대방에게 송달한다(규칙 제79조). 주신문은 핵심 쟁점 사항에 한정하여, 나머지 입증사항에 관하여는 위 증인진술서가 사실대로 작성되었다는 취지의 증언을 함으로써 간단히 마친다. 반면에 상대방은 개개 항목에 대하여 치밀한 반대신문을 하게 된다.

이는 증인신문을 신청한 당사자에게 우호적인 증인의 경우(주로 가족이나 친지, 회사의 직원 등 증인을 신청한 당사자의 지배영역 내에 있다고 판단되는 증인의 경우이다) 주신문사항에 대하여 모두 "맞다"는 취지로 진술할 것이 예상되므로 반대신문에 중점을 두어 증인신문을 진행하는 방식이다. 따라서 증인이 적대적 증인인 경우, 증언 내용을 미리 밝히는 것이 사건의 공평한 해결을 위하여 상당하지 아니하다고 인정되는 경우 등에는 적절하지 아니하다.

증인진술서 방식에 의한 증인조사 방식을 채택한 경우 법원은 증인진술서 작성 안내서를 교부한다. 그 안내서에 따르면 증인진술서에는 증인의 인적사항을 기재하여야 하고, 증언할 내용을 사건 진행의 시간적 경과에 따라 기재하되 자신이 경험하지 아니한 사실을 기재할 때에는 그 사실을 알게 된 근거를 구체적으로 밝혀야 하며, 의견이나 법률적 견해를 적어서는 안 된다. 그리고 말미에 진실 서약 및 법정출석 확약 문언

("이상의 내용은 모두 진실임을 서약하며, 이 진술서에 적은 사항의 신문을 위하여 법원이 출석 요구를 하는 때에는 법정에 출석하여 증언할 것을 약속합니다")을 기재한 다음 증인이 서명 날인 하여야 한다.

증인진술서의 제출명령은 원칙적으로 증인을 신청한 당사자에게 채부 결정을 고지함과 동시에 이루어진다. 이 때 상대방에 대한 송달기간, 반대신문을 위한 준비기간 등을 고려하여 그 제출기한을 정하여야 한다. 정당한 사유 없이 이 기한 내에 증인진술서를 제출하지 아니하는 때에는 그 기일에서의 증인신문을 불허하거나 증인채택 결정을 취소할 수 있다. 증인진술서 사본은 반대신문을 준비할 수 있도록 상대방에게 송달하여야 하는데, 증인에게 별도로 송달할 필요는 없다. 증인신문서가 제출된 사건에 관하여는 원칙적으로 증인신문사항의 제출이 면제된다.

증인진술서가 제출된 경우 증거조사기일에 이를 서증으로 채택하고, 증인 신문 중 주신문은 핵심 쟁점 사항에 한하여 하고, 상대방의 반대신문권은 이를 충분히 보장하는 방향으로 운영한다. 증인이 불출석한 경우에는 상대방의 반대신문권 행사가 봉쇄되는 결과가 되므로 증인진술서를 서증으로 채택하지 말아야 할 것이고, 채택하더라도 증인이 신청한 당사자에 우호적이라는 점에 비추어 그 기재 내용의 신빙성을 쉽게 인정해서는 안 될 것이다.

증인진술서는 그 자체로는 서증에 불과하여 그 기재내용이 법정에서 진술되지 아니하는 한 여전히 서증으로 남게 되는 점, 「민사소송법」 제331조가 원칙적으로 증인으로 하여금 서류에 의하여 진술을 하지 못하도록 규정하고 있는 점, 「민사소송규칙」 제95조 제1항이 증인신문의 방법에 관하여 개별적이고 구체적으로 하여야 한다고 규정하고 있는 점 등의 사정에 비추어 볼 때, 증인이 법정에서 선서 후 증인진술서에 기재된 구체적인 내용에 관하여 진술함이 없이 단지 그 증인진술서에 기재된 내용이 사실대로라는 취지의 진술만을 한 경우에는 그것이 증인진술서에 기재된 내용 중 특정사항을 구체적으로 진술한 것과 같이 볼 수 있는 등의 특별한 사정이 없는 한 증인이 그 증인진술서에 기재된 구체적인 내용을 기억하여 반복 진술한 것으로는 볼 수 없으므로, 가사 거기에 기재된 내용에 허위가 있다 하더라도 그 부분에 관하여 법정에서 증언한 것으로 보아 위증죄로 처벌할 수는 없다(대법원 2007도1397 판결).

2. 증인신문사항 제출 방식

증인진술서의 제출을 명함이 상당하지 아니한 사건의 경우에는 증인신문사항을 제출하고 이에 기해 신문하게 된다. 증인신문사항을 제출할 기간은 상대방에 대한 송달 및 반대신문 준비를 위하여 충분하다고 인정되는 기간으로 정한다. 제출된 증인신문사항은 상대방의 실질적인 반대신문권을 보장하기 위하여 상대방에게 반드시 송달하여야 한다(규칙 제80조 제2항). 증인신문의 채택결정 후 제출한 증인신문사항이 증인신문 신청 시에 밝힌 입증취지와 다른 경우에는 증인신문 채택결정을 취소할 수 있다. 증인신문 시작 전에 변경된 증인신문사항을 제출하거나 추가신문사항을 제출하는 경우 종전 증인신문사항의 범위를 크게 벗어나지 아니하는 한 신문을 허용할 것이나 그렇지 아니하다면 증인과 상대방의 의견을 들어 허용여부를 결정하여야 한다.

반대신문사항을 서면으로 작성하는 경우 개개의 신문사항이 주신문의 어느 것과 관련된 것인지를 표시하는 것이 좋다(예컨대 "주신문 제5항과 관련하여"와 같이 기재한다). 반대신문은 주신문에 따른 증언을 탄핵하기 위하여 하는 것이므로 반대신문사항이 미리 증인이나 주신문을 한 상대방에게 알려지면 곤란할 것이다. 따라서 반대신문사항은 주신문 직후 반대신문 직전에 상대방에게 교부하면 된다.

3. 서면에 의한 증언

법원은 증인과 증명할 사항의 내용 등을 고려하여 상당하다고 인정하는 때에는 증인에게 출석·증언에 갈음하여 증언할 사항을 적은 서면을 제출하게 할 수 있다(민소법 제310조 제1항). 상대방의 이의 유무에 관계없이 법원이 상당하다고 인정하는 경우에는(직권으로) 서면으로 출석, 증언에 갈음할 수 있게 한 것으로서("증언에 갈음하는 서면"이라고도 한다) 2002년 개정 전의 법과 달리 제출하는 서면은 공정증서에 한정하지 아니한다. 법원이 미리 신문사항 또는 신문사항의 요지만에 의하여 증인이 증언할 사항을 바로 적어서 낼 수 있도록 함으로써 절차상의 효율을 도모하고 있다. 다만 상대방의 이의가 있거나 법원이 필요하다고 인정한 때에는 위 증인으로 하여금 법원에 출석·증언하게 할 수 있다(민소법 제310조 제2항).

서면에 의한 증언과 증인진술서는 증거의 성질이 전자는 증언에 해당하는 반면 후자는 서증의 일종이라는 점, 전자는 증인에게, 후자는 증인을 신청한 당사자에게 그 제출을 명한다는 점, 전자는 원칙적으로 서면의 제출과 변론에서의 현출로 증거조사 절차가 마쳐지는데 반하여 후자는 법정에의 출석과 증언이 뒤따른다는 점에서 차이가 있다. 서면에 의한 증언은 선서의무가 면제된다는 점에서 법정에서의 증언이 뒤따른 증인진술서에 비해 신빙성은 낮다고 보아야 한다.

서면에 의한 증언 방식은 주로 상대방의 반대신문권 보장이 문제되지 아니하는 경우에 효율적으로 이용된다. 구체적인 사례를 들자면 사건의 경위나 정황 등 당사자 사이의 실질적인 다툼의 대상이 아닌 사실을 진술하는 경우, 공시송달사건, 객관적으로 기재된 문서를 전문적 지식에 의하여 설명하는 경우(예컨대 회계장부, 의사의 진료기록 등), 형식적인 사항을 설명하는 경우(예컨대 계산관계서류, 장부나 통장 등), 장기간에 걸쳐 발생한 당사자 사이의 사실관계를 시간의 경과에 따라 정리하는 경우 등을 들 수 있다.

증인조사를 서면에 의한 증언 방식으로 하기로 결정하면 당사자에게 증인신문사항을 제출하게 하여야 하고, 상대방의 반대신문권을 보장하기 위하여 상대방에게도 증인에게 회답을 바라는 사항을 적은 서면을 제출하게 할 수 있다(규칙 제84조 제1항). 증인신문사항이 제출되면 법원은 증인에게 제출기한을 정하여 서면증언요구서를 보낸다. 증인은 제출기한 내에 증언할 사항을 적은 서면증언서를 작성하여 서명날인한 후 제출하여야 한다. 제출된 서면증언을 검토하여 법원이 증인에게 출석·증언을 명하는 것은 새로운 증거 결정이 아니라 이미 채택된 증인에 대한 조사방법만 변경하는 것으로서 법원의 직권판단 사항에 속한다.

Ⅲ. 증인의 소환과 출석

종래에는 증인을 대동하여 여비를 증인에게 직불하는 방식(증인대동 방식)을 많이 이용하였다. 그러나 이러한 방식은 증인의 출석 여부를 당사자의 의사나 노력 여하에 좌우되게 하고, 증인이 불출석한 경우에도 과태료 등의 제재를 가할 수 없게 되는 점에서 적합하지 아니하다. 그리하여 현재는 여비를 예납하게 한 후 법원에 의하여 소환하도록(여비예납 방식) 권장하고 있다.

집중증거조사를 실시하기 위해서는 증인의 출석확보가 전제되어야 한다. 증인이 소환장을 받고도 정당한 사유 없이 출석하지 아니하는 때에는 법원은 결정으로 증인에게 이로 말미암은 소송비용을 부담하도록 명하고, 500만 원 이하의 과태료에 처하고, 그럼에도 불구하고 다시 출석하지 아니한 때에는 7일 이내의 감치에 처할 수 있을 뿐만 아니라 구인을 명할 수 있다(민소법 제311조, 제312조).

Ⅳ. 증인신문방법

민소법 제327조 제1항 내지 제6항에 규정되어 있다.

1. 주신문(direct examination)

증인에 대한 신문은 인적사항을 확인하고, 선서를 시킨 후 증언하는 순으로 진행한다. 증인이 증언거부권이 있음에도 증인에게 증언거부권을 고지하지 아니하고 증언하게 하였다면 법률에 의하여 선서한 증인의 진술이 아니므로 위증죄로 처벌할 수 없는 것이 원칙이다(대법원 2010도10028 판결).

주신문은 요건사실을 중심으로 증인이 요증사실을 이해하고 답변을 잘 할 수 있도록 간단명료하게 하여야 한다. 증언의 신빙성은 신문방법에 의하여도 크게 좌우된다. 증인이 확실한 기억에 의하여 진술하고 있음을 재판부에 보여 주어야 신빙성을 높일 수 있다. 증인은 과거에 보거나 듣는 방법으로 사실을 인식한 자로서 시간이 경과하였음에도 기억하고 있는 사실을 법정에서 말로 진술하는 사람이다. 따라서 이러한 인식, 기억, 재현과정에서 오류가 발생할 수 있음을 감안하여(자세한 것은 법심리학의 연구 분야이다) 인식에 오류가 없고 기억에도 이상이 없으며, 이를 제대로 잘 표현하고 있음을 재판부에 보여 주어야 설득력이 있는 증언이 될 수 있다. 그러기 위해서는 증인이 사실에 관하여 정확히 인식하고 이를 바르게 기억하는데 필요한 건전한 감각 작용과 판단력 및 기억력이 있어야 하고, 그 기억을 있는 그대로 진술하기 위하여 주변의 유혹에 편향되지 아니하는 강직한 성격과 인품이 있어야 하며, 침착하고도 정확한 표현력을 갖추고 있는 것이 이상적이다. 가급적 요증사실을 직접 경험한 사람을 찾아야 하고 서증 등 다른 증거방법과의 보완 관계도 살펴야 한다.

신문사항은 회화체를 사용하고, 전문용어는 그 뜻을 이해시킨 후 사용하도록 한다. 증인이 서류를 보아야 기억할 수 있는 부분은 서류를 제시하며 신문한다. 의견을 묻거나 추측하고 있는 사실을 물어서는 안 되며, 특히 주신문 시에는 유도신문(leading question)을 하여서는 아니 된다. 유도신문은 신문자가 희망하는 답변을 암시하는 신문과 증인이 아직 증언하지도 아니한 사실을 당연한 전제로 내세워 신문하는 경우가 일반적인 형태이다. 다만 증인과 당사자의 관계, 증인의 경력, 교우관계 등 실질적인 신문에 앞서 미리 밝혀 둘 필요가 있는 준비적인 사항에 관한 신문의 경우, 증인이 주신문을 하는 사람에 대하여 적의 또는 반감을 보이는 경우, 증인이 종전의 진술과 상반되는 진술을 하는 때에 그 종전 진술에 관한 신문의 경우, 그밖에 특별한 사정이 있는 경우에는 유도신문을 할 수 있다(규칙 제91조 제2항).

2. 반대신문(cross examination)

반대신문은 증언의 증명력을 다투기 위하여 필요한 사항으로 증인의 경험, 기억 또는 표현의 정확성 등 증언의 신빙성에 관련된 사항 및 증인의 이해관계, 편견 또는 예단 등 증인의 신용성에 관련된 사항에 관하여 한다(규칙 제94조). 반대신문은 주신문에서 한 증언이 잘못되었을 수도 있다는 가능성만 드러내면 충분하고, 증인으로 하여금 주신문에 대한 증언이 전적으로 잘못되었다고 자백하게 하려고 시도할 필요는 없다. 필요한 때에는 유도신문을 할 수도 있다.

증언의 신빙성을 약화시키기 위해서는 먼저 증인이 사실을 정확히 인식하지 못하였거나 인식할 수 없는 상황이었다는 점을 부각시킬 필요가 있다. 이를 위하여 ① 시력, 청력 등 자극을 수용할 수 있는 선천적인 능력, ② 경험대상과의 거리, 장애물의 유무, 관찰보조기구의 유무와 종류 등 외부적인 여건, ③ 경험대상에 대한 흥미의 정도, 주의를 끌 만한 다른 사물의 존부, 관찰자의 심리상태 등 자극을 수용하는 내부적인 여건, ④ 경험사실을 그 전에 경험한 다른 사실들과 대비하여 일정한 범주 속에서 파악할 수 있는 경험적 인식능력 등을 확인할 필요가 있다. 다음으로 증인이 인식한 사실을 지금까지 기억할 것을 기대하기 어렵다는 점을 부각시킬 필요가 있다. 이를 위하여 오래 전의 일임을 강조하는 방법 등으로 일반적으로 기억을 보유할 수 있는 능력에 대하여 언급하는 외에 ① 증언하는 사건이 일상적인 것이고, 이를 특별히 기억에 남길 만큼 연관된 사실이 없다는 점, ② 그와 같은 성질의 사건이 무수히 많아서 증언하는 특정 사건에 대한 기억을 흐리게 할 수도 있다는 점, ③ 법정에서의 증언과 다른 종전 진술이 있었을 경우에는 종전 진술이 시간적으로 그 사건과 더 가까운 때에 행하여진 것으로 그 때가 지금보다 기억이 더 생생하였을 것이므로 법정에서의 진술은 신빙성이 없다는 점 등을 부각시킬 필요가 있다. 끝으로 인식과 기억 과정에 오류가 없다고 하더라도 증인이 신문내용을 제대로 이해하지 못하고 답변하고 있다거나 표현방법에 문제가 있음을 지적하고, 증인이 신청인 측에 이해관계를 같이 하거나 편향된 자세를 취하고 있어 중립적인 진술을 하기 어렵다는 점, 증인이 사실을 숨기고 허위의 진술을 할 가능성이 농후하다는 점 등을 부각시킬 필요가 있다.

반대신문에 나타난 사항과 이와 관련된 사항에 관하여는 주신문의 예에 따라 재주신문을 할 수 있다(규칙 제93조).

3. 격리신문의 원칙

증인은 개별로 신문하는 것이 원칙이다. 증인이 오염되는 것, 즉 증언이 왜곡되는 것을 방지하기 위함이다. 증언할 여러 명의 증인 중 아직 신문하지 아니한 증인이 법정에 있을 때에는 퇴정을 명하여야 한다(민소법 제328조 제2항 본문). 증언할 증인이 먼저 증언한 증인의 진술에 의해 영향을 받는 것을 방지하기 위함이다. 그러나 증인을 서로 분리하여 신문할 필요성이 있는 경우를 제외한다면 법원은 모든 증인을 재정시킨 상태에서 신문을 하고(같은 항 단서), 신문을 마친 증인도 법정에서 대기하도록 하여 필요한 경우 재판장은 증인 상호간 대질을 명할 수도 있다(민소법 제329조). 과거에는 격리신문을 하는 경우가 대부분이었으나 최근의 집중심리 방식 하에서는 재정신문을 하는 사례가 많아졌다. 이렇게 운영하는 것이 허위의 진술 또는 부정확한 진술을 방지하고, 증인의 기억을 환기하는 데 도움이 되며, 다른 증인 간의 진술의 차이를 부각시키기 용이하고, 도입적 신문이나 중복적 신문을 생략하는 데에도 도움이 되는 등 많은 장점이 있기 때문이다.

제4절 감 정

I. 의 의

감정이란 법관의 판단능력을 보완하기 위하여 전문적 지식과 경험을 가진 자로 하여금 재판의 대전제가 되는 법규나 경험칙 또는 그것을 구체적 사실에 적용하여 얻은 사실 판단을 법원에 보고하게 하는 증거방법이다. 실무상 흔히 시행되는 감정으로는 노동능력 상실정도, 사람의 정신상태, 필적 또는 인영의 동일성, 공사의 하자 유무와 정도, 토지의 경계측량, 토지나 건물의 차임, 토지나 건물의 시가 등이 있다.

감정은 증인과 같은 인증(人證)에 해당하나 감정은 전문지식이나 이를 이용한 판단의 결과를 증거로 하고(따라서 감정인이 제출한 감정서를 서증으로 취급하여서는 안 된다), 대체성이 있다는 점에서 증인과 다르다. 다만 특별한 학식과 경험에 의하여 알게 된 사실에 관한 신문은 감정증인으로서 증인신문에 관한 규정을 따른다(민소법 제340조).

당사자가 소송 외에서 전문가에게 직접 의뢰하여 작성된 감정서를 법원에 서증으로 제출하는 사례도 많은데, 이 경우에는 형식적 증거력이 인정되면 서증으로서 사실인정의 자료가 될 수 있다.

Ⅱ. 신청절차와 감정절차

감정 신청은 증인 신청에 준하여 하면 된다. 감정에는 증인신문에 관한 절차가 준용되나 대체성이 있으므로 불출석에 대한 제재나 구인절차는 준용되지 않는다(민소법 제333조). 감정에 필요한 학식과 경험이 있는 사람은 민소법 제334조 제2항이 정한 일정한 예외(선서무능력자 또는 선서, 증언을 거부할 수 있는 사람)에 해당하지 아니하면 감정의무가 있는데, 감정의무의 내용은 출석의무, 선서의무, 감정의견 보고의무이다. 감정인은 감정을 위하여 필요한 경우에는 법원의 허가를 받아 남의 토지, 주거, 관리 중인 가옥, 건조물, 항공기, 선박, 차량, 그 밖의 시설물 안에 들어갈 수 있다(민소법 제342조 제1항).

감정인은 법원에서 지정하므로(민소법 제335조) 감정 신청을 하면서 감정인을 특정인으로 지정하여 달라고 신청하여도 법원을 구속하는 것은 아니다. 감정인은 감정사항이 자신의 전문분야에 속하지 아니하는 경우 또는 그에 속하더라도 다른 감정인과 함께 감정을 하여야 하는 경우에는 곧바로 법원에 감정인의 지정 취소 또는 추가 지정을 요구하여야 한다(민소법 제335조의2 제1항). 감정인이 성실하게 감정할 수 없는 사정이 있는 때에는 당사자는 그를 기피할 수 있다(민소법 제336조. 기피 절차는 민소법 제337조 참조). 감정절차를 투명하게 그리고 공정하게 운영하기 위해 기피제도를 두고 있는데, 이는 재판의 신뢰와 밀접한 관련이 있는 것으로 실무상 중요한 과제이다.

감정신청서에는 감정인의 자격, 감정대상, 감정할 사항 및 입증취지를 표시한다.

감정이 신청되면 법원은 상대방에게 의견 진술의 기회를 주기도 하고(규칙 제101조 제3항 참조), 감정인의 의견을 듣는 경우도 있다(동조 제4항). 구체적인 전제사실을 확정할 수 없는 상태에서 감정을 명하는 경우에는 복수의 전제사실을 기재하거나 사실이 인정된다는 가정 하에 감정을 하기도 한다.

Ⅲ. 감정결과

감정의 결과는 증거조사의 결과이므로 법정에 현출된 이상 당사자가 원용한다는 진술을 하지 않아도 증거자료가 된다. 감정결과에 불명료한 점이 있는 경우에는 보완감정 신청을 하거나 감정보완촉탁신청을 하여 감정결과를 보충할 수 있고, 감정의 경위나 결과에 납득할 수 없는 사유가 있는 때에는 재감정을 신청하기도 하는데, 재감정 신청은 신청인이 하기도 하고 상대방이 하기도 한다. 재감정을 채택할지 여부는 법원의 재량사항이나 동일 심급에서는 잘 채택하지 아니하는 경향이 있다. 다만 상급심에서는 채택될 가능성이 높아진다. 상반되는 수개의 감정결과 중 어느 것을 채택하는가는 법원의 자유심증의 범위에 속하는 것으로 논리와 경험칙에 위배되지 아니하는 한 적법하다. 다만 동일한 감정인이 동일한 감정사항에 대하여 모순되거나 불명료한 감정을 한 경우에는 감정서의 보충을 명하거나 감정증인으로 신문하여 명확히 할 필요가 있을 것이다.

Ⅳ. 감정의 촉탁

법원은 필요하다고 인정하는 경우에는 공공기관·학교, 그 밖에 상당한 설비가 있는 단체 또는 외국의 공공기관에 감정을 촉탁할 수 있는데(민소법 제341조 제1항 전문), 이 경우에는 선서의무가 면제되므로(같은 항 후문) 촉탁기관은 권위 있는 기관에 한정하여야 할 것이다. 대학부설 종합병원에 하는 신체감정촉탁이 그 대표적인 예이다. 감정을 명할 것인지 아니면 감정촉탁을 할 것인지는 법원이 당사자의 의견을 참조하여 직권으로 정할 사항이다.

감정을 촉탁한 경우 그 후에 제출된 감정서에 분명하지 아니하거나 불비된 점이 있는 등 법원이 필요하다고 인정하는 때에는 감정을 한 단체 등이 지정한 자(대부분 실제로 감정을 수행한 사람이 될 것이다)로 하여금 감정서를 설명하게 할 수 있다(민소법 제341조 제2항).

제5절 서 증

Ⅰ. 서증의 의의

1. 서증의 개념

서증이란 문서의 기재, 즉 의미나 내용이 증거자료가 되는 증거방법이다. 문서라 하더라도 문서의 존재, 외형, 형상 등을 증거자료로 하는 경우에는 서증이 아니라 검증이 된다. 예컨대 문서가 위조되었다는 점을 증명하기 위하여 제출한 문서는 검증물일 뿐(이 때 서증목록 비고란에 "위조되었다는 취지로 제출"이라고 기재한다) 서증이 아니다. 문서는 문자 그 밖의 기호의 조합에 의하여 작성자의 일정한 사상을 표현한 것이면 족하다. 과거에는 증인의 증언이 중요했으나 현대사회에서는 계약서 등에서 보는 바와 같이 문서만큼 확실하고 중요한 증거는 없다.

2. 문서의 종류

(1) 공문서와 사문서

공무원이 그 직무권한 내의 사항에 관하여 작성한 문서가 공문서이고, 그 이외의 문서는 모두 사문서이다. 공문서 중 공증인과 같이 공증권한을 가진 자가 작성한 것을 공정증서라고 한다. 공증인법에 의하면 ①유언서와 거절증서의 작성, ②어음, 수표의 공증, ③건물, 토지, 특정 동산의 인도등에 관한 법률행위 공증 등이 이에 해당한다(②, ③의 경우에는 강제 집행 수락 문구를 기재한다. 제소전화해조서와 달리 기판력은 인정되지 않는다.). 사문서에 공무원이 직무상 일정한 사항을 기입해 놓는 경우에는 그 부분은 공문서에 해당하므로 문서 전체는 공사병존문서가 된다. 내용증명우편에 의한 통지서, 확정일자 있는 전세계약서, 등기필증 등이 이에 해당한다.

공문서는 그 성립의 진정이 추정되지만(민소법 제356조) 사문서는 상대방이 그 진정성립을 인정하지 않는 한, 다른 증거방법에 의하여 그 성립의 진정을 증명하여야 한다. 공사병존문서의 경우 공문서 부분(공성부분이라고도 한다)의 성립으로 사문서 부분(사성부분이라고도 한다)의 진정성립을 추정할 수 없다(대법원 88다카5836 판결). 예컨대 확정일자 있는 사문서는 공성부분인 확정일자의 진정성립이 인정된다고 하더라도 당해 서면이 확정일자 당시에 존재한 사실만 증명할 뿐 사문서 자체가 진정하게 성립된 사실까지 증명하는 효력은 없다. 다만 사서증서 인증(공증인법 제57조 제1항)의 경우에는 사문서부분의 진정성립도 인정된다(이러한 목적으로 인증을 하는 것이다. 다만 공정증서원본불실기재죄의 객체는 아니다).

(2) 처분문서와 보고문서

처분문서는 증명하고자 하는 법률적 행위가 그 문서 자체에 의하여 이루어진 문서로서 각종 계약서, 유언서, 어음, 수표 등이 이에 해당한다. 보고문서는 문서작성자가 보고 듣고 느끼고 판단한 내용을 기재한 문서로서 영수증, 장부, 일기, 등기사항증명서, 가족관계등록부 등이 이에 해당한다. 판결서는 판결의 존재 및 어떤 내용의 판결이 있었는지를 증명하는 자료로서는 처분문서이나 판결서 중에 한 사실판단을 증명하기 위하여 이용하는 경우에는 보고문서이다(대법원 79다1281(전) 판결). 이 구별은 후술하는 바와 같이 문서의 실질적 증명력을 따지는데 실익이 있다.

(3) 원본, 정본, 등본, 초본

원본은 처음 작성된 문서 그 자체를 말한다. 정본은 원본의 전부를 복사한 등본 중 정본(원본에 갈음하기 위하여 공증권한 있는 공무원이 작성하였다는 뜻)이라고 표시한 것을 말한다. 판결정본은 판결원본을 복사한 문서의 제일 뒷장에 "정본입니다"라는 정본문서를 붙인 것을 말한다. 등본은 원본 전부의 사본이고, 초본은 그 일부의 사본이다. 그리고 등기사항증명서, 가족관계등록부와 같이 인증기관이 공증한 등본을 인증등본 또는 인증이 있는 등본이라 한다.

원본의 소지 여부는 사건의 승패를 좌우할 정도로 중요한 경우가 많으므로(예컨대 명의신탁이라고 주장하는 경우 계약서 원본을 수탁자가 소지하고 있다면 명의신탁 주장은 배척될 가능성이 높다) 이에 대하여 항상 주의를 기울여야 한다. 서증 제출은 제출자가 원본을 소지하고 있음을 전제로 하는 행위이다(민소법 제355조 제1항 참조). 원본이 아닌 사본을 소지하고 있을 경우에는 사본 상태로 서증을 제출한다고 밝혀야 한다. 상대방이 원본이 아닌 사본을 소지하고 있다고 하여 이를 제출한 경우 당사자나 소송대리인으로서는 상대방이 그 사본을 어떻게 입수할 수 있었을지 생각해 보고, 필요시 그 증거능력이나 증명력을 탄핵하는 것도 생각해 보아야 한다.

Ⅱ. 문서의 증거능력과 증거력

1. 문서의 증거능력

추상적으로 증거조사의 대상이 될 수 있는 자격을 증거능력이라 한다. 민사소송에 있어서는 형사소송과 달리 원칙적으로 증거능력에 제한이 없다. 소 제기 후 계쟁사실에 관하여 작성한 문서라도 증거능력이 인정된다. 문서의 사본도 증거능력이 부인되지 않는다.

문서에 의하여 어떤 사실을 인정할 수 있는지를 판단함에 있어서는 먼저 문서가 작성명의인(입증자에 의하여 작성자로 주장되는 자)의 의사에 기하여 작성된 것인가(이것이 인정되면 형식적 증거력이 있다고 한다)를 확정한 다음, 그 문서의 기재 내용이 진실한 것으로 요증사항을 인정할 자료인가(이것이 인정되면 실질적 증거력이 있다고 한다)를 검토한다. 형식적 증거력이 있는 문서만이 요증사실을 인정할 증거자료가 될 수 있는 것이다.

2. 문서의 형식적 증거력

(1) 의 의

문서가 작성명의인의 의사에 기하여 작성된 것을 의미하며 문서의 진정성립이라고도 한다. 이는 문서가 위조나 변조된 것이 아님을 뜻한다. 작성명의인의 의사에 기한 것이면 되기 때문에 작성명의인의 승낙 하에 타인이 작성하였더라도 상관없고, 작성자의 날인이 있어야 하는 것도 아니다.

甲의 대리인 乙이라고 기재한 경우 작성명의인을 누구로 볼 것인지에 관하여 학설은 본인설(이에 의하면 작성명의인은 甲이다)과 대리인설(이에 의하면 작성명의인은 乙이다)로 나뉘는데, 민소법 제358조는 "사문서는 본인 또는 대리인의 서명이나 날인 또는 무인이 있는 때에는 진정한 것으로 추정한다"라고 규정하고 있는바, 이는 대리인설을 전제로 한 것으로 보인다. 다만 상대방(본인인 甲)이 乙에 대한 대리권 수여사실을 부인하는 경우에는 문서의 진정성립이 인정되더라도 실체관계면에서 대리권 수여 사실은 이를 주장하는 자가 입증하여야 한다.

(2) 문서의 인부

서증이 제출된 경우 법원은 상대방으로 하여금 성립의 인부를 답변하게 한다. 특히 당사자 사이에 법률행위의 존부나 내용에 관하여 다툼이 있는 경우에 그 법률행위에 관한 처분문서 또는 그 밖에 사건의 쟁점과 관련된 문서로서 인부가 필요하다고 판단되는 문서에 대하여는 상대방에게 인부의 의견을 진술하게 하여야 한다. 이 경우 문서제출자가 법원에 인부를 촉구해 달라고 요청하기도 한다. 명시적으로 인부를 하지 아니한 경우에는 변론 전체의 취지에 의하여 문서의 진정성립을 인정할 수 있다. 여기서 변론 전체의 취지는 그 문서의 상태, 기재 내용, 제출자와 작성자의 관계, 상대방의 다툼의 정도 등에 대한 종합적 평가를 의미한다. 인부에는 다음과 같이 성립인정, 부인, 부지의 세 가지가 있는데, 각 경우에 진정성립에 관한 입증책임을 누가 부담하는지가 중요하다.

① 상대방이 문서의 성립을 인정하게 되면 문서를 증거로 제출한 당사자는 그 문서가 진정하게 작성되었음을 입증할 책임을 면하게 되고, 법원이 그 내용을 믿을 것인가의

문제(실질적 증거력 또는 증명력)만 남게 된다. 문서의 성립을 인정한다고 하여 곧바로 그 기재 내용이 진실한 것으로 인정되는 것은 아니다(상대방은 통상 진정성립은 인정하나 입증취지는 부인한다고 답변한다). 다만 처분문서의 경우에는 특별한 사정이 없는 한, 그 기재 내용과 같은 의사표시를 한 것으로 인정하여야 한다(이는 증명력의 문제이다). 상대방이 서증의 진정성립에 관한 제출자의 주장을 인정한 때에는 보조사실에 대한 자백이지만 그 자백은 주요사실에 대한 자백과 같은 효력이 있으므로 그 자백을 취소하기 위해서는 성립을 인정한 것이 진실에 반하고 착오로 인한 것임을 입증하여야 한다(대법원 90다8244 판결). 이는 후술하는 바와 같이 문서에 찍힌 인영의 진정함을 인정한 경우에도 마찬가지이다(대법원 2001다5654 판결).

② 작성명의자가 작성한 것이 아닐 경우에는 부인으로 답한다. 부인이란 문서가 위조되었다는 취지인데, 문서에 인영이 날인된 경우에 (a)인영 자체가 위조되었다고 주장하는 경우와 (b)날인된 인영이 작성명의자의 인장에 의한 것은 맞으나 그 인영이 도용(盜用. 작성자 몰래 도장을 훔쳐서 찍은 것을 의미한다)되었다고 주장하는 경우가 있다. 그런데 민소규칙 제116조는 문서의 진정성립을 부인하는 때에는 그 이유를 구체적으로 밝혀야 한다고 규정하고 있다. 이와 관련하여 대법원 93다35353 판결은 "서증에 피고의 인장이 날인되어 있고, 이것이 피고의 인감도장으로 보이는데, 피고가 부인으로 다투면서 위조된 것이라고 증거항변을 하였다면 그 취지가 피고가 위 서증에 날인된 인영이 자신의 인장에 의하여 현출된 인영임을 전제로 하여 인영부분은 시인하되 다만 그 인영이 피고의 의사에 의하지 않고 날인된 것이어서 위 문서가 위조된 것이라고 항변하는 것(도용항변)인지, 아니면 인영 그 자체가 위조된 것이므로 위 문서의 성립을 부인하는 것인지 분명하지 아니하므로 법원으로서는 이 점을 분명히 하고 위 인영의 위조 여부에 관하여 심리를 하여야 한다"고 판시한 바 있다. 후자의 경우에는 위조되지 않았다는 사실, 즉 진정하게 성립되었음을 문서제출자(위 사례에서는 원고)가 입증하여야 하고. 이에 반하여 전자의 경우에는 도용되었다는 사실을 주장하는 자(위 사례에서는 피고)가 입증하여야 하다.

③ 작성명의자가 작성한 것인지 여부를 모르는 경우에는 부지로 답한다. 이 경우 진정성립에 관한 입증책임은 문서제출자가 진다. 통상 제3자가 작성한 문서에 대하여는 부지로 답한다. 자기의 명의로 작성된 문서에 대하여도 부지로 답할 수 있을까. 성립을 인정하든지 아니면 부인을 하든지 하여야 할 것이나(당사자가 자기 명의의 문서에 대하여 부지라고 진술하는 것은 진실의무에 반하여 허용되지 않음이 원칙이다) 문서에 날

인된 자가 자기 명의의 인영이 자기가 사용하던 것인지 알 수 없을 때에는 그 사유를 설명하고 부지로 답할 수밖에 없을 것이다. 이와 관련하여 대법원 2000다38602 판결은 "사문서의 작성명의자가 부지라고 답변하였으나 그 사문서상의 인영이 자신의 진정한 인장에 의한 것임을 인정하는 취지로 진술하고, 자신의 인감증명서상의 인영과 그 사문서상의 인영을 육안으로 대조하여 보아도 동일한 것으로 보이는 경우 원심으로서는 그 작성명의자에게 그 인영 부분의 진정성립 여부를 석명한 후 그에 따라 그 서증의 진부에 대한 심리를 더하여 보고, 그 결과 사문서의 진정성립이 추정되면 그 작성명의자가 자신의 인장이 도용되었거나 위조되었음을 입증하지 아니하는 한, 그 진정성립을 부정할 수 없음에도 바로 그 사문서의 형식적 증거력을 배척한 원심판결은 사문서의 진정성립에 관하여 법리오해가 있다"고 판시한 바 있다.

공문서와 사문서가 결합되어 있는 경우에는 통상 "공성부분 성립인정, 사성부분 부지"라고 답한다. 상대방이 내용증명우편물을 보내고 이를 증거로 제출한 경우에는 "공성부분 및 수령사실만 인정"이라고 답한다.

제출자가 사문서의 진정성립을 입증하는 방법에는 특별한 제한이 없다. 예컨대 작성명의인이 증인으로서 자기가 작성하였다고 진술하는 것이 가장 확실한 방법이 될 것이나 작성명의인이 아닌 자가 증인으로서 자기 면전에서 명의인에 의하여 작성되었다고 진술하거나 필적을 알고 있는 사람이 명의인의 필적이라고 진술하는 것에 의하여도 가능하다. 증인의 증언에 의하여 진정성립을 인정하는 경우 그 신빙성 여부를 판단함에 있어서는 증언 내용의 합리성, 증인의 증언 태도(특히 증언에 일관성이 있는지 여부), 다른 증거(예컨대 무인감정결과 등)와 합치 여부, 증인의 사건에 대한 이해관계, 당사자와의 관계(객관적 입장에서 공정한 증언을 하지 아니할 가능성이 있는지 여부) 등을 종합적으로 검토하여야 할 것이다(대법원 98다57198 판결).

상대방이 제출한 문서가 자기에게도 유리한 증거가 되는 경우에는 성립인정에 그치지 않고 나아가 "이익으로 원용한다"라고 답한다(전술한 증거공통의 원칙 참조). 이익으로 원용한다고 진술하면 그 증거를 자기가 제출한 것과 같은 효과가 발생하여 제출자가 마음대로 철회할 수 없게 된다(간접적 주장이 있다고 보아야 할 경우도 있다). 문서의 성립은 인정하되 제출자의 주장에 부합하는 증거로 삼는 것에 이의가 있을 경우에는 변론 전체의 취지에서 다툰 것으로 인정받기 위하여 "입증취지 부인"이라고 첨가한다.

문서의 인부는 고의나 중대한 과실로 진실에 반하여 문서의 진정을 다툰 때에는 과태료의 제재를 받을 수 있으므로(민소법 제363조) 신중하게 하여야 한다. 문서의 진정성립을 인정한 경우에는 주요사실에 대한 자백과 마찬가지로 자유롭게 철회할 수 없는 불이익을 입게 되므로 함부로 문서의 진정성립을 인정하여서는 아니 된다. 상대방의 서증을 충분히 검토하지 못하여 문서의 진정성립 여부에 관하여 잘 모를 경우에는 일단 인부를 보류하였다가 내용을 검토한 후 차회 기일에 인부를 하면 된다. 무턱대고 부인 또는 부지로 다투어서도 안 된다. 나중에 진정하게 성립된 것임이 밝혀질 경우 변론 전체의 취지에서 부정적인 평가를 받을 수도 있기 때문이다. 또한 컬러 복사로 인하여 교묘하고 정밀하게 위조 또는 변조할 수 있는 세상이 되었으므로 제출된 사본이 원본에 의한 것인지(즉 제출자가 원본을 소지하고 있는지)를 항상 의심하여야 하고, 의심될 때에는 원본 제출을 요구하여 제출된 문서 원본을 보고 인부를 하여야 한다.

사본을 원본으로 제출하는 경우에는 그 사본이 독립한 서증이 되는 것이나 그 대신 이에 의하여 원본이 제출된 것으로 되지는 아니하고, 이때에는 증거에 의하여 사본과 같은 원본이 존재하고 그 원본이 진정하게 성립하였음이 인정되지 않는 한, 그와 같은 내용의 사본이 존재한다는 것 이상의 증거가치는 없다. 다만 서증 사본의 신청당사자가 문서 원본을 분실하였다든가 선의로 이를 훼손한 경우, 또는 문서제출명령에 응할 의무가 없는 제3자가 해당 문서의 원본을 소지하고 있는 경우, 원본이 방대한 양의 문서인 경우 등 원본 문서의 제출이 불가능하거나 비실제적인 상황에서는 원본의 제출이 요구되지 아니한다고 할 것이지만 그와 같은 경우라면 해당 서증의 신청당사자가 원본 부제출에 대한 정당성이 되는 구체적인 사유를 주장·입증하여야 한다(대법원 2009다96403 판결).

신원보증서류에 서명날인하는 것으로 알고 이행보증약정서를 읽어 보지 않은 채 이행보증약정서에 서명날인한 사안에서 대법원 2004다43824 판결은 의사와 표시에 불일치가 있는 경우이므로 사기로 인한 취소는 안 되고(제3자 사기에 의한 의사표시인 민법 제110조 제2항이 적용되지 않는다는 취지임), 착오로 인한 취소만 된다고 판시하였다.

(3) 문서의 진정성립 추정

문서의 방식과 취지에 의하여 공무원이 직무상 작성한 것으로 인정되는 때에는 진정한 공문서로 추정한다(민소법 제356조 제1항). 이 추정(전면적 추정력)은 법률상 추정이므로(증거법칙적 추정이라는 견해도 있다) 그 진정성립을 다투는 측이 위조 사실을 입증하여야 한다.

사문서는 본인 또는 대리인의 서명이나 날인 또는 무인이 있는 때에는 진정한 것으로 추정한다(민소법 제358조. 제한적 추정력). 여기서 "본인 또는 대리인의 서명이나 날인 또는 무인이 있는 때"는 본인 또는 대리인의 의사에 기한 서명이나 날인 또는 무인행위가 행하여진 사실이 있는 것을 뜻한다. 문서에 찍힌 인영이 그 명의인의 인장에 의하여 현출된 인영임이 인정되는 경우(인영부분의 성립이 인정되는 경우)에는 특별한 사정이 없는 한, 그 인영의 진정성립, 즉 날인행위가 작성명의인의 의사에 기하여 이루어진 것으로 추정되고(1단계 추정), 일단 인영의 진정성립이 추정되면 위 제358조에 의하여 그 문서 전체의 진정성립이 추정된다(2단계 추정). 위의 1단계 추정은 사실상 추정으로 날인행위가 작성명의인 이외의 자에 의하여 이루어진 것임이 밝혀진 경우에는 깨어지는 것이므로 문서제출자는 그 날인행위가 작성명의인으로부터 위임받은 정당한 권원에 의한 것이라는 사실까지 입증할 책임이 있다. 한편 위 1단계 사실상 추정을 번복하기 위해서는 인영의 진정성립을 다투는 자가 반증을 들어 법원으로 하여금 인영의 날인행위가 작성명의인의 의사에 기한 것이 아닐 수 있다는 의심을 품게 할 수 있는 사정을 입증하면 된다(대법원 2002다59122 판결).

등기의 추정력과 관련하여 주의해야 할 점이 있는데, 소유권이전등기말소청구 사건에서 등기원인증서 등 등기신청 서류의 진정성립이 문제되는 경우이다. 이 경우 소유권이전등기는 추정력(법률상 권리 추정에 해당함)이 있기 때문에 등기신청 서류의 진정성립도 법률상 추정된다. 따라서 원고로부터 피고 명의로 된 소유권이전등기의 말소등기를 구하는 원고로서는 등기신청서류가 위조된 것이라는 점, 예컨대 원고 아닌 자가 아무런 권한 없이 등기신청서류상 원고의 인영을 원고의 의사에 반하여 날인한 사실 등을 적극적으로 입증할 책임을 진다(대법원 2001다72029 판결). 등기가 된 경우에는 무권대리가 다투어지는 경우에도 추정력의 부수적 효과로 인해 대리권 없음을 주장하는 자(말소를 구하는 자)가 입증하여야 한다(대법원 2009다37831 판결).

자신의 명의로 작성된 문서의 진정성립을 부인하는 때에는 인영부분, 즉 인영의 동일성 또는 그 진정성립까지 부인하는 취지인지를 명확히 하여야 한다. 인영은 인정하면서 그 날인행위가 본인의 의사에 기한 것이 아니라는 이유로 문서의 진정성립을 부인하는 경우에는 "인영부분만 인정"이라고 인부하고, 그 인영이 타인에 의하여 도용되었다는 점을 주장(이를 도용항변이라 하는데, 일종의 증거항변이다), 입증하여야 한다.

매매계약서 중 일부 내용의 변조 여부가 다투어지는 경우 매도인이 그 성립을 부인한다고 하더라도 법원으로서는 의당 그 서증의 인부를 함에 있어서 매도인의 인영날인 사실까지 부인하는지 여부를 석명하여 매도인이 그 인영의 진정을 인정한다면 그 진정성립이 추정되는 것이므로 그 이후에 그 문서의 변조가 있었는지 여부에 관하여는 문서명의인인 매도인이 변조사실에 대하여 입증을 하여야 한다(대법원 95다4674 판결).

백지문서에 관하여 대법원 2001다11406 판결은 인영부분 등의 진정성립이 인정되는 경우 그 당시 그 문서의 전부 또는 일부가 미완성된 상태에서 서명날인만을 먼저 하였다는 등의 사정은 이례에 속한다고 볼 것이므로(완성된 상태에서 날인되었다고 추정됨) 완성문서로서의 진정성립의 추정력을 뒤집으려면 미완성 상태에서 날인이 행해졌고, 그 후에 추가기재가 있었다는 점에 대한 합리적인 이유와 이를 뒷받침할 간접반증 등의 증거가 필요하다고 할 것이고, 만일 그러한 완성문서로서의 진정성립의 추정이 번복되어 백지문서 또는 미완성문서 부분을 작성명의자가 아닌 자가 보충하였다는 등의 사정이 밝혀진 경우라면 다시 백지문서 또는 미완성부분이 정당한 권한에 기하여 보충되었다는 점에 관하여는 그 문서의 진정성립을 주장하는 자 또는 문서제출자에게 그 입증책임이 있다고 판시하고 있다. 다만 백지어음은 보충권을 줄 의사로 발행하는 것이므로 보충권을 줄 의사로 발행한 것이 아니라는 점, 즉 백지어음이 아니라 불완전어음으로서 무효라는 점에 관하여 발행인에게 증명책임이 있다(대법원 2001다6718 판결. 위 백지문서와 다르게 취급됨).

상대방의 사용을 방해할 목적 없이 문서가 훼손되었다고 하더라도 문서의 훼손 부분에 잔존부분과 상반되는 내용의 기재가 있을 가능성을 배제할 수 없어 문서 전체의 취지가 문서를 제출한 당사자의 주장에 부합한다는 확신을 할 수 없게 된다면 이로 인한 불이익은 훼손한 문서를 제출한 당사자에게 돌아가야 한다(대법원 2014다81542 판결).

3. 문서의 실질적 증거력

문서가 요증사실을 증명하는 가치를 말하는데, 그 판단은 법관의 자유심증에 일임되어 있다.

처분문서는 그 문서로써 일정한 처분행위를 한 것이므로 진정성립이 인정되는 한 그런 처분행위가 실제 있었음이 통례이므로 상대방의 반증에 의하여 그 기재내용과 다른 명시적, 묵시적 약정이 있는 사실이 인정되는 등 그 기재 내용을 부정할 만한 분명하고도 수긍할 수 있는 특별한 사유가 없는 한, 그 기재내용에 의하여 의사표시의 존재와 내용을 인정하여야 하고, 법원이 처분문서의 기재 내용을 믿지 아니하고 이를 배척함에는 합리적인 이유 설시가 필요하다(대법원 97다1013 판결). 처분문서에 나타난 의사표시의 해석에 있어서는 당사자의 내심의 의사가 아니라 외부로 표시된 행위에 의하여 추단되는 의사를 가지고 해석하여야 하고(대법원 97다11133 판결), 문언의 객관적 의미가 명확하지 아니한 경우 그 해석은 문언의 내용, 그와 같은 약정이 이루어진 동기와 경위, 약정에 의하여 달성하려는 목적, 당사자의 진정한 의사 등을 종합적으로 고찰하여 논리와 경험칙에 따라 자유심증으로써 합리적으로 해석하여야 한다(대법원 2006다27055 판결). 당사자 일방이 주장하는 계약의 내용이 상대방에게 중대한 책임을 부과하게 되는 경우에는 문언의 내용을 더욱 엄격하게 해석하여야 한다(대법원 2016다238540 판결). 특히 처분문서의 기재 내용이 부동문자로 인쇄되어 있는 경우에는 구체적인 사안에 따라 당사자의 의사를 고려하여 그 계약내용의 의미를 파악하고 그것이 예문(例文)에 불과한 것인지의 여부를 판단하여야 한다(대법원 97다36231 판결. 경우에 따라서는 약관의 규제에 관한 법률에 따라 무효가 될 수도 있다. 판례는 약관규제법 시행 이후에도 경제적 약자 보호 차원에서 예문해석의 법리를 원용하고 있다).

보고문서는 아무런 제한 없이 법관의 자유심증의 대상이다. 다만 공문서인 등기사항증명서, 가족관계등록부 등은 그 기재 내용이 진실에 부합할 것이라는 강력한 추정을 받는다. 진정성립이 추정되는 공문서는 진실에 반한다는 등의 특별한 사정이 없는 한, 그 내용의 증명력을 쉽게 배척할 수 없으므로, 공문서의 기재 중에 의문점이 있는 부분이 일부 있더라도 기재 내용과 배치되는 사실이나 문서가 작성된 근거와 경위에 비추어 기재가 비정상적으로 이루어졌거나 내용의 신빙성을 의심할 만한 특별한 사정을 증명할 만한 다른 증거자료가 없는 상황이라면 기재 내용대로 증명력을 가진다(대법원 2013두3658 판결). 판례는 토지조사부에 소유자로 등재된 자는 재결에 의하여 사정(査定) 내용이 변경되었다는 등의 반증이 없는 이상, 토지의 소유자로 추정되어 그 토지를 원시적으로 취득한 것으로 본다.

Ⅲ. 서증의 신청

1. 소지문서의 제출(민소법 제343조 전단)

입증하려고 하는 당사자가 문서를 소지한 경우에 서증은 소장, 답변서 등 서면에 그 사본을 첨부하여 제출한다. 당사자가 변론기일이나 변론준비기일에 직접 출석하여 현실로 제출하여야 한다. 준비서면이 진술간주된 경우 거기에 첨부된 서증이 제출된 것으로 되지는 않는다.

문서의 제출은 원본에 갈음한 사본을 제출하는 방법으로 한다. 법원은 필요하다고 인정하는 때에는 원본을 제출하도록 명할 수 있다(민소법 제355조 제2항). 만일 원본이 없어서 사본만을 제출할 경우에는 서증명란에 "계약서 사본"과 같이 사본 표시를 하여야 한다. 이에 대하여 상대방은 원본존재 여부에 대한 인부까지 하게 된다. 이 때 인부요지란에는 "부지, 원본존재 부인" 또는 "원본존재 및 성립인정" 등과 같이 기재한다. 상대방이 원본 존재를 부인하는 경우 다른 증거에 의하여 사본과 같은 원본이 존재하고, 또 그 원본이 진정하게 성립되었음이 인정되어야 증거로 채택될 수 있다(대법원 99다38224 판결).

문서를 제출하여 서증의 신청을 하는 때에는 문서의 제목, 작성자 및 작성일을 밝혀야 한다(규칙 제105조 제1항). 재판장은 서증의 내용을 이해하기 어렵거나 서증의 수가 방대한 경우 또는 서증의 입증취지가 불명확한 경우에는 당사자에게 서증과 증명할 사실의 관계를 구체적으로 밝힌 설명서를 제출할 것을 명할 수 있다(규칙 제106조 제1항). 증거설명서에는 문서의 제목, 작성자, 작성일, 입증취지(주요사실을 기재하고, 사안에 따라서는 간접사실을 기재하기도 한다) 외에 원본의 소지 여부(예컨대 사본을 제출하면서 원본은 상대방이 소지하고 있다고 기재한다) 등을 기재한다. 서증에는 이를 제출하는 당사자에 따라 원고가 제출하는 경우에는 "갑", 피고가 제출하는 경우에는 "을", 독립당사자참가인이 제출하는 경우에는 "병"이라는 부호를 붙인다(규칙 제107조 제2항). 보조참가인은 당사자가 아니므로 피참가인의 부호를 그대로 따르면 된다.

법원은 다음 각 호의 사유가 있는 때에는 그 서증을 채택하지 아니하거나 채택결정을 취소할 수 있다(규칙 제109조). ① 서증과 증명할 사실 사이에 관련성이 인정되지 아니하는 때, ② 이미 제출된 증거와 같거나 비슷한 취지의 문서로서 별도의 증거가치가 있음을 당사자가 밝히지 못한 때, ③ 국어 아닌 문서 또는 부호로 되어 있는 문서로서 그 번역문을 붙이지 아니하거나 재판장의 번역문 제출 명령에 따르지 아니한 때, ④ 규칙 제106조 제1항에 따른 재판장의 증거설명서 제출명령에 따르지 아니한 때, ⑤ 문서의 작성자 또는 그 작성일이 분명하지 아니한 경우로서 이를 밝히도록 한 재판장의 명령에 따르지 아니한 때.

2. 문서제출명령 신청

문서제출명령이란 문서를 가진 사람에게 그것을 제출하도록 법원이 명하는 것을 말한다(민소법 제343조 후단). 일반적인 증인의무와 균형을 맞추고 증거의 편재에서 오는 당사자간의 실질적 불평등을 시정하기 위하여 신법은 구법에 비해 문서제출명령 제도를 대폭 확대, 강화함으로써 상대방이 가지고 있는 서증의 포괄적 개시를 목적으로 한

미국법상의 증거개시제도(discovery)와 거의 같은 효과를 거둘 수 있게 하였다. 구체적으로는 당사자와 문서 사이에 특별한 관계가 없는 경우에도 일정한 제외 사유에 해당하지 않는 한, 문서를 가지고 있는 사람은 문서제출의무를 부담하도록 문서제출의무의 대상을 모든 문서로 확대하였다.

서증을 신청하고자 하는 당사자는 자기 외에 문서를 가진 사람에게 그것을 제출하도록 명할 것을 법원에 신청할 수 있는데, ① 당사자가 소송에서 인용한 문서를 가지고 있는 때(인용문서), ② 신청자가 문서를 가지고 있는 사람에게 인도나 열람을 구할 수 있는 사법상의 권리를 가지고 있는 때(인도열람문서), ③ 문서가 신청자의 이익을 위하여 작성되었거나 신청자와 문서를 가지고 있는 사람 사이의 법률관계에 관하여 작성된 것일 때(이익문서와 법률관계문서)에는 문서소지자는 제출을 거부하지 못한다. 다만 위 이익문서와 법률관계문서 중 증언에 있어 일정한 동의를 받아야 하거나(민소법 제304조 내지 제306조) 증언거부권을 행사할 수 있거나(제314조) 비밀을 지켜야 할 의무가 있는 내용의 문서(제315조)인 경우에는 제출을 거부할 수 있다(①,②는 절대적 제출의무문서이고, ③은 상대적 제출의무문서이다). ④ 공무원의 직무와 관련하여 보관하고 있는 문서가 아닌 일반문서의 경우 위와 같은 예외 사유에 해당하거나 오로지 문서소지자만이 이용하기 위한 문서(편지나 메모와 같은 자기사용문서 또는 자기전용문서)가 아니라면 제출을 거부할 수 없다(민소법 제344조 제1항, 제2항). 기업내부의 의사결정을 위해 작성된 문서라도 외부에 공개될 예정의 문서라면 문서제출을 거부할 수 없다(대법원 2014마2239 결정).

문서제출명령 신청은 서면으로 하여야 하고, 상대방은 위 신청에 관하여 의견을 적은 서면을 법원에 제출할 수 있다(규칙 제110조). 상대방에게 위 기회를 부여하지 아니하고 문서제출명령을 한 것은 위법하다(대법원 2009무12 결정). 신청서에는 문서의 표시, 문서의 취지, 문서의 소지자, 증명할 사실, 문서제출의무의 원인을 명시하여야 한다(민소법 제345조). 당해 문서의 존재와 소지에 관한 입증책임은 원칙적으로 신청인에게 있다(대법원 95마415 결정). 실무에서는 통상 상대방이 문서제출 의무자인 경우에 그 당사자로 하여금 임의 제출하도록 하고, 이에 불응하는 경우 문서제출명령을 한다. 문서제출명령은 법원의 결정으로 하는데(민소법 제347조 제1항), "문서소지인은 이 결정을 받은 날로부터 7일 이내에 다음 문서를 이 법원에 제출하라"라는 형식으로 한다.

상대방이 어떠한 문서를 소지하고 있는지를 몰라서 신청자가 위 규정에 맞추어 문서를 특정하여 신청하기 어려운 경우가 있을 수 있다. 이러한 경우를 대비하여 법원은 문서제출명령 신청을 위하여 필요하다고 인정하는 경우에는 신청 대상이 되는 문서의 취지나 그 문서로 증명할 사실을 개괄적으로 표시한 당사자의 신청에 따라 상대방 당사자에게 신청내용과 관련하여 가지고 있는 문서 또는 신청 내용과 관련하여 서증으로 제출할 문서에 관하여 그 표시와 취지 등을 적어 내도록 명할 수 있다(민소법 제346조. 이를 문서정보공개제도 또는 문서목록제출명령제도라고 한다). 법원은 제3자에 대하여 문서의 제출을 명하는 경우에는 제3자 또는 그가 지정하는 자를 심문하여야 한다(민소법 제347조 제3항). 제출의무 면제사유에 해당하는지 여부를 판단하기 위하여 문서를 제시하도록 명할 수 있다(in camera proceedings. 여기서 camera는 법정이 아닌 판사실을 의미한다). 이 경우 법원은 그 문서를 다른 사람이 보도록 하여서는 아니 된다(민소법 제347조 제4항). 이는 특히 프라이버시나 영업비밀사항이 기재된 경우에 중요하다.

문서제출명령 신청에 관한 결정에 대하여는 다른 증거방법과 달리 즉시항고를 할 수 있다(민소법 제348조). 당사자가 문서제출명령에 따르지 아니하거나 상대방의 사용을 방해할 목적으로 훼손하거나 사용할 수 없게 한 때에는 법원은 문서에 관한 상대방의 주장을 진실한 것으로 인정할 수 있다(민소법 제349조). 이는 문서제출명령 신청서에 문서의 표시와 문서의 취지로 명시된 문서들의 성질, 내용, 성립의 진정에 관한 신청인의 주장을 진실한 것으로 인정할 수 있다는 것이지, 그 문서들에 의하여 입증하려고 하는 신청인의 주장사실이 바로 증명되었다고 볼 수 있다는 의미가 아니다(소위 자유심증설. 대법원 93다41938 판결). 제3자가 정당한 사유 없이 문서제출명령에 응하지 아니한 때에는 법원은 결정으로 500만 원 이하의 과태료에 처할 수 있다(민소법 제351조. 과태료 부과 대상은 제3자에 한한다).

문서제출명령에 의하여 법원에 제출된 문서는 당사자가 그 사본을 법원에 서증으로 제출하여야 비로소 증거로 삼을 수 있다. 다만 제출된 문서가 증거조사를 마친 후 돌려줄 필요가 없는 것인 때에는 따로 사본을 제출하지 아니하여도 된다(규칙 제115조).

3. 문서송부촉탁

문서송부촉탁은 문서의 제출의무가 있는지 여부와 관계없이 문서소지자(개인을 포함한다)를 상대로 그 문서를 법원에 보내도록 촉탁할 것을 법원에 신청함으로써 하는 서증신청이다(민소법 제352조). 국가기관, 법인, 병원 등이 보관하는 문서를 서증으로 제출하고자 할 경우에 흔히 이용된다. 당사자가 법령에 의하여 그 문서의 정본 또는 등본의 교부를 받을 수 있는 경우에는 그 절차에 따라 문서를 교부받아 제출하면 되므로 문서송부촉탁을 신청할 수 없다(동조 단서).

문서의 송부촉탁 신청은 법원, 검찰청, 기타 공공기관이 보관하고 있는 기록의 불특정한 일부에 대하여도 할 수 있다. 이 경우 신청을 받은 법원은 기록을 보관하고 있는 기관에 대하여 그 기록 중 신청인이 지정하는 부분의 인증등본을 송부하여 줄 것을 촉탁한다(규칙 제113조 제2항). 촉탁을 받은 기관은 문서송부촉탁 신청인에게 당해 기록을 열람하게 하여 필요한 부분을 지정할 수 있도록 하여야 하며, 문서의 송부촉탁을 받은 사람은 정당한 사유가 없는 한 이에 협력하여야 하고, 만약 그 문서를 보관하지 아니하거나 그 밖에 송부촉탁에 따를 수 없는 사정이 있는 때에는 그 사유를 촉탁한 법원에 통지하여야 한다(민소법 제352조의2).

촉탁을 받은 사람은 문서의 원본, 정본, 또는 인증이 있는 등본으로 송부하여야 한다(민소법 제355조 제1항). 송부촉탁에 따라 법원에 문서가 제출된 때에는 신청인은 그 중 서증으로 제출하고자 하는 문서를 개별적으로 지정하고 그 사본을 법원에 제출하여야 한다(규칙 제115조. 원용만 해서는 안 된다는 점에서 문서제출명령과 같고, 감정 절차와 다르다).

4. 법원 밖 서증조사(문서소재지에서의 서증조사)

이는 법원 밖에서의 증거조사(민소법 제297조)의 일종으로서 제3자가 가지고 있는 문서를 문서제출명령이나 문서송부촉탁에 의하여 서증으로 신청할 수 없거나 신청하기 어려운 사정이 있는 때에 법원이 그 문서가 있는 장소에서 서증의 신청을 받아 조사하는 것을 말한다(규칙 제112조 제1항). 예컨대 기소중지 중인 수사기록을 검찰청이 대외적으로 복사해 줄 수 없다고 하는 경우에 할 수 있다. 문서의 소지인은 정당한 사유가 없는 한 법원 밖 서증조사에 협력할 의무가 있다(민소법 제352조의2 제1항, 제297조). 이 경우 신청인은 서증으로 신청한 문서의 사본을 법원에 제출하여야 한다(규칙 제112조 제2항). 실무에서는 서증조사 현장에서 즉시 사본하여 제출하는 것은 곤란하므로 현장에서는 서증으로 제출할 문서를 열람한 후 그 문서를 복사하여 문서 사본에 직접 서증 부호와 번호를 붙이는 것으로 충분하고, 문서의 사본은 문서보관 장소의 담당 직원이 이를 직접 재판장에게 제출하고, 그 밖에 당사자 소지용 또는 상대방 교부용의 복사 청구에는 응하지 아니한다(법원 밖 서증조사에 관한 예규 제3조 제1항, 제2항). 법원이 법원 밖의 증거조사를 하는 경우 수명법관에게 증거조사를 명하거나 수탁판사에게 증거조사를 촉탁할 수 있다(민소법 제297조). 법원 밖 서증조사를 실시한 경우에는 서증조사조서를 작성하여야 한다.

제6절 검 증

Ⅰ. 의 의

검증이란 법관이 직접 시각, 청각 등 오관의 작용에 의하여 사물의 성상이나 현상을 검사하여 그 결과를 증거자료로 하는 증거조사방법이다. 예컨대 토지인도청구사건에서 경계선의 현황을 본다거나 교통사고로 인한 손해배상청구 사건에서 사고현장을 보는 경우 등이 이에 해당한다. 검증의 대상인 검증물은 시각에 의하여 의식할 수 있는 것이 대부분이나 소음과 같은 청각이나 냄새와 같은 후각에 의하여 인식할 수 있는 것도 검증의 대상이 될 수 있다. 문서의 경우 그 기재 내용을 증거로 하는 경우에는 서증이 되지만 문서가 위조되었다는 취지로 제출하는 경우와 같이 그 지질, 필적, 인영의 현상을 증거로 할 때에는 검증물이 된다.

Ⅱ. 검증절차

검증의 방법에 관하여는 서증에 관한 규정이 준용된다(민소법 제366조). 검증 목적물의 제출방법도 서증의 제출방법과 같다. 즉 ① 자기가 소지하는 물건을 직접 제출하거나, ② 법원에 대하여 상대방이나 제3자에게 그가 소지하고 있는 물건을 제출하도록 명하여 달라고 신청하거나(상대방이 검증에 응하지 아니할 때에는 검증물에 관한 증명자의 주장이 진실하다고 인정되는 불이익을 받게 되고, 제3자가 정당한 사유 없이 제출명령에 따르지 아니하면 과태료의 제재를 받는다. 민소법 제366조 제2항), ③ 법원에 대하여 물건의 소지인인 관공서나 회사 등 기관에게 그 물건을 법원에 송부하도록 촉탁하여 달라고 신청하거나, ④ 법원이 검증 목적물이 있는 장소에 직접 나가 검증하여 달라고 신청하면 된다. 검증 현장에서 감정을 명하거나 증인신문을 할 경우에는 검증신청과 함께 감정이나 증인 신청도 동시에 한다. 증거자료는 검증조서의 기재가 아니라 검증의 결과이다.

검증기일에는 당사자에게 참여의 기회를 주어야 한다. 검증 현장에서 당사자나 소송대리인이 검증 사항과 관련하여 진술할 내용이 많거나 정리하기 어려운 경우에는 사전에 주장의 요지를 적은 서면을 준비하여 검증 시 제출할 필요가 있다.

검증을 시행한 경우 검증조서를 작성한다. 검증조서 중 현장에서의 당사자 주장은 위 서면을 참고하여 작성하게 된다. 검증조서의 내용 중 가장 중요한 것은 검증의 결과인데, 이는 법관이 검증물로부터 직접 인식한 내용을 의미한다. 검증에는 일정한 목적이 있으므로 검증의 결과는 그 목적에 대응하여 필요한 범위 내에서 기재한다. 법관이 객관적으로 명확히 인식한 것만을 기재하여야 한다. 당사자 중 일방이 이의를 제기할 지도 모르는 모호한 내용을 마치 명확한 사실인 것처럼 기재하여서는 안 된다. 검증현장에서 법관이 검증의 결과를 당사자에게 알려 주어 당사자들에게 이의할 기회를 주는 것이 바람직하고, 이의가 있으면 그 부분은 기재하지 않거나 당사자로부터 이의가 있었다는 사실을 검증조서에 기재해 두어야 한다. 필요시 사진이나 도면을 첨부하기도 한다. 법원은 검증을 위하여 필요한 경우에는 감정과 마찬가지로 민소법 제342조 제1항에 규정된 처분을 할 수 있다(민소법 제366조 제2항).

제7절 당사자신문

Ⅰ. 의 의

당사자신문은 당사자 본인으로 하여금 그가 경험한 사실에 대하여 진술하게 하여 증거자료를 얻는 증거조사방법이다. 당사자의 법정대리인, 당사자가 법인 기타 단체인 경우 그 대표자도 이 증거방법에 의한다(민소법 제64조, 제372조). 당사자신문에서의 당사자의 진술은 증거자료이지 변론이 아니므로 상대방의 주장사실과 일치하는 진술을 하더라도 자백이 성립하지 아니한다. 증거자료는 "원고본인신문결과" 또는 "원고대표자 신문결과"등이 된다.

사실관계를 가장 잘 아는 당사자를 신문하는 것이 진실 파악과 소송의 원활하고도 신속한 진행에 도움이 될 수 있다는 점을 고려하여 신법은 세계적인 추세에 맞추어 판례가 고집해 오던 당사자신문의 보충성(종전의 판례는 증거방법으로서의 보충성 외에 증명력의 보충성까지 인정하였었다)을 폐지하였다. 이에 따라 과거에 비해 당사자신문이 보다 활성화될 것으로 예상된다.

Ⅱ. 절 차

당사자신문은 직권으로 또는 당사자의 신청에 따라 할 수 있다(민소법 제367조). 절차에 관하여는 증인신문절차의 규정이 준용된다(민소법 제373조). 재판장은 필요하다고 인정한 때에는 당사자 서로의 대질 또는 당사자와 증인의 대질을 명할 수 있다(민소법 제368조). 종전에는 증인 신문 후 당사자신문을 시행하는 것이 일반적이었으나 사안에 따라 당사자신문을 먼저 할 수도 있을 것이다.

당사자 본인은 출석, 선서, 진술의무를 지며 정당한 사유 없이 그 의무를 이행하지 아니한 때에는 법원은 신문사항에 관한(요증사실에 관한 것이 아니다) 상대방의 주장을 진실한 것으로 인정할 수 있다(민소법 제369조). 선서한 당사자가 거짓 진술을 한 때에는 법원은 500만 원 이하의 과태료에 처한다(민소법 제370조). 위증죄라는 형사처벌이 아닌 과태료 부과대상이라는 점에서 당사자신문의 결과는 증언에 비해 신빙성이 떨어진다고 보아야 한다.

제8절 사실조회

Ⅰ. 의 의

사실조회는 공공기관, 학교, 그 밖의 단체·개인 또는 외국의 공공기관에게 그 업무에 속하는 특정사항에 관한 조사 또는 보관중인 문서의 등본·사본의 송부를 촉탁함으로써 증거를 수집하는 절차이다(민소법 제294조). 이러한 공공기관의 관장사항에 관하여는 법원이 직접 증거자료를 탐지하는 것보다 그 공공기관 등에게 조사를 촉탁하여 그 결과를 회신하도록 하는 것이 더 능률적일 것이라는 점을 고려하여 마련된 증거방법이다. 개인도 전문적이고 특수한 분야에 관한 지식이나 정보를 가지고 있을 수 있다는 점을 감안하여 신법은 개인에게도 사실조회를 할 수 있도록 하였다. 전문적인 지식을 가진 개인에게는 감정촉탁을 할 수도 있으므로 둘 중 어느 증거방법에 의할지 신중히 검토해야 한다. 한편 법원은 재판상 필요한 경우에는 민소법 제294조에 의하여 전기통신사업자에게 통신사실확인자료제공을 요청할 수 있다(통신비밀보호법 제13조의2). 증거자료는 사실조회결과이다.

Ⅱ. 절 차

조사촉탁은 당사자의 신청 또는 직권으로 할 수 있다. 조사촉탁의 결과를 증거로 함에는 법원이 변론에 현출하여 당사자에게 의견 진술의 기회를 주어야 한다. 따로 서증으로 제출할 필요는 없으나(이 점이 문서송부촉탁과 다르다) 조사회보서에 첨부서류로 보내온 문서에 대하여는 서증으로 제출할 필요가 있는 경우도 있다. 조사회보서의 내용이 불분명한 경우에는 다시 조사촉탁을 할 수도 있고, 관련자로 하여금 직접 법원에 나와서 설명하게 할 수도 있다.

금융거래정보나 과세정보의 수집은 금융기관 또는 세무공무원에 대한 제출명령의 형식이나(금융실명거래 및 비밀보장에 관한 법률 제4조 제1항, 국세기본법 제81조의13 제1항) 민사소송법상의 문서제출명령, 문서송부촉탁, 사실조회 등이 모두 가능하다. 한편 지방변호사회는 회원인 변호사가 수임사건과 관련하여(특히 소 제기 전에 유용하다) 공공기관에 조회하여 필요한 사항의 회신이나 보관 중인 문서의 등본 또는 사본의 송부를 신청하는 경우에는 그 신청이 적당하지 아니하다고 인정할 만한 특별한 사유가 있는 경우가 아니면 그 신청에 따라 공공기관에 이를 촉탁하고 회신 또는 송부 받은 결과물을 신청인에게 제시하여야 한다(변호사법 제75조의2).

제9절 그 밖의 증거

도면, 사진, 녹음테이프, 비디오테이프, 컴퓨터용 자기디스크, 그 밖에 정보를 담기 위하여 만들어진 물건으로서 문서가 아닌 증거의 조사에 관한 사항은 감정, 서증, 검증의 규정에 준하여 대법원규칙으로 정한다(민소법 제374조). 최근 과학기술의 발전에 따라 문자정보나 음성·영상자료를 저장하는 새로운 첨단매체들이 등장하고 있는데(그 예로는 블랙박스, CCTV, 드론이 촬영한 영상 등이 있다), 신법은 이와 같은 첨단기술정보화사회의 추세에 발맞추어 이들 새로운 증거방법에 대한 증거조사 방법을 대법원규칙으로 정하도록 위임하고 있는바, 규칙에 의하면 기본적으로는 검증의 방법으로 증거조사를 하도록 하였다.

컴퓨터용 자기디스크·광디스크, 그 밖에 이와 비슷한 정보저장매체에 기억된 문자정보를 증거자료로 하는 경우에는 읽을 수 있도록 출력한 문서를 제출할 수 있다(규칙

제120조 제1항). 자기디스크 등에 기억된 문자정보를 증거로 하는 경우에 증거조사를 신청한 당사자는 법원이 명하거나 상대방이 요구한 때에는 자기디스크 등에 입력한 사람과 입력한 일시, 출력한 사람과 출력한 일시를 밝혀야 한다(동조 제2항). 자기디스크 등에 기억된 정보가 도면·사진 등에 관한 것인 때에는 제1항과 제2항의 규정을 준용한다(동조 제3항).

녹음·녹화테이프, 컴퓨터용 자기디스크·광디스크, 그 밖에 이와 비슷한 방법으로 음성이나 영상을 녹음 또는 녹화하여 재생할 수 있는 매체에 대한 증거조사를 신청하는 때에는 음성이 녹음되거나 영상이 녹화된 사람, 녹음이나 녹화를 한 사람 및 녹음이나 녹화를 한 일시·장소를 밝혀야 한다(규칙 제121조 제1항). 녹음테이프 등에 대한 증거조사는 녹음테이프 등을 재생하여 검증하는 방법으로 한다(동조 제2항). 녹음테이프 등에 대한 증거조사를 신청한 당사자는 법원이 명하거나 상대방이 요구한 때에는 녹음테이프 등의 녹취서, 그 밖에 그 내용을 설명하는 서면을 제출하여야 한다(동조 제3항). 녹음테이프 등에 대한 증거조사절차에 관하여는 서증설과 검증설이 대립하고 있었는데, 판례와 다수설인 검증설에 따라 녹음테이프 등에 대한 증거조사를 검증의 방법에 의하도록 하였다.

실무상 당사자가 녹음테이프의 녹취서를 서증으로 제출하는 경우도 종종 있다. 이 경우 상대방이 녹음테이프의 존재나 그 녹음내용에 대한 확인을 요구한 때에는 녹음테이프 자체에 대한 검증절차를 거쳐야 할 것이다(대법원 99다1789 판결). 그러나 경우에 따라서는 제출자로 하여금 녹음테이프의 복제본을 상대방에 교부하도록 하여 상대방이 그 내용을 확인하고 특별한 이의가 없으면 검증절차를 생략할 수도 있을 것이다. 만일 제출자가 정당한 이유 없이 이러한 복제본 교부명령에 응하지 않는 때에는 법원으로서는 그 녹취서를 증거로 채택하지 아니하거나 그 증명력을 낮게 평가하여야 할 것이다.

제10절 증거보전

Ⅰ. 의 의

증거보전이란 소송계속 전 또는 소송계속 후 어떤 사실에 관한 증거를 미리 조사하여 두었다가 나중에 소송에서 증거로 사용하기 위해 행하는 증거조사방법이다. 증거보전을 위한 증거조사방법으로는 증인신문, 검증, 감정 등 모든 증거방법이 다 가능하다. 예컨대 증인으로 될 자가 죽음에 임박해 있는 경우에 증인신문, 건축공사에 있어 공사의 계속 진행으로 증거물의 현상이 변경될 우려가 있는 경우에 수급인의 기성공사대금의 감정 등에 이용된다. 소송절차 내에서 본래의 증거조사를 행할 기일까지 기다리자면 그 증거방법의 조사가 불가능하거나 곤란하게 될 사정이 있는 경우에 본안의 소송절차와는 별도로 미리 증거조사를 하여 그 결과를 확보하여 두는 제도이다(민소법 제375조).

Ⅱ. 절 차

증거보전 신청은 소 제기 후에는 그 증거를 사용할 심급의 법원에, 소 제기 전이나 소 제기 후에라도 급박한 경우에는 신문을 받을 사람이나 문서를 가진 사람의 거소 또는 검증 목적물의 소재지를 관할하는 지방법원에 서면으로 하여야 한다(민소법 제376조, 규칙 제124조 제1항). 원칙적으로 당사자의 신청에 의하지만 예외적으로 법원이 직권으로 결정할 수 있다(민소법 제379조).

증거보전 신청서에는 상대방의 표시, 증명할 사실, 증거, 증거보전의 사유를 명시하고 증거보전의 사유에 관한 소명자료를 첨부하여야 한다(민소법 제377조). 증거보전의 신청은 상대방을 지정할 수 없는 경우에도 할 수 있는데, 이 경우 법원은 상대방이 될 사람을 위하여 특별대리인을 선임할 수 있다(민소법 제378조). 증거보전의 결정에 대하여는 불복할 수 없다(민소법 제380조). 다만 각하 또는 기각한 결정에 대하여는 항고할 수 있다(민소법 439조).

증거조사의 기일은 신청인과 상대방에게 통지하는 것이 원칙이지만 긴급을 요하는 경우에는 당사자에게 통지하지 아니할 수 있다(민소법 제381조). 증거보전결과는 변론에 상정되지 않으면 증거자료로 사용할 수 없으므로 증거보전결과를 이익으로 원용하고자 하는 당사자는 변론기일에서 증거보전결과를 원용한다고 진술하여야 한다. 증거보전절차에서 신문한 증인을 당사자가 변론에서 다시 신문하고자 신청한 때 법원은 그 증인을 신문하여야 한다(민소법 제384조).

제 11 장

상소심절차

제1절 총 설

Ⅰ. 상소제도의 의의

(1) 상소는 당사자 기타 이해관계인이 자기에게 불리한 법원의 재판에 대하여 상급법원에 그 취소나 변경을 구하는 불복신청이다. 상소에는 판결에 대한 항소와 상고가, 결정, 명령에 대한 항고와 재항고가 있다. 상소제도는 오판으로부터 당사자의 구제를 보장함과 동시에 하급심에서의 법 운영의 혼선을 방지하고 법령 해석의 통일을 위해 마련된 것이다. 상소는 미확정재판에 대한 것으로서 상소를 하면 재판의 확정이 차단되고, 이심(移審)의 효력이 생긴다.

(2) 위식(違式)재판에 대하여 어떤 종류의 상소를 할 것인가 하는 것은 상소의 대상이 되는 재판의 종류에 따라 결정된다. 따라서 결정이나 명령으로 재판할 수 없는 사항에 대하여 결정 또는 명령으로 재판을 한 때에는 항고를 할 수 있고(민소법 제440조. 통설은 항소도 할 수 있다고 본다), 반대로 결정 또는 명령으로 재판하여야 할 사항을 판결의 형식으로 한 때에는 항소 또는 상고를 하여야 한다.

(3) 상소를 할 것인지 여부는 소송비용, 당사자가 얻을 수 있는 경제적·사회적 이익, 상소심에서의 승소가능성, 소송촉진 등에 관한 특례법 제3조 소정의 법정이자의 부담정도, 승소시의 집행가능성, 상소를 통해 확정을 지연시킴으로 인한 이익, 상소심에서의 화해가능성 등을 종합적으로 검토하여 결정하여야 한다.

Ⅱ. 상소의 요건

1. 적극적 요건

(1) 상소대상 적격

판결의 경우 제1심 종국판결에 대하여는 항소를 제기할 수 있다. 일부판결, 추가판결도 종국판결이므로 상소의 대상이 되나 중간판결은 종국판결이 아니므로 독립하여 상소의 대상이 될 수 없다. 소송비용의 재판이나 가집행선고에 대하여는 독립하여 상소를 제기할 수 없다.

재판이 누락된 경우 추가판결의 대상일 뿐이다(민소법 제212조 제1항). 다만 일부 판결이 허용되지 않는 경우(예비적, 선택적 병합, 필수적 공동소송, 독립당사자참가 등)에는 상소로 다투어야 한다.

(2) 상소의 당사자적격

상소를 제기할 수 있는 자는 원칙적으로 원심의 소송당사자이다. 보조참가인, 독립당사자참가인, 공동소송참가인도 상소를 제기할 수 있다. 다만 보조참가인은 피참가인의 상소기간 내에 상소를 제기하여야 한다. 재판이 선고된 후 소송당사자가 사망한 경우에는 상속인 등 소송수계인이 상소를 제기할 수 있다. 이 경우 소송대리인이 상소제기의 특별수권을 받은 경우에는 소송절차는 중단되지 않고, 상소기간도 진행되며, 소송대리인이 유효하게 상소를 제기할 수 있고(상소만 제기할 수 있을 뿐 상소심의 소송대리까지 할 수 있는 것은 물론 아니다), 상소제기 시부터 소송절차가 중단되므로(특별수권을 안 받은 경우에는 판결정본 송달 시 소송절차가 중단된다) 상소심에서 소송수계절차를 거치면 된다.

상소의 제기는 채권자대위권의 대상이 될 수 없다(대법원 2012다75239 판결).

(3) 상소의 이익

상소의 이익이란 하급심 재판에 대하여 상소를 제기함으로써 그 불복의 당부에 관하여 상소심의 재판을 구할 필요를 의미한다. 상소이익의 판단은 당사자의 신청취지(원고의 경우 청구취지, 피고의 경우 답변취지)와 비교하여 보았을 때 재판 주문에 의하여 받아들여진 것이 불리한가를 기준으로 한다(소위 형식적 불복설. 대법원 94다21207 판결). 이처럼 상소는 자기에게 불이익한 재판에 대하여만 제기할 수 있는데, 재판이 상소인에게 불이익한 것인지 여부는 재판의 주문을 표준으로 하여 상소제기 당시를 기준으로 판단한다.

제1심에서 전부 승소의 판결을 받은 원고가 항소심에서 청구취지를 확장하기 위해 항소를 제기할 수 있는가. 이 경우에는 항소의 이익이 없다고 보는 것이 원칙이나 하나의 소송물에 관하여 형식상 전부 승소한 당사자의 상소이익을 부정하는 것은 절대적인 것이 아니어서 별소로 청구할 수 없는 경우에는 예외적으로 항소가 허용된다. 예컨대 가분채권에 대한 묵시적 일부청구의 경우 그 확정판결의 기판력은 나머지 부분에까지 미치는 것이어서 별소로 나머지 부분에 관하여 다시 청구할 수 없으므로 묵시적 일부 청구에 관하여는 전부 승소한 채권자라고 하더라도 나머지 부분에 관하여 청구를 확장하기 위해 항소를 제기할 수 있다(대법원 96다12276 판결). 그렇지만 가분채권의 묵시적 일부청구라고 볼 수 없는 경우 청구를 확장하기 위한 항소의 이익은 인정되지 않는다(대법원 2004다37904,37911 판결). 또한 원고가 불법행위로 인한 인신상의 손해배상청구소송에서 재산상 손해 중 소극적 손해에 대하여는 형식상 전부 승소하고 위자료에 대하여 일부 패소한 후 위자료 부분에 대하여 불복하는 항소를 제기한 경우 항소심에서 위자료는 물론이고 소극적 손해에 관하여도 청구의 확장이 허용된다(대법원 94다3063 판결). 위와 같은 손해배상소송에 있어 재산상 손해나 위자료는 단일한 원인에 근거한 것으로 편의상 별개의 소송물로 분류하는 것에 불과하기 때문이다(그 결과 3분설은 완화됨). 한편 제1심에서 원고가 전부 승소하여 피고만이 항소한 경우 원고는 부대항소 없이도 청구취지를 확장할 수 있는데, 이 경우 원고가 그 확장 부분만큼 부대항소를 한 것으로 의제된다(대법원 2008다18376 판결). 따라서 별도로 부대항소를 제기할 필요는 없지만 독립부대항소에 해당되지는 않으므로 종속성이 있다.

재판이 불이익한가는 원칙적으로 기판력이 생기는 판결 주문을 기준으로 판단한다. 판결 이유가 불이익하거나 잘못이 있다고 하더라도 주문에 불이익이 없는 한, 상소를 제기할 수 없다. 다만 이유 중의 판단이지만 기판력이 생기는 상계의 항변(민소법 제216조 제2항)은 불이익의 판단 기준이 된다. 원고의 청구원인 사실을 모두 인정한 다음 피고의 상계 항변을 받아들여 상계 후 원고의 청구를 모두 기각한 경우 피고로서는 원심 판결 이유 중 원고의 소구채권(청구채권)을 인정한 것이 위법하다는 이유를 들어 항소를 제기할 수 있다(대법원 2002다34666 판결). 이 때 피고의 항소가 이유 있을 경우 원고의 청구를 기각한다는 점에서 결론이 같다는 이유로 피고의 항소를 기각해서는 안 되고, 기판력이 미치는 범위가 달라졌으므로 제1심 판결을 취소한 후 원고의 청구를 기각하여야 한다.

원고가 주위적 청구와 예비적 청구를 하였는데, 예비적 청구만이 인용된 경우에는 원고에게 항소의 이익이 있으나 주위적 청구가 인용되었을 경우에는 항소의 이익이 없다. 선택적 청구의 경우 어느 하나가 인용되었다면 피고만 항소를 제기할 수 있다.

소송요건의 흠결을 이유로 부적법 각하한 소송판결은 본안 판결을 구하는 원고에게 불이익하고, 원고가 동일 소송물에 관하여 소송요건을 갖추어 적법한 소를 제기할 수 있는 한, 피고에게도 불이익하므로(피고에게도 본안판결을 받을 이익이 있다) 쌍방 모두 항소를 제기할 이익이 있다(대법원 84후19 판결, 이설없음). 원고만이 항소를 제기한 사건에서 항소심 심리 결과 소송요건은 갖추어졌으나 본안은 이유 없음이 드러난 경우 판례는 원심 판결을 취소하고 원고의 청구를 기각하는 판결을 선고하는 것은 소각하의 원심판결에 비해 원고에게 불이익하므로 불이익변경금지의 원칙상 허용되지 않는다고 본다(이에 따르면 원고의 항소를 기각하여야 한다는 것이다. 대법원 94다8037 판결). 이에 대하여는 소송요건이 갖추어졌음에도 소각하판결이 확정되는 모순이 있으므로 원심판결을 취소하고 원고의 청구를 기각하여야 한다는 견해(서울고등법원 2011. 3. 21. 선고 2010나63173 판결)와 환송설도 있다.

(4) 상소기간

상소는 통상항고(재판의 취소를 구할 이익이 있는 한 언제든지 제기할 수 있다) 외에는 모두 일정한 기간 내에 제기하여야 한다. 항소나 상고는 판결정본을 송달받은 날로부터 2주내에 제기하여야 하고, 즉시항고나 특별항고는 결정 또는 명령을 상당한 방법으로 고지 받은 날로부터 1주내에 제기하여야 한다. 이들 기간은 모두 불변기간이다. 원고가 소장에 피고의 주소를 허위로 적어 그 곳으로 송달된 원고 승소의 판결정본을 원고가 수령한 경우와 같이 송달자체가 무효인 경우 판례인 항소설에 따르면 항소기간 자체가 진행되지 않는다(따라서 언제든지 항소를 제기하면 된다).

판결정본의 송달영수인과 관련하여 대법원 84다카744 판결은 상고심에서 파기되어 다시 항소심에 환송되게 된 경우에는 환송 전 항소심에서의 소송대리인의 소송대리권은 부활하는 것이므로 환송 후 항소심에서 환송 전 항소심에서의 소송대리인에게 한 송달은 적법하다고 판시한 바 있다.

2. 소극적 요건

(1) 불상소합의

이는 재판이 선고되기 전에 당사자간에 미리 상소를 제기하지 않기로 하는 소송상 합의이다. 민소법에 명문의 규정은 없으나 실무상 유효하다고 본다. 이는 민소법 제390조 제1항 단서가 정하는 불항소합의(비약상고의 합의라고도 한다)와 다른 것이다. 불상소합의는 그 결과 상소권 자체가 발생되지 않는다는 점에서 다음에서 보는 상소권의 포기와 다르다. 불상소합의가 있으면 판결은 비약상고의 합의가 없는 한(민소법 제390조 제1항 단서), 그 선고와 동시에 확정된다. 당사자 일방만이 항소를 제기하지 않기로 하는 합의는 공평의 원칙에 어긋나서 무효이다(대법원 86다카2728 판결). 불상소합의는 재판외의 소송행위로서 상소권의 사전포기와 같은 중대한 소송법상의 효력이 발생하게 되므로 반드시 서면에 의하여야 하며, 그 서면의 문언에 의하여 당사자 쌍방이 상소를 제기하지 아니한다는 취지가 명백하게 표현되어 있어야 한다(대법원 2007다52317 판결).

불상소합의가 있었는지 여부는 항변사항이 아닌 직권조사사항이다(대법원 79다2066 판결. 이에 반하여 항소취하의 합의는 항변사항으로 본다. 대법원 2017마21411 결정). 따라서 불상소합의에도 불구하고 상소한 경우에는 상대방의 이의가 없더라도 직권으로 조사하여 항소를 각하하여야 한다.

(2) 상소권의 포기

상소권은 상소 전후를 불문하고 포기할 수 있다(민소법 제394조). 상소권 포기에는 상대방의 동의를 요하지 않는다. 보조참가인은 상소를 포기할 수 없고, 필수적 공동소송인 중 1인의 상소포기는 효력이 없다. 포기는 서면에 의하여야 하고(이 서면은 상대방에게 송달하여야 한다. 민소법 제 395조 제2항), 항소 제기 전에는 원심법원에, 항소 제기 후에는 소송기록이 있는 법원에 제출하여야 한다(민소법 제395조 제1항). 판결 선고 전에 포기서를 법원에 제출한 경우 무효이다(통설). 항소 제기 후의 포기는 항소취하의 효력도 가진다(동조 제3항. 항소가 부적법하다고 하여 각하판결을 할 필요는 없다는 취지이다). 상소권을 포기하면 그와 동시에 재판이 확정된다.

3. 상소의 제기 방법

상소의 제기는 상소장을 작성하여 상소기간 내에 원심법원에 접수하는 방법으로 한다. 상소장을 원심법원이 아닌 다른 법원이나 상소심 법원에 잘못 접수한 경우 상소기간의 준수 여부는 최종적으로 원심법원에 접수된 시기(상소장이 도달된 시기)를 기준으로 한다(대법원 92마146 결정. 이에 대하여는 반대하는 견해도 많다). 이 점에서 관할을 위반하여 소를 제기한 경우 처음 소를 제기한 때에 소를 제기한 것으로 보는 것과 다르므로 주의해야 한다.

제2절 항 소

Ⅰ. 항소의 의의와 항소심의 구조

항소는 지방법원 단독판사 또는 지방법원 합의부가 한 제1심의 종국판결에 대하여 취소 또는 변경을 구하는 불복신청이다. 항소 이유는 사실인정의 부당이든 법령위반이든 상관없다. 이러한 의미에서 상고심을 법률심이라고 하는데 반해 항소심을 사실심이라고 부른다.

항소심의 구조는 복심제, 사후심제, 속심제의 세 가지 유형이 있는데, 우리나라는 속심제를 채택하고 있다(항소가 정당한 경우 속심제하에서는 원심판결의 취소를 명하게 되고, 사후심제하에서는 원심판결의 파기를 명하게 된다). 속심제는 제1심의 소송자료에 기초하여 심리를 속행하되 일정한 경우에 새로운 심리를 통하여 얻은 소송자료를 보태어 제1심 판결 내용의 당부를 심사하는 구조이다. 따라서 사후심제인 상고심과 달리 항소심에서는 새로운 자료와 주장을 제출할 수 있으며, 항소심 법원은 1심의 소송자료와 항소심의 소송자료를 종합하여 이를 토대로 항소의 당부를 판단하게 된다.

Ⅱ. 항소의 제기 절차

1. 항소제기기간

항소는 판결이 송달된 날로부터 2주 이내에(민소법 제396조 제1항 본문) 제1심법원에 항소장을 제출하는 방법으로 하여야 한다. 당사자가 책임질 수 없는 사유로 항소기간을 준수하지 못한 경우(공시송달의 경우가 대부분이다) 추완항소가 가능한데(민소법 제173조), 이는 그 사유가 없어진 날로부터 2주(그 사유가 없어질 당시 외국에 있던 당사자에 대하여는 30일) 이내에 하여야 한다. 판결의 송달 전에도 항소할 수 있다(민소법 제396조 제1항 단서. 후술하는 바와 같이 판례에 의하면 결정이나 명령도 고지 전에 항고할 수 있다).

위 2주간의 기간은 제1심 판결이 송달된 다음날로부터 기산하여 기간의 말일의 종료로써 만료된다(예컨대 3. 5. 판결이 송달되었다면 3. 19. 24:00까지 항소를 제기하여야 한다). 기간의 말일이 토요일이나 공휴일에 해당하는 경우에는 그 다음날의 종료로써 만료된다(민소법 제170조, 민법 제161조). 기간의 말일이 추석과 같은 연휴의 초일이나 중간에 해당하는 경우에는 그 연휴기간이 끝나는 다음날의 종료로써 만료된다.

항소기간 경과 후에 항소취하가 있는 때에는 항소기간 만료 시에 소급하여 제1심 판결이 확정되지만(대법원 2017다237931 판결) 항소기간 경과 전에 항소취하가 있는 경우에는 그 판결은 확정되지 않을 뿐만 아니라 항소기간 내라면 다시 항소를 제기할 수 있다(대법원 2015므3455 판결). 항소심에서 원고가 소를 교환적으로 변경한 경우 항소의 취하는 항소인이 원고인지 피고인지 불문하고 구소가 이미 취하된 셈이 되므로 취하의 대상이 없어 아무런 효력이 없다(대법원 2008두2606 판결, 93다25875 판결).

각자 대리의 원칙상 공동소송대리인 모두에게 송달해야 하나 항소기간은 최초송달시부터 진행된다(대법원 2011마1335 결정). 필수적 공동소송과 공동소송참가의 경우에는 공동소송인 전원에 대하여 항소기간이 도과되지 않으면 판결이 확정되지 않으므로 제일 늦게 판결을 송달받은 자를 기준으로 하여 항소기간 도과 여부를 결정한다. 추가판결의 경우 항소기간은 최초의 판결을 한 시기와 관계없이 추가판결을 한 때를 기준으로 정한다. 판결의 경정이 있더라도 항소기간은 원판결이 송달된 때로부터 기산한다. 판결의 경정은 결정으로 하는데, 인용결정에 대하여는 즉시항고할 수 있다(민소법 제211조 제3항 본문. 다만 통설과 판례는 기각결정에 대하여는 불복할 수 없다고 본다).

2. 항소장 기재사항

항소장에는 당사자와 법정대리인, 제1심판결의 표시(제1심판결의 주문을 그대로 기재한다), 항소취지를 기재하여야 한다(민소법 제397조 제2항). 청구취지는 기재하지 않는다. 항소이유는 통상 "추후에 준비서면으로 제출하겠습니다"라고 적는다. 다만 추완항소의 경우에는 추완항소 사유를 기재하여야 한다. 항소취지는 불복신청의 한도와 범위를 의미한다(항소장 인지액 산정의 기준이 된다). 항소인은 항소심 변론종결시까지 항소취지를 변경할 수 있다. 항소인은 항소장에 일응의 불복신청의 범위를 기재한 후 항소심 변론종결 전에 항소취지를 명확히 하여야 한다.

항소장 말미에 "○○법원 귀중"이라고 기재하는데, 여기에는 제1심법원이 아닌 항소심을 담당할 법원을 기재한다. 따라서 여기에 기재된 법원과 항소장을 제출할 법원은 같지 않다.

3. 항소취지의 기재례

기재례 • • •

① 제1심판결을 취소한다.
피고는 원고에게 5,000,000원을 지급하라.

이는 제1심에서 전부 패소한 원고가 항소를 제기하는 경우이다.

② 제1심판결을 취소한다.
원고의 청구를 기각한다.

이는 제1심에서 전부 패소한 피고가 항소를 제기하는 경우이다.

③ 제1심판결 중 아래에서 지급을 명하는 원고의 패소부분을 취소한다.
피고는 원고에게 100,000,000원 및 이에 대한 2014. 3. 5.부터 이 사건 소장 부본 송달일까지 연 5%의, 그 다음날부터 다 갚는 날까지 연 15%의 비율에 의한 금원을 지급하라.

이는 제1심에서 전부 패소한 원고가 일부에 대하여 항소를 제기하는 경우이다.

④ 제1심 판결 중 피고 패소 부분을 취소한다.
위 취소부분에 대한 원고의 청구를 기각한다.

이는 제1심에서 일부 패소한 피고가 항소를 제기하는 경우이다.

⑤ 제1심판결 중 피고에 대하여 원고에게(또는 피고로 하여금 원고에게) 3천만 원 및 이에 대한 2014. 5. 7.부터 다 갚는 날까지 연 15%의 비율에 의한 금원을 초과하여 지급을 명한 피고 패소부분을 취소하고, 그 취소부분에 해당하는 원고의 청구를 기각한다.

이는 제1심에서 전부 또는 일부 패소한 피고가 일부에 대하여 항소를 제기하는 경우이다.

⑥ 제1심판결 중 아래에서 추가로 지급을 명하는 부분에 해당하는 원고의 패소부분을 취소한다.
피고는 원고에게 5억 원 및 이에 대한 (중략) 비율에 의한 금원을 지급하라.

이는 제1심에서 일부 패소한 원고가 항소를 제기하는 경우이다.

⑦ 제1심판결 중 예비적 청구에 관한 부분을 취소한다.
원고의 예비적 청구를 기각한다.

이는 제1심에서 주위적 청구 부분은 승소하고, 예비적 청구 부분은 패소한 피고가 항소를 제기하는 경우이다.

4. 취소판결과 변경판결에 대하여

항소법원은 항소기각(민소법 제413조, 제414조), 취소(제416조, 제417조), 환송(제418조) 또는 이송(제419조) 판결을 할 수 있다. 그런데 항소가 일부 인용될 경우 제1심 판결 중 일부를 취소하고, 항소가 이유 없는 부분에 대하여는 항소를 기각하는 형식의 취소판결을 할 것인가, 아니면 제1심 판결을 변경하는 형식의 변경판결을 할 것인가가 문제된다.

민소법 제416조가 "항소법원은 제1심 판결을 정당하지 아니하다고 인정한 때에는 취소하여야 한다"라고 규정하고 있으므로 이 조문에 충실하자면 취소판결을 해야 할 것이다. 그러나 취소판결은 집행의 범위를 명확하게 알 수 있어 집행이 용이하다는 장점이 있으나 주문이 복잡하여 그 내용을 알아보기 어렵다는 단점(인용 범위는 제1심판결의 주문과 함께 비교하여 보아야 알 수 있다)이 있다. 그래서 실무에서는 대부분 취소판결을 하나 지나치게 주문이 복잡하거나 주문의 성격상 취소판결을 하는 것이 곤란한 경우(예컨대 경계확정의 소 또는 공유물분할청구의 소의 경우)에는 변경판결을 활용하고 있다. 이에 관하여 판례는 "항소심이 취소 주문 대신에 원심판결을 '다음과 같이 변경한다'고 하고 원고 패소부분에 대한 새로운 판단결과와 불복하지 아니한 원고 승소부분을 일괄하여 다시 기재하였다고 하여도 이는 주문이 복잡하게 되는 것을 피하고 주문의 내용을 알기 쉽게 하기 위한 편의상의 요청을 좇은 것에 불과하여 항소심이 이와 같은 이른바 변경판결을 하였다고 하여 항소심의 심판범위에 관한 민소법 규정을 위반하였다고 할 수는 없다(대법원 80다2566 판결)"라고 판시한 바 있다. 일본에서는 관행적으로 변경판결을 하고 있다.

다만 변경판결에 대하여는 제1심 판결의 가집행선고의 효력이 유지될 수 있는지의 문제가 있는데, 대법원 91다35953 판결은 제1심판결보다 청구인용 범위가 줄어든 부분에 한하여 실효된다고 보고 있다. 실무상으로는 제1심보다 인용부분이 확장된 경우 추가로 인용되는 부분까지 포함하여 전체 인용액에 대하여 가집행선고를 하기도 하고, 제1심보다 인용부분이 감축된 경우 제1심에서 이미 가집행선고가 있었다고 하더라도 감축된 범위 내에서 다시 가집행선고를 하기도 한다.

변경판결을 구하는 경우 항소취지는 "제1심 판결을 아래와 같이 변경한다"라고 기재한 다음 청구취지를 그대로 적으면 된다.

Ⅲ. 항소심의 소송절차

(1) 항소장이 원심법원에 제출되면 원심 재판장은 항소장의 필수적 기재사항이 기재되어 있는지 여부와 소정의 인지가 붙어 있는지 여부를 심사하여 그 흠이 있을 때에는 상당한 기간을 정하여 항소인에게 보정명령을 하여야 한다(원심 재판장의 항소장 심사권. 민소법 제399조 제1항). 항소장의 부본을 송달할 수 없는 경우에도 같다. 항소인이 그 기간 내에 보정하지 아니한 때에는 원심 재판장은 명령으로 항소장을 각하하여야 한다. 항소기간을 넘긴 것이 분명한 때에도 그러하다(동조 제2항). 위 명령에 대하여는 즉시항고를 할 수 있다(동조 제3항). 항소장이 항소기록과 함께 항소법원에 송부되어 오면 항소심 재판장은 항소장을 재차 심사하여 같은 방법으로 보정명령을 하고, 보정하지 아니하면 명령으로 항소장을 각하하여야 한다(민소법 제402조). 항소심에서 항소장 부본을 송달할 수 없는 경우, 항소심재판장은 민사소송법 제402조 제1항, 제2항에 따라 항소인에게 상당한 기간을 정하여 그 기간 이내에 피항소인의 주소를 보정하도록 명하여야 하고, 항소인이 그 기간 이내에 피항소인의 주소를 보정하지 아니한 때에는 명령으로 항소장을 각하하여야 한다(대법원 2017마6438(전) 결정의 다수의견). 항소장 각하명령을 할 수 있는 시기는 항소장 부본 송달 전까지이다(대법원 2019마5599 결정).

항소장에 기재된 피항소인의 주소로 항소장 부본 등을 송달하였다가 수취인 불명으로 송달불능되자 재판장이 항소인에게 주소 보정을 명한 다음 주소 보정을 하지 않았다는 이유로 항소장을 각하한 사안에서, 대법원 2011마1760 결정은 소송기록에 나타나 있는 다른 주소로 송달을 시도해 보지 않고 주소보정을 명한 것은 잘못이므로 항소장을 각하한 원심명령은 위법하다고 판시하였다. 항소인에 대한 변론기일소환장이 송달불능되었다고 하더라도 항소인에 대한 변론기일소환장의 송달을 공시송달로 하여 변론기일을 시행하지 아니하고, 항소심 재판장이 항소인에 대하여 항소인 자신의 주소를 보정할 것을 명하고, 이에 따른 보정이 없다고 하여 명령으로 항소장을 각하할 수는 없다(대법원 95마337 결정).

(2) 항소심은 제1심의 심리를 바탕으로 하여 심리를 속행하는 것이므로 항소심에 제출된 주장과 증거도 종합하여 제1심판결에 대한 불복의 한도 내에서 제1심판결의 당부를 심사하게 된다.

항소의 제기에 의하여 발생하는 확정차단의 효력과 이심의 효력은 항소인의 불복신청의 범위와 관계없이 제1심 재판의 전부에 대하여 불가분적으로 미친다(항소불가분의 법칙). 다만 항소심의 심리와 재판은 당사자의 불복신청의 범위를 넘어설 수 없다(민소법 제407조 제1항, 제415조 본문). 항소인은 항소심 변론이 종결될 때까지 불복의 범위를 확장할 수 있다. 앞서 본 바와 같이 피항소인인 원고가 항소심에서 청구취지를 확장한 경우에는 부대항소를 한 것으로 본다.

객관적 병합의 경우 항소의 취하는 전부에 대하여 하여야 하고, 항소의 일부 취하는 효력이 없으므로 병합된 수 개의 청구 전부에 대하여 불복한 항소심에서 그 중 일부 청구에 대한 불복 신청을 철회하였다고 하더라도 그것은 단지 불복의 범위를 감축하여 심판의 대상을 변경하는 효과를 가져 오는데 지나지 아니하고, 항소인이 항소심 변론종결 시까지 불복의 범위를 다시 확장할 수 있는 이상, 항소 그 자체의 효력에는 아무런 영향이 없다(대법원 2016다241249 판결).

필수적공동소송, 예비적·선택적 공동소송, 독립당사자참가, 공동소송참가 등의 경우 합일확정의 필요성 때문에 당사자 1인이 항소하면 모든 당사자에 대하여 확정차단과 이심의 효력이 발생한다.

피고가 수개의 청구를 인용한 제1심판결 중 일부에 대하여만 항소를 제기한 경우 항소되지 않은 나머지 부분도 확정이 차단되고 항소심에 이심되나 피고가 변론종결시까지 항소취지를 확장하지 않는 한, 나머지 부분에 대하여는 불복한 적이 없으므로 항소심의 심판대상에서 제외되어 항소심 판결 선고와 동시에 확정된다(항소심 변론종결시에 확정된다는 견해도 있으나 판례는 변론재개가능성을 이유로 항소심 판결 선고시 확정된다고 한다. 대법원 2018다221867 판결. 같은 이유로 항소심 판결에 대하여 불복하지 아니한 부분은 상고심 판결 선고시에 확정된다. 대법원 2001다62213 판결). 마찬가지로 원고의 단일 청구 중 일부 인용한 제1심판결에 대하여 원고만이 그 패소 부분에 대한 항소를 제기하고 피고는 항소나 부대항소를 제기하지 않은 경우, 제1심판결 중 원고 승소 부분은 항소심의 심판대상에서 제외됨으로써 항소심판결의 선고와 동시에 확정된다(대법원 2006다2940 판결). 이렇게 되면 항소심으로 이심된 범위와 항소심의 심판범위가 일치하지 않게 되는데, 통상 이런 경우 항소심 판결 이유 중에 이 사건 심판범위가 이것에 한정된다는 취지의 기재를 한다.

(3) 부대(附帶)항소

피항소인은 항소권이 소멸된 뒤에도 항소심 변론이 종결될 때까지 부대항소를 할 수 있다(민소법 제403조). 부대항소란 피항소인이 항소인의 항소에 의하여 개시된 항소심절차를 이용하여 자기에게 유리하게 항소심의 심판범위를 확장시키는 신청을 말한다. 부대항소를 인정하는 이유는 항소심에서의 당사자의 공평과 소송경제를 위함이다.

부대항소의 성질에 관하여 통설, 판례는 비(非)항소설의 입장에 있다. 이에 따르면 항소의 이익은 필요 없다. 부대항소는 항소가 취하되거나 부적법 각하된 때에는 그 효력을 잃는다(부대항소의 종속성. 민소법 제404조 본문). 다만 항소기간 내에 한 부대항소는 독립된 항소로 본다(이를 독립부대항소라고 한다. 동조 단서).

부대항소에는 항소에 관한 규정을 적용한다(민소법 제405조). 부대항소장에는 항소장에 준하는 인지를 붙여야 한다. 피항소인이 부대항소를 제기하면(부대항소 후 반소를 제기할 수도 있다) 항소심의 심판범위가 확장되어 항소인에게 제1심판결보다 불리하게 판결할 수 있다(불이익변경금지 원칙의 예외에 해당됨). 이를 활용하여 부대항소를 제기한 피항소인은 항소인에게 항소를 취하하도록 심리적으로 압박할 수 있는 것이다(항소심 심리 결과 항소인이 제1심 판결 결과보다도 더 불리한 판결을 받을 것이 예상된다면 항소를 취하할 수도 있기 때문이다. 즉 1심 인용금액 또는 승소금액 조차 지키기가 힘들어졌다고 생각한 항소인은 항소를 취하함으로써 상대방의 부대항소를 실효화시키고, 1심판결을 지켜낼 수 있을 것이다). 제1심에서 전부 승소한 원고가 청구취지 확장을 위해 항소기간 내에 부대항소를 제기한 경우 항소인이 항소를 취하하면 묵시적 일부청구가 아닌 이상 항소의 이익이 인정되지 아니하므로 부대항소는 효력을 잃는다.

(4) 항소심의 소송절차에는 제1심 소송절차가 준용된다(민소법 제408조). 항소이유서는 상고이유서와 달리 제출기한의 제한이 없다. 항소심은 속심이므로 제1심 변론결과를 진술하여야 한다(민소법 제407조 제2항). 항소심에서 쌍방불출석으로 인한 취하간주는 소의 취하가 아닌 항소취하가 된다. 항소심에서는 임의관할위반 주장을 하지 못한다.

반소는 상대방의 심급의 이익을 해할 우려가 없는 경우 또는 상대방의 동의를 받은 경우에 제기할 수 있다(민소법 제412조 제1항). 추완항소가 부적법 각하된 경우 추완항소시 제기한 반소도 소멸하므로 소송종료선언을 하여야 한다(대법원 2003다16962 판결).

(5) 불이익변경금지의 원칙

이는 항소법원의 제1심판결의 당부에 관한 심판은 상대방으로부터 항소나 부대항소가 없는 한, 항소인에게 제1심판결보다 불이익하게 변경할 수 없다는 것으로 처분권주의를 근거로 한다(민소법 제415조. 이에 반하여 형사소송에서 인정되는 불이익변경금지 원칙의 근거는 피고인의 항소권 보호이다). 다른 한편 불복하는 항소인의 불복범위를 넘어 제1심 판결보다 유리한 재판을 할 수 없다는 의미이기도 하다.

이 원칙은 처분권주의의 항소심 심판과 관련된 준칙이므로 직권조사사항이나 직권탐지사항에 대하여는 적용되지 않는다. 따라서 본안에 관하여 전부나 일부 패소한 원고가 항소한 경우라 하더라도 소송요건에 흠이 있는 것이 드러난 때에는 제1심 판결을 취소하고 소를 각하하여야 한다(이는 상고심에서도 같다). 법원이 직권으로 하는 소송비용 재판이나 가집행선고에도 불이익변경금지 원칙이 적용되지 않는다. 성질상 비송사건에 속하는 형식적 형성의 소(경계확정의 소, 공유물분할청구의 소)에도 적용되지 않는다. 독립당사자참가나 예비적·선택적 공동소송, 소송참가시 탈퇴안 한 경우와 같이 결론의 합일확정을 위하여 필요한 경우에는 그 한도 내에서 항소하지 아니한 당사자에게 유리한 내용으로 제1심 판결이 변경될 수 있다. 다만 원고에게 불이익하게 변경할 수 있는 경우는 참가신청이 적법한 경우에 한하므로 원고의 청구를 인용하면서 참가인의 참가 신청을 부적법 각하한 제1심 판결에 대하여 참가인만이 항소를 제기한 경우 항소심에서 참가신청이 부적법하다는 이유로 참가인의 항소를 기각하면서 원고의 청구를 기각할 수는 없다(대법원 2007다37776 판결).

상계의 항변이 받아들여진 경우에도 이 원칙이 적용되지 않는다(민소법 제415조 단서). 상계항변은 그 제출자에게 기판력이 미치기 때문이다. 제1심 판결이 원고가 청구한 채권의 발생을 인정하면서 피고가 한 상계항변을 받아들여 원고의 청구를 기각하고, 이에 대하여 원고만이 항소한 경우 항소심이 제1심과 다르게 원고가 청구한 채권의 발생이 인정되지 않는다는 이유로 원고의 청구를 기각하는 것은 항소인인 원고에게 불이익하게 제1심 판결을 변경하는 것이 되어 허용되지 않는다(대법원 2010다67258 판결). 같은 이유로 제1심 판결이 피고가 한 상계항변을 받아들여 원고의 청구를 기각하고, 이에 대하여 피고만이 항소한 경우 항소심이 제1심과 다르게 피고가 주장한 반대채권(자동채권)의 발생이 인정되지 않는다는 이유로 상계항변을 배척하면서 피고의 항소를 기각하는 것도 항소인인 피고에게 불이익하게 제1심 판결을 변경하는 것이 되어 허용되지 않는다(대법원 94다18911 판결).

항소심 판결에 대하여 피고만이 상고를 하였는데 대법원에서 피고의 상고를 받아들여 파기환송한 경우 환송 후 사건의 심판범위는 위 패소부분을 넘을 수 없고, 따라서

이 한도를 초과하여 피고에게 불이익하게 판결할 수는 없으나 새로운 주장 등에 기초한다면 상고한 피고에게 환송 전의 항소심 판결보다 불리한 판결도 가능하다(대법원 91다18132 판결).

(6) 가지급물 반환신청

가지급물은 가집행선고에 따른 불이익을 면하기 위하여 지급하는 것이다. 본안판결을 취소하는 판결의 선고에 의하여 가집행선고가 실효한 경우(민소법 제215조 제1항) 가집행선고에 의한 강제집행(피고가 임의로 가지급물을 지급한 경우 포함)을 한 당사자는 가집행으로 받은 급부를 반환하여야 한다(가집행 실효에 따른 원상회복의무라고 한다). 이러한 가지급물반환의무는 무과실책임이며 본질은 일종의 불법행위책임이라고 보고 있다(과실상계 규정도 준용된다).

가지급물 반환신청(동조 제2항)은 가집행을 당한 피고를 위해 법이 특별히 인정한 간이 소송절차로서(별소를 제기할 필요가 없다) 예비적 반소의 성격(본안판결이 신청인에게 유리하게 변경될 것을 조건으로 한다)을 갖는다(다만 성질상 반소이기는 하지만 소송대리권의 부수적 권능으로서 특별수권은 필요하지 않다고 본다). 따라서 피고의 항소가 기각될 경우 가지급물 반환신청을 기각한다는 주문을 기재할 필요는 없다고 보이나 실무에서는 기각 주문을 내기도 한다.

이 절차에서는 가집행으로 인한 손해와 그 면제를 받기 위해 입은 손해의 배상도 구할 수 있다. 이 신청은 항소심 변론종결 전에 하여야 하고, 신청서에는 인지를 붙여야 한다.

제3절 상 고

Ⅰ. 상고의 의의

상고는 미확정의 종국판결에 대하여 당사자가 주로 법령위반을 이유로 대법원에 원심 판결의 취소 또는 변경을 구하는 불복신청이다. 고등법원의 판결과 지방법원 합의부가 항소심으로서 한 판결이 그 대상이 된다(민소법 제422조 제1항). 고등법원이 제1심인 경우 상고심은 제2심이 되고, 비약상고의 합의(양 당사자가 상고할 권리를 유보하고 항소를 하지 아니하기로 하는 합의)가 있는 경우에는 제1심 법원의 종국판결이 상고의 대상이 된다(민소법 제422조 제2항, 제390조 제1항 단서).

상고심을 어떻게 운영할지는 입법정책의 문제이다. 우리의 상고심은 오판으로부터 당사자를 구제하는 기능보다는 법령의 해석이나 적용을 통일하는 기능을 주로 하고 있다. 이러한 의미에서 상고심은 법률심이고, 그 성격은 사후심으로서 원심법원에서 적법하게 확정한 사실은 상고법원을 기속한다(민소법 제432조).

Ⅱ. 상고이유

1. 상고이유의 제한

법률심이면서 사후심인 상고심이 기능을 원활하게 유지하기 위해서는 상고이유의 제한이 불가피하다. 우리 민소법은 제423조에서 "판결에 영향을 미친 헌법·법률·명령 또는 규칙의 위반이 있다는 것을 이유로 드는 때에만 할 수 있다"고 일반적 상고이유를 규정하면서, 예외적으로 제424조 제1항에서 여섯 가지 사유(1,법률에 따라 판결법원을 구성하지 아니한 때, 2.법률에 따라 판결에 관여할 수 없는 판사가 판결에 관여한 때, 3.전속관할에 관한 규정에 어긋난 때, 4.법정대리권·소송대리권 또는 대리인의 소송행위에 대한 특별한 권한의 수여에 흠이 있는 때, 5.변론을 공개하는 규정에 어긋난 때, 6.판결의 이유를 밝히지 아니하거나 이유에 모순이 있는 때)를 절대적 상고이유로 정하고 있다(위 제1,2,4호는 재심사유이기도 하다). 여기서 "판결에 영향을 미친"이란 의미는 법령위반이 없었더라면 판결의 주문이 달라졌을 가능성이 있는 것을 말한다. 절대적 상고이유는 법률에 따라 판결법원을 구성하지 아니한 경우와 같이 중대한 절차 위반 사유로서 판결에 영향을 미쳤는지 여부를 따지지 않고 그 사유가 있으면 상고에 정당한 이유가 있는 것으로 보는 것을 말한다.

2. 사실오인과 상고이유

(1) 사실오인과 법령위반의 구별

위에서 본 바와 같이 원심법원이 적법하게 확정한 사실은 상고법원을 기속하므로 법률요건 사실의 존부에 관한 문제는 상고이유가 되지 못함이 원칙일 것이다. 그러나 사실인정도 적법한 절차에 의하여야 할 것이고, 또한 하나의 사실을 인정한 다음 그 의미를 해석하여 법률을 적용하는 과정에서 사실문제와 법률문제의 구별이 모호한 경우도 많다. 따라서 사실인정에 관련된 것이라도 법령위반으로 보아 상고이유가 될 수 있는 것은 아닌지 의문을 품게 된다. 이하 이에 관하여 본다.

(2) 채증법칙 위반

증거의 채부결정 및 채택된 증거로부터의 사실인정은 사실심 법원의 전권사항이지만 그 절차와 과정이 법령이나 논리칙, 경험칙에 어긋난다면 채증법칙 위반이 된다. 절대적 상고이유 중에 "판결의 이유를 밝히지 아니하거나 이유에 모순이 있는 때(민소법 제424조 제1항 제6호)"가 포함되어 있는데, 채증법칙 위반은 절대적 상고이유인 이유불비 또는 이유모순에 해당할 수도 있다. 예컨대 어떤 증거에 의하여 사실을 인정한 것인지 알 수 없다거나 합리적인 이유 없이 처분문서의 증명력을 배척한다거나 경험칙에 현저히 벗어나 사실을 인정하는 경우에는 이에 해당할 수 있다.

(3) 석명권의 불행사

석명권은 당사자주의, 변론주의의 결함을 보완하면서 사안의 적정 타당한 해결을 위하여 법원(소송지휘권의 일종이므로 행사는 재판장이 한다)에 부여된 권능이지만 한편 법원의 의무이기도 하다(이를 석명의무라고 한다). 석명권 불행사에는 당사자의 중요한 신청, 주장 등에 불명료, 모순, 흠결이 있는 것을 그대로 방치한 경우도 있고, 적극적으로 석명권을 행사하여야 함에도 이를 행사하지 아니한 경우도 있다. 판례(대법원 98다98509 판결)는 법적 관점 지적 의무를 위반한 경우 상고이유가 된다고 본다. 당사자가 주장하지도 않은 법률효과에 관한 요건사실이나 공격방법을 시사하여 그 제출을 권유함과 같은 행위는 변론주의의 원칙에 위배하여 허용되지 않는다. 결국 석명권 불행사가 어떤 경우에 상고이유(일반적 상고이유인 판결에 영향을 미친 절차상의 잘못에 해당된다)가 될 수 있는지 여부는 당사자 간의 공평, 절차과정에서의 당사자주의, 당해 소송행위의 기대가능성 등 제반사정을 종합하여 탄력적으로 판단할 수밖에 없다.

(4) 심리미진

심리미진은 사건에 대하여 필요하고 충분한 심리를 다하지 아니한 것을 말한다. 원래는 법률심인 상고심의 입장에서 하급심의 사실 인정이 현저하게 부당하여 이를 용인하기 어려운 상황을 극복하기 위하여 사용하던 것이었다. 심리미진이 상고이유가 되는 근거는 "법원은 소송의 심리를 마치고 나면 종국판결을 한다"라고 규정하고 있는 민소법 제198조를 드는데, 그 하자가 어느 정도일 때 상고이유가 되는지 애매하기 때문에 심리미진 자체를 독립된 상고이유로 삼는 데에 대하여는 비판이 많았다. 이에 대법원은 심리미진만을 독립된 상고이유로 하여 원심판결을 파기하는 일은 거의 없고, 석명권 불행사의 위법이 실질적인 내용인 경우에 다른 상고이유에 대한 보충적인 의미로 병행하여 심리미진을 상고이유로 삼고 있다(이러한 의미에서 심리미진은 위에서 본 석명권 불행사를 다른 측면에서 본 것이라고 하기도 한다). 대법원은 증거의 취사와 사실의 인정은 사실심의 전권에 속하는 것으로서 이것이 자유심증주의의 한계를 벗어나지 않는 한, 상고이유로 삼을 수 없다고 본다(대법원 2005다11602 판결).

3. 상고심절차에 관한 특례법에 의한 상고제한(심리불속행 제도)

이 특례법은 대법원이 법률심으로서의 기능을 효율적으로 수행하고 법률관계를 신속하게 확정하기 위하여 제정되었는데, 민사소송뿐만 아니라 가사소송, 행정소송, 특허소송에도 적용된다. 동법 제4조 제1항에 의하면 상고이유에 관한 주장이 여섯 가지 사유를 포함하지 아니한다고 인정하면 더 나아가 심리를 하지 아니하고 판결로 상고를 기각하도록 하고 있다. 상고이유에 관한 주장이 위 여섯 가지의 상고이유를 포함하고 있다고 하더라도 그 주장 자체로 보아 이유가 없는 때와 원심판결과 관계가 없거나 원심판결에 영향을 미치지 아니하는 때에도 같다(동조 제3항). 다만 전원합의체가 아닌 소부(小部)에서 재판하는 경우에만 한정되며, 원심법원으로부터 상고기록을 송부받은 날로부터 4개월 이내에만 할 수 있다(동법 제6조 제1항, 제2항). 심리불속행 판결에는 이유를 적지 아니할 수 있으며, 선고기일을 지정하지 아니하고 그 판결정본을 상고인에게 송달함으로써 그 효력이 생기고, 이 때 판결이 확정된다(동법 제5조 제1항, 제2항).

4. 소액사건심판법에 의한 상고제한

동법 제3조에 의하면 소액사건에 대한 판결이나 결정, 명령에 대하여는 법률·명령·규칙 또는 처분의 헌법위반 여부와 명령·규칙 또는 처분의 법률위반 여부에 대한 판단이 부당한 때와 대법원의 판례에 상반되는 판단을 한 때에만 상고 또는 재항고를 할 수 있다.

다만 소액사건에 있어서 구체적인 사건에 적용할 법령의 해석에 관한 대법원판례가 아직 없는 상황에서 같은 법령의 해석이 쟁점으로 되어 있는 다수의 소액사건들이 하급심에 계속되어 있을 뿐만 아니라 재판부에 따라 엇갈리는 판단을 하는 사례가 나타나고 있는 경우 소액사건이라는 이유로 대법원이 그 법령의 해석에 관하여 판단을 하지 아니한 채 사건을 종결하고 만다면 국민생활의 법적 안전성을 해할 것이 우려되므로 이와 같은 특별한 사정이 있는 경우에는 위 "대법원의 판례에 상반되는 판단을 한 때"의 요건을 갖추지 아니하였다고 하더라도 법령해석의 통일이라는 대법원의 본질적인 기능을 수행하는 차원에서 실체법 해석 적용에 있어서의 잘못에 관하여 직권으로 판단할 수 있다(대법원 2016다22487 판결).

Ⅲ. 상고제기 및 심리 절차

상고와 상고심의 소송절차에는 항소에 관한 규정이 준용된다(민소법 제425조). 상고는 상고장을 원심판결 정본을 송달받은 날로부터 2주내에 원심법원에 제출하는 방법으로 한다.

상고이유서는 소송기록접수통지서를 받은 날로부터 20일 이내에 제출하여야 한다(민소법 제427조. 이 규정에 대하여는 20일이라는 기간은 일본의 50일에 비해 너무 단기간이라는 비판이 있다). 부대상고도 이 기간 안에 제기하여야 한다(대법원 2011두25005 판결. 부대상고 이유서도 이 기간 안에 제출하여야 한다). 다만 전부 승소한자는 부대상고를 제기할 수 없다(대법원 2014다75349 판결). 상고인이 이 기간을 어기어 상고이유서를 제출하지 아니한 때에는 직권으로 조사할 사유가 없는 한, 상고법원은 변론 없이 판결로 상고를 기각하여야 한다(민소법 제429조). 상고이유서 제출기간이 지난 후에 제출된 상고이유보충서에 기재된 상고이유는 직권조사사항에 관한 것이 아닌 한, 새로운 주장을 포함하고 있더라도 적법한 상고이유로 삼을 수 없다(대법원 97다55126 판결). 상고이유서에는 민소법이 정한 상고이유 중 어떤 이유를 사유로 하는지 구체적으로 적어야 한다(대법원 2008다14633 판결). 상고이유서의 분량은 30면 이내로 하여야 한다(규칙 제133조의2. 이에 대한 답변서도 마찬가지이다).

상대방은 상고이유서를 받은 날로부터 10일 이내에 답변서를 제출할 수 있다(민소법 제428조 제2항). 답변서 제출여부는 상대방의 재량 사항이다.

상고법원은 상고이유에 따라 불복신청의 한도 안에서 심리한다(민소법 제431조). 다만 직권조사사항에 대하여는 그러하지 아니하다(민소법 제434조). 상고법원은 소송관계를 분명하게 하기 위하여 필요한 경우에는 특정한 사항에 관하여 변론을 열어 참고인의 진술을 들을 수 있다(민소법 제430조 제2항).

Ⅳ. 상고심의 종국재판

1. 상고장각하 명령

2. 상고각하 판결

3. 심리불속행기각 판결

4. 상고기각 판결

상고법원이 본안을 심리한 결과 상고이유가 없다고 인정하면 판결로 상고를 기각하며(민소법 제425조, 제414조 제1항), 원심판결의 이유가 정당하지 아니한 경우에도 다른 이유에 따라 그 판결이 정당하다고 인정되는 때에는 상고를 기각하여야 한다(민소법 제425조, 제414조 제2항).

5. 파기환송 및 파기이송 판결

상고법원은 상고에 정당한 이유가 있다고 인정할 때에는 원심판결을 파기하고 사건을 원심법원에 환송하거나 동등한 다른 법원에 이송하여야 한다(민소법 제436조 제1항). 대법원은 사후심이므로 원심판결을 취소하는 것이 아니라 파기하여야 한다. 환송이나 이송을 받은 법원은 다시 변론을 거쳐 재판하여야 하는데(원심판결에 관여한 판사는 환송 후의 재판에 관여하지 못한다. 이 규정은 형소법에는 없고, 민소법에만 있다), 이 경우 상고법원이 파기이유로 삼은 사실상 및 법률상의 판단에 기속된다(동조 제2항, 제3항). 이러한 기속력은 당해 사건에 한하여 인정되는 것으로서 이 기속력의 성질에 대하여는 심급제도 유지를 위해(상고법원과 사이에 끊임없는 핑퐁판결이 계속되는 것을 막기 위함) 인정된 특수한 효력이라고 보는 것이 통설이다. 다만 새로운 증거에 의하여 새로운 사실을 인정할 수는 있다. 환송 전의 쌍방불출석의 효력은 유지되지 않는다. 당해 사건을 환송받은 법원의 판결에 대하여 다시 상고가 된 경우 상고법원도 이에 기속되나(이를 환송판결의 자기기속력이라 한다) 법령해석의 통일이라는 대법원의 기능에 비추어 전원합의체에는 기속력이 미치지 않는다고 본다(대법원 98두15597 판결). 환송판결 선고 이후 헌법재판소가 환송판결의 기속적 판단의 기초가 된 법률 조항을 위헌으로 선언하여 그 법률 조항의 효력이 상실된 때에는 그 범위에서 환송판결의 기속력은 미치지 않고, 환송 후 원심이나 그에 대한 상고심에서 위헌결정으로 효력이 상실된 법률 조항을 적용할 수 없어 환송판결과 다른 결론에 이른다고 하더라도 환송판결의 기속력에 관한 법원조직법 제8조에 저촉되지 않는다(대법원 2019다2049 판결).

6. 파기자판(自判) 판결

상고법원이 원심판결을 파기하는 경우에 환송하거나 이송하는 것이 원칙이지만 예외적으로 확정된 사실에 대하여 법령적용이 어긋난다 하여 판결을 파기하는 경우에 사건이 그 사실을 바탕으로 재판하기에 충분한 때 또는 사건이 법원의 권한에 속하지 아니한다 하여 판결을 파기하는 때에는 상고법원 스스로 종국판결을 하여야 한다(민소법 제437조).

7. 소송종료선언

전술한 바와 같이(민사소송규칙에서 정하고 있다) 소취하 간주 등으로 인해 소송이 종료되었음에도 원심이 이를 간과하고 심리를 진행하여 온 사실이 밝혀진 경우 대법원은 종국판결로서 소송종료선언을 하여야 한다.

제4절 항 고

Ⅰ. 항고의 의의

항고는 재판 중 판결을 제외한 결정과 명령에 대한 불복신청방법이다. 판결에 비해 중요성이 덜한 사항에 관한 재판인 결정과 명령에 대하여는 신속한 확정을 위해 항소나 상고와는 달리 항고라는 별도의 불복신청방법을 인정하고 있다.

결정이나 명령은 법원사무관 등에게 교부함으로써 재판이 성립되고, 당사자에게 고지되어야 효력이 발생하는데, 당사자는 결정 또는 명령을 고지받기 전이라고 하더라도 성립된 재판에 대하여 항고할 수 있다(대법원 2014마667(전) 결정).

Ⅱ. 항고의 종류

1. 통상항고와 즉시항고

통상항고란 불복신청의 기간을 정함이 없이 원재판의 취소를 구할 이익이 있는 한 언제든지 제기할 수 있는 항고로서(민소법 제439조) 집행정지의 효력이 없다. 즉시항고란 성질상 신속히 확정지을 필요가 있어 재판이 고지된 날로부터 1주일이라는 불변기간 내에 제기하여야 하는 항고로서(민소법 제444조) 집행정지의 효력이 있다(민소법 제447조). 즉시항고는 "즉시항고할 수 있다"라고 규정한 경우에 한하여 허용된다. 다만 민집법상 즉시항고는 집행정지의 효력이 없다(민집법 제15조 제6항).

2. 재항고

최초의 항고에 대한 항고심의 결정과 고등법원의 결정, 명령, 항소법원의 결정, 명령(지방법원 합의부가 제2심으로서 최초로 한 결정이나 명령을 포함한다)에 대하여 대법원에 하는 항고로서 재항고사유는 결정·명령에 영향을 미친 법령위반에 한한다(민소법 제442조).

3. 준항고

수명법관이나 수탁판사의 재판(예컨대 변론준비절차에서 수명법관이 한 증거기각 결정)에 대하여는 바로 항고할 수 없고 수소법원에 이의를 제기할 수 있을 뿐인데(다만 수소법원의 재판인 경우로 항고할 수 있는 것인 때에 한한다. 즉 만약 그 재판을 수소법원이 했다면 항고할 수 있는 경우에 한한다.), 이러한 이의신청을 준항고라 한다(민소법 제441조 제1항). 이의신청에 대한 재판에 대하여는 항고할 수 있다(동조 제2항).

4. 특별항고

불복할 수 없는 결정(예컨대 판결 정정신청에 대한 기각 결정 또는 민소법 제501조의 강제집행 정지결정 등)이나 명령에 대하여는 재판에 영향을 미친 헌법위반이 있거나 재판의 전제가 된 명령·규칙·처분의 헌법 또는 법률의 위반 여부에 대한 판단이 부당한 때에 한하여 대법원에 항고할 수 있는데, 이를 특별항고라고 한다(민소법 제449조 제1항). 특별항고는 재판이 고지된 날로부터 1주일 이내(불변기간이다)에 하여야 한다(동조 제2항, 제3항). 위헌법률심판제청신청을 기각한 결정에 대하여는 특별항고도 할 수 없고(대법원 93그34 결정), 헌법소원을 제기하여야 한다.

Ⅲ. 항고심의 절차

항고장에는 항소장에 준하는 사항을 기재하면 된다. 다만 항고는 편면적 불복절차이므로 상대방을 반드시 표시할 필요는 없으나 실무상 이해관계인이 있는 경우에는 이를 상대방으로 표시한다.

항고장은 원심법원에 제출한다(민소법 제445조). 항고가 제기되면 원심법원은 반성적 의미에서 스스로 항고의 적부를 심사하여 항고에 정당한 이유가 있다고 인정되면 그 재판을 경정하여야 한다(이를 재도(再度)의 고안이라 한다. 민소법 제446조). 다만 특별항고에는 원심법원에 반성의 기회를 제공하는 재도의 고안이 적용되지 않는다(대법원 2001그4 결정). 이 경정결정에 대하여는 항고할 수 있다.

항고의 소송절차에는 그 성질에 위배되지 않는 한, 항소심절차가 준용되고, 재항고와 특별항고의 소송절차에는 상고심절차가 준용된다(민소법 제443조, 제450조). 항고법원 또는 원심법원이나 판사는 항고(즉시항고는 집행정지의 효력이 있으므로 제외한다)에 대한 결정이 있을 때까지 원심재판의 집행을 정지하거나 그 밖에 필요한 처분을 명할 수 있다(민소법 제448조).

제12장 재 심(再審)

제1절 의 의

재심이란 확정된 종국판결에 대하여 재심사유에 해당하는 중대한 흠이 있는 경우에 그 판결의 취소와 이미 종결된 사건의 재심판을 구하는 비상의 불복신청방법이다. 재심은 확정판결의 권위를 유지하면서 아울러 구체적인 정의를 확보하기 위하여 마련된 제도이다.

제2절 요 건

Ⅰ. 재심대상판결

재심대상판결은 확정된 종국판결이다. 종국판결인 이상 일부판결, 소송판결도 대상이 된다. 대법원의 파기환송판결은 해당되지 않는다(대법원 93재다27,34(전) 판결). 확정판결이 아니라도 이와 같은 효력이 있는 청구의 포기·인낙조서, 재판상 화해조서에 대하여도 준재심의 소(민소법 제461조)가 인정된다. 소액사건심판법에 의한 이행권고결정은 확정된 경우라도 기판력이 생기지 아니하므로 준재심의 대상이 되지 않는다(대법원 2006다34190 판결. 이에 대하여는 결정 전에 생긴 사유까지 주장하여 청구이의의 소를 제기할 수 있다).

Ⅱ. 재심당사자

확정판결의 기판력에 의하여 불이익을 받은 사람이 재심원고가 된다. 따라서 확정판결에 표시된 당사자뿐만 아니라 변론종결 뒤의 승계인, 제3자소송담당의 경우에 권리귀속주체(예컨대 선정당사자가 받은 판결의 선정자)도 재심을 제기할 수 있다.

Ⅲ. 관할법원

재심은 재심을 제기할 판결을 한 법원의 전속관할로 한다(민소법 제453조 제1항). 심급을 달리하는 법원이 같은 사건에 대하여 내린 판결에 대한 재심의 소는 상급법원이 관할한다(동조 제2항). 다만 항소심 판결과 상고심 판결에 각각 독립된 재심사유가 있는 때에는 그러하지 아니하다(동조 제3항). 또한 항소심에서 사건에 대하여 본안판결을 하였을 때에는 제1심판결에 대하여 재심의 소를 제기하지 못한다(민소법 제451조 제3항).

만일 제1심 종국판결에 대하여 항소각하판결을 한 경우에 제1심 판결과 항소심 판결에 각기 재심사유가 있으면 각기 해당 사유를 주장하여 해당 법원에 각 재심의 소를 제기하면 된다. 그러나 재심사유를 모아서 동시에 재심의 소를 제기한 경우에는 위 민소법 제453조 제2항에 따라 항소심법원이 관할법원이다(재심재판의 모순·저촉을 방지하기 위함이다).

재심원고가 관할권 없는 법원에 재심의 소를 제기한 경우 소장을 접수한 법원은 이를 관할 법원에 이송하여야 한다. 이 때 재심제기기간의 준수 여부는 민소법 제40조 제1항의 규정에 비추어 이송시가 아닌 재심소장 접수시를 기준으로 하여야 한다(대법원 83다카1981(전) 판결. 이 점에서 상소기간의 준수 여부와 다름을 주의하여야 한다).

Ⅳ. 재심제기기간

재심의 소는 당사자가 판결이 확정된 뒤 재심의 사유를 안 날로부터 30일 이내에 제기하여야 한다(민소법 제456조 제1항). 이 기간은 불변기간이다(동조 제2항. 따라서 제173조에 의한 추완보완이 가능하다). 여러 개의 재심사유를 주장한 때에는 재심사유는 각 재심사유마다 이를 안 때로부터 진행된다. 판결이 확정된 뒤 5년이 지난 때에는 재심의 소를 제기하지 못한다(동조 제3항). 재심의 사유가 판결이 확정된 뒤에 생긴 때에는 위 제3항의 기간은 그 사유가 발생한 날로부터 계산한다(동조 제4항).

다만 대리권의 흠 또는 제451조 제1항 제10호에 규정된 사항(재심을 제기할 판결이 전에 선고한 확정판결에 어긋나는 때)을 이유로 들어 제기하는 재심의 소에는 제456조 규정을 적용하지 아니한다(민소법 제457조. 따라서 언제든지 제기할 수 있다). 여기서 전자는 대리권의 흠이 있는 경우에 당사자 본인 또는 법정대리인이 전혀 모르는 사이에 소송이 진행되어 피해를 보게 될 당사자를 구제하기 위함이다. 제451조 제1항 제3호 전부를 인용하지 아니하고 대리권의 흠이라고 규정한 것으로 보아 여기서의 대리권의 흠이라 함은 전혀 대리권을 갖지 아니하는 경우를 의미하는 것이고, "대리인이 소송행위를 하는 데에 필요한 권한의 수여에 흠이 있는 때"는 포함되지 아니함을 주의하여야 한다(대법원 94다4967 판결).

V. 재심사유

재심의 소는 민소법 제451조 제1항이 정하는 다음과 같은 사유(제1, 2, 3호 사유는 소송절차에 중대한 흠이 있는 경우로서 절대적 상고이유를 규정한 제424조 제1, 2, 4호와 같고, 나머지 사유는 중대한 판단자료의 잘못이 있는 경우이다)가 있는 경우에 한하여 제기할 수 있다. 다만 당사자가 상소에 의하여 그 사유를 주장하였거나 이를 알고도 주장하지 아니한 때에는 그러하지 아니하다(같은 항 단서. 이를 "재심의 소의 보충성"이라 한다).

제1호 법률에 따라 판결법원을 구성하지 아니한 때
제2호 법률상 그 재판에 관여할 수 없는 법관이 관여한 때
제3호 법정대리권 · 소송대리권 또는 대리인이 소송행위를 하는 데에 필요한 권한의 수여에 흠이 있는 때. 다만 제60조 또는 제97조의 규정에 따라 추인한 때에는 그러하지 아니하다.
제4호 재판에 관여한 법관이 그 사건에 관하여 직무에 관한 죄를 범한 때
제5호 형사상 처벌을 받을 다른 사람의 행위로 말미암아 자백을 하였거나 판결에 영향을 미칠 공격 또는 방어방법의 제출에 방해를 받은 때
제6호 판결의 증거가 된 문서, 그 밖의 물건이 위조되거나 변조된 것인 때
제7호 증인 · 감정인 · 통역인의 거짓 진술 또는 당사자신문에 따른 당사자나 법정대리인의 거짓 진술이 판결의 증거가 된 때
제8호 판결의 기초가 된 민사나 형사의 판결, 그 밖의 재판 또는 행정처분이 다른 재판이나 행정처분에 따라 바뀐 때
제9호 판결에 영향을 미칠 중요한 사항에 관하여 판단을 누락한 때
제10호 재심을 제기할 판결이 전에 선고한 확정판결에 어긋난 때
제11호 당사자가 상대방의 주소 또는 거소를 알고 있었음에도 있는 곳을 잘 모른다고 하거나 주소나 거소를 거짓으로 하여 소를 제기한 때

위 제3호는 소송대리인에게 소송대리권이 없었을 때, 특별대리인의 선임 없이 소송을 수행한 때, 성명모용소송에 의하여 소송이 수행된 때, 소취하 합의를 한 원고가 피

고로 하여금 기일에 불출석하게 하여 승소판결을 받은 때, 본인의 의사에 기하지 않고 소송대리인이 선임된 때, 피고의 참칭대표자에게 판결정본이 송달된 때 등을 의미한다.

위 제5호와 관련하여 판례는 형사상 처벌을 받을 다른 사람의 행위로 말미암아 항소취하를 하여 원심판결이 확정된 경우에도 자백에 준하여 재심사유가 된다고 본다(대법원 2010다86112 판결). 인낙의 경우에도 같은 법리가 적용된다(대법원 95다3077 판결).

위 제6호에서 "판결의 증거된 문서"라 함은 판결에서 그 문서를 채택하여 판결주문을 유지하는 근거로 삼은 경우를 말하는 것으로서, 그 위조문서를 참작하지 않았더라면 다른 판결을 하였을 개연성이 있는 경우를 가리킨다(대법원 97다15470 판결). 사실인정의 자료가 된 이상, 간접사실이나 부가적 사실의 인정자료였더라도 이에 해당한다(대법원 81누216 판결).

위 제7호에서 "거짓 진술이 판결의 증거가 된 때"라 함은 판결주문을 유지하는 근거된 사실을 인정하는 증거로 채택된 때를 말하고, 주요사실의 인정에 영향을 미치지 아니하는 사정에 관한 것일 때에는 이에 해당하지 않을 뿐만 아니라, 증인이 직접 재심의 대상이 된 소송사건을 심리하는 법정에서 허위의 진술을 한 경우를 뜻한다(대법원 79다1067 판결). 따라서 그 허위진술이 판결주문의 근거가 된 사실을 인정하는 증거로 채택되어 판결서에 구체적으로 기재되어 있어야 한다(대법원 2001다11581,11589 판결). 또한 거짓 진술이 판결주문의 이유가 된 사실인정의 자료로 채택되었을 뿐더러 그 진술이 없었다면 판결주문이 달라질 수도 있을 것이라는 일응의 개연성이 있는 경우를 뜻한다(대법원 92다33695 판결). 따라서 허위진술이 위증이라도 나머지 증거에 의하여도 판결주문에 영향이 없을 때에는 재심사유가 아니다(대법원 92다33930 판결).

위 제8호에서 "판결의 기초가 되었다"라고 함은 재심대상판결을 한 법원이 그 재판이나 행정처분에 법률적으로 구속된 경우뿐만 아니라 널리 재판이나 행정처분의 판단사실을 원용하여 사실인정을 한 경우를 말한다(대법원 87다카2425 판결).

위 제9호에서 "판단을 누락한 때"는 당사자가 소송상 제출한 공격방어방법으로서 판결주문에 영향이 있는 것에 대하여 판결이유 중에서 판단을 표시하지 아니한 것을 뜻한다. 따라서 당사자 주장을 배척한 근거를 일일이 설명하지 않는 것, 그 판단 내용에 잘못이 있는 것, 판단의 근거를 개별적으로 설시하지 않은 것은 이에 해당하지 않는다.

위 제11호의 전단은 상대방의 주소를 알면서도 모른다고 하여 소를 제기함으로써 소장 등을 송달불능에 이르게 한 후 소재불명이라고 법원을 기망하여 공시송달에 의하여 소송을 진행을 한 끝에 승소판결을 받은 경우를 말하는데, 판례(대법원 85므40 판결)는 이 경우 추완보완에 의한 상소를 제기할 수도 있다고 한다(항소설. 대법원 2011다73540 판결도 같은 취지이다). 결국 당사자로서는 재심을 제기할 수도 있고, 추완보완의 제도를 선택할 수도 있게 되는바, 전자를 택할 경우에는 재심제기기간에 걸릴 수 있는 단점이 있고, 후자를 택할 경우에는 심급의 이익을 박탈당하게 되는 단점이 있다. 상소기간을 지키지 못한 사정은 추후보완하고자 하는 당사자가 주장, 증명하여야 한다(대법원 2019다244980 판결).

위 제11호의 후단은 상대방의 주소를 알면서도 다른 곳이 그 주소인 것처럼 소장에 기재하고 상대방 아닌 제3자로 하여금 법원의 송달문서를 피고 또는 그 대리인인 것처럼 하여 수령토록 만들어 놓은 다음 자백간주의 승소판결을 얻는 경우이다. 판례(대법원 75다634(전) 판결)는 이 경우 판결정본의 송달이 무효이어서 상대방이 아직 판결정본의 송달을 받지 않은 상태에 있으므로 그 판결에 대한 상소기간은 진행을 개시하지 않으며, 따라서 그 판결은 확정되지도 아니하였다라는 이유로 재심대상이 아니라고 본다(이른바 “항소설”. 판례는 만일 이 판결에 기하여 소유권이전등기가 되었다면 항소를 제기하지 않고 별소로 위 등기의 말소를 구할 수도 있다고 본다). 확립된 판례이지만 재심사유를 정한 본호의 명문규정에 배치된다는 비난이 있다. 결론적으로 판례는 제11호 사유는 공시송달의 경우에만 적용된다고 본다는 것이다.

위 제4호 내지 제7호의 경우에는 처벌받을 행위에 대하여 유죄의 판결이나 과태료부과의 재판이 확정된 때 또는 증거부족 외의 이유로 유죄의 확정판결이나 과태료부과의 확정재판을 할 수 없을 때에만 재심의 소를 제기할 수 있다(동조 제2항). 가벌적 행위만이 재심사유가 됨에 그치고, 유죄의 확정판결 등은 재심의 소의 남용을 방지하기 위한 소의 적법요건이라는 적법요건설이 통설, 판례(대법원 88다카29658 판결)이다. 이에 대하여는 가벌적 행위와 유죄의 확정판결 등이 합체되어 재심사유로 된다는 합체설이 있다. 확정판결 없이 가벌행위만을 주장하여 재심의 소를 제기한 경우 전설에 의하면 재심의 소를 각하하여야 하고, 후설에 의하면 재심청구를 기각하여야 한다. 한편 과태료부과의 확정재판이란 제7호의 선서한 당사자나 법정대리인의 거짓 진술(민소법 제370조, 제372조)에 대한 것을 말한다. 또한 “증거부족 외의 이유로 유죄의 확정판결 등을 할 수 없을 때”라 함은 증거부족 외의 사유, 즉 범인의 사망, 심신상실, 사면 또는 공소시효 완성, 기소유예처분과 같은 사유만 없었더라면 유죄판결을 할 수 있었던 때를 의미하는데(소재불명으로 기소중지결정을 한 경우와 무혐의 불기소처분을 한 경우는 포함되지 않는다), 이에 대한 입증책임은 재심원고에게 있다.

제3절 재심의 절차

재심의 소송절차에는 성질에 반하지 않는 한 각 심급의 소송절차에 관한 규정을 준용한다(민소법 제455조). 재심소장에는 당사자와 법정대리인, 재심할 판결의 표시와 그 판결에 대하여 재심을 청구하는 취지, 재심의 이유를 적어야 한다(민소법 제458조). 재심의 소에 있어 사전 또는 사후의 특별수권이 없는 이상, 재심 전의 소송의 소송대리인이 당연히 재심소송의 소송대리인이 되는 것은 아니다(대법원 90마970 결정).

법원은 재심의 소가 적법한지 여부와 재심사유가 있는지 여부에 관한 심리 및 재판을 본안에 관한 심리 및 재판과 분리하여 먼저 시행할 수 있다(민소법 제454조 제1항). 재심사유가 없는데도 본안심리에 들어가는 불합리한 점이 있었기 때문에 신법은 본안심리에 앞서 소의 적법여부와 재심사유의 유무에 관하여 먼저 심리할 수 있게 한 것이다. 이 경우에 법원은 재심사유가 있다고 인정한 때에는 그 취지의 중간판결을 한 뒤 본안에 관하여 심리ㆍ재판한다(동조 제2항).

본안의 변론과 재판은 재심청구이유의 범위 안에서 하여야 한다(민소법 제459조 제1항). 재심의 이유는 바꿀 수 있다(동조 제2항). 심리한 결과 재심사유가 있고 재심대상판결이 부당한 것으로 인정되는 때에는 불복의 한도 안에서 재심대상판결을 취소하고(원판결을 소급적으로 취소하는 형성판결이다), 취소한 부분에 대하여 다시 종국판결을 한다. 다만 재심의 사유가 있는 경우라도 판결이 정당하다고 인정한 때에는 법원은 재심의 청구를 기각하여야 한다(민소법 제460조).

제4절 재심과 부당이득반환청구 등

편취된 판결에 의해 강제집행이 마쳐진 경우 재심의 소로 취소되지 않는 한, 강제집행에 의한 부당이득이 성립하지 않는다(대법원 99다32905 판결). 확정판결이 재심의 소로 취소되지 않는 한, 그 판결의 강제집행으로 교부받은 금원을 법률상 원인 없는 이득이라 하여 부당이득반환청구를 하는 것은 확정판결의 기판력에 저촉되어 허용될 수 없기 때문이다. 재심의 소에 재심청구 인용을 전제로 한 부당이득반환청구를 병합할 수는 없다(대법원 96다41649 판결). 통상의 소와 재심의 소는 같은 종류의 소송절차가 아니어서 청구를 병합하는 것 자체가 허용되지 않는다고 보는 것이다.

확정판결의 효력을 배제하기 위해서는 재심 사유가 존재하는 경우에 한하여 재심의 소에 의하여 그 취소를 구하는 것이 원칙적인 방법이다. 따라서 확정판결의 취득 혹은 그에 기한 집행을 불법행위라고 하기 위해서는, 소송당사자가 상대방의 권리를 해할 의사로 상대방의 소송관여를 방해하거나 허위의 주장으로 법원을 기망하는 등 부정한 방법으로 실제의 권리관계와 다른 내용의 확정판결을 취득하고, 그로 인하여 상대방의 절차적 기본권을 근본적으로 침해함으로써 확정판결의 효력을 존중하는 것이 정의관념에 반하여 이를 도저히 묵과할 수 없는 사정이 있어야 한다. 그렇지 않고 당사자가 단순히 실체적 권리관계에 반하는 허위주장을 하거나, 자신에게 유리한 증거를 제출하고 불리한 증거는 제출하지 아니하거나, 제출된 증거의 내용을 자기에게 유리하게 해석하는 등의 행위만으로는 확정판결의 위법한 편취에 해당하는 불법행위가 성립한다고 단정할 수 없다(대법원 2009다82046 판결).

사항색인

[ㅈ]

판례색인

저자 약력

- 서울대학교 법과대학 졸업
- 독일 프라이부르크대학 장기연수
- 제25회 사법시험 합격
- 사법연수원 제15기 수료
- 부산지방법원 판사
- 서울지방법원 의정부지원 판사
- 서울지방법원 북부지원 판사
- 헌법재판소 파견(헌법연구관)
- 서울고등법원 판사
- 대구지방법원 부장판사
- 수원지방법원 부장판사
- 서울남부법원 부장판사
- 언론중재위원회 선거기사심의위원

- 전 법무법인 양헌 변호사
- 전 법무부 감찰위원
- 전 중앙대학교 법학전문대학원 겸임교수
- 전 유진투자증권 사외이사
- 현 동아대학교 법학전문대학원 부교수

저서 및 논문

- 독일형사소송법상 공개주의
- 소송촉진 등에 관한 특례법 제3조에 관하여
- 소송판결에 대한 항소
- 당사자본인 신문의 활성화 방안
- 담보물권법
- 물권법 강의 1

핵심 민사재판실무

3판 발행 2022년 7월 29일

저 자 김기정
발 행 인 신창동
발 행 처 fides 도서출판

주 소 서울시 관악구 봉천로 485 3층
전 화 02) 876-2246
팩 스 02) 876-2237
이 메 일 fidesbook@naver.com
홈페이지 cafe.naver.com/fidesbook
등록번호 제320-2001-44호

ISBN 978-89-6479-573-6 93360 정가 24,000원